تداعي الأسطورة

مقاربات نقدية لمشهدية الحرب السادسة

د. يوسف نصر الله

تداعي الأسطورة
مقاربات نقدية لمشهدية الحرب السادسة

دار الفارابي

الكتاب : تداعي الأسطورة

المؤلف : د. يوسف نصر الله

الغلاف : فارس غصوب

الناشر : دار الفارابي ــ بيروت ــ لبنان

ت : 301461(01) ــ فاكس : 307775(01)

ص.ب : 3181/ 11 ــ الرمز البريدي : 2130 1107

e-mail: info@dar-alfarabi.com

www.dar-alfarabi.com

الطبعة الأولى 2011
ISBN: 978-9953-71-624-4

تباع النسخة الكترونياً على موقع :
www.arabicebook.com

إهداء

إليكَ

. . . حاج رضوان

إلى فضائك المشتعل بقلق الأسئلة

إلى مشكاة وجهك سحر هنيهة الإشراق

. . . يضيء حلم يقظتنا

تبحر مراكبنا

وكواكبنا

ومواكب الأحزان فينا

ومسرى النور في براق خيولنا

. . . على موج من بحر يديك

نرسو هناك

على سرّ النظرة في عينيك

البارقتين. . . كفوهة بندقية

الذابلتين كشاطئ

كشرفتين. . . تطلان على وطن

. . . وعلى انتصارات

. . . وعلى ما نريد

مقدّمة

لقد تصادت كتب ومتون ومؤلفات كثيرة لمقاربة أطروحة الحرب الإسرائيلية على لبنان في تموز- آب من صيف العام 2006؛ لغرض تشفيف مشهدياتها، وبيان مقاصدها، والوقوف على ما توسلته من أهداف، وما تمخضت عنه من نتائج، وما حفلت به من تطورات، وما استقرت عليه وتناهت إليه من خلاصات وحصائل ومخرجات، وما فاضت به من مفاعيل وارتدادات بعدية... إلا أنها على أهميتها وضرورتها وإلحاحها وفضلها، ظلت قاصرة عن المقاربة العلمية الموضوعية الفاحصة؛ فقد سيق بعضها على عجل ليحوز قصب السبق في مقاربة الحدث، وبعضها الآخر صيغ بلغة الحماسة والعاطفة والانفعال، حيث كان لايزال واقعا تحت تأثير صدمة هول الحرب ونشوة الانتصار، في حين اقتصرت عناية بعضها الآخر على الاهتمام بالجانب التوثيقي والإرشيفي حيث عكف على تجميع ما كتب في الحرب وإبانها من أخبار ومقالات وتحليلات وإفادات ومقابلات ودراسات، وما صير إلى التقاطه من صور لوقائعها وأحداثها.

والحال هذه، عكف الكتاب على توسل مقاربة علمية وازنة تُعنى بمفاعيل الحرب على الجانب الإسرائيلي؛ تتقصى، وتتحرى، وتجمع، وتناقش، وتحلل، وتبدي الرأي، وتقدم الإجابات، وتطرح الأسئلة، وتثير الإشكاليات... دون أن تقطع مع أي من الدراسات ذات الصلة التي توافرت، حيث تبدى وجه الإفادة على غير صعيد، وفي غير مكان.

لكنّ العلمية التي تقصدناها هنا، ليست تلك العلمية المزعومة الباردة التي تدعي الحياد السلبي، من حيث أنها تحرص على نقل الخبر جافا، وتقف على

9

مسافة واحدة بين القاتل والقتيل، بين المعتدي الذي هو الإسرائيلي والمعتدى عليه الذي هو حزب الله، فالكتاب بلا شك منحاز للحق الذي تمثله مشروعية مقاومة الاحتلال.

وإنّما تقصدنا بالعلمية تناول الموضوعات والمعلومات والوقائع والأحداث ومقاربتها وعرضها دون مبالغات أو غلو أو جنوح، وتقديمها مدعمة بالشواهد والأدلة والبراهين، وتحليلها بعد النظر إليها بعين النقد والفحص والمعاينة، وتشفيف منطوياتها ومسكوتاتها دون مسبقات أو قبليات حاكمة. علّ ذلك يسهم في الإضاءة على أخطر ما تكشفت عنه الحرب، من تنفيسٍ وتفريج حاد لحالة الاحتقان والتورم التي لطالما شغلها الإسرائيلي، حيث كان يفصح عن نفسه على نحو من المبالغة في حجمه ودوره، كما في حدود قوته وقدراته وفي تفوقه وتعاليه... لكنّ الحرب – كما ألمعنا – نفست هذا الانتفاخ الاصطناعي، وأخذت بالإسرائيلي إلى تصاغر وتضاؤل وتقزم في الدور والقوة، وعادت به الأدراج إلى حجمه الطبيعي بعد أن كان قد ملأ الدنيا ضجيجاً وصراخاً بأنه الأقوى، وأنّ أحداً لن تتملكه الجرأة على استفزازه أو منازلته، أو هز شباك غطرسته وتعجرفه وعنترياته. فقد صير إلى تشذيب أغصانه الممتدة، وأذرعه المتطاولة، وقامته الفارعة المتشاوفة.

لقد تأدى الأمر – وفق ما تمخضت عنه نتائج الحرب – إلى إعادة صياغة وترسيم صورة الإسرائيلي حيال نفسه، وإلى وعيه بحدود قوته وقدراته وإمكاناته، بعد انكشاف مظلته الأمنية التي ظللته في كل حروبه ونزاعاته، ووفرت له صنوف الحماية والأمان والاستقرار؛ لعلها المرة الأولى في تاريخ الصراع التي يدرك فيها الإسرائيلي أنه يقف على خط الزلزال، وأنه يقيم في أتون الخطر الحقيقي، وأنه كان – لزمن مضى – يعيش تهويمات أمنية – سياسية خادعة وكاذبة ومضللة. فالنصر المظفر لحزب الله لم يكن من طبيعة ذات مفاعيل مادية وحسية وحسب، بل تجاوزت مفاعيله حدود ذلك، لتطال الذاكرة والوعي والمخيال الإسرائيلي الجمعي العام.

كما تأدى الأمر – في قبالة ذلك – إلى إعادة صياغة وبلورة صورة

الإسرائيلي أيضاً، ولكن حيال العرب والمسلمين، وهي بالضرورة خلاف الصورة التي تنمطت في وعيهم خلال عقود من تاريخ الصراع العربي - الإسرائيلي. فقلد طال وهج انتصار حزب الله الذاكرة العربية فأحياها، وبعثها من رمادها، وصيرها ذاكرة متقدة بأمجادها وفتوحها وانتصاراتها.

أمّا لماذا الحرب السادسة؟

لقد أطلق الإسرائيلي مسمى «الحرب الثانية» كتوصيف اصطلاحي لحربه على لبنان في تموز - آب من العام 2006، بوصفها جاءت بعد حربه الأولى في حزيران من صيف العام 1982 والتي حملت حينها تسمية «سلامة الجليل». أما سائر الاعتداءات كالتي وقعت في آذار من العام 1978، أو التي وقعت في تموز من العام 1993، أو تلك التي وقعت في نيسان من العام 1996، أو ما شاكلها من سلسلة الاعتداءات الإسرائيلية الطويلة، المتلاحقة والمتواصلة على لبنان؛ فإنه فلم يصنفها حروباً، بل أدرجها في إطار عمليات عسكرية موضعية.

ولا شكّ هنا، أنّ إلحاح الإسرائيلي على هذه التسمية «الحرب الثانية» لم يكن اعتباطياً بإطلاق، وإنما كان - بما تنطوي عليه التسمية من دلالات - محاولة لفرز وتفريد مسارات صراعه مع الأقطار العربية، كأن يريد القول أنّ الصراع هنا هو مع لبنان وحسب، ولا شأن لسائر الأقطار العربية به، لاسيما وأنّ ما يسمّى بعرب الاعتدال قد شرّعوا هذه الحرب ووفروا لها مظلة سياسية. ولذلك آثرنا أن تسمّى هذه الحرب - كما ينبغي لها أن تسمّى - بالحرب السادسة، بوصفها تقع سادسة الحروب الكبرى والمفصلية في تاريخ الصراع العربي - الإسرائيلي[1]. وذلك لإعادة تصويب وجهة وبوصلة الصراع من جديد؛ بأنه - أي الصراع - ليس مع قطر عربي دون سواه، ولأجل عدم فرز مساراته

---

(1) الحروب العربية - الإسرائيلية هي على التوالي: 1948، 1956، 1967، 1973، 1982، 2006.

كما يرغب العدو في محاولة لاستفراد كل طرف على حدة، وللحيلولة دون تقزيمه ومسخه إلى مجرد نزاعات قطرية صغيرة، وللقول أنه صراع كلي واحديّ لا يتجزأ، وهو شأن عربي وإسلامي جامع.

وهكذا شكل عنوان «الحرب السادسة» - بحمولاته الدلالية - يافطة الكتاب، ومظلته، وفضاءه المفتوح على الأسئلة، وعلى مساحات توضعاته واشتغالاته. ما يستدعي سؤالاً عن متن الكتاب: علام استقام واستوى، وتهيكل معماره، وقامت ترسيمته البنائية العامة؟ .

لقد تنازع الكتاب فصول أربعة؛ رسّمت - باجتماعها وتداخلها وتفارقها - مشهديته، وشكلت مادته ومتنه ومحتواه، وبلورت قناعاته، وشففت مقاصده، ووقفت على ما أثاره من إشكاليات وأشغولات، وما طرحه من أسئلة، وما قدمه من إجابات. والأهم أنها أشرت إلى رسم بياني انحداري ينبئ - بما لا يقبل الشك - بتداعي هذه الدولة الاحتلالية الغاصبة، بعد أن نزعت نتائج الحرب ما قد صير إلى مراكمته خلال عقود، من أسطرة لقوتها، ولقدرات جيشها الخارقة، ولآلتها العسكرية الجبارة.

اهتم **الفصل الأول** بمقاربة بعض ما شاب أداء القيادة الإسرائيلية - من المستويين السياسي والعسكري على حد سواء - من عيوب ومشكلات في إدارة الحرب، وفي التخطيط لها، وفي تحديد أهدافها وانتخاب سياساتها الملائمة، فضلاً عن عيوب في التفكير الاستراتيجي، وعيوب ميدانية وعملياتية؛ تشفّ مجتمعة عن ضمور في الإبداعية التي لطالما توافر عليها الإسرائيلي في حروبه، وعن قصور عقله عن اجتراح الحلول وإيجاد المخارج وابتكار الأساليب الناجحة، وعن انهزام وعيه، وضعف إرادته، وعقم ردوده وتصوراته، وهشاشة بنيته المجتمعية .

الفصل الثاني عكف بدوره على جلاء ما كان للحرب من فضيلة في تجويف منظومة الحماية الإسرائيلية؛ انكب على تفكيك المركبات التي استوت عليها العقيدة الأمنية الإسرائيلية. وألح على إعمال معاول الهدم في ما انطوت

عليه من معايير ومقاييس وبداهات وفروض . وتصادى لبيان تهافتها وتداعيها وسقوطها وفشلها في توفير الحماية والأمن للمستوطن الإسرائيلي، كما عجزها عن تحقيق الأهداف التي صير إلى تحديدها ووضعها من قبل المستوى السياسي. لقد سقطت مقولات كثيرة ظُنّ أنها متعالية: سقطت مقولة الردع، وسقط معها مفهوم الحسم والاحتفاظ بالأرض، وانسحب ذلك بدوره على مفهوم نقل المعركة إلى أرض العدو، فانكشف العمق الإسرائيلي على نحو غير مسبوق، وأصبح الداخل الإسرائيلي جزءاً من ميدان المعركة، ولعله الجزء الأهم.

أما **الفصل الثالث** من الكتاب فكان له شأن آخر؛ نقع فيه على أنّ مفاعيل الحرب لم تكن أبدا من طبيعةٍ بالمقدور تجاوزها أو تجاهلها، بمعنى اقتصارها على ما هو آني وظرفي وحسي ومادي، وإنما كانت - وهنا مكمن الخطر الوجودي الداهم الذي يتهدد وجودية الكيان العبري، وفق ما تنبأ به بعض قادته - من طبيعة سيكولوجية صميمة، ليس من اليسير تلقف آثارها، بوصفها تمس الذاكرة والإرادة والوعي والمخيال الإسرائيلي الجمعي العام. لقد تصاغر إحساس الإسرائيلي بذاته كنتيجة لخسارته الحرب في قبالة حزب الله، وعاش شعوراً حاداً بالدونية، فارتد إلى الماضي التليد يقلّب صفحاته، ويتنكب فيه - على نحو تعويضي - عن ما يعيد التوازن إلى وعيه المنهزم، وإلى ذاته المختلة. وكتجلٍ لانهزام الوعي أيضاً، كثر ضجيجه وصخبه وصراخه على حساب الأفعال لعجزٍ عن المبادرة والفعل والتأثير، كما كثر توسله للأعمال الاستعراضية والدعائية علها تنفع في استواء توازنه من جديد .

وحرص **الفصل الرابع** على عدم إهمال مفاعيل الحرب ووقع الانتصار المظفر على الشعوب العربية والإسلامية؛ فعرض - في عجالة - لبعض آثار ذلك على الوعي العربي بعامة والسوري بخاصة. سواء على الصعيد العاطفي الانفعالي الذي يمكن تمثله في الحراكات الشعبية الفاعلة والنشطة في غير مكان وغير دولة، في دلالة بالغة على حالة استنهاضية غير مسبوقة للشارع العربي والإسلامي، أم على صعيد الوعي، من حيث وعي العربي بقوته وقدراته

وإمكاناته من جهة، ووعيه المقابل بهشاشة الكيان العبري الذي صدق فيه القول أنه «أوهن من بيت العنكبوت» .

قصارى القول، أن يلقى هذا الكتاب عند الله أجراً عظيماً؛ هو – بلا شك – منتهى الرجاء ومنتهى الغاية. وأن يتوافر هذا الكتاب على فائدة عظيمة للقارئ الباحث في الميادين ذات الصلة؛ هو الحسب والنوال. وأن أوفق لحفظ بعض ما لهذه الحرب من فضائل وكرامات وأياد بيضاء؛ هو طموح متواضع أشد إليه الرحال.

حسبي أن أكون قد أضفت إلى خزانة نهضة الأمة كتاباً مرقوماً، لا أرجو منه إلا وجه الله.

المؤلّف

الفصل الأول

مشكلات في إدارة الحرب

لا شك، أنّ الحرب على لبنان في 12 تموز من العام 2006، قد انتهت إلى هزيمة نكراء وغير مسبوقة لإسرائيل، بمعزلٍ عن الجدل السفسطائي الدائر داخل المجتمع الإسرائيلي حول حقيقة توصيف هذه النتيجة: هل هي هزيمة؟ أم هي شيء آخر. كأن يطرح التساؤل – تخفيفا لوطأة النتيجة ولمفاعيلها على الوعي، وهربا من واقعها الأليم -على هذا النحو: هل هي إخفاق[1]؟، أم فشل؟، أم تعثر؟... بمعزل ومنأى عن كل هذا الهراء، فقد تكشفت الحرب عن اختلالات حادة في تفكير وعمل الإدارة الإسرائيلية على المستويين السياسي والعسكري.

والحال هذه، سوف نتوسل هنا مقاربة عدد من الافتراضات الرئيسة، ومن الأشغولات والاعتقادات الإشكالية التي قامت في أساس إدارة الحرب الإسرائيلية على لبنان؛ ليس من باب الاعتقاد والظن، أنها كانت مناط الهزيمة التي منيت بها إسرائيل، كما حاول تقرير لجنة فينوغراد[2] - في خلاصة

---

(1) لقد توسلت لجنة فينوغراد - عمدا - في تقريرها الناظر في أسباب الفشل الإسرائيلي في لبنان، استعمال كلمة إخفاق وليس كلمة هزيمة في موضع التعبير عن نتائج الحرب، وذلك تخفيفا من وطأة ما حدث على الوعي الإسرائيلي من جهة، وعلى وعي الخصوم والأعداء من جهة ثانية. واشتمل التقرير على 156 كلمة " إخفاق"، في دلالة بالغة على هول النتائج التي تمخضت عنها الحرب إسرائيليا.

(2) عينت اللجنة بتاريخ 17 أيلول من العام 2006، وحملت رسميا اسم " اللجنة لفحص أحداث المعركة في لبنان 2006'، وتألفت من: د. إلياهو فينوغراد (رئيسا)، وعضوية كل من:

مراجعته لموضوعة الحرب على لبنان- القول، لجهة ربطه أسباب الإخفاق الإسرائيلي بعيوب في الإدارة، وبقصور في المستوى القيادي، وبتشوش في فهم وإدراك طبيعة المعركة. إنها محاولة منه لتغييب أي عنصرِ إبداعٍ أو تفوقٍ أو غلبةٍ أو اقتدار يمكن أن يتوافر عليه حزب الله في قبالة الجيش الإسرائيلي، خشية أن يشكل هذا الأمر سابقة على مستوى الوعي الإسرائيلي الجمعي العام، الذي لطالما تربى على صور التعالي والتفوق والقوة والبأس، من جهة، فيصاب عندئذٍ بالكبح والكي والانكماش والتقهقر. أو يكرس - من جهة ثانية - سابقة على مستوى الوعي العربي الجمعي، الذي لطالما تنمّط على الانكسار والدونية والتصاغر والضعف، فتأخذه العزة، ويدرك بذلك الطريق إلى النصر والغلبة. «هناك تداعيات كبرى» يقول أمين مصطفى «ستترك آثارها في طريقة تفكير المواطن العربي، في إعادة صياغة العقل العربي (. . .) ستنقل العقل العربي والتفكير العربي من واقع الهزيمة، ومن واقع الشعور بأنه لا يملك شيئا إزاء ما يجري (. . .) إلى واقع الانتفاض على هذا الشعور. ومحاولة تغيير هذا الواقع، سيشعر العقل العربي بأنّ هناك شعوراً بالثقة بالنفس، وان هناك إمكانية لخلق حالة من التوازن، إذا لم يكن الانتصار الحقيقي على العدو الإسرائيلي»[3].

إنّ مقاربة المشكلات التي تكشفت عنها إدارة الحرب إسرائيليا، تندرج في سياقات نشر الاضاءات الكاشفة على مجمل مشهديات الفشل الإسرائيلي قياديا وميدانيا، وعلى مجمل صور التهافت والانهزام والإخفاق والسقوط والتعثر

= البروفيسور روت غبيزون، البروفيسور يحزقيل درور، العميد احتياط د. حاييم نذل، العميد احتياط مناحيم عينان. وقد فوضت اللجنة مهمات الفحص والتوصل إلى توصيات وخلاصات واستنتاجات على المستويين السياسي والعسكري في كل ما يخص الحرب على لبنان التي بادر إليها الإسرائيلي في 12 تموز 2006. عكفت اللجنة على إصدار تقريرها الجزئي في 30 نيسان من العام 2007. وأصدرت تقريرها النهائي في 30 كانون الثاني من العام 2008. يقع التقرير النهائي في621 صفحة من القطع المتوسط، موزعة على جزءين وخمسة أبواب و18 فصلا.

(3) أمين مصطفى، **الإعصار**، ط1، بيروت: دار الهادي للطباعة والنشر والتوزيع، العام 2007، ص 412، 413.

والتخبط التي حكمت تفكير المستويات السياسية والعسكرية في الدولة العبرية وأداءها. وذلك لبيان زيف الادعاءات والمزاعم الإسرائيلية التي لطالما سوقت لصنفها البشري بوصفه أرقى الأصناف البشرية، وأرفعها مقاما وشأنا. وظهّرت، على الدوام، المواطن – الجندي لديها بصورة البطل الأسطوري، بعد أن أمدته بفيض من صفات النوعية والذكاء والدهاء والحيلة والتفكر وحسن التدبر والاقتدار، وأحاطت نفسها بهالة من التقديس والتسديد والرفعة والعصمة.

لم تكن الأخطاء الإسرائيلية في إدارة ملف الحرب على لبنان، من النوع العابر والظرفي، أو التكتيكي والمرحلي؛ لقد اقتُرفَت على المستويات السياسية والعسكرية أخطاء وعيوب وحماقات إستراتيجية في التفكير، والفهم، والتخطيط، والتقدير، والإعداد، وخلال التنفيذ، ما انعكس – بالضرورة – في نتائج ومخرجات الحملة العسكرية على لبنان.

كان ثمة أخطاء قاتلة في إدارة الجبهة الداخلية كما في إعدادها: يمكن القول، أن أخطر فشل لإسرائيل، بالمقدور تلمس تعبيراته وترجماته بوضوح، كان على الساحة الداخلية البالغة في حساسيتها وهشاشتها حدّ الإفراط، والتي كانت عرضة لسقوط ما يقارب الأربعة آلاف صاروخ، أي ما يعادل المئة والخمسين صاروخا في كل يوم؛ فشلت إسرائيل في الدفاع عن مواطنيها، حيث تُرك المستوطنون لمصيرهم هناك، ووضعوا تحت رحمة الصواريخ في حجم لا سابق له. كما فشلت في توفير شبكات الأمان ومقومات الصمود والحماية لهم، وفي تعزيز مناعتهم القومية والاجتماعية، وفي تهيئتهم وتحضيرهم لتحمل أكلاف الحرب المعنوية والمادية.

وكان ثمة أخطاء عملياتية - ليست أقل حدّة - تمثلت في العجز عن انتخاب الوقت الملائم لتعبئة قوات الاحتياط، وتحشيدها، وتحريكها، وتنظيم اندفاعها وفق خطة واضحة الأهداف. ومثلها أخطاء تولدت من القصور القيادي العسكري عن إدراك واقع انه يواجه حرباً، وأنّ ما يخوض غماره ليس مجرد هجوم انتقامي، وليس عملاً عسكرياً محدوداً. وكذلك سقوط الجيش الإسرائيلي في اختبار المعارك البرية وامتحانها، وفشله في توفير البضاعة المطلوبة، وتأمين

المهمة الموكلة إليه، أي تطهير منطقة جنوب الليطاني من حزب الله. هذا فضلا عن إخفاقه في الإعلان عن أهدافه الإستراتيجية، وإخفاقه المماثل في تحديد المناطق المحمية والآمنة. كما إخفاقه في وقف انهمار وابل الكاتيوشا المستمر بالسقوط تباعا على المدن والمستوطنات الإسرائيلية، حتى لحظة وقف الأعمال الحربية من فجر الرابع عشر من آب من العام 2006، بما يؤشر، كما يقول إفرايم عنبار على صحة «ادعاء حزب الله بأنه انتصر»[4].

وثمة أخطاء أخرى من طبيعة مختلفة؛ منها ما هو صادر من قصور القيادة الإسرائيلية عن إدراك وفهم المعاني والدلالات الإستراتيجية لهجمات الكاتيوشا المتراكمة، وأثرها البالغ على مستقبل الكيان، وعلى وجوده ومصيره. ومنها ما هو ناجم- بسبب من حماقات إستراتيجية وأخطاء وعيوب عملياتية - عن حالة من التردد[5] شابت عمليات اتخاذ القرار وأواليات تبلوره وانسيابه، وذلك على المستويات القيادية كافة: السياسية والعسكرية والميدانية. ومنها ما له دخالة باستعطاء إسرائيل قراراً دولياً[6] يعوض عن إخفاقها الميداني، ويخرجها من

---

(4) إفرايم عنبار، **كيف أساءت إسرائيل إدارة حرب لبنان الثانية؟**، عن مركز بيغن - السادات للدراسات الإستراتيجية. نقلاً عن صحيفة الأخبار اللبنانية، ملحق خاص، السنة الأولى، العدد 276، الجمعة في 13 تموز، العام 2007، ص 8.

(5) لقد عكس التردد حالة ضعف القيادة الإسرائيلية وعجزها عن اتخاذ أي قرار ؛ يمكن ملاحظة تعبيرات ذلك وتمثلاته في التردد الذي كان حاكما بشأن تجنيد الاحتياط. والتردد بشأن إقحام الجيش في عملية برية في عمق الأراضي اللبنانية، ثم في شكل هذه العملية البرية ومستواها: هل هي محدودة تقتصر على عمق (2/ 6 كلم) وفقا لما أصطلح عليه الإسرائيلي (بالخط النقي)، أم هي تندرج في ما أسماه (الاحتلال الانتقائي) بعد تعثر الأولى، أم هي عملية برية واسعة كما صودق عليها مرارا في المجلس الوزاري الأمني المصغر دون أن تأتي أكلها، وأخيرا كان التردد ماثلا بشأن ما يسمى بعملية (تغيير اتجاه11) التي صادق عليها المجلس الوزاري الأمني المصغر في 9 آب، غير أنها لم تبدأ إلا في 12 منه.

(6) سارع الرئيس الأميركي آنذاك جورج بوش الابن، بالتعاون مع خبراء إدارته، إلى البحث عن أفضل السبل والمخارج الآيلة إلى استنقاذ سمعة إسرائيل التي وضعت في الميزان، بعد أن تكشفت الوقائع العسكرية في ميدان المعركة عن صدمة مروعة، عن حقيقة عجز إسرائيل، كما

ورطتها، ويحفظ لها ماء الوجه الذي أريق أمام عجز آلتها العسكرية عن صناعة ولو صورة نصر، أو وهم انتصار. «إنّ كيفية إنهاء إسرائيل للحرب زادت من فشلها» يقول إفرايم عنبار، فقد سجل قرار مجلس الأمن 1701 «للمرة الأولى في تاريخ إسرائيل أنّ القدس التمست قراراً للأمم المتحدة من أجل إنهاء الحرب»(7).

وتطول، إلى ما لا نهاية، قائمة المشكلات والأخطاء والعيوب التي شابت أداء القيادة الإسرائيلية وتفكيرها، على نحوٍ يضيق معه المقام عن ذكرها وتعدادها ونشرها، فضلاً عن معاينتها ومقاربتها بالمعالجة والفحص. والحال، سنكتفي هنا من هذه المشكلات بأربع، نعكف - بقدرٍ - على دراستها، وتشفيف مدخلاتها ومقدماتها، ورسم ملامحها وحيزات توضعها واشتغالها، وبيان أثرها، لما نرى إليها من مشكلات جوهرية رئيسة تؤشر على حماقة وقصور العقل الذي اقترفها وتسبَّب بها. علنا بذلك نسفّه ونجبّ ما أحاط به هذا العقل نفسه - ادعاء - طيلة عقود من الزمن، من معاني التعالي والتفوق والنوعية والذكاء والدهاء والفطنة والمكر...

= فشلها في صناعة أي انجاز بالمقدور تثميره، أو توظيفه، أو البناء عليه لتأسيس عملية سياسية من شأنها أن تفضي إلى تغيير الواقع، أو - بالأقل - إلى تغيير قواعد اللعبة. فقد نشطت الدبلوماسية الأميركية في الأمم المتحدة لتعويض إسرائيل عن الخسائر الفادحة في ميدان المعارك، فتوسلت لذلك استصدار قرار يلبي بعض المطالب الإسرائيلية. ولكن يمكرون ويمكر الله (سبحانه وتعالى) والله خير الماكرين.

(7) إفرايم عنبار، **كيف أساءت إسرائيل إدارة حرب لبنان الثانية؟**، عن مركز بيغن - السادات للدراسات الإستراتيجية. نقلاً عن صحيفة الأخبار اللبنانية، ملحق خاص، السنة الأولى، العدد 276، الجمعة في 13 تموز، العام 2007، ص 8.

المشكلة الأولى:
ضمور الإبداعية العسكرية

لقد تكشفت الحرب الإسرائيلية على حزب الله - بما لا يقبل الشك - عن أخطاء وعيوب شابت أداء القيادة العسكرية للجيش الإسرائيلي، واعترت مجمل الحراك الميداني للقوات في الجبهة، على النحو الذي جعل العارفين من ذوي الاختصاص والشأن، في معرض تقديم مراجعات تقييمية لموضوعة الحرب، يطلقون نعوتا غير مسبوقة في توصيف الجيش الإسرائيلي، من قبيل الإصابة بالعمى[8]، والغباء[9]، والبدانة[10]، والفشل، والترهل، والتعب، والتخبط، والعجز، والعقم، وفقدان التوازن[11]... وما شاكل ذلك من ألفاظ ونعوت غير

---

(8) يعرض تقرير صدر في كانون الأول من العام 2007 عن لجنة الخارجية والأمن التابعة للكنيست، ما ألمّ بالجيش الإسرائيلي في حربه على لبنان من ضياع وإرباك وتشتت، واصفا إياه بالعمى، حيث يشير إلى أنه "تماهى مع حزب الله، وأصيب بالعمى... ما أدى إلى تعاظم منطق العدو". أنظر صحيفة **الأخبار اللبنانية**، السنة الثانية، العدد 416، الثلاثاء في 1 كانون الثاني، العام 2008، ص18.

(9) يقول يوئيل ماركوس، في معرض تقييمه لأداء الجيش الإسرائيلي في حرب تموز من العام 2006: "وجدنا أمامنا جيشا غنيا وكبيرا وغبيا بدلا من الجيش الصغير والذكي الذي نعرفه". أنظر: مجموعة من الكتاب والمحللين الإستراتيجيين الإسرائيليين، **33 يوم حرب على لبنان**؛ ترجمة أحمد أبو هدبة، ط1، بيروت، مركز الدراسات الفلسطينية، العام 2007، ص231.

(10) رأت وسائل الإعلام الإسرائيلية، كما رأى عدد من المعلقين الاستراتيجيين، أنّ هزيمة الجيش الإسرائيلي دلت على بدانته. أنظر: أمين مصطفى، **الإعصار**، ط1، بيروت: دار الهادي للطباعة والنشر والتوزيع، العام 2007، ص 246.

(11) يذهب بعض المحللين العسكريين الإسرائيليين إلى أن أحد أهم الاستنتاجات الأولية على الصعيد العسكري في هذه الحرب؛ كان هو فقدان التوازن الذي أصاب الجيش الإسرائيلي

محمودة بإطلاق؛ على خلاف ما كان يرقى إليه هذا الجيش من صنوف المديح والتبجيل والتعظيم والثناء، والتغني ببطولاته، والتتلمذ على نظرياته القتالية، والإشادة بقدراته الأسطورية الخارقة.

كانت الإجراءات والتدابير العسكرية التي توسلها الجيش في الحرب مكشوفة ومباشرة وغير إبداعية. وكان الأداء رتيبا ومبتذلا. وكان استخدام القوات البرية متوقعا وغير خلاق. فضلا عن أنّ الخطط العامة التي كانت قد أعدت بشكل مسبق للحرب - وفق ما أشارت إليه الأوساط الإسرائيلية ذات الصلة - كانت من طبيعة تقليدية ومستهلكة ومكرورة وممجوجة على نحو مقيت. لكنّ أكثر ما فاقم من سوداوية هذا المشهد وقتامته، ومن حدة مأزم القيادة العسكرية، هو افتقار الجيش إلى ما يُسمّى «الجنود المفكرين»(12) بما يعني توافر القدرة على اجتراح الحلول وابتداع المخارج وإيجاد العلاجات لكل المشكلات والأمور المستجدة وغير المحسوبة، على الرغم من أنّ الجنود الإسرائيليين - بشهادة جميع العارفين - هم «جنود عمليون»، إنْ كان بلحاظ الخبرة والتجربة والمران والحدس والمهارة والكفاءة والاقتدار، أم بلحاظ ما توافروا عليه من تدريب وإعداد وتأهيل، أم باعتبار ما استحوذوا عليه من وسائل وتكنولوجيات. فقلما تقع- وهذا ما أشارت إليه وقائع الحرب - في صفوف الجيش الإسرائيلي على من كان مالكا للقدرة على تفكير يؤلف بين النظرية العسكرية والتاريخ العسكري من جهة، وبين التخطيط والتنفيذ من جهة ثانية، أو من كان قادرا على ابتداع الأساليب الملائمة لمعالجة الأوضاع المستجدة غير المحسوبة، أو اجتراح الحلول والمخارج المناسبة في المحكات المستعصية.

= طوال الحرب، وإظهاره كأنه جيش فاشل، تعب، يتخبط، محبط". أنظر: مجموعة من الكتاب والمحللين الاستراتيجيين الإسرائيليين، **33 يوم حرب على لبنان**؛ ترجمة أحمد أبو هدبة، ط1، مركز الدراسات الفلسطينية: بيروت، العام2007، ص18.

(12) القصد بالجنود المفكرين، وفقا لعالم الاجتماع جانوبيتش: هم الجنود الذين يلتزمون بنحوٍ رئيس الأسئلة العملية، لكنهم من اجل مواجهة المشكلات العملية يستمدون الإلهام من نظرية عسكرية، ومن تاريخ عسكري.

ولو شئنا القيام بأعمال حفرية لتشفيف المسببات التي تأدت إلى هذا التردي الذي عصف بالمؤسسة العسكرية؛ لأمكننا ملاحظة بعض منها:

أولا- استغراق الضابط أو الجندي الإسرائيلي - منذ وقت غير قليل - في حرب شوارعية، قامت بسبب من اندلاع الانتفاضة الفلسطينية، واشتعال فتيلها. ما أسفر بالتالي عن ابتعاده من التجربة القتالية التي تتجاوز نشاطات عمل الشرطي في المناطق، وتأدى إلى عزوفه النسبي عن التدرب على العمل في وحدات كبيرة، أو على تنفيذ عمليات معقدة، أو على معالجة أوضاع صعبة. فعندما «تتحول ألوية سلاح المشاة» يقول زئيف شترنهال في مقاربة نقدية لأداء الجيش الإسرائيلي في حربه على لبنان «إلى قوة بوليسية متمرسة في حراسة الجدران، واقتحام مخيمات اللاجئين، أو ملاحقة الخلايا التخريبية بين أغراس الزيتون. وعندما يصبح عدد المطلوبين الذين يُضبَطون مقياسا لمدى نجاح الضابط المسؤول، وليس رؤيته القتالية وقدرته على قيادة وحدات كبيرة؛ يبدأ الجيش بالتعفن»[13].

لقد استطاعت الانتفاضة الفلسطينية إشغال الجيش الإسرائيلي، وإنهاكه، واستنفاد قواه، وتحويل اهتماماته، وحرف توجهاته، وإغراقه- في السنوات الأخيرة- في وحول حرب من نوع مختلف في الضفة الغربية وقطاع غزة وسوى ذلك من المدن الفلسطينية «فالجيش الإسرائيلي الذي أتقن الحرب البوليسية وتصفية المدنيين العزل والمقاومين في مناطق الفلسطينيين أصبح في هذه الحرب أهدافا للرماية ولتجريب الأسلحة»، ووحدات النخبة الإسرائيلية «التي تعودت على الكر والفر في أزقة مخيم بلاطة ووسط مدينة خان يونس» كما يقول عاموس هرئيل «لم تكن معتادة على هذا النوع من الحرب الدائرة في لبنان»[14]. والجندي الذي «اعتاد التحرك في أزقة يقطنها الضعفاء» وفق ما

---

(13) مجموعة من الكتاب والمحللين الاستراتيجيين الإسرائيليين، **33 يوم حرب على لبنان**؛ ترجمة أحمد أبو هدبة، ط1، بيروت: مركز الدراسات الفلسطينية، العام 2007، ص 271.

(14) مجموعة من الكتاب والمحللين الاستراتيجيين الإسرائيليين، م.ن.، ص 96.

نشرته هآرتس في عددها الصادر في العشرين من آب من العام 2006، وجد نفسه «أمام حرب حقيقية. والدبابات التي اعتادت مواجهة أمطار الحجارة والزجاجات في المناطق الفلسطينية؛ واجهت في لبنان صواريخ وعبوات حولتها إلى توابيت من حديد لمن فيها».

والحال هذه، استُنزف الجيش الإسرائيلي خلال أعوام خلت، على مذبح الانتفاضة الفلسطينية، وفق ما أشار إليه دان حالوتس في حديث أدلى به لصحيفة يديعوت احرونوت، حيث يقول في معرض تقديم الإجابة عن عدم جهوزية الجيش التي ظهرت بوضوح خلال الحرب: «لم أفاجأ بالظاهرة، بل بحجمها الكبير»[15]. لكنّ هذه ليست إلا نتيجة ومخرجة، أمّا مقدماتها ومدخلاتها المؤسِّسة فتعود إلى انهماك الجيش الإسرائيلي «طوال أكثر من 20 عاماً بمهام ليست عسكرية صافية. و20 عاماً هو جيل اليوم وضباطه الذين ولدوا في هذا الواقع»[16]. ما يعني أن مسؤولية ذلك ملقاة على عاتق كل القادة العسكريين السابقين من أصحاب مقولة «أنّ الصواريخ لدى حزب الله سيتآكلها الصدأ» دون أن يلتفتوا في حينه، والكلام لحالوتس «إلى أنّ الجيش الإسرائيلي كان يصدأ»[17]؛ في إشارة واضحة إلى ما يُعرف إسرائيليا (بنظرية الصدأ) التي كانت قد اشتهرت عن رئيس الأركان الأسبق الجنرال موشيه يعالون، والتي تقضي أن يصار إلى مواجهة الترسانة والمنظومة الصاروخية لحزب الله من خلال توسل سلاح (الصدأ) الذي سيصيبها حتما في مواضع وأماكن تخزينها جراء عدم تمكينه – أي الحزب – أو إعطائه الفرصة أو الذريعة، لاستخدامها.

والجدير بالالفات والاهتمام، أنّ دان حالوتس قد عاب على كل قادة إسرائيل – الذين كانوا قد شغلوا المستويات السياسية والعسكرية فيها منذ

---

(15) صحيفة الأخبار اللبنانية، السنة الثانية، العدد 453، السبت في 16 شباط، العام 2008، ص 18.

(16) صحيفة الأخبار اللبنانية، م.ن.، ص 18.

(17) صحيفة الأخبار اللبنانية، م.ن.، ص 18.

الانسحاب القسري من لبنان في الخامس والعشرين من أيار من العام 2000 –
توسلهم لما يسمى بسياسة الاحتواء Containment[18] في مواجهة تهديدات
حزب الله المتنامية على الحدود، حيث كان يصار إلى الردّ على التحديات التي
يمثلها الحزب بردود موضعية مخففة لا تحقق ردعا، ولا تمنع تهديدا؛ بدءا من
السابع من تشرين الأول من العام 2000، حيث أقدم رجال حزب الله على
أسر ثلاثة جنود إسرائيليين في منطقة مزارع شبعا اللبنانية المحتلة[19]، مرورا
بمحاولة أسر مماثلة– لم يكتب لها النجاح – في بلدة الغجر في الحادي
والعشرين من تشرين الثاني من العام 2005، وصولاً إلى استهداف موقع وحدة
الرقابة الجوية في جبل ميرون في الثامن والعشرين من أيار من العام 2006
بقصف صاروخي مركز، تأدى إلى إلحاق ضرر بالغ به... وما بينها جميعا من
شريط أحداث وتحديات يطول[20].

وفي سياق متصل بمشهدية استنزاف الجيش الإسرائيلي على مذبح الانتفاضة
الفلسطينية؛ أشار الباحث والكاتب ران باراتس بدوره، في ما أسماه «الكفاءة
المنخفضة لسلاح البر الإسرائيلي» إلى حقيقة تهالك الجيش الإسرائيلي وترنحه
وانعدام توازنه؛ بعدما عكف حزب الله خلال هذه السنوات المنصرمة على

---

(18) تعود نظرية الاحتواء containment، كنظرية عسكرية في جذورها وامتداداتها إلى ما تمخضت
عنه النقاشات التي عصفت داخل أروقة وزارة الدفاع ومجلس الأمن القومي الأميركيين، إبان
اشتعال الحرب الباردة بين الولايات المتحدة والاتحاد السوفياتي. ويقصد بها توسل أداء ميداني
وسياسي يرمي إلى تقييد مساحة المناورة لدى العدو وتطويق انجازاته من دون التسبب بتصعيد
أو بمواجهة مسلحة واسعة معه.

(19) نفذت العملية عند بوابة شبعا قرب بركة النقار في جنوب لبنان.

(20) قد أماط تقرير لجنة فينوغراد - في خلاصاته وتوصياته - اللثام عن تطبيقات نظرية الاحتواء، في
معرض توصيفه وتحديده للسياسة التي انتهجتها دولة إسرائيل على جبهتها اللبنانية، في المساحة
الزمنية الفاصلة بين الخامس والعشرين من أيار من العام 2000،، إثر انسحاب أحادي قسري
نفذه الجيش الإسرائيلي من الجنوب ما خلا منطقة مزارع شبعا التي أبقى عليها بحوزته، والثاني
عشر من تموز من العام 2006 عشية حربه على لبنان.

تحري نقاط الضعف لدى الجيش الإسرائيلي، وفحص مقاتله من جهة، وعلى مراكمة أسباب القوة حيالها من جهة ثانية، حيث يقول من مقاربة بعنوان «عن جبهات وحرب» نشرها موقع أوميدياه: «لم يكن أعداؤنا في حاجة إلى الحرب الأخيرة لكي يتوصلوا إلى هذا الاستنتاج، لأنهم يتابعون التآكل المستمر للكفاءة القتالية للجيش الإسرائيلي منذ عدة أعوام، وخاصة في أعقاب الانتفاضتين الأخيرتين»[21].

ثانيا- استشراء أمية عسكرية في صفوف الجيش كمخرجة حتمية لاستنكاف الضابط الإسرائيلي عن قراءة أدب عسكري متخصص من غير بنات أفكار مؤسسته الأم، بعد أن تملكته العنصرية والشوفينية والاعتقاد بأنّ تجارب الآخرين لا يمكن لها بإطلاق أن ترقى إلى مستوى تجاربه. «من المؤكد» يقول آفي كوبر الباحث في مركز بيغن - السادات في معرض تعليقه على هذه الظاهرة: «إنهم - الضباط الإسرائيليون - لا يعرفون عن قرب ما كتبه مفكرون عسكريون كلاسيكيون لم يخب وهجهم إلى الآن»[22].

وكانت لجنة فينوغراد - في أعقاب هزيمة الجيش الإسرائيلي في لبنان - وقد وقفت في بحثها وتحريها عن أسباب الإخفاق والفشل على حقيقة هذا الأمر المهول، بعدما تبين لها أن سبل إعداد كبار القادة والضباط، وأواليات التعيين والترفيع والترقية والتدرج المتبعة، تعاني جميعها من خلل يتأدى - بنحو مباشر - إلى تسلم قادة غير ذوي أهلية وكفاءة مناصب ومواقع قيادية عليا؛ حيث أوصت في خلاصة تقريرها النهائي بضرورة العمل على رفع المستوى

(21) ران باراتس، **عن جبهات وحرب**، نقلاً عن صحيفة الأخبار اللبنانية، ملحق خاص، السنة الأولى، العدد 287، الخميس في 26 تموز، العام 2007، ص 8.

(22) آفي كوبر، **مشكلات في إدارة الحرب**، مركز بيغن - السادات للأبحاث، راجع صحيفة الأخبار اللبنانية، ملحق خاص، السنة الأولى، العدد 289، السبت في 28 تموز، العام 2007، ص8.

الأكاديمي لدى كبار القادة العسكريين. وهذا ما وجد ترجمته سريعا في إقرار تشكيل لجنة خاصة[23] برئاسة الجنرال آفي ايتام، انبثقت عن لجنة الخارجية والأمن في الكنيست، وأنيطت بها مهمة دراسة مستوى الضباط الإسرائيليين من ذوي الرتب العسكرية الرفيعة.

وفي سياق متصل، أشار التقرير الذي نشره مراقب الدولة إلى تدني المستوى الأكاديمي للضباط من قادة الأركان والألوية والوحدات، مصنفا هذا الأمر في خانة المدخلات الجوهرية الرئيسة التي تأدت إلى الإخفاق والفشل والهزيمة: «إنّ 82 في المئة من الضباط برتبة لواء، و68 في المئة من الضباط برتبة عميد، و76 في المئة من الضباط برتبة عقيد» يقول التقرير«لم يحصلوا على تأهيل في كلية عسكرية للأركان»، ما كان له انعكاسات سلبية خطيرة وحادة على الجهوزية القيادية في الجيش.

ثالثا- اندفاع الجندي الإسرائيلي إلى المواجهات البرية مسكونا بمسبقات، هي ليست إلا تهويمات مرضية مفادها: أنّ المقاتلين من الأعداء العرب - بسلاحهم البسيط، وخبرتهم اليتيمة، ومعنوياتهم المنهارة، ووعيهم المردوع - لا يلبثون أن يولوا الدبر[24]، وأن يتقهقروا صاغرين فور شروع طلائع الجيش

---

(23) كانت اللجنة المذكورة - فور تشكلها - قد اقترحت إنشاء أكاديمية عسكرية مختصة، شبيهة "بجامعة الأمن الوطني" في الولايات المتحدة الأميركية ؛ تعنى بإعداد كادرات عسكرية، حيث يُلزم المرشحون لتبوء مواقع قيادية ومراتب عسكرية عالية في الجيش على الالتحاق بها، وعلى الخضوع لبرامجها المكثفة، كمقدمة لحيازتهم - في حال نجاحهم - شهادات البكالوريس والماجستير والدكتوراه في" فنون الحرب". وقد أعرب رئيس اللجنة الجنرال أفي ايتام عن أهمية هذه الأكاديمية، وعن لزوم التحاق العسكريين بها ؛ حيث يقول: "إن من يريد أن يكون استراتيجيا عسكريا، فليتعلم في الأكاديمية العسكرية".

(24) تنقل صحيفة "**صنداي تايمز**" البريطانية - في تحقيق عن مجريات الحرب في الجانب الإسرائيلي - عن أحد الجنود الإسرائيليين قوله: " من الواضح أنّ مقاتلي حزب الله لم يسمعوا أبدا أنّ على الجندي العربي الفرار عندما يواجه الإسرائيليين. لقد كنا نتوقع أن نلقى خيمة وثلاثة رشاشات كلاشينكوف. هذا ما أخبرتنا به الاستخبارات الإسرائيلية، ولكن بدلا من ذلك، وجدنا أنفسنا أمام باب فولاذي يقود إلى شبكات من الأنفاق المجهزة جيدا". أنظر

الإسرائيلي من سلاح المشاة بالهجوم[25]، وفق ما كان يصار إليه الحال في الحروب الإسرائيلية السابقة منذ العام 1948، إذا ما تمّت قراءة السلاسل الزمنية لتواريخ هذه الحروب. لكنّ الأمر كان خلاف ذلك في الحرب الأخيرة على لبنان، فقد أفادت شهادات الجنود الإسرائيليين العائدين من الجبهة بروح مهزومة ومنكسرة، أنهم فوجئوا بمقاتلين من طراز مختلف[26]، و«بجماعة من

= صحيفة الأخبار اللبنانية، ملحق خاص، السنة الأولى، العدد 283، السبت في 21 تموز، العام 2007، ص 8.

(25) كان العقل الأمني الإسرائيلي يتخيل العدو في صورة من البورسلين، بحيث تكفي ضربة إزميل واحدة لتفتيتها وتحويلها إلى شظايا متناثرة. وهذا الوهم أبدع المفهوم الأمني لإسرائيل وحكم قواعده. ما نقع على ترجماته ومصاديقه في الاستثمار الدائب في توسل منظومات قتالية ذكية ودقيقة وفي بناء قوة جوية وبرية فاعلة، على النحو الذي يكون بمقدورها المس بأهداف موضعية: كاستهداف قيادات العدو، وتفكيك المنظومات المقاتلة لديه وشلها. وتقوم الفرضية القتالية لهذا المفهوم ' على أساس أن قوات العدو تعمل في منظومة مركزية تراتبية ومنظمة، وهو ما كان غير صحيح بالنسبة لحزب الله في حالة حرب لبنان الثانية، فقد عمل حزب الله كمنظمة عصابات بالتسيير الذاتي، المنبسط والموزع'. أنظر: أمين مصطفى، الإعصار، ط1، بيروت: دار الهادي للطباعة والنشر والتوزيع، العام 2007، ص232.

(26) وصف الجنرال الأميركي روبرت سيكلس النموذج الذي قدمه مقاتلو حزب الله قائلا: ' إنّ تكتيكات حزب الله تمثل ثورة جديدة في المعارك'. أنظر: صحيفة السفير اللبنانية في عددها الصادر في 15 – 2 – 2008.

وكان يوسي آلفر - مسؤول سابق في جهاز الموساد الإسرائيلي، ورئيس سابق لمعهد جافي للدراسات الإستراتيجية في جامعة تل أبيب - قد قال في مقابلة مع صحيفة ' الواشنطن بوست ' الأميركية: "أجرؤ على القول، استنادا إلى ما شهدناه حتى الآن، أنّ حزب الله قد يكون أفضل قوة مسلحة عربية واجهناها في تاريخنا'. انظر: هشام آل قطيط، **ثلاثة وثلاثون يوما أحدثت بركانا في إسرائيل**، ط1، بيروت: مؤسسة البلاغ للطباعة والنشر والتوزيع، العام 2006، ص 89.

وفي سياق متصل، رأى عاموس هرئيل - مراسل صحيفة هآرتس الإسرائيلية - في معرض مقاربته لنتائج الحرب على لبنان، أنه ' لا يملك جيش كبير ونظامي مثل الجيش الإسرائيلي أية أفضلية أو تفوق أمام مقاتلي حزب الله'. أنظر: مجموعة من الكتاب والمحللين الإستراتيجيين الإسرائيليين، **33 يوم حرب على لبنان** ؛ ترجمة أحمد أبو هدبة، ط1، بيروت: مركز الدراسات الفلسطينية، العام 2007، ص 97.

طراز جديد» على حدّ تعبير الكاتب أوري بن يوسف، وواجهوا قوة منظمة ذات بنية زئبقية تتسم بالمرونة[27]، وتتوافر على الكفاءة، والمهارة، والإرادة القتالية الصلبة، والحركة السريعة الخاطفة، والقدرة على شن الاغارات، ونصب الكمائن والافخاخ، واستخدام السلاح المناسب، وتشتيت جهد العدو، ونشر الرعب في نفوس جنوده، وإتقان فنون الحرب الالكترونية، وبراعة استعمال القوة الصاروخية، والارتكاز على تكتيكات قتال غير تقليدية[28]، والجمع بين

= في حين رأى بعض المحللين العسكريين أن " القدرة القتالية لحزب الله " تعتبر " من أهم المفاجآت التي اكتشفها الإسرائيلي في لبنان خلال حربه في تموز - آب من العام 2006. وأنّ " التفوق النوعي والكمي في العدة والعتاد العسكري وكفاءة المقاتل الإسرائيلي " قد أحيل " إلى فشل وعطب وبكاء، بعد أن عرفوا على أيدي حزب الله كيف تكون الحرب". أنظر: محمد قبيسي، **الحرب السادسة: الصمود والانتصار**، ط1، بيروت: دار الهادي للطباعة والنشر والتوزيع، 2007، ص 78. و إسلام أون لاين.نت، **حرب كسر الإرادة**، ط1، بيروت: الدار العربية للعلوم - ناشرون، العام 2007، ص 71.

(27) إنّ بنية حزب الله العسكرية هي بنية مبعثرة وموزعة، وتتمتع بلامركزية، وباستقلالية عالية، وبقدر كبير من حرية الحركة، وتدار من قبل القيادات الميدانية. وبالتالي فإنها ليست ذات بؤر مركزية كتلك التي يوكل إليها عادة الإشراف على إدارة الحروب النظامية، والتي إن قدر لها أن تدمر من قبل العدو، فإنها تستتبع - بالضرورة - شل الوحدات القتالية المرتبطة بها.

(28) بالمقدور ملاحظة بعض التكتيكات القتالية التي توسلها حزب الله في الحرب:

أ- اعتماد تكتيك الحركة الدائمة القائم على وجوب عدم إخلاء الميدان. الأمر الذي يحول دون تحوّل أي اختراق إسرائيلي إلى احتلال. ما يعني فرض مفهوم إنشاء مناطق اشتباك بدل مفهوم الأرض المحتلة.

ب- عدم تبني نمط واحدي للقتال، بل تكتيكات متعددة ومتنوعة بلحاظ تنوع طبيعة الميدان وظروف المعركة: من تكتيك السد الواقف، إلى الضرب على الاذناب، إلى الوعاء الحاضن ثم المدمر. إلى تبني أسلوب اصطناع الكمائن على اختلاف طبيعتها ؛ البسيطة منها والمركبة والمتعددة. إلى ابتداع ما يسمى " مناطق القتل " واستدراج جنود الجيش الإسرائيلي إليها. إلى نصب وإعداد الأفخاخ ذات القوة التدميرية الهائلة. إلى شن الإغارات المركبة منها والبسيطة. إلى ما هنالك من تكتيكات يضيق المقام عن ذكرها وتعدادها.

ج- اعتماد تكتيك الاستدارة نحو المواقع الخلفية للعدو بمجموعات صغيرة جدا تنزل الضربات الموجعة في صفوفه، وتكبده خسائر فادحة، بعد أن يكون قد حسب أنه أحكم تطهيرها والسيطرة عليها، وأن الأمر قد استتب له.

خصائص المواجهات الكلاسيكية لجهة الاحتفاظ بالجغرافيا والثبات في الأرض والقتال في مواقع محضرة مسبقاً[29]، وبين أساليب حرب العصابات، ما تأدى إلى إرباك الجيش الحديث، وتعطيل تفوقه التسليحي والتكنولوجي، واستدراجه إلى حروب ليس له فيها اليد الطولى، وبالتالي إلى إخفاقه وفشله وهزيمته.

رابعا – ضمور المعلومات[30] على نحو يعكس إخفاقا إسرائيليا كبيرا في تقدير قدرات وإمكانات حزب الله على غير صعيد؛ فقد وجد الإسرائيلي نفسه خلال حرب تموز – آب من العام 2006 يقاتل في مناخ عمل غير معروف. سواء على صعيد المعرفة بملاك قوات حزب الله وعديدها وحجمها والسلسلة القيادية فيها وطبيعة انتشارها الجغرافي، أم على صعيد المعرفة المسبقة بالوسائل القتالية ونوع وطبيعة الأسلحة والذخائر وطرق النقل والإمداد والدعم ونظم الإشارة والتواصل وقواعد الأمن الميداني المتبعة، أم من حيث المعرفة بالمحميات الطبيعية، ومنظومات الأنفاق، ومنظومات التحصينات المموهة، والتحصينات الأفقية، والاستحكامات، ومناطق القتل، وغرف المراقبة والرصد، وما شاكل ذلك من تدابير وإجراءات وسياسات توسلها حزب الله في

---

(29) سُجّل في هذا الصدد مشهديات ملحمية تمثلت في المواجهات الكلاسيكية التي جرت بين الجيش الإسرائيلي ومقاتلي حزب الله في مارون الراس، وبنت جبيل، وعيتا الشعب، وعيناثا، والطيبة...، وسواها من المواجهات البطولية.

(30) أشّرت الوقائع الميدانية في الحرب إلى تضاؤل ملموس في قدرات جمع المعلومات عند الأجهزة الاستخبارية الإسرائيلية عن حزب الله وقدراته، وطبيعة عمله، وانتشار قواته... لكنْ ما فاقم من المأزم الإسرائيلي هو التدابير والإجراءات الوقائية التي كان يتوسلها حزب الله في كل حراكه، والتي كانت كفيلة بتحويل المعلومات الضئيلة المجمعة لدى الاستخبارات الإسرائيلية إلى قيمة محدودة وغير ذات جدوى. ويرجع يوعاز هندل – باحث في الشؤون العسكرية، ورائد احتياط في وحدة (الشييطت 13) التابعة لسلاح البحرية الإسرائيلي – هذا الضمور في المعلومات إلى " مصاعب مفهومة في إدخال عملاء إلى داخل تنظيم حزب الله". أنظر: يوعاز هندل، إخفاقات الاستخبارات التكتيكية في حرب لبنان، في مبحث صادر عن معهد ابحاث الامن القومي (جافي سابقا) التابع لجامعة تل أبيب، نقلاً عن صحيفة الأخبار اللبنانية، السنة الأولى، العدد 292، الأربعاء في 1 آب، العام 2007، ص 8.

الحرب[31]. ما أربك الجيش الإسرائيلي، وشتت جهوده، ووضع أمامه تحديا صعبا أثناء المواجهات.

لقد تأدى ضمور المعلومات وندرتها إلى فشل إسرائيل «في معرفة حقيقة المقاومة، ومدى استعدادها للمواجهة " كما يقول أمين مصطفى «فتفاجأت بأنواع أسلحة لدى المقاومة لم تعلم بها سابقا. تفاجأت بتحضير حزب الله للأرض، كما تفاجأت بمستوى تدريب عناصر المقاومة»[32]، وبمستوى تكتيكاتهم القتالية، وبمدى جاهزيتهم وقدرتهم على المناورة. وكنتيجة حتمية لهذا الفشل الاستعلامي، فشلت إسرائيل بالضرورة «في تقدير الطبيعة المحتملة للحرب، وبتحديد أهداف يمكن تحقيقها وإعداد القوى، ووضع الخطط المناسبة، فخاضت الحرب»[33] على نحو خاطئ، أفضى في المحصلة، إلى ما أفضى إليه من تخبط وإخفاق وهزيمة، ومن تعطيل لتفوقها العسكري والتسليحي والتقني[34].

---

(31) يتمتع حزب الله ببنية من طبيعة زئبقية متذبذبة، ليس بالمقدور التقاطها أو احتواؤها أو الإحاطة بها. وهي بنية مسطحة نسبيا، موزعة ومكونة من شبكة قطاعات فاعلة تتداخل وتتفارق في آن معا، وتعمل بنحو توزيعي - استقلالي - شبه لا مركزي ؛ دونما حاجة ملحة إلى تحريك قوات أو نقل تموين أو تذخير. ذلك أنّ الأسلحة والأفراد من المقاتلين والتجهيزات والتموين والتذخير، ينتشرون ويتوزعون مسبقا على الأرض وفي المحميات الطبيعية. فضلا عن ذلك، ليس لحزب الله بؤرة ارتكاز عملياتية بنيوية، بالمقدور أن يقود ضربها إلى تقهقر وانهيار باقي منظومة الجسم (امتداداته وأذرعه وأعضائه)، دونما حاجة إلى تدميره بشكل منهجي مفصل.

(32) أمين مصطفى، **الإعصار**، ط1، بيروت: دار الهادي للطباعة والنشر والتوزيع، العام 2007، ص 211.

(33) أمين مصطفى، م. ن.، ص211.

(34) ظهر عجز إسرائيل عن توفير الحماية لدباباتها من الصواريخ المضادة للدروع التي شكلت إحدى مفاجآت الحرب الحاسمة. كما ظهر عجزها عن اعتراض القدرات الصاروخية ذات المديات المتعددة، وبالتالي عجزها عن جعل الجبهة الداخلية بمنأى عن تأثيرات الحرب. وظهر أيضاً عجز منظومات حربها الالكترونية عن التشويش أو التنصت على اتصالات المقاومة أو تعطيل نظم إشارتها.

المشكلة الثانية:

عبادة التكنولوجيا

لطالما وازن القادة الإسرائيليون لدى انشغالهم بعمليات انبناء الجيش وإعداده وتأهيله بين منطقين حاكمين، من شأنهما متحدين أن يجلبا التفوق النوعي للإسرائيلي في قبالة الكثرة العددية للخصوم والأعداء:

- منطق تكنولوجي: يدأب على التزود بأفضل التكنولوجيات، والاستحواذ على أهم ما توافرت عليه الصناعات العسكرية.

- ومنطق الحيلة: الذي يقوم على المناورة والنار. ولذلك يُعنى باستلهام التجارب العسكرية الوازنة، وينكب على الاهتمام بتنمية المهارات القتالية للأفراد.

تأدّت هذه المزاوجة الواعية بين المنطقين إلى أن يحقق الجيش الإسرائيلي نجاحات وإبداعات لافتة، وان يصنع انتصارات في كل حروبه التي خاضها ضد الأنظمة العربية وعلى جبهات متعددة في آن واحد[35]. على الرغم من الاختلال الحاد في موازين القوى لمصلحة الجيوش العربية على غير صعيد؛ سواء بلحاظ الاعتبار للأبعاد الجغرافية أو العسكرية أو التسلحية أو الديموغرافية، أم بلحاظ الاعتبار للحافزية الدافعة المحرضة على القتال.

_____

(35) لطالما ارتكزت العقيدة الأمنية الإسرائيلية الكلاسيكية، منذ خمسينيات القرن العشرين، على مرتكزات وأسس ومركبات تأخذ بلحاظ الاعتبار ما يُسمّى (حدث الكل) ؛ أي بناء الجيش الإسرائيلي للاضطلاع بمهمة الحسم السريع للمعركة حتى في أكثر الحالات سوءا، وهو أن تقوم الدول العربية مجتمعة، مستفيدة من عنصر المباغتة والمبادأة، وتهاجم إسرائيل في حرب شاملة. وقد أثبت هذا المفهوم فعالية في حرب تشرين الأول من العام 1973.

وكان باحثون أمريكيون قد وقفوا على حقيقة هذا الأمر، بعدما أجروا مقابلات استطلاعية في مطلع تسعينيات القرن العشرين مع ضباط كبار من الجيش الإسرائيلي حول السياسات المتبعة من قبلهم في بناء الجيش وإعداده وتأهيله وتطويره، ووجدوا توجها وازنا يتبنى توسل التكنولوجيا، ولكن دون إفراط يؤدي إلى إغفال الاهتمام ببناء الجندي وتطوير قدراته القتالية على المناورة.

لكنّ الطريقة التي أدار بها الأميركي منظومة حروبه المعاصرة: حرب الخليج الأولى في العام 1991، حرب كوسوفو في العام 1999[36]، وحرب أفغانستان في العام 2001، وحرب الخليج الثانية في العام 2003 - في ما أصطلح عليه حينئذ بمسمّى (الحروب النظيفة)، والتي تقوم على نظرية Effects based operations (EBO)[37]، أي العمليات المرتكزة على المؤثرات، بما يعنيه

---

(36) في الثالث من حزيران من العام 1999، شن حلف الناتو بزعامة الولايات المتحدة الأميركية عمليات جوية مكثفة وواسعة النطاق على يوغوسلافيا في بلاد البلقان. وقد استمرت ثمانية وسبعين يوما على التوالي، إلى أنْ انتهت الحرب في التاسع عشر من آب من العام نفسه على هزيمة مروعة لحقت بيوغوسلافيا. ويذكر أنّ هذه العمليات التي أطلق عليها أسم " القوة الموحدة " Allied Force، أصبحت حدثا تأسيسيا وتدشينيا في تاريخ الحروب المعاصرة، وحجر الزاوية في مجمل المقاربات ذات الصلة بالعمليات العسكرية الجوية الشاملة، وإحدى أبرز نقاط التحول ذات الدلالات المهمة في التاريخ العسكري على حدّ تعبير المؤرخ العسكري البريطاني جون كيغان ؛ بوصفها الحرب الأولى التي يصار إلى حسمها من خلال توسل القوة الجوية فقط.

(37) يعرض الكولونيل في سلاح الجو الأميركي جوهان فاردن - صاحب كتاب The enemy as a system، الذي انطوى لأول مرة على الإشارة إلى مصطلح EBO كنظرية عسكرية - لثلاثة شرائط من شأنها أن تسقف مجتمعة استخدام هذه النظرية، وتحكم أواليات عملها واشتغالها:
أ- أن يكون العدو مبنيا كمنظومة.
ب- أنْ تكون لهذه البنية المنظومية مفاصل وركائز محددة.
ج- أنْ تكون منظومة العدو ومفاصله المحددة بيّنة وجلية ومعروفة للجهة المبادرة التي توسلت استخدام هذه النظرية.

34

ذلك من حرب تتكئ بنحو مكثف على سلاح الجو[38]، وتقوم على عنصر النار لشلّ قدرة العدو على العمل والحركة، وليس تدمير قواته، وذلك من خلال اللجوء إلى ضرب مفاصله الرئيسة ومرتكزاته ومقاره ونظم اتصالاته - هذه الطريقة استحوذت على العقل الإسرائيلي[39]، ودفعت بالجيش إلى التحلل والتخفف من بعض ضوابطه، وإلى إجراء مراجعات جذرية لسياساته وتوجهاته الحربية والعسكرية. وأخذت به نحو أمركة كبيرة في تبنٍ متحمسٍ لنظرية استخدام القوة، حيث سيطر عليه من جملة ما سيطر عليه منطق تكنولوجي[40] على حساب أحكام الحيلة[41]. «لقد تبنى الجيش الإسرائيلي» يقول محلل

---

(38) تنهض فكرة هذه الحرب على الأطروحة الآتية: إنّ امتلاك التكنولوجيا العسكرية الحديثة، مع التركيز على تفوق سلاح الجو فيها ؛ مكن الجيوش من الانتقال عمليا من حرب قوامها " الحركة والنار"، إلى ما يصح الاصطلاح عليه " حرب النار الدقيقة " المقترنة بحركة محدودة وسيّالة وفاعلة، والهادفة إلى:

أ- إحكام السيطرة على ساحة المعركة عن بعد.

ب- تدمير أهداف العدو من دون الاحتكاك به.

ج- كيّ وعي العدو والتأثير عليه بكيفية تدفعه إلى الانهزام النفسي.

(39) لقد أخذت هذه النظرية بلباب العقل العسكري الإسرائيلي كل مأخذ، وشكلت الخلفية الاعتقادية التي صدر منها وبنى عليها قناعاته وتوجهاته، منذ تسعينيات القرن المنصرم، وبنحو أفعل منذ مطلع الألفية الثالثة. ما بالمقدور أن نقع على تعبيراته وترجماته وتمثلاته في الخطط العملانية التي وضعتها القيادة العسكرية الإسرائيلية في مواجهة حزب الله، والتي شكلت بمجموعها الأساس النظري الذي انبنى عليه قتال الجيش الإسرائيلي في لبنان خلال حرب تموز- آب من العام 2006.

(40) تبنى الجيش الإسرائيلي إلى جانب مفهوم المؤثرات EBO، نمطا قتاليا جديدا يستوجب عدم الاحتكاك المباشر مع العدو، وفقا لما أسماه إدوارد لوتفيك (القتال ما بعد البطولي). ويتمثل هذا النوع من القتال في إدارة الحرب عن بعد من خلال نيران دقيقة وكثيفة، للحيلولة دون وقوع خسائر في صفوف الجيش.

(41) كان من تداعيات ضمور منطق الحيلة في الجيش الإسرائيلي ؛ أنْ تدنّت أهمية المناورة البرية في عمق العدو، وأنْ مُنع الحسم في الميدان. ما من شأنه أن يوصل الحروب إلى نهايتها بدون نتائج واضحة، وأن يتسبّب في استطالتها وتدحرجها، مع ما يترتب على ذلك من تبعات وانعكاسات بالغة الخطورة على الاقتصاد والمجتمع الإسرائيليين.

الشؤون العسكرية في صحيفة معاريف عمير ربابورت «المقاربة التي ترى أنّ سلاح الجو المدعوم باستخبارات قوية هو الحل لكل المشاكل. فالسلاح الذي ولد كمساند للقوات البرية، تحول إلى السلاح المفترض به ان يهزم العدو»(42)، وذلك كمخرجة لهيمنة وتغلغل مفهوم «السيطرة» من فضاء التفكير البري إلى عالم المفاهيم الجوية، بحيث أصبح هذا الأخير بديلا من احتلال الأرض الذي كان يناط دائما بالذراع البرية للجيوش. وقد صير إلى هذا الأمر، بعد أن نجحت قيادة سلاح الجو في إقناع الساسة الإسرائيليين، أنّ بوسع سلاح الجو تمديد دوره العسكري إلى ما بعد المهمات الجوية التقليدية، كما بمقدوره أن يجاري بفاعلية التحديات الأمنية الجديدة والداهمة.

ولعل الوجه الأكثر إثارة وإغراء في استحواذ سلاح الجو على العقل الإسرائيلي؛ كان في توافر هذا السلاح على قدرة تدميرية ضخمة من دون أن يكون ثمة حاجة إلى مخاطرة كبيرة في تكبد خسائر بشرية، من شأنها أن تستنزف مجتمعا - كالمجتمع الإسرائيلي - يعاني حساسية مفرطة جراء القتلى، ويفتقر إلى «الثبات الشعبي»(43) وفقا لتعبير - الرئيس السابق لهيئة الأركان العامة - الجنرال موشيه يعلون، كما يفتقر إلى مناعة قواه الاجتماعية، وإلى انعدام قدرته على امتصاص الخسائر في موارده البشرية، إذ «تعتبر الخسائر في الأرواح، أو الخسائر البشرية بشكل عام أمرا لا تطيق إسرائيل احتماله، وتعمل على تجنبه بأكثر ما يمكن وتستطيع من الوسائل والسياسات»(44). والحال هذه، سادت هيمنة سلاح الجو، بعدما بات التحرك الميداني للقوات البرية محكوما بالخشية الإسرائيلية من وقوع إصابات في صفوف الجنود، وبالتالي الخشية من

---

(42) صحيفة معاريف الإسرائيلية، في عددها الصادر في 27- 8- 2007.

(43) إفرايم عنبار، كيف أساءت إسرائيل إدارة حرب لبنان الثانية، مركز بيغن - السادات للدراسات الإستراتيجية. نقلاً عن صحيفة الأخبار اللبنانية، ملحق خاص، السنة الأولى، العدد 275، الخميس في 12 تموز، العام 2007، ص 8.

(44) أمين حطيط، الإستراتيجية الدفاعية، ط1، بيروت: دار الهادي للطباعة والنشر والتوزيع، العام 2006، ص 190، 191.

الالتحام والاحتكاك المباشر بالعدو. وبعدما باتت هذه الخشية - بدورها - ممسكة بالقرار الإسرائيلي إمساكا وثيقا محكما على نحو يبدو معه أنه غير قابل للانفلات والتحلل؛ ما ينبئ - من جهة - عن ضمور مشهديات القتال البري التقليدي: لا غزو، ولا مواجهات حية، ولا حيلة، ولا مناورات، ولا التحامات، ولا حافزية للقاء العدو وجها لوجه، ولا قتال من بيت إلى بيت... ويؤشر - من جهة ثانية - إلى انعطاف خطير في الدور الذي كان يناط بالقوات البرية، حيث التحول عن دورها القتالي المعهود، إلى الاضطلاع بمهام توجيهية إرشادية لسلاح الجو الإسرائيلي في اتجاه تحديد أماكن ترصدها على الأرض وترى وجوب قصفها عن بعد، بعيدا من الالتحام والاحتكاك والمباشرة، فلا تقدم، أو اقتحام، أو انتشار وتموضع؛ إلا بعد أن تنجز الطائرات الإسرائيلية المهمة، وتقوم بعمليات التطهير والتنظيف لساحة المعركة.

لقد بالغ الجيش الإسرائيلي - حدّ الإسراف - في جنوحه المفرط نحو عبادة التكنولوجيا ومصاحباتها، وصار الاتكاء عليها «إدمانيا وحجب التفكير» وفقا لتعبير - القائد السابق لسلاح الجو الإسرائيلي - اللواء إيتان بن إلياهو. ما رسّب في العقل العسكري المدبر، الاعتقاد اليقيني والثقة المطلقة بقدرات سلاح الجو على إخضاع الأعداء أيا كانوا ودفعهم إلى الاستسلام[45]، وعلى تحقيق انجازات عظيمة ومدهشة في ساحة المواجهة، وعلى انتزاع نصر جلي واضح دونما حاجة إلى عمليات برية[46]، ودونما تسبب بوقوع خسائر في صفوف

---

(45) إنّ حربا غايتها إحداث تغيير وفرض أهداف سياسية، تدار وفقا لعنصر النار فقط، وبالاعتماد الكلي على قدرات سلاح الجو وتفوقه ؛ لا يمكن لها على نحو كبير نسبيا، أن تتأدى إلى فقدان العدو لتماسكه واتزانه، وإلى الشعور بمرارة الهزيمة، وبالتالي إلى إذعانه ورفعه للراية البيضاء وطلب الاستسلام.

(46) لم يثبت مفهوم إدارة الحرب بالنار المركزة فقط دونما اللجوء إلى عملية برية واسعة، فاعليته وألقه على نحو يجعله كسائر المفاهيم المجربة مصدر إلهام يُحتذى، ومثالا لحسمٍ عسكري استراتيجي، حيث لم يُكتب له إلى الآن سوى نجاح واحد تمثل في حرب كوسوفو. مع لحاظ الاعتبار هنا إلى أنّ إرادة وقدرة الجيش الصربي على المواجهة والقتال لم تستلبا في حينه، بل

الجيش[47]، انسجاما مع مفهوم «القتال ما بعد البطولي» الذي ألمع إليه إدوارد لوتفيك. وذلك بعد أن تغلغل هذا المفهوم وسواه من المفاهيم الأميركية المحدثة[48] في الوعي العسكري الإسرائيلي بتأثير من أصحاب البزات الزرقاء[49]، الذين سيطروا في الآونة الأخيرة على مفاصل ومواقع مهمة في القيادة العسكرية، إلى أن اعتلى دان حالوتس رئاسة هيئة الأركان العامة في تموز من العام 2004[50]، أي قبل سنتين من اندلاع الحرب على حزب الله.

والحال هذه، استهل الجيش الإسرائيلي حربه على حزب الله في تموز من العام 2006 بعملية «الوزن النوعي»[51]. وهي عبارة عن ضربة جوية ساحقة

= تمثل الحسم بواسطة الضرر البالغ الذي لحق بعموم مرافق الدولة الصربية ومصالحها الحيوية، الاقتصادية والاجتماعية والمدنية والبشرية...

ويذكر في هذا الصدد، أنّ الجيش الأميركي لم يتوسل الاعتماد المفرط على القوات الجوية أو يتوسل إدارة الحرب بالنار في سائر حروبه وغزواته - غزو أفغانستان، غزو العراق - إلا كتوطئة وتمهيد لعمل الأذرع البرية، وليس كبديل منها.

(47) لطالما حظي سلاح الجو بأفضلية مطلقة في كل حروب إسرائيل التي خاضتها منذ نشأتها، فقد شكل العامل الرئيسي في حسمها، وقد دأبت على تعزيزه وتطويره بأحدث التكنولوجيات ذات الصلة. إلا أنّ وجه المفارقة في الحرب على لبنان في تموز من صيف العام 2006 ؛ كان المغالاة في توسله والاعتماد المفرط عليه، بحيث توهمت القيادة الإسرائيلية، أنها قادرة على حسم المعركة من دون دماء ودموع، يتسبب بها عادة القتال البري.

(48) مفهوم " العمليات المرتكزة على المؤثرات"، ومفهوم " الصدمة والرعب"، ومفهوم " القتال ما بعد البطولي"، ...

(49) المقصود بأصحاب البزات الزرقاء: أفراد سلاح الجو الإسرائيلي.

(50) كان دان حالوتس قد شغل موقع قائد سلاح الجو الإسرائيلي منذ نيسان من العام 2000، قبل أن ينتقل إلى تقلد رئاسة الأركان العامة للجيش في تموز من العام 2004. ما شكل رافعة لسلاح الجو كي يهيمن على المؤسسة العسكرية الإسرائيلية.

(51) لقد مثلت عملية الوزن النوعي، التي نفذت في الساعات الأولى من بدء الحرب، خلاصة وصفوة عمل نحو ستة أعوام من الإعداد والتخطيط والتجهيز، ومن الجهود الاستخبارية الضخمة، ومن المناورات والتدريبات التي استثمرت فيها مئات الملايين من الدولارات. وإنّ كل ذلك رمت به إسرائيل في ميدان المعركة خلال وقت وجيز قدر بأربع وثلاثين دقيقة، بدءا من الساعة الثالثة من فجر الثالث عشر من تموز.

وخاطفة، شارك فيها نحو أربعين طائرة من أنواع مختلفة، وطالت عشرات الأهداف دفعة واحدة[52] في الساعة الثالثة من فجر الثالث عشر من تموز. وقد أرادها دان حالوتس محاكاة تمثيلية لتجارب الجيش النظيف والمهني، كما أرادها شبيهة بالقصف التمهيدي الذي نفذته الولايات المتحدة في سلسلة حروبها المعاصرة[53] من حرب الخليج الأولى، مرورا بكوسوفو وأفغانستان، وصولا إلى حرب الخليج الثانية؛ في إلحاح منه لتسويق خياراته، واثبات نجاعة نظريته[54] التي تقول إنّه بالإمكان الركون إلى قدرة سلاح الجو وحده على حسم المعركة مع حزب الله والقضاء على التهديد الذي يمثله، وعلى إزالة الخطر الصاروخي، دونما حاجة فعلية إلى توغلات برية في عمق العدو، ودون الاحتكاك المباشر به، ودون الخوض في مواجهات دموية أكلافها نزف بشري حاد ومدمّر[55].

---

(52) تحدثت المصادر الإسرائيلية عن استهداف الطائرات لأربعين منصة إطلاق صاروخية دمرت فعليا.

(53) قامت حروب الولايات المتحدة الأميركية في العقدين - الأخير من القرن العشرين، والأول من الألفية الثالثة - على حيثية الاستخدام الذكي للطائرات المقاتلة والطائرات العمودية والأسلحة الموجهة والنيران الدقيقة والحرب الالكترونية. فضلا عن تفعيل وتنشيط عمل المنظومات الاستخبارية وأواليات القيادة والسيطرة والتحكم والتشويش والمراقبة...

(54) يعتبر دان حالوتس -رئيس هيئة الأركان العامة في الجيش الإسرائيلي عشية الحرب على لبنان - أبو المفهوم العسكري القائم على فكرة حسم المعركة من الجو، وصاحب النظرية القائلة بتعزيز قدرات الذراع الجوية دون الأذرع الأخرى للجيش، ومنحها الأفضلية المطلقة في الأعمال الحربية.

(55) في ختام جلسة المشاورات الأولى لهيئة الأركان، التي عقدت قبل ساعات على اندلاع شرارة الحرب، أعلن دان حالوتس في حضرة قادة الأركان وجهة القتال: " نحن ذاهبون إلى حرب نارية"، بما يعنيه مصطلح الحرب النارية في معجم المؤسسة العسكرية الإسرائيلية من توسل حرب تتكئ على قدرات سلاح الجو، وتستبعد اللجوء إلى الذراع البرية. وقد شارك في نقاشات هذه الجلسة كل من:

رئيس شعبة الاستخبارات العسكرية (أمان): عاموس يدلين

قائد سلاح البحرية: الجنرال دودو بن بعشات

قائد شعبة العمليات: الجنرال غادي آيزنيكوت

نُفذّت عملية «الوزن النوعي»، وانتهت على خبر أبهج القيادة الإسرائيلية وأسرّها: لقد هاتفَ دان حالوتس - بعد دقائق من انتهاء العملية - رئيس الحكومة حينذاك إيهود اولمرت، ناقلا إليه البشرى «لقد انتصرنا (...) لقد ربحنا هذه الحرب»(56) وفق ما أشارت إليه صحيفة صنداي تايمز البريطانية، مشيرا إلى أنّ الغارات التي شنها سلاح الجو الإسرائيلي أسفرت عن تدميرٍ كلي طاول المنظومات الصاروخية المتوسطة المدى من نوع فجر(57)، ورعد(58)، وخيبر(59)، وزلزال(60)، التي استحوذ عليها حزب الله، وراكمها خلال سنوات

= قائد الجبهة الداخلية: الجنرال يتسحاك غرشون
رئيس جهاز الشاباك: يوفال ديسكين
رئيس جهاز الموساد: مائير دغان
فضلا عن مشاركة كبار المسؤولين في المؤسستين الأمنية والعسكرية.

(56) تحقيق أجرته صحيفة صنداي تايمز البريطانية عن مجريات ووقائع اليوم الأول للحرب في الجانب الإسرائيلي. انظر صحيفة **الأخبار اللبنانية**، ملحق خاص، السنة الأولى، العدد 283، السبت في 21 تموز، العام 2007، ص 8.

(57) فجر: هو صاروخ إيراني الصنع بدعم صيني وكوري شمالي. يتم إطلاقه من قواعد وعربات متحركة، يمتلك حزب الله منه سلسلة: فجر(3)، وفجر(4)، وفجر (5). (فجر 3: قطره 240 ملم، طوله 5,20 متراً، المدى النهائي 45 كلم، الارتفاع الأقصى 17 كلم، الوزن 407 كلغ، وزن رأس القذيفة 90 كلغ). أنظر: عباس النابلسي، **رعب السلاح: أسرار القدرة العسكرية لحزب الله**، ط1، بيروت: دار إيوان، العام 2007، ص 42، 43.

(58) رعد1: هو صاروخ أرض - أرض، ذو مهمة تدميرية، تم إنتاجه في العام 2004، قطره 122 ملم، يعمل على الوقود السائل، تبلغ نسبة دقة إصابته 75%، يستطيع حمل رأس متفجرة بوزن 100 كلغ. أنظر: عباس النابلسي، م. ن.، ص 41.

(59) خيبر: هو صاروخ إيراني، ذو مهمة تدميرية، يبلغ مداه 75 كلم، قطره 333 ملم، يستطيع أن يحمل رأسا متفجرة بوزن 90 كلغ. أنظر: عباس النابلسي، م. ن.، ص 45.

(60) زلزال: هو صاروخ إيراني من الصواريخ الباليستية، تمّ إنتاجه في العام 1990، وهو ذو مهمة تدميرية، يعمل على الوقود الصلب، يبلغ مداه 150كلم، يستطيع حمل رأس متفجرة بوزن 600 كلغ، ويحتوي على أجهزة تحكم ذاتية تمكنه من تحديد الأهداف. أنظر: عباس النابلسي، م. ن.، ص 50.

خلت، ما دفع بنائب رئيس الأركان موشيه كابلنسكي إلى الاحتفال، قائلا بزهو، وبنبرة لا تخلو من التشاوف والاقتدار، بعد إبلاغه بنتيجة القصف، إنهم في حزب الله «لا يدركون إلى أي حدّ اخترقناهم»[61].

لكنّ فرحة القيادة الإسرائيلية لم تعمّر طويلا، وانكشف وهمُ الانتصار سريعا عن حقيقة مفزعة؛ فلم تمضِ ساعات كثيرة على احتفالية دان حالوتس بنصره الجوي، حتى جاءه - وعلى نحو من العجالة - ما لم يكن بالحسبان. وحدات الإنذار المبكر في الكيان العبري تتحدث عن مرور أجسام كبيرة فوق الشمال من دون أن تسقط هناك. ثم يُعلن عن سقوط صلية من أربعين صاروخا متوسط المدى على حيفا وجوارها، في ترجمة عاجلة لما توعد به أمين عام حزب الله. ما كان إيذانا بنصف استدارة دراماتيكية حكمت مشهدية الحرب العامة: كان لتلقي المستويين السياسي والعسكري في إسرائيل نبأ القصف الصاروخي أثرٌ بالغ على مجريات الحرب؛ لقد أدركوا أنّ الحرب انتهت باكرا على نتائج غير حميدة، وأنّ لعبة الموت المتدحرجة ككرة الثلج بدأت للتوّ.

إنّ الاعتقاد الذي حكم العقل العسكري الإسرائيلي، بأنّ إدارة الحرب بواسطة عنصر النار من خلال الركون فقط إلى الفعل الجوي، سيكون بمقدوره أن يحقق نتائج باهرة ونجاحات عظيمة في القضاء على المنظومة الصاروخية الجبارة ذات المديات المتعددة التي يتوفر عليها حزب الله، وذات الانتشار الجغرافي الواسع بعمق عشرات الكيلومترات داخل الأراضي اللبنانية؛ هو بلا شك - اعتقاد ساذج، لا يحتاج بيان تهافته وفساده إلى تدليل. ففي مقال مشترك، نشرته صحيفة هآرتس في عددها الصادر في السابع من آب من العام 2006، يشير الكاتبان أفي زخاروف وعاموس هرئيل إلى ما أسمياه (خطيئة الغرور) التي تصورت معها قيادة الجيش أنه بالإمكان «القضاء على خطر

---

(61) صحيفة الأخبار اللبنانية، ليلة الفجر من الوزن النوعي إلى وزن الريشة، ملحق خاص، السنة الأولى، العدد 278، الاثنين في 16 تموز، العام 2007، ص 3.

الصواريخ بالغارات الجوية». ويذهب نوعم أوفير- وهو عميد احتياط وباحث في مركز يافا للدراسات الإستراتيجية - المذهب نفسه، فيقدم بدوره مراجعة نقدية شاملة لمفهوم حسم الحرب باستخدام القوة الجوية، حيث يقول من مقالة بعنوان (العودة إلى ارض الواقع: حول العديد من قيود القوة الجوية في الحرب على لبنان): «يجب الاعتراف بحقيقة أنّ القوة الجوية ليست حلا سحريا، صحيح أنّ قدرتها كبيرة جدا أكثر من أي وقت مضى، لكنه هناك الكثير من الأمور من الصعب فعلها بشكل يبعث على الرضا»[(62)].

ما يعني أنّ التكنولوجيا، وإن كانت عامل حسمٍ فاعلاً في الحرب، يجب العمل على تطويره، وتنشيطه، وتوظيفه أفضل توظيف، واستعماله أوجب استعمال؛ إلا أنه في قبالة ذلك ينبغي عدم المبالغة في الاتكاء عليه بنحو يغيّب العوامل الأخرى الفاعلة في الحرب. كما ينبغي عدم المبالغة في الانتظارات والتوقعات والنتائج المرجوة منه. فماذا هي فاعلة التكنولوجيا في قبالة عدو كحزب الله واجه الجيش الإسرائيلي في حرب تموز من العام 2006؟ عدو محكم، وذو حيلة وتصميم وإرادة ووعي، ومستعد للتضحية، وذو نظام قيادة وسيطرة قوي وحصين، وذو مناعة داخلية حديدية، يلعب هو أيضاً في الملعب التكنولوجي، ويملك سلاحا بسيطا لكنه مناسب وفعال، فضلا عن امتلاكه وسائل لإدارة الحرب الالكترونية.

والحال هذه، لم تنته الحرب الإسرائيلية على حزب الله على هزيمة نكراء ألمت بالجيش الذي لا يقهر، وعلى فشل المفهوم القائم على إدارة الحرب بالركون إلى عنصر النار المرتكزة على تفعيل القوة الجوية فقط، أو على سقوط «أبو هذا المفهوم» رئيس هيئة الأركان العامة في الجيش الإسرائيلي دان حالوتس؛ وإنما تأدت الحرب - بما لا يقبل الشك - إلى نتائج وعبر ومفاعيل ستنعكس بالضرورة على عمل الجيوش، وعلى أداء القوات المسلحة في غير

---

(62) مجموعة من الكتاب والمحللين الاستراتيجيين الإسرائيليين، **33 يوم حرب على لبنان** ؛ ترجمة أحمد أبو هدبة، ط1، بيروت: مركز الدراسات الفلسطينية، العام 2007، ص 63.

دولة[63]، على نحو يثير الحافزية على المضي قدما في تقويم وتعديل ومراجعة الاستراتيجيات والعقائد العسكرية الحالية، ومفاهيم الأعمال الحربية، والتجهيزات القتالية، والأسلحة وتكتيكات استخدامها. ويدفع باتجاه إعادة الاعتبار والشأنية لسائر الأذرع العسكرية[64]، وللبرية منها على وجه أخص في أي حروب ونزاعات مستقبلية مفترضة، بعد أنْ كان الإهمال قد حل ضيفا ثقيلا عليها، وبعد أنْ كثر الحديث والتنبؤ عن تحولها إلى عبء لانتفاء الحاجة والوزن والدور؛ «من المفترض» يقول أليكس فيشمان في مقاربة هذا الأمر «أن تكون- وقائع الحرب ونتائجها - مؤشرا على النقطة الانعطافية، وأن تكون الكوابح الأولى في السباق الذي يخوضه الجيش الإسرائيلي خلال السنوات الأخيرة. هذا السباق الذي تكرست فيه نظريات (الجيش الرقمي) المعدّ لآلاف العمليات من آلاف الكيلومترات»[65].

---

(63) كشفت صحيفة " واشنطن بوست " الأميركية، في عددها الصادر في السادس من نيسان من العام 2009، عن نقاشات محمومة وساخنة عصفت داخل أروقة وزارة الدفاع الأميركية (البنتاغون)، بشأن النتائج التي تمخضت عنها الحرب الإسرائيلية على لبنان في صيف العام 2006، والخسائر التي ألحقها مقاتلو حزب الله بالقوات الإسرائيلية. وأشارت الصحيفة إلى أنّ نقاشات العسكريين الأميركيين بشأن تلك الحرب قد تغيّر من الطريقة التي سيخوض بها الجيش الأميركي حروبا في المستقبل، لاسيما وأنها تصاحب سلسلة من تدريبات الحروب لاختبار الطريقة التي ربما ستتصرف بها القوات الأميركية ضد عدو مماثل. أنظر: صحيفة الأخبار اللبنانية، السنة الثالثة، العدد 790، الثلاثاء في 7 نيسان، العام 2009، ص 26.

(64) يتوزع الجيش ثلاث أذرع عسكرية؛ الذراع البرية، والذراع الجوية، والذراع البحرية. وكان يتولى قيادتها عشية الحرب على لبنان كلّ من: اللواء بيني غينتس قائدا للذراع البرية، والجنرال دودو بن بعشات قائدا للذراع الجوية، والجنرال في الاحتياط دافيد عبري قائدا للذراع البحرية.

(65) مجموعة من الكتاب والمحللين الاستراتيجيين الإسرائيليين، **33 يوم حرب على لبنان**؛ ترجمة أحمد أبو هدبة، ط1، بيروت: مركز الدراسات الفلسطينية، العام 2007، ص 280.

المشكلة الثالثة:
ضعف القيادة السياسية والعسكرية

عشية الحرب الإسرائيلية على لبنان، وفي أعقاب عملية «الوعد الصادق»[66] التي نفذها مقاتلو حزب الله؛ عقد أمين عام الحزب السيد حسن نصر الله مؤتمرا صحافيا في تمام الساعة الرابعة من عصر يوم الأربعاء الواقع فيه 12 تموز من العام 2006، حدد فيه سبيل خروج إسرائيل من ورطتها واستعادة جندييها الأسيرين[67]، ناصحاً إياها بعدم الإقدام على خطوة جنونية

(66) في تمام الساعة التاسعة والدقيقة الواحدة من صباح يوم الأربعاء الواقع فيه 12 تموز من العام 2006 ؛ نفذت المقاومة الإسلامية - الجناح العسكري لحزب الله - عملية بطولية ناجحة في منطقة تسمّى خلة وردة تقع في خراج بلدة عيتا الشعب الجنوبية على الحدود اللبنانية الفلسطينية، أي قبالة مستوطنة " زرعيت " الإسرائيلية. استهدفت العملية دورية إسرائيلية مؤلفة من أليتين عسكريتين مصفحتين من نوع هامر، كان يجلس في الآلية الأولى الجندي الاحتياط إيهود غولدفاسر بصفته قائد الدورية إلى جانب السائق رازق موعادي، ومن خلفهما جلس الجنديان ألداد ريغيف وتومار فاينبرغ. أما الهامر الثانية، فقد جلس فيها الجنود: السائق وسيم نزال، شيني تورجمان، والمسعف العسكري أيال بنين. وتمكن خلالها المقاومون من أسر جنديين إسرائيليين فضلا عن قتل ثلاثة جنود آخرين، في حين استطاع كل من رازق موعادي وتومار فاينبرغ أن يلوذا بالفرار. وفي الرابعة من عصر هذا اليوم أعلن الأمين العام لحزب الله السيد حسن نصر الله في مؤتمر صحافي، عن نجاح العملية التي أطلق عليها أسم " الوعد الصادق"، بوصفها جاءت تنفيذا للوعد الذي قطعه السيد بالتزام العمل على تحرير الأسرى، وترجمة لمقولته الشهيرة " نحن قوم لا نترك أسرانا ومعتقلينا في السجون". وفي المؤتمر المذكور، وجه السيد دعوة إلى القيادة الإسرائيلية كي لا تقدم على ارتكاب حماقة، بل المبادرة إلى إجراء مفاوضات غير مباشرة من طريق وسيط (طرف ثالث) لإتمام عملية تبادل للأسرى.

(67) الجنديان الأسيران هما: جنديا الاحتياط إلداد ريغف وإيهود غولدفاسر.

من شأنها التورط في حرب مفتوحة، لاسيما وأن قادتها من المستوى السياسي والعسكري ومتخذي القرارات في حكومتها، هم من أصحاب التجارب الهجينة، ومن غير ذوي الخبرات والمؤهلات العسكرية ذات الصلة بإدارة الحروب. كما أنهم ليسوا من طراز من سبقهم من الجنرالات الكبار في قيادة الدولة، وفي إشغال المراكز السياسية والعسكرية العليا، الذين لا تؤشر تجاربهم الدموية في الصراع مع حزب الله إلا إلى الفشل والإخفاق والهزيمة.

لا شك، أنّ كلام السيد حسن نصر الله العارف بالشأن الإسرائيلي، والغامز من قناة عدم كفاءة واقتدار قادة الكيان العبري - على ما هم فيه من حداثة التجربة، وضعة الخبرة، وقصور النظر [68] - وإنْ كان يستبطن في حمولاته تحقيق ردع حيال إسرائيل، وكبح جماحها، ودفعها إلى عدم التورط في حرب لا يرغب إليها بلحاظ التوقيت، على الرغم من أنه كان قد وضع نفسه وحزبه في أعلى حالات الجهوزية والاستعداد تحسبا لها؛ إلا أنه أصاب

---

(68) يصف بن كاسبيت - مراسل صحيفة هآرتس الاسرائيلية - قيادة الكيان العبري عشية الحرب، بأنها " قيادة من الأغرار". لقد كتب في العدد الصادر بتاريخ 11- 8 - 2006، مقالة ساخرة بعنوان " لننتصر قبل كل شيء"، حيث يقول بعد مقدمة مطولة يعرض فيها لأواليات التعيين التي جاءت بكل من وزير الدفاع عامير بيرتس، ورئيس هيئة الأركان العامة في الجيش دان حالوتس، وقائد المنطقة الشمالية أودي آدم: "نهضنا ذات صباح " والكلام لبن كاسبيت " فوجدنا حالوتس الذي لا يعرف كيف يفتح خارطة عسكرية في موقع رئيس الأركان، وإلى جانبه آدم الذي لا يعرف تلك المنطقة وجدناه في موقع قائد الشمال، ورأينا بيرتس الذي لم يكن في يوم من الأيام في هذا الفيلم وهذا الشريط، وجدناه وزيرا للدفاع، ووجدنا أولمرت، الذي كان في يوم مراسلا عسكريا، في موقع رئيس الوزراء، وإلى جانبه يورام توربوفيتش الذي يفهم في الصفقات الاقتصادية، لكنه لم يجرّب في يوم من الأيام كيف تدار الدولة، وجدناه في موقع رئيس الطاقم، وكذلك رعنان ديتور، الذي لم يكن في يوم من الأيام قد جرّب إدارة أي شيء، وكذلك تلك المقامرة التي لم تعرف في الماضي أكثر من جمع الشيكات الراجعة، وجدناها وزيرة للخارجية، والبقية كلها مجرد تاريخ، وإعلانات وفاة". أنظر: مجموعة من الكتاب والمحللين الاستراتيجيين الإسرائيليين، **33 يوم حرب على لبنان** ؛ ترجمة أحمد أبو هدبة، ط1، بيروت: مركز الدراسات الفلسطينية، العام 2007، ص 253، 254.

صميم الحقيقة، ولعل هذا ما فاقم من تعجرف وغطرسة رئيس الحكومة ايهود اولمرت ووزير الدفاع عامير بيرتس المدنيين الآتيين من غير رحم المؤسسة العسكرية. فاندفعا في حفلة صاخبة من هستيريا الجنون القائمة على العنف والتقتيل والنزق والوحشية، لا لشيء، قدر الحاجة إلى إثبات ذاتيهما وتوكيدها(69)، وإعلام دولة إسرائيل وشعبها، وعموم أصدقائها، والأميركي بخاصة؛ أنهما توفرا على صناعة ما لم يكن بمقدور الجنرالات العظام صناعته، ونجحا حيث أخفقوا هم، في القضاء - وإلى الأبد- على الشرّ الآتي من الشمال(70)، وعلى التهديد الذي طالما مثّله حزب الله. «إنّ حسن نصر الله» يقول وزير الدفاع الإسرائيلي قبل ساعات من اندلاع شرارة الحرب «سيتلقى ضربة تجعله لا ينسى اسم عامير بيرتس».

تشفُّ قولة بيرتس هذه - الممزوجة بصنوف الغطرسة والصلف والعنترية المقيتة- عن مسكوت عنه. وهو أنّ بيرتس، ما خرج للحرب، أو بالأحرى ما أخرج إسرائيل للحرب، ثأراً لكرامة الدولة الجريحة والمستباحة، أو إبراء لكبرياء الجيش المثلوم بعد عملية الأسر التي نفذها حزب الله، أو ترميما لقدرات الردع المهدورة، أو ما شاكل ذلك من عناوين؛ وإنما خرج إليها وتوسلها إرضاء لذاته المسكونة بالتصاغر. ما أماط اللثام عن الهدف الحقيقي

---

(69) كان عمير بيرتس، في الجلسة الأولى لمجلس الوزراء الإسرائيلي التي عقدت - في الساعة الثامنة مساء من يوم الأربعاء الواقع فيه 12 تموز من العام 2006، بعد سلسلة من المشاورات والمداولات التمهيدية المقلصة - على اثر عملية الوعد الصادق، لتدارس سبل وإمكانات الرد على استفزاز وتهديد حزب الله ؛ قد قال في نوع من التشاوف والعنترية والادعاء الهستيري الفارغ: "إنّ حسن نصر الله سيتلقى ضربة تجعله لا ينسى اسم عمير بيرتس". واستطالت موجة انفعاله العنتري لاحقا، فقال مخاطبا الإعلاميين بعد انتهاء الجلسة المذكورة: "فلتعلموا أنّ من يقود كل العمليات التي ستسمعون عنها في صبيحة الغد، هو أنا"... ما يعكس شعوراً حاداً بالنقص كان يتملكه ويستحوذ عليه.

(70) ثمة اعتقاد تلمودي، ينهض على مقولة أن شرا لا بد أن يأتي من الشمال، من شأنه أن يتهدد وجودية الكيان الإسرائيلي.

المنشود ضمنا، كما يقول جدعون ليفي «إنّ إسرائيل قد خرجت للحرب من أجل أن يتذكروا اسم عامير بيرتس إلى الأبد. إنها حرب تخليد اسم عامير بيرتس»[71].

لقد تكشفت الحرب إذاً، عن ثقوب سوداء كبيرة اعتورت أداء القيادة الإسرائيلية، وعن بثور وندوب اعتلت صفائح عملها واشتغالها، وعن عيوب شابت قراراتها وتدابيرها وسياساتها وإجراءاتها... ما انعكس تخبطا واضطرابا وترددا، وغموضا في الأهداف، وعجزا عن الفعل والتأثير... وذلك بسبب من تعجرف القائمين بالأمر في المستويين السياسي والعسكري، وقلة حيلتهم وباعهم، وانعدام خبراتهم، وافتقار تجاربهم، وقصور نظرهم، وسوء إدارتهم. بدا قادة إسرائيل مجموعة من الهواة في طور مراهقة سياسية وعسكرية ليس إلا. كانوا لا يفقهون شيئا من أمور الحرب سوى الإمعان والتطرف - كمن أصابه المس - في تحشيد عناصر وأسباب قوتهم، والزج بها في آتون معركة ليس لهم فيها اليد الطولى. وكانوا لا يقدمون على صناعة شيء سوى الغرق في فوضى التجريب لانبهام الرؤية ولانعدام الأفق أمامهم، على الرغم من أنّ موضوعة الحرب كانت حاضرة أبدا في الوعي الإسرائيلي: كان القرار بشأن الحرب قد أُتخذ، وبدأت خطوات التحضير والإعداد لها في اليوم الذي أعقب عملية الانسحاب الإسرائيلي من لبنان في الخامس والعشرين من أيار من العام 2000، ووضعت خططها وحددت أهدافها في شهر كانون الأول من العام 2005، وجرى التصديق عليها في مجلس الوزراء برئاسة إيهود أولمرت في شهر آذار من العام 2006[72]، وصير إلى محاكاة سيناريواتها ومشهدياتها ووتيرة

---

(71) مجموعة من الكتاب والمحللين الاستراتيجيين الإسرائيليين، **33 يوم حرب على لبنان**؛ ترجمة أحمد أبو هدبة، ط1، بيروت: مركز الدراسات الفلسطينية، العام 2007، ص 143.

(72) أفاد ايهود أولمرت في اعترافاته، خلال جلسة الاستماع التي مثل فيها أمام لجنة فينوغراد في الأول من شباط من العام 2007، بأنّ "الردّ بعملية عسكرية كبيرة على خطف جنود إسرائيليين على الحدود مع لبنان، أتخذ في شهر آذار من العام 2006"، أي قبل أربعة أشهر من اندلاع الحرب في 12 تموز من العام 2006.

تدحرجها وتصاعدها في سلسلة من المناورات والتدريبات والعمليات التمثيلية[73].

ليس من قبيل الصدق في شيء، الظنّ أنّ هول الصدمة التي ألمت بالوعي الإسرائيلي الجمعي، وأصابته بالتشظي والانكفاء والتقهقر والخوف، قد تأتت من فداحة وحجم الخسائر التي وقعت في صفوف الجيش فحسب؛ وإنما تأتت بنحو أعمق من انكشاف القيادة الإسرائيلية عن عجز وضعف وتردد، وعن قلة

_____

[73] لم تكن فرضية اندلاع مواجهة أو نشوب حرب مع حزب الله بعيدة من حسابات القيادة الإسرائيلية، ومن وعيها وعقلها الأمني والعسكري ؛ ولذلك انكب الجيش طوال سنوات مضت، ومنذ انسحابه القسري والقهري من لبنان في 25 أيار من العام 2000، على إعداد الخطط الكفيلة بمعالجة أوضاع ساخنة وحالات مماثلة. كان الجيش في حركة دائمة ونشاط قلّ نظيره؛ يعكف على تحديث خططه وتطويرها بما يتناسب مع المستجد: يغيّر ويعدل ويوائم وفقا لعبر ولدروس استخلصها من مناورات وأعمال تدريب وأحداث مختلفة. حتى أنّ آخر المناورات التدريبية التي أجراها الجيش الإسرائيلي بهذا الشأن، كانت في مطلع شهر حزيران من العام 2006 أي قبل عملية الأسر التي أقدم عليها حزب الله بشهر واحد فقط. وهي مناورة كبرى تحمل أسم " دمج الأذرع"، وتنهض - في مفارقة مدهشة - على سيناريو افتراضي قوامه عملية خطف لجنود إسرائيليين في غزة يتواصل مع خطف إضافي في الشمال، ويؤدي بالتالي إلى اشتعال الجبهة مع حزب الله. وقد صير خلال هذه المناورة إلى التدرب على محاكاة تنفيذية لعملية " مياه الأعالي" التي وفقا لها يعمد الجيش - من خلال عمليات قصف مركزة ودقيقة يقوم بها سلاح المدفعية وسلاح الجو، تطال أهدافا محددة في لبنان، وتستغرق بضعة أيام - إلى التمهيد لعملية برية واسعة تنفذها ثلاث فرق من سلاح المشاة والمدرعات. ومعلوم أنّ خطة " مياه الأعالي"، كانت قد أصبحت حينذاك في مرحلة البلورة النهائية، وصدر عن قيادة المنطقة الشمالية نسخة معدلة عنها عُمّمت على مختلف الوحدات القتالية ضمن إطار تحويلها إلى خطة عملانية. ينضاف إلى " مياه الأعالي " توافر مجموعة من الخطط الجاهزة والناجزة، نحو: خطة " درع البلاد" وهي خطة نافذة شبيهة " بمياه الأعالي"، وتحاكي السيناريوهات الافتراضية نفسها. وخطة "المجرفة المناسبة" التي ينزع بمقتضاها الجيش إلى دفع حزب الله على نحو تدريجي ودراماتيكي عن الحدود باتجاه الشمال. وخطة " الجلسات الصائبة " التي تشمل تسوية شاملة وجذرية لخط الحدود مع لبنان من طريق تدمير مواقع حزب الله المرابطة عليه تدميرا كليا... وسوى ذلك من خطط وسيناريوهات تتوفر عليها القيادة العسكرية الإسرائيلية.

حيلة وسوء تدبير وجهلٍ في إدارة الحرب «لم تكن لدينا قيادة عسكرية في هذه الحرب ومن بعدها» وفقا لتعبير العميد غال هيرش [74]، قائد فرقة الجليل في الجيش الإسرائيلي «ولم يكن لدينا رواد» [75]، في قبالة كفاءة واقتدار وحنكة وحكمة صدرت عن قيادة حزب الله. «إنّ العديد من الإسرائيليين يدركون حاليا» يقول غابي شيفر خبير الصراع العربي الإسرائيلي «بأنّ حسن نصر الله ومستشاريه، هم سياسيون وقياديون أكثر ذكاء وحنكة من القيادات السياسية والعسكرية الإسرائيلية التي افتقرت، بشكل صارخ إلى الذكاء والحنكة أثناء إدارتها للمعركة العسكرية وللجبهة الإسرائيلية الخلفية، والتي لا تزال تفتقر إلى الكثير من الحكمة والحنكة في تقييمها وتقديرها للوضع العسكري والأمني، قبل وبعد الحرب» [76]، ما ترجم صراخا ونحيبا تعالى من غير صوت وجهة. يقول بن كاسبيت مصورا هول الصدمة، في مقالة نقدية جريئة بعنوان «قيادة من الأغرار»، نشرتها صحيفة هآرتس إبان الحرب، في عددها الصادر بتاريخ 11-8 - 2006: «كيف نهضنا في صباح أحد الأيام» يتساءل بن كاسبيت «واكتشفنا أنّ جميع متخذي القرارات الكبار، وفي المواقع الحساسة في الدولة الإسرائيلية، هم من الذين لا يملكون الخبرة في هذه المجالات التي هم مسؤولون عنها، ولن نقول أغرارا حقيقيين» [77].

ويوجه إسحاق هرتسوغ - وزير السياحة في حكومة أولمرت - انتقادات لاذعة وحادة إلى ثالوث الحرب (أولمرت - بيرتس - حالوتس)، محملا إياهم

---

(74) ضابط برتبة جنرال، كان قائدا لفرقة الجليل في الجيش الإسرائيلي، أو ما يسمى الفرقة91 عشية الحرب على لبنان. استقال من منصبه في أعقاب الحرب، بعد أن صير إلى تحميله جزءاً من مسؤولية الفشل.

(75) يحيى دبوق، غال هيرش: الحرب المقبلة قد تكون الأخيرة فعلا، أنظر: صحيفة الأخبار اللبنانية، السنة الثانية، العدد 378، الثلاثاء في 13 تشرين الثاني، العام2007، ص 378.

(76) مجموعة من الكتاب والمحللين الاستراتيجيين الإسرائيليين، 33 يوم حرب على لبنان ؛ترجمة أحمد أبو هدبة، ط1، بيروت: مركز الدراسات الفلسطينية، العام 2007، ص 353.

(77) سعدى يزبك، أيام لا تنسى، ط2، بيروت: الدار الإسلامية للطباعة والنشر والتوزيع، العام 2007، ص 232، 233.

مسؤولية الفشل والإخفاق؛ فقد ضمّن شهادته أمام لجنة فينوغراد معلومات ومعطيات تدين هذه القيادة من الأغرار التي تربعت على عرش إسرائيل في واحدة من أحلك الظروف وأصعبها، بوصفها قيادة قاصرة، وعديمة الحكمة والخبرة والمسؤولية والأهلية، وبالتالي فهي لم تكن مؤهلة لقيادة الدولة وإدارة الحرب، يقول هرتسوغ في إفادته: «إنّ رئيس الحكومة صحا ذات يوم ووجد نفسه في منصبه وهو غريب عن كل موضوع الأمن. أما وزير الدفاع، فقد حصل على هذا المنصب لانعدام الخيار. بينما لم يكن رئيس الأركان مهيئا لهذا المنصب».

وتنقل هآرتس أيضاً بتاريخ 29 - 7 - 2006 عن القناة العاشرة في التلفزيون الإسرائيلي، حالة من الاستياء دبت في صفوف الجيش في أعقاب ما بدأت تتكشف عنه الحرب من إخفاق وفشل وهزيمة، حيث عكف ثلاثة جنرالات في الاحتياط على صياغة رسالة إنتقادية إلى رئيس الأركان مطالبة إياه بالاستقالة والتنحي، وذلك بسبب من ظهور «مشاكل خطيرة في استخدام القوة وإدارة الحرب»[78]، وبسبب من «سوء فهم جوهري كيف تدار الحرب»[79]. وليس بعيدا من ذلك، وصفُ رئيس جهاز الشاباك ديسكن أداء حكومة أولمرت خلال الحرب بالأداء العقيم والسيئ والرديء، في إشارة متطرفة منه إلى أنّ «نظام الحكم في إسرائيل قد انهار طوال فترة الحرب»[80] على النحو الذي عمّت فيه الفوضى أرجاء الدولة، وتأدى إلى تخبط الجيش خبط عشواء.

وفي سياق متصل، كان التقرير النهائي للجنة التحقيق التي ترأسها الجنرال دان شومرون[81]، قد أدان أداء هيئة الأركان العامة للجيش خلال الحرب على

---

(78) مجموعة من الكتاب والمحللين الاستراتيجيين الإسرائيليين، **33 يوم حرب على لبنان** ؛ ترجمة أحمد أبو هدبة، ط1، بيروت: مركز الدراسات الفلسطينية، العام 2007، ص 250.

(79) مجموعة من الكتاب والمحللين الاستراتيجيين الإسرائيليين، م. ن.، ص 250.

(80) مجموعة من الكتاب والمحللين الاستراتيجيين الإسرائيليين، م. ن.، ص 17.

(81) تقلد الجنرال دان شومرون رئاسة الهيئة العامة للأركان في الجيش الإسرائيلي في الفترة بين عامي 1991 و1998. ويعتبر من أكثر الجنرالات الإسرائيليين خبرة ودراية وأغناهم تجربة.

لبنان، وانتقد أسلوب تفعيلها لإدارتها، وطرائق اتخاذ القرار فيها، من حيث أنه تناهى إلى نتائج وخلاصات مدوية وبالغة الخطورة، بالمقدور وسمها بالفضائحية والكارثية، كاستنتاجه بأنّ فشل هيئة أركان الجيش لم يكن فشلا عرضيا، وإنما كان فشلا بنيويا حادا، وأنّ عددا كبيرا من قادة وضباط الأركان والوحدات كان فاقدا للأهلية والخبرة والمران التي تعدّ شرائط ضرورية لازمة لإدارة أي حربٍ.

كان من شأن مثل هذا المناخ الضاغط والعاصف في إسرائيل، أن لا يبقى أسير لجان التحقيق، وحبيس الأطروحات النظرية والتنظيرية، كحفلات التشاتم، أو حملات تبادل الاتهامات وتقاذف المسؤوليات؛ بل أن يؤسس لانقلابات جذرية في هرمية المؤسستين السياسية والعسكرية، وأن يحدث زلزالا ذا ارتدادات متلاحقة، يقع المراقب - الباحث على تعبيراته في كم وحجم الاستقالات والإقالات والمناقلات التي أعقبت الحرب. فقد نجم عن الفشل الإسرائيلي في لبنان سقوط مدو لرئيس الوزراء إيهود أولمرت ووزير الدفاع عامير بيرتس، تأدى - بما لا يقبل الشك - إلى موتهما سياسيا. وجاء سقوطهما معطوفا على إعفاء نائب وزير الدفاع الجنرال افرايم سينية من مهامه. كما جاء مسبوقا باستقالة كل من رئيس هيئة الأركان العامة للجيش دان حالوتس[82] الذي حُمّل مسؤولية فشل الحرب، وقائد الجبهة الشمالية الجنرال أودي آدم، وقائد فرقة الجليل الجنرال غال هيرتس، وقائد الفرقة المدرعة الجنرال بيريز تسوكرمان، وقائد سلاح البحرية الجنرال دافيد بن بعشاط على خلفية تعرض العديد من القطع البحرية ومنها (ساعر 5) للاستهداف. وقائد اللواء

= كُلف في أعقاب الحرب الفاشلة على لبنان في العام 2006، بمهمة النظر في أداء هيئة الأركان العامة للجيش. وقد عُدّ ما خلص إليه من نتائج وتوصيات، على قدر من الأهمية بين التحقيقات الأربعين التي نظرت في أسباب الفشل والإخفاق في لبنان.

(82) كشفت لجنة تحقيق عسكرية داخلية، كلفت النظر بأداء الجيش خلال الحرب على لبنان، عن ' وجود عيوب شديدة في أداء معظم المراتب العسكرية، الا انه من الواضح ان المشكلة تكمن في عمل هيئة الأركان العامة، أكثر منها في المراتب الأدنى'. أنظر: بن كاسبيت، لننتصر قبل كل شيء، مقالة نشرتها صحيفة هآرتس الإسرائيلية، في عددها الصادر في 11- 8 - 2006.

المدرع (401) العقيد موتي كيدور على خلفية مجزرة الدبابات التي حلت به في معركة وادي الحجير. وقائد الجبهة الداخلية الجنرال يتسحاق غرشون على خلفية الفشل في إدارة الجبهة الداخلية، وتوفير مقومات الصمود فيها. لتستكمل السلسلة القيادية انهيارها بعد ذلك، بإقالة واستقالة العديد من قادة الفرق والألوية والكتائب[83].

وبعيدا من موضوعة الخلل والقصور في إدارة الحرب؛ يطالعك في القادة الإسرائيليين «لاأخلاقيتهم»، ليس بلحاظ ارتكابهم للمجازر بحق العزّل[84] من المدنيين والأطفال والشيوخ والنساء والأسرى فحسب وهي لا شك سياسة جبانة، بل حيال قضيتهم وجنودهم ومدنييهم وعموم جمهورهم وناسهم، حيث النفعية والغرضية والمصلحية الحاكمة فوق كل اعتبار. ما بالمقدور أن نقع على مصاديق لتعبيراته في انخراط قادة الصف الأول من المستوى السياسي والمستوى العسكري في صفقات وحسابات تجارية وشخصية، من النوع الرخيص والمباشر والمعيب.

يسجل هنا - في إطار الاضاءات الكاشفة - كيف أنّ دان حالوتس، رئيس هيئة الأركان العامة للجيش، قد اتصل يوم 12 تموز، وبعد مضي ساعتين فقط

---

(83) لقد أسفرت الحرب عن تغيير جذري كامل في المواقع القيادية الإسرائيلية كافة من المستوى السياسي والمستوى العسكري، على النحو الذي وصفه بعض المحللين " بالثورة " ؛ فقد جاءت الانتخابات ببنيامين نتنياهو رئيسا للحكومة، وتسلم إيهود باراك حقيبة الدفاع، وشغل الجنرال كابي اشكنازي موقع رئاسة الأركان العامة للجيش، وأحتل الجنرال متان فيلنائي منصب نائب وزير الدفاع، وتقلد الجنرال غادي آزنكوت قيادة الجبهة الشمالية، وتبوأ الجنرال دان هرئيل منصب نائب رئيس هيئة الأركان العامة، وعُين الجنرال إيلي ميروم قائدا لسلاح البحرية، في حين اضطلع الجنرال بائيرغولان بمسؤولية قيادة الجبهة الداخلية.

(84) تؤشر وقائع الحرب إلى فساد وتهافت المزاعم والمقولات والادعاءات الإسرائيلية التي حاولت تشريع العدوان وتبريره أخلاقيا: فحزب الله الذي يستهدف المدنيين الإسرائيليين - وفقا للمزاعم الإسرائيلية التي تضع إسرائيل في موضع الدفاع عن مدنييها - يقتل من الجنود ثلاثة أضعاف ما يقتله من المدنيين، وإسرائيل التي تستهدف حزب الله - وفقا لمزاعمها - تقتل من المدنيين اللبنانيين ما يقارب ثلاثة عشر ضعفا من عدد الشهداء من مقاتلي حزب الله.

على أسر الجنديين الإسرائيليين، وقتل ثمانية جنود آخرين، بمستشاره المالي وطلب منه بيع أسهمه في البورصة، دون أن يقيم أي اعتبار أو وزن لدماء القتلى أو عذابات الجرحى من الجنود، أو مراعاة منه للأوضاع الصعبة التي تمر بها دولة إسرائيل. وفي الوقت الذي انصرف فيه حالوتس إلى الاهتمام بترتيب وضعه المالي، وفقا لما كشفت عنه صحيفة معاريف[85] في عددها الصادر في الخامس عشر من آب من العام 2006؛ كان عضو الكنيست ووزير العدل في الحكومة الإسرائيلية حاييم رامون[86] يسترق الوقت القصير الفاصل بين المداولات الأمنية، وبين انعقاد جلسة مجلس الوزراء التي كانت مقررة في الساعة الثامنة مساءً عشية الحرب على لبنان؛ لينصرف - بدوره - إلى إشباع غرائزه ونزواته مع ضابطة في الجيش برتبة ملازم تعمل في السكرتاريا العسكرية[87].

ولم يقتصر الأمر على هذا النحو فحسب، بل إنّ رئيس الدولة موشي كتساف كان متهما هو أيضاً بالتحرش الجنسي. وكان رئيس الحكومة متهما بالفساد والرشوة ومخالفة القوانين. أما رئيس لجنة الخارجية في الكنيست فكان هو الآخر متهما بالفساد الإداري. وهذا ليس إلا غيضا من فيض فساد القيادة الإسرائيلية.

بالمقدور هنا أن نفتح قوسين لنقول، إنّ نشر وإلقاء أضواء كاشفة حول

---

(85) نقلت صحيفة معاريف عن دان حالوتس تبريرا، هو أقبح من ذنب، حيث يقول: "صحيح أنني بعت حافظة الأسهم يوم 12 يوليو، لكن من المستحيل ربط ذلك بالحرب".

(86) كان حاييم رامون من أبرز الأصوات الداعية والمبررة للحرب على لبنان، وكان - بحق - الناطق الأشد وضوحا باسمها في الأسابيع الأولى على انطلاقتها. وهو من الشخصيات المقربة لرئيس الحكومة إيهود أولمرت، ويعتبر يده اليمنى في حزب كديما كما في الحكومة.

(87) أصدرت محكمة إسرائيلية مختصة قرارا اتهاميا بحق الوزير حاييم رامون، حيث أدانته بتهمة ارتكاب " فعل شائن". ولم ينفع رامون أنه قدّم للمحكمة صورة - كدليل دفاع عنه وبراءة له - يظهر فيها والفتاة تحيطه بذراعيها؛ فقد ظهرت في الصورة عينها حرب لبنان الثانية وفقا للتسمية الإسرائيلية، اذ التقطت الصورة تحت جهاز تلفزيون في ديوان رئاسة الحكومة، وقد بدا بوضوح - على شاشة التلفزيون - الشريط الإخباري يتحدث عن مقتل سبعة جنود إسرائيليين.

أبرز رموز القيادة العسكرية الإسرائيلية خلال الحرب على لبنان في تموز- آب من صيف العام 2006، من شأنه أن يشفف صوابية وصدقية وحقيقة ما ذهبنا إليه من إلصاق صفات العجز والقصور والتخبط والتردد وسوء التدبير وقلة الحيلة، بالقادة الإسرائيليين:

أ- عمير بيرتس (وزير الدفاع)

أتى عمير بيرتس وتسلق جدار الحكومة الإسرائيلية في عهد أولمرت. ولقد اضطلع بمهام وزير الدفاع فيها من غير أن يخرج إليها من رحم المؤسسة العسكرية؛ وهو الذي كان يضطلع ويصبو إلى وزارة المال، لأنه وفقا لتقديره وزعمه «كان يعرف ما الذي سيفعله هناك في وزارة المالية»[88]، خلاف جهله المدقع بالأدنى من الثقافة العسكرية، ومن المعرفة ببعض موجبات العمل في وزارة الحرب[89]. لاسيما، وأن المجتمع الإسرائيلي هو مجتمع مجيشٌ، ومحكومٌ بالنزعة العسكرية، ومحاطٌ بجحافل من كبار الجنرالات والضباط والقادة، وذوي الخبرات، وأصحاب التجارب الغنية ذات الصلة.

لكنْ كيف قدّر لمثل بيرتس أن يكون وزيرا للدفاع، وهو على ما هو عليه[90]؟.

---

(88) مجموعة من الكتاب والمحللين الاستراتجيين الإسرائيليين، **33 يوم حرب على لبنان** ؛ ترجمة أحمد أبو هدبة، ط1، بيروت: مركز الدراسات الفلسطينية، العام 2007، ص 253.

(89) كان وزير الدفاع الإسرائيلي عامير بيرتس، قد اعترف في شهادته أمام لجنة فينوغراد، أنه أخطأ بقبول حقيبة الدفاع، وأنه كان يرغب بالحصول على حقيبة المالية، لكن رئيس الوزراء ايهود أولمرت أقنعه بقبول هذه الحقيبة.

(90) لتعليل ما نذهب إليه من ادعاءات ومزاعم بهذا الشأن ؛ يكفي الوقوف على مشهد حيّ بثه التلفزيون الإسرائيلي مباشرة في تغطيته ونقله لوقائع زيارة ميدانية تفقدية قام بها وزير الدفاع الإسرائيلي عمير بيرتس إلى الجبهة، في محاولة منه لرفع معنويات الجنود المنهارة في أعقاب الحرب على لبنان. إلا أنّ ما انطوى عليه المشهد أدى رسائل عكسية أساءت إلى سمعة المؤسسة العسكرية الإسرائيلية ؛ فقد ظهر وزير الدفاع، وهو يحمل منظارا مغلق العدسات - في مشهدية ساخرة معبّرة لا تحصل حتى في أفلام الكرتون - كان يراقب بجدية بالغة من خلاله

إنه سوء طالع إسرائيل، وحظها العاثر، وفساد القائمين عليها. فالقارئ للشأن الاسرائيلي يقع دون كلف على حقيقة تعيين بيرتس وزيرا للدفاع، على الرغم من وجود قامة عسكرية من وزن شاؤول موفاز وزيرا للمواصلات في حكومة أولمرت نفسها. فالأمر إذاً، لا دخالة له بانعدام الخبرات والكفاءات العسكرية، وانما بأواليات الصراع السياسي الداخلي، وبما تقتضيه لعبة المصالح والحسابات الشخصية الضيقة. لقد وجد أولمرت عند المباشرة في تشكيل حكومته العتيدة فرصة ذهبية للكيد من موفاز وتوهينه وتصغيره، لا لشيء إلا لأنّ الأخير لم يبادر إلى الانضمام «إلى حزب كديما منذ اللحظة الأولى»[91]، وفي حمأة الاصطفافات الحزبية بين العمل والليكود وكديما، وفي حمأة استعار التنازع والصراع على السلطة.

لكنّ إيهود أولمرت، وبعد الإخفاق والفشل في حرب لبنان، حاول التخفف والتحلل من سوء تدبيره على هذا الصعيد، فأفاد في اعترافاته أمام لجنة فينوغراد[92] بأنّ حقيبة الدفاع منحت - وفق آلية توزيع الحقائب الوزارية داخل الائتلاف الحكومي - لحزب العمل الذي اختار بدوره عامير بيرتس لشغل هذا المنصب، وبالتالي ليس لأولمرت أية دخالة في اختيار وزير للدفاع غير ذي

= مناورة عسكرية يجريها الجيش الإسرائيلي على الحدود مع لبنان. ترى أي دَرَكٍ بلغته المؤسسة العسكرية الإسرائيلية. حتى الأطفال يا بيرتس يزيلون - وهم يلعبون في مناظيرهم - عن العدسات ما يحجب الرؤية والنظر.

(91) مجموعة من الكتاب والمحللين الاستراتيجيين الإسرائيليين، **33 يوم حرب على لبنان**؛ ترجمة أحمد أبو هدبة، ط1، بيروت: مركز الدراسات الفلسطينية، العام 2007، ص 253.

(92) جاءت إفادة إيهود أولمرت خلال جلسة الاستماع التي مثل فيها أمام لجنة فينوغراد، في الأول من شباط من العام 2007. وقد تركز التحقيق معه على ثلاث مسائل هي:

أ- خلفيات اتخاذه لقرار الحرب في 12 تموز من العام 2006، بعد ساعات على عملية الخطف.

ب- أسباب قرار توسيع العملية البرية في اليومين الأخيرين من الحرب، ما أسفر عن مقتل 33 جنديا.

ج- ظروف تعيين عامير بيرتس وزيرا للدفاع.

أهلية وخبرة، ومن غير نسيج المؤسسة العسكرية، الأمر الذي نفاه بيرتس بشدة، معتبرا أنّ إفادة أولمرت على النحو الذي قدمت فيه، ليست إلا محاولة منه «لإلقاء مسؤولية الفشل في الحرب عن كاهله ودحرجتها إلى حزب العمل»[93].

ويدافع بيرتس عن قبوله ابتداء تولي وزارة الدفاع، بوصفه حاملا لقناعة «أن يتسلم حقيبة الدفاع في إسرائيل وزير يحمل رؤية شعبية ومدنية واسعة، كما هو الحال في الدول الغربية، وليس شرطا أن يكون عسكريا». هذا قبل أن تبدّل مآلات الحرب ونتائجها المخزية من هذه القناعات، وتظهر عريها وتهافتها وضعف منطقها؛ «لكن بنظرة إلى الوراء» يقول بيرتس «وبسبب الاستنتاج المحزن أنّ إسرائيل ليست ككل الدول الغربية؛ يجب تعيين شخص ذي خلفية عسكرية»[94].

ب- دان حالوتس (رئيس هيئة الأركان العامة للجيش الإسرائيلي)[95]

لطالما كان دان حالوتس موضع جدل داخل المؤسسة العسكرية الإسرائيلية منذ لحظة تقلده رئاسة الأركان العامة للجيش، بوصفه قد سجل سابقة في

---

(93) صحيفة الأخبار اللبنانية، السنة الأولى، العدد 222، الخميس في 10 أيار، العام 2007، ص 18.

(94) صحيفة الأخبار اللبنانية، م.ن.، ص 18.

(95) ضمت هيئة الأركان العامة في الجيش الإسرائيلي عشية الحرب على لبنان: دان حالوتس رئيسا، اللواء موشيه كابلينسكي نائبا للرئيس، اللواء غادي آيزنكوت قائدا لشعبة العمليات، اللواء إسحاق هارئيل قائدا لشعبة التخطيط، العميد أودي ديكل رئيسا لوحدة التخطيط الاستراتيجي، العميد سامي ترجمان رئيسا لوحدة العمليات، العميد يوسي بيدتس رئيسا لوحدة الأبحاث في الاستخبارات العسكرية، العقيد آرييل رئيسا لوحدة صورة المعركة، العقيد يحزقيل أغاي رئيسا لوحدة التخطيط العملياتي، العقيد يورام رئيسا لغرفة التخطيط الاستراتيجي. وكان كل من رئيس هيئة الأركان ونائبه وقائد شعبة العمليات ورئيس وحدة العمليات يشغلون " هيئة رئيس الأركان المناوب" ، حيث أنّ واحدا من هؤلاء الأربعة يشغل بشكل تناوبي الموقع الأول في مقر القيادة العليا في هكرياه.

اعتلائه لهذا الموقع القيادي الذي بقي منذ نشأة المؤسسة – حكرا على الذراع البرية من سلاح المشاة والمدرعات دون سواها . فإذا بهذا القادم من سلاح الجو دون صدور من تاريخ عسكري عريق ، ودون امتلاك لتجارب غنية واسعة في خوض غمار الحروب وإدارتها ، ودون رأسمال رمزي يمنحه قصب السبق والأفضلية على أترابه ؛ يرتقي بسرعة قياسية لافتة سلم القيادة ، ويتربع على أعلى منصة فيها ، ما أثار حفيظة الجنرالات وقادة الأركان الذين أبدوا امتعاضهم غير مرة من هذا الأمر ، وعابوا على أمثال حالوتس إشغال هذا الموقع ذي الحساسية العالية(96) . لكنّ ذلك لم يكن ليستقيم أو يجدي بإطلاق ، أمام سطوة أرييل شارون في رئاسة الحكومة آنذاك ، وأمام شخصية عسكرية قادرة كشاؤول موفاز الذي كان يشغل وزارة الدفاع حينئذٍ .

السؤال الذي يطل برأسه : ما الذي جعل شارون وموفاز ، وهما من هما عليه من الخبرة والتجربة والتاريخ والمعرفة والمران في دنيا الحروب وخوض المعارك ، وأمور القتال ، والشؤون العسكرية الحاكمة ؛ يقعان على مثل هذا الاختيار ؟

لعل شارون – عند الموافقة على تعيين حالوتس – لم يكن ليتوقع حربا في المدى القريب والمنظور على النحو الذي يتطلب شخصية عسكرية قادرة وفاعلة من غير قامة ووزن حالوتس . أو لعله اطمأن إلى وجوده على رئاسة الحكومة ،

_____

(96) كان دان حالوتس في كل مقابلاته وإطلالاته الإعلامية – ومنذ لحظة تقلده الرئاسة العامة لهيئة أركان الجيش – يرد بالقول على منتقديه من الجنرالات وقادة الأركان والألوية ، وممن كانوا يشككون بقدراته ، ويثيرون اللغط حول إمكاناته ، ويستغربون كيف وصل قائد سلاح الجو إلى أعلى سلم القيادة : "ليس من الضروري أنْ تكون خروفا حتى تقود القطيع" . كان من الممكن أنْ يمضي حالوتس ما تبقى من فترة خدمته في رئاسة الجيش ، من دون أنْ تتكشف مقاتله ، أو أنْ تشوب ملابسه الزرقاء أية شائبة ؛ إلا أنّ سوء طالعه ومداهمة الحرب له تأدى إلى تظهير وانكشاف ما كان يؤخذ عليه ، ويطرحه المعارضون ضده : "إنّ رجلا من سلاح الجو لا يمكن أنْ يكون رئيس هيئة الأركان العامة" . جيناته ستقود حسب رأيهم إلى المعركة الجوية الطويلة" . وهذا ما سجلته وقائع الحرب .

وإلى خبرة موفاز في وزارة الدفاع في حال حدوث أي مستجد طارئ غير محسوب يهدد باندلاع ونشوب حرب. أو لعله يؤشر إلى وجهة جديدة، كان يجري الإعداد لها لكي تصبح عقيدة يتبناها الجيش الإسرائيلي، وهي وجهة تركن إلى الاعتماد الكلي الفاعل على قدرات سلاح الجو في إدارة الحروب، لاسيما بعد تأثر قادة الكيان بمنظومة المفاهيم والنظريات العسكرية الأميركية الحديثة. وحول هذه الوجهة الأخيرة يقول، المراسل العسكري لصحيفة يديعوت أحرونوت، أليكس فيشمان: «من كان يريد فهم الخلاف بين دان حالوتس ومنافسه على المنصب، غابي أشكنازي، عليه أن يعود إلى الاختلاف القائم في خلفية ذلك حول أفضلية وأهمية السلاح البري. اختيار دان حالوتس كان تفضيلا للقوات الجوية في الجيش. وأفراد هذه القوات يحتلون مناصب مركزية في هيئة الأركان بصورة متزايدة. وهذا ليس صدفة»[97].

مهما تكن حقيقة الأمر، فقد ظهر دان حالوتس غير مؤهل لإدارة الحرب عند نشوبها، وغير قادر على اعتلاء موجها عند تشظيها واندلاع شراراتها وغير جدير بقيادتها والاضطلاع بأمرها. كان ضعيفا بما لا يقاس، وعاجزا على نحو مسفّ، مترددا، غير واثق من نفسه، ولا تنبعث منه الثقة المطلوبة على من حوله، تعوزه الحيلة والحكمة، وتنقصه الخبرة والمهارة والموهبة والتجربة. وليس «من المستبعد» كما تقول سيما كدمون «أن يكون مثل الجيش كله قد فوجئ من ترسانة حزب الله الهائلة، ومن استعداداته غير المسبوقة للمواجهة»[98]. والحال هذه، بدا حالوتس بسبب من قلة مرانه عاجزا حتى عن إخفاء العبء الذي أثقل كاهله، وبدا أداؤه مضطربا، غير حِرَفي «وغير مهني»[99] وفقا لما قد تبانى عليه جميع المستويات السياسية والعسكرية

---

(97) مجموعة من الكتاب والمحللين الاستراتيجيين الإسرائيليين، 33 يوم حرب على لبنان ؛ ترجمة أحمد أبو هدبة، ط1، بيروت: مركز الدراسات الفلسطينية، العام 2007، ص 338، 339.

(98) مجموعة من الكتاب والمحللين الاستراتيجيين الإسرائيليين، م. ن.، ص 281.

(99) إسلام أون لاين.نت، حرب كسر الإرادة، ط 1، بيروت: الدار العربية للعلوم - ناشرون، العام 2007، ص 106.

الإسرائيلية؛ لكنّ أكثر ما ضاعف من مأزمه، وفاقم من حدة مشكلته؛ كان وجوده إلى جانب رئيس وزراء (ايهود أولمرت)، ووزير دفاع (عامير بيرتس) يفتقران إلى الأدنى والأقل من الخبرة العسكرية[100]. وفي هذا الصدد يقول حالوتس، في اعترافاته أمام لجنة فينوغراد، لدى سؤاله عن وقع قرار تعيين عامير بيرتس وزيرا للدفاع عليه «شعرت في ذلك اليوم أنّ العبء على كاهلي قد ازداد، وهو عبء بسبب قلة الخبرة».

ج- أودي آدم (قائد المنطقة الشمالية في الجيش الإسرائيلي)

أمّا أدوي آدم[101]، الذي عُيّن في شهر تشرين الثاني من العام 2005، قائدا للمنطقة الشمالية أو الجبهة الشمالية[102]، وفقا لتسمية حالوتس المحدثة لها؛ فلم يكن أقل سوءا من رؤسائه وقادته. كان آدم غير راغب في حرب برية مع حزب الله، وقد أخذ إليها أخذا. بل إنه كان «يفتقد» كما يقول عنه بن كاسبيت المراسل العسكري لصحيفة معاريف «إلى غريزة الانتصار المطلوبة في ساعات الحرب الضارية»[103].

لقد تكشفت وقائع الحرب ومجرياتها وفصولها – ومنذ اندلاع الشرارة

---

(100) كانت لجنة فينوغراد في معرض تنكبها لأسباب الفشل والإخفاق في الحرب على لبنان ؛ قد أوصت بعسكرة ' هيئة صنع القرار'. وذلك في معرض إشارتها إلى انعدام الخبرة العسكرية لدى كل من رئيس الحكومة آنذاك ايهود أولمرت ووزير الدفاع عمير بيرتس. وقد اعتبرت هذا الأمر من أسباب ما أسمته ' الإخفاق القيادي ' في الحرب.

(101) أودي آدم، من كبار جنرالات الجيش الإسرائيلي، تقلد مسؤوليات عديدة في المؤسسة العسكرية ؛ كان قائدا لسلاح المدرعات، ثم أصبح قائدا لفرقة الجليل، قبل أن يتولى قيادة ما يسمى بالجبهة الشمالية في العام 2005.

(102) إلى جانب الجنرال أودي آدم بصفته قائدا للجبهة الشمالية، كان اللواء يائير نافيه قائدا للمنطقة الوسطى، فيما كان الجنرال يتسحاك غرشون قائدا للجبهة الداخلية

(103) مجموعة من الكتاب والمحللين الاستراتيجيين الإسرائيليين، 33 يوم حرب على لبنان، ط1، بيروت: مركز الدراسات الفلسطينية، العام 2007، ص353.

الأولى- عن تردد آدم وعجزه، وعن قلة خبرته وحيلته، وفقر تجربته، وقصور نظرته، وسوء إدارته، وفساد قراراته، وانعدام معرفته ببيئة العمل؛ فهو «لا يعرف لبنان» كما يقول بن كاسبيت في معرض تقييمه لتجربة آدم «وهو ليس خبيرا في الحرب التي يخوضها سلاح المشاة، فهو لم يكن في سلوكي، ولم تحرق قدماه الوديان والسهول، ولم يعرف ويشاهد حزب الله عن قربٍ من قبل»[104]. فكيف يصار، والحال هذه، إلى تعيينه قائدا للجيش في حرب غير تقليدية خبرها حزب الله، وخبر جغرافيتها، وتمرس في فنونها وتكتيكاتها، وأتقن اللعب وفق قواعدها وشرائطها وخصوصياتها.

انعكس حال أودي آدم المسكون بلعنة لبنان[105] على حال الجيش، فأصيب الأخير- بعد أن أخذت الأمور منحى دراماتيكيا - في مقاتله وكبريائه، على إثر تعرضه لسلسلة من الإخفاقات والهزائم في مواجهات: مارون الراس، وبنت جبيل، وعيناثا... لم يستفق الجيش من هول الصدمة حتى تلقى صفعة ثانية أصابت هي الأخرى كبرياءه أيضاً[106]؛ لقد تداعت القيادة العسكرية الإسرائيلية على عجل - في خطوة وصفت بالغبية - وأتخذ دان حالوتس قرارا قضى بتعيين نائبه في هيئة الأركان الجنرال موشيه كابلينسكي منسقا للعمليات في

---

(104) مجموعة من الكتاب والمحللين الاستراتيجيين الإسرائيليين، **33 يوم حرب على لبنان**، ط1، بيروت: مركز الدراسات الفلسطينية، العام 2007، م.ن.، ص 353.

(105) يقال في إسرائيل إنّ أودي آدم دفع ثمن " لعنة لبنان"، لأنّه فقد والده الجنرال يكوتئيل آدم أثناء حرب لبنان الأولى في حزيران من صيف العام 1982، وها هو الابن بعد قرابة أربعة وعشرين عاما يدفع ثمنا شخصيا آخر. أنظر: محمد قبيسي، **الحرب السادسة: الصمود والانتصار**، ط1، بيروت: دار الهادي للطباعة والنشر والتوزيع، العام 2007، ص 283.

(106) وصفت الصحف الإسرائيلية قرار القيادة العسكرية - بعد أربعة أسابيع من بدء الهجوم على لبنان - بتغيير أكبر قائد إسرائيلي في الجبهة اللبنانية (في إشارة إلى أودي آدم)، بأنه " ضربة لكبرياء أقوى جيش في الشرق الأوسط". وتوقع المعلقون على الشؤون العسكرية الإسرائيلية أن تترك هذه الخطوة الحاسمة تداعيات سلبية خطيرة على معنويات الضباط من ذوي الرتب العالية، كما من شأنها أن تترك آثارا سلبية في جبهة القتال. أنظر: محمد قبيسي، م. ن.، ص 123.

لبنان، وممثلا شخصيا له في قيادة الجبهة الشمالية[107]. ما فُسّر على أنه «إطاحة لأودي آدم»[108]، وعزز الشعور «وسط الجمهور بأنّ الحرب برمتها عبارة عن فشل»[109]، وترك آثارا سلبية على معنويات الضباط، بعدما استشعروا أنهم سوف يكونون أكباشاً وقرابين تنحر كأثمان لفشل القيادة في إدارة الحرب؛ فضلا عن أنه عبّر، كما يقول المراسل العسكري لإذاعة الجيش الإسرائيلي روني شيلدهاف «عن حجم الإحباط الذي يسود القيادة العسكرية والسياسية من تعثر المعركة في مواجهة حزب الله، وعجز الجيش (. . .) من حسم المعركة»[110].

في حين أرجع بعض المراسلين العسكريين للصحف الإسرائيلية خلفيات قرار القيادة العسكرية إعفاء آدم وتنحيته، إلى عدم قدرة الأخير «وطاقم الجنرالات الذين يعملون معه على إدارة المعركة، ناهيك عن عجزه عن توظيف القوات الكبيرة التي دفع بها إلى المعركة؛ الأمر الذي أحرج قيادة الجيش، حيث أنه يعمل تحت إمرة آدم 10 آلاف جندي»[111]. وعلى الرغم من ذلك لم

---

(107) أشارت الصحف الإسرائيلية إلى حوارات ومشادات قاسية جرت أثناء الحرب بين حالوتس وآدم - كانت سابقة لخطوة اتخاذ حالوتس قرارا بتعيين موشيه كابلنيسكي ممثلا له في قيادة الجبهة الشمالية - بينها قول حالوتس " بودي وضع قائد الذراع البري بني غينتس مسؤولا عنك" فرد آدم " إذا جلبته إلى هنا فسوف ألقي لك بالمفاتيح".
وكانت صحيفة هآرتس، قد وصفت تكليف ضابط آخر - مكان آدم، ويحمل الرتبة عينها - مهمة الإشراف على العمليات العسكرية الإسرائيلية خلال الحرب على لبنان، بأنه " طرد فعلي " لآدم.

(108) عامير ربابورت، **ثالوث الحرب ليس وحده من أخفق في إدارتها**، نقلا عن صحيفة الأخبار اللبنانية، السنة الأولى، العدد 219، السبت في 5 أيار، العام 2007، ص 18.

(109) عامير ربابورت، صحيفة الأخبار اللبنانية، م. ن.، ص 18.

(110) حديث إذاعي بُث في صباح يوم الأربعاء في التاسع من آب من العام 2006، عبر أثير إذاعة الجيش الإسرائيلي.

(111) إسلام أون لاين.نت، **حرب كسر الإرادة**، ط1، بيروت: الدار العربية للعلوم - ناشرون، العام 2007، ص100، 101.

يكن قادرا على حسم المعركة في مواجهة بضع مئات من مقاتلي حزب الله، وفقا لتعبير روني دانئيل المعلق العسكري للقناة الثانية الإسرائيلية[112].

لكن كيف كان عليه الأمر بعد تولي موشيه كابلينسكي - عمليا - لمهام القيادة في الجبهة الشمالية؟.

تؤشر وقائع الحرب - بلا شك - إلى أنّ الأمر لم يستقم على نحو جيد؛ بل تفاقم وازداد سوءا، حيث انتقل الجيش من إخفاق إلى إخفاق، ومن فشل إلى فشل، وغرق في آتون المحاولة والتجريب، في ما يعكس حال التشتت والتخبط والضياع وانعدام الأفق، دون أن يتمكن من توفير «البضاعة» المطلوبة. إنَّ هذا يعني أنّ مأزم الجيش لم يكن بإطلاق، مأزم ضابط فيه - بمعزل عن موقعه وحيثيته - قدر ما كان مأزم المؤسسة العسكرية ككل، وأنّ إخفاقاته لم تكن من النوع الذي بالمقدور تجاوزه أو استدراكه؛ وإنما كانت إخفاقات استراتيجية طالت كل المجالات الحاسمة: التفكيري، والتخطيطي، والعملياتي، ما يعزز من مقولة أنّ الفشل الإسرائيلي في الحرب كان فشلا بنيويا، وفق ما أشار إليه الجنرال دان شومرون في خلاصة تقريره الناظر في أداء هيئة أركان الجيش خلال الحرب على لبنان.

_____

(112)   أون لاين.نت، **حرب كسر الإرادة**، ط1، بيروت: الدار العربية للعلوم - ناشرون، العام 2007، ص 101.

المشكلة الرابعة:
عدم واقعية الأهداف وقصور عن ابتداع الجديد منها

نقع في عملية تشفيف وتحري أواليات انتقاء وانتخاب وتبني أهداف الحرب وتحديد غاياتها، من قبل ذوي القرار والشأن في القيادة الإسرائيلية على حماقتين إستراتيجيتين قاتلتين، أسهمتا إلى حدّ بعيد في خسارة الحرب:

أ- الحماقة الاستراتيجية الأولى

لقد تمثلت الحماقة الإستراتيجية الأولى في تبني القيادة الإسرائيلية لمنظومة الأهداف التي أريد لها أن تسقف اندفاعة الحرب، وأن توفر لها المظلة والشرعية، وأن تشكل إطارا مرجعيا حاكما لأدائها، ولحركيتها، ولسيرورتها، ولمراحل تخلقها وتطورها واكتمالها، وصولا إلى وزن وتقييم ما ينبغي أن تفضي إليه من مخرجات، وأن تتمخض عنه من نتائج وحصائل.

وعلة ذلك أنّ إسرائيل «لم تحسن تحديد الأهداف الممكن تحقيقها»[113]، وجاءت الأهداف «غبية» نظراً لعدم الوضوح والتحديد[114]، و«غير واقعية»

---

(113) أمين مصطفى، **الإعصار**، ط 1، بيروت: دار الهادي للطباعة والنشر والتوزيع، العام 2007، ص 212.

(114) من مظاهر التخبط الإسرائيلي في الحرب عدم وضوح الجدولة الزمنية المطلوبة لتحقيق الأهداف، أي الوقت الذي سوف تتطلبه وتستغرقه على نحو دقيق. فكانت الحرب تتدحرج وتستطيل وتمتد بكيفية جعلت من أتخذ القرار بشأنها يسير على هدي إيقاعاتها دون أفق. كما تجلى التخبط أيضاً في تردد القادة الإسرائيليين بشأن عدد الجنود. هل يصار إلى تجنيد الاحتياط أم لا؟ ما هو عدد الجنود الذي يتطلبه خوض غمار الحرب؟... ما يعني أنّ الأهداف لم تلحظ القيام بالمسح الفعلي للموارد المطلوبة وللقدرات المتاحة.

باعتبار عدم قابلية التحقق والتنفيذ؛ هذا إذا ما صير إلى معاينة بيئة العمل، وتقدير الوضع تقديرا علميا موجبا، للوقوف على ما فيه من صنوف الفرص والتهديدات، وفحص موازين القوة، وقراءة السلاسل الزمنية لتجارب الصراع بين حزب الله وإسرائيل. وهذا ما ينم عن قصور، وعن جهل مركب، وعن قلة حيلة ومنطق وخبرة، وعن انعدامٍ في القدرة على التفكير والتنبؤ، وعن إعدادٍ هزيل للقادة الإسرائيليين، الذين رفعوا، مع انطلاقة عجلة الحرب والقتال، من سقوف توقعاتهم كثيراً[115]، لتصل حد العجرفة والغطرسة والتعالي والتشاوف، قبل أن تعاود هذه السقوف تدحرجها تنازلياً[116]، وانخفاضها على نحو دراماتيكي، بفعل ما كانت تلفظه ساحة المعركة والمواجهة من وقائع وأحداث وتطورات «تم تقليص أهداف العملية» يقول زئيف شترنهال «من استعادة قوتنا الردعية وتصفية حزب الله (. . .) إلى إبعاده - أي الحزب - عن مواقعه الأمامية ونشر قوات دولية للدفاع عن شمالي إسرائيل من الهجمات المستقبلية»[117].

وعلى هدي شترنهال، كان الكاتب أحمد أبو هدبة، قد أشار- في مطالعة تقييمية لموضوعة الحرب - إلى تهافت الأهداف وانكماشها وتقلصها، وإلى انمساخها وتقزمها على نحو تدريجي بما يؤشر إلى هزيمة نكراء تلقاها الإسرائيلي «نرى كيف انخفض سقف الأهداف والتوقعات الإسرائيلية لهذه

---

(115) اعتبر، رئيس الحكومة الإسرائيلية الأسبق، شمعون بيريز في مقابلة أجراها مع الملحق الأسبوعي لصحيفة يديعوت أحرونوت الصادر في العشرين من نيسان من العام 2007: "أنّ خطأ حرب لبنان الثانية - وفقا للتسمية الإسرائيلية - يكمن في توقعات الانتصار".

(116) كانت الأهداف تتراجع وتتغير على نحو مطرد، تبعا للتغيرات والتطورات غير المحسوبة التي كان يفضي إليها الميدان: من الدعوة " لتدمير حزب الله"، إلى الدعوة " لطرده " من جنوب نهر الليطاني فقط، وصولا إلى الاكتفاء " بالحد من قدرات الحزب، ونشر قوة دولية كسياج أمني على الحدود مع لبنان"، إلى القبول الصاغر " بنشر قوة دولية فحسب".

(117) مجموعة من الكتاب والمحللين الإستراتيجيين الإسرائيليين، **33 يوم حرب على لبنان**؛ ترجمة أحمد أبو هدبة، ط1، بيروت: مركز الدراسات الفلسطينية، العام 2007، ص270.

الحرب» يقول أحمد أبو هدبة «بحيث لم تستطع الآلة العسكرية الجهنمية تحقيق أي من الأهداف التكتيكية أو الإستراتيجية برغم الغطاء السياسي الذي منحته الإدارة الأميركية للحكومة الإسرائيلية»[118].

فما هي هذه الأهداف؟

في أعقاب عملية الأسر الناجحة التي نفذها حزب الله؛ تداعت الحكومة الإسرائيلية إلى اجتماع وزاري عاجل عقد في الساعة الثامنة من مساء الثاني عشر من تموز من العام 2006، لتدارس الردود المحتملة على التهديد الوجودي الذي بات يمثله حزب الله. وبعد ساعات مطولة من المداولات والمشاورات والنقاشات العاصفة، خرج رئيس الحكومة ايهود أولمرت على الملأ معلنا الحرب، ومحددا سلة الأهداف التي تتوسلها وتنشدها وتسعى إلى تحقيقها، وقد جاءت على النحو الآتي:

1- إطلاق سراح الجنديين الإسرائيليين دون قيد أو شرط.

2- تدمير القدرات الصاروخية لحزب الله وإبعاد خطرها عن حدود إسرائيل.

3- كسر حزب الله وطرده إلى ما وراء حدود نهر الليطاني.

4- تنفيذ القرار الدولي رقم 1559 لجهة نزع سلاح حزب الله.

أما الهدف غير المعلن الذي توارى خلف هذه الأهداف، وشكل عصب الحرب ونبضها، فكان نزوع الجيش إلى ترميم ما تآكل من قدراته الردعية، وإلى استعادة هيبته المفقودة.

ولكن «هل تم تحقيق الأهداف!؟»، يتساءل زئيف شيف المراسل العسكري لصحيفة هآرتس؛ ليأتي الرد القاطع بالنفي. فبعد حرب ضروس هي الأطول بين حروب إسرائيل، كانت أهداف الحملة العسكرية لا تستقر على حال واحدة، وإنما تتغير وتتبدل على نحو مطرد. والأسوأ من ذلك، أنّ الأهداف بقيت ورقية، بمعنى أنها لم تخرج إلى حيز التنفيذ والوجود، ولم يُصرْ إلى ترجمتها

---

(118)   مجموعة من الكتاب والمحللين الإستراتيجيين الإسرائيليين، **33 يوم حرب على لبنان؛** ترجمة أحمد أبو هدبة، ط1، بيروت: مركز الدراسات الفلسطينية، العام 2007، ص 14.

واقعا حسيا ملموسا، وإلى تجسيدها على نحو عملاني؛ لم تسفر الحرب عن استعادة الجنديين الإسرائيليين دون قيد أو شرط، بل لم تحظ القيادة الإسرائيلية المتغطرسة بشرف الحصول على مجرد خبر ينبئ عن وضعهما أو حالهما، على الرغم من حرص القريب والبعيد على توسل ذلك، ومن انشغال عواصم القرار وما يسمى بالمجتمع الدولي بهذا الأمر طويلا، وإنما صير إلى استعادة الجنديين بعد عملية عسيرة ومعقدة من التفاوض غير مباشر[119]، وفقا لما كان قد حدده الأمين العام لحزب الله السيد حسن نصر الله - في مؤتمره الصحفي[120] الذي عقده في أعقاب عملية الأسر وقبل اندلاع الشرارة الأولى للحرب - كسبيل وحيد لاسترجاع الأسرى الجنود «إنّ الأسيرين الإسرائيليين» يقول السيد حسن نصر الله «لن يعودا إلى ديارهما، إلا عن طريق التفاوض غير المباشر، وتبادل أسرانا بأسراهم. ولن يستطيع أحد في كل هذا الكون أن يعيد هؤلاء إلى ديارهم إلا عبر هاتين الوسيلتين (...) إذا كان الإسرائيليون يفكرون بأي عمل عسكري يهدف إلى استعادة هذين الأسيرين، فإنهم واهمون واهمون واهمون».

والمفارقة، أنّ القيادة الإسرائيلية كانت تعي جيدا حقيقة هذا الأمر[121]،

---

(119) أُفرج عن الأسيرين الإسرائيليين المحتجزين لدى حزب الله في السادس عشر من تموز من العام 2008، بعد عملية تفاوض معقدة وطويلة أطلق عليها حزب الله اسم (عملية الرضوان)، وقد تولاها كعادته الجانب الألماني. في مقابل إطلاق إسرائيل للأسرى اللبنانيين المحتجزين لديها، إلى جانب إطلاق عشرات الأسرى من الفلسطينيين والعرب من الذين كانوا يقبعون منذ أمد بعيد في السجون الإسرائيلية. إضافة إلى الإفراج عن جثامين شهداء المقاومة الإسلامية، والمقاومة الوطنية اللبنانية، والمقاومة الفلسطينية، الذين كانوا محتجزين لدى إسرائيل منذ العام 1980.

(120) أنظر وقائع المؤتمر الصحفي الذي عقده الأمين العام لحزب الله السيد حسن نصر الله في مسجد الإمامين الحسنين في حارة حريك، في تمام الساعة الرابعة من بعد ظهر يوم الأربعاء الواقع فيه 12 تموز من العام 2006، أي بعد ساعات قليلة على عملية أسر جنديين إسرائيليين.

(121) أعرب، وزير المواصلات في حكومة أولمرت، شاؤول موفاز في مناقشات مجلس الوزراء المنعقد في الرابع عشر من تموز من العام 2006، عن تشاؤمه من أطروحة استعادة الجنديين

حيث أنّ قراءة التجارب العملانية الدالة مع حزب الله - وهي بالمناسبة تجارب غنية وعديدة - تؤشر بما لا يقبل الشك، إلى استحالة توافر إمكانية أن يستعاد أي أسير دون مفاوضات يترتب عليها دفع أكلاف وأثمان باهظة؛ فبعد نقاش مستفيض أثير عشية الحرب في جلسة مجلس الوزراء التي عقدت في الساعة الثامنة مساء من ليل 12 تموز من العام 2006 أي قبيل ساعات على بدء الأعمال العسكرية، يخلص عامير بيرتس إلى أنّ جعل استعادة الجنديين هدفا للحرب من شأنه ان يورط إسرائيل على نحو متطرف «لا يتوقع أحد» يقول بيرتس «أن يؤدي الضغط فقط إلى استعادتهما»، ليجيبه دان حالوتس: «بالتأكيد، لدينا تجربة سيئة مع رون آراد»[122].

ينسحب الأمر نفسه على تلك الأهداف التي توسلت كسر حزب الله، وتدمير قدراته الصاروخية، وإبعاد خطره وتهديده إلى ما بعد الليطاني شمالا. فرغم الضربات الشديدة الجوية والبرية التي طالت البشر والشجر والحجر والزرع والضرع، والتي يصح فيها وصفُ الهمجية والبربرية والوحشية؛ لم تتعرض «قدرات الحزب العسكرية لضربة فعلية» كما يقول أمين مصطفى «فالدافع القتالي استمر، وصمد المقاتلون، وقيادتهم لم تمس، ولم تتعرض منظومتهم اللوجستية لإصابات جدية، وبقي لديهم مخزون كبير من الصواريخ البعيدة»[123] التي استمرت - كأقدار لا ترد - في التقاطر والانهمار فوق الداخل الإسرائيلي،

= الأسيرين لدى حزب الله من خلال عملية عسكرية " الأمر الأسوأ الذي من الممكن أن يحصل "يقول موفاز " هو أن تنتهي هذه الحملة، وحزب الله سيتحرك نحو الشمال، وسيظل الجنديان بيديه. علينا أن لا نصل إلى واقع ندفع الثمن فيه، وفي نهايته يرفع (الأمين العام لحزب الله السيد حسن) نصر الله يديه منتصرا، ويقول إن كل الجنود لديه والآن على الإسرائيليين مفاوضتي". أنظر: محضر جلسة المجلس الوزاري المصغر المنعقد في 14- 7- 2006.

(122) انظر محضر جلسة المجلس الوزاري الإسرائيلي المنعقد في 12- 7- 2006.

(123) أمين مصطفى، **الإعصار**، ط1، بيروت: دار الهادي للطباعة والنشر والتوزيع، العام 2007، ص 222.

وأصابت منه مَقَاتل. ما يعني أنّ إسرائيل، والكلام لأمين مصطفى «لم تُزِل سلاح الصواريخ، وخسرت المعركة»[124].

أما الكلام عن إبعاد وطرد وترحيل حزب الله إلى ما بعد نهر الليطاني؛ فهو كلام غير موزون، يفتقر إلى الموضوعية والمنطق، ويندرج في إطار التهويمات والهرطقة واللامعقولية. يقول النائب السابق أوري أفنيري ساخرا من الذين سقفوا الحرب على لبنان بأهدافٍ ليست من الواقعية ومن قابلية التحقق في شيء «الذين وضعوا هذا الهدف يتجاهلون حقيقة أنّ حزب الله متغلغل تماما في الأوساط الشيعية بجنوب لبنان، وبالتالي فإنه لا يمكن إبعاده إلا في حالة طرد جميع الأهالي من قراهم للأبد!»[125].

وماذا عن تنفيذ القرار الدولي رقم 1559؟. لقد اعتقدت إسرائيل واهمة أنّ توسل منطق التحويل عبر تفعيل استخدام القوة[126]، من شأنه أن يدمّر حالة الدولة داخل الدولة التي يقيمها حزب الله، وأن يُمكّن من خلط الأوراق وتغيير المعادلات القائمة في لبنان، وأن يساعد على إعادة ترسيم المشهد السياسي على نحو آخر، كما من شأنه أن يؤسّس لعملية سياسية تكون بموجبها الحكومة اللبنانية الصديقة للولايات المتحدة، والشبيهة بعرب الاعتدال قادرة على بسط سلطتها ونفوذها، وعلى احتكار استخدام القوة على كامل الأراضي اللبنانية. لكنّ الأمور جرت على خلاف رغبات وأمنيات المحور الأميركي - الإسرائيلي ومصاحباته؛ فلم تكد تلقي الحرب بأوزارها على إخفاقات إسرائيلية، ويبزغ فجر الرابع عشر من آب من العام 2006، موعد توقف الأعمال الحربية وفقا للقرار

---

(124) أمين مصطفى، **الإعصار**، ط1، بيروت: دار الهادي للطباعة والنشر والتوزيع، العام 2007، ص 222.

(125) إسلام أون لاين.نت، **حرب كسر الإرادة**، ط 1، بيروت: الدار العربية للعلوم - ناشرون، العام 2007، ص 107.

(126) رأى رئيس الحكومة الإسرائيلية إيهود أولمرت في توسل منطق التحويل عبر تفعيل القوة خير وسيلة لتنفيذ القرار1559، لجهة البند المتعلق بتفكيك الميليشيات ونزع سلاحها. وذلك في إشارة منه لما صير سابقا من محاولات ناجحة لتحويل المجتمع اللبناني من خلال القوة كمحاولة العام 1982.

1701؛ حتى أطلت وزيرة الخارجية تسيبي ليفني من على منبر صحيفة معاريف، لتقول: «ليس هناك أي جيش في العالم يستطيع نزع سلاح حزب الله»[127]، في نعي رسمي لموت القرار 1559، أو بالأقل، دخوله في ثلاجة التحنيط والانتظار.

وفي غمرة تهافت أهداف الحرب وتقهقرها؛ فإنّ الجيش الإسرائيلي – على الرغم من كل الذي توافر عليه من دعم مادي وسياسي ولوجيستي، وما استحوذ عليه من مساندة دولية وأممية وعربية، وما أوتي من أحدث التكنولوجيات والترسانات العسكرية والتسلحية، وعلى الرغم من كل الذي توسله من سياسات التقتيل والتدمير والتهديم، وتفعيل استخدام القوة، والأرض المحروقة، وضرب البنى التحتية – لم يفلح في استعادة ما تقاضم وتآكل من قدراته الردعية. الأمر الذي كان له مفاعيل سلبية على مكانة إسرائيل، وعلى مواقع تموضعها على الخريطتين الدولية والإقليمية، وعلى مسارح اشتغالاتها: إن لجهة التفاوضات أم لجهة التسويات والتفاهمات والتحالفات. كما أساء ذلك إلى سمعتها العسكرية وإلى صورتها الأسطورية كدولة لا تقهر إزاء الخصوم والأعداء، وأثر سلبا في علاقاتها حتى مع الذين كانوا بالأمس القريب يعدون من أصدقائها وحلفائها المقربين.

والحال هذه، عجزت إسرائيل عن تحقيق أي من أهداف الحرب وغاياتها، بسبب من سوء تقدير، ومن قصور في التفكير الاستراتيجي. وعادت أدراجها القهقرى، تلم خلفها أذيال الخيبة دون أن يخرج من بين قادتها من يتصادى للإعلان عن تحمل المسؤولية إزاء ما حصل، أو من يملك جرأة الاعتراف بذنبه وضعفه وعجزه. وليس هنا من وجه للغرابة في شيء؛ فمن غير المتعذر أن يقع قارئ الأحداث والوقائع والحروب على أصالة انتساب نصر ما في حال تحققه، إلا أن الفشل على خلاف ذلك – من طبيعة أخرى – هو لقيط لا يُدرك له أبٌ،

_____

(127) صحيفة معاريف الإسرائيلية، العدد الصادر في 14 - 8 - 2006.

ولا يُعرف له نسب؛ ما بالمقدور أن نتلمس تجلياته وتمثلاته بوضوح في المشهد الإسرائيلي عقب انتهاء الحرب.

لقد تقاذف المسؤولون الإسرائيليون - على عادة المنهزمين - مسؤولية الإخفاق والفشل والهزيمة؛ صب أولمرت في شهادته واعترافاته أمام لجنة فينوغراد جام غضبه على العسكر، ووجه - على نحو قاطع - اتهامه لحالوتس والجيش بعدم التزام الأهداف التي تم تحديدها، وانه جرى تضليله بخصوص قدرات الجيش الإسرائيلي(128).

وكان ايهود اولمرت قد بدأ حملته على العسكر، في وقت متقدم من الحرب، بعد أن تولد لديه أحساس متراكم بالخيبة والإحباط من الأداء الميداني، وبعد انكشاف جولات القتال عن عجز وضعف وتخبط وفوضى، وعن سوءٍ في وضع الجيش الإسرائيلي، وعن تراجعٍ في معنويات الجمهور؛ ففي جلسة المجلس الوزاري المنعقدة في السادس من آب من العام 2006، على وقع الأنباء السيئة(129)، يقول اولمرت رادا على الأصوات التي عابت عليه هجانة تجربته وضعف خبرته العسكرية، وحملته مسؤولية الفشل والإخفاق: «في دولة طبيعية، من يتخذ قرارات إدارة المعركة العسكرية ليس المستوى السياسي. لا اعتقد أنّ هناك ميزة بارزة لأن يكون المستوى السياسي ذا ماض عسكري.

---

(128) يحمّل إيهود أولمرت الجيش الإسرائيلي مسؤولية وضعه الصعب الذي آل إليه، حيث يشير في شهادته أمام لجنة فينوغراد إلى أنّ الجيش الإسرائيلي هو الذي قاده نحو الكارثة. ونقل عنه قوله في الاعترافات: "أنّ السيناريوهات التي طرحها الجيش قبل الحرب أكدت بأن نيرانه المدفعية والجوية ستخفض كميات صواريخ الكاتيوشا بصورة كبيرة خلال 7 أو 10 أيام".

(129) انعقدت جلسة المجلس الوزاري الإسرائيلي على وقع تهديدات حزب الله بقصف تل أبيب، وعلى وقع توسيع رقعة استهدافاته للداخل الإسرائيلي حيث بعث برسالة صاروخية إلى مدينة الخضيرة التي تبعد ما يقارب الثمانين كيلومتراً عن الحدود اللبنانية. والأسوأ أنه خلال انعقاد الجلسة تبلغ أولمرت وابلغ بدوره سائر الوزراء عن مصرع خمسة عشر جنديا إسرائيليا، بينهم اثنا عشر جنديا قضوا في " كفار غلعادي"، بعد إمطارها بالصواريخ من قبل حزب الله.

طوال الوقت، لم يكن هناك أي طلب أو اقتراح تقدم بها المستوى العسكري لتنفيذ عمليات غير التي تمّ تنفيذها من دون المصادقة عليه. ليست مهمتنا تعليم كيفية القتال، فأنا أحدّد الأهداف، لا الإجراءات التكتيكية. لقد حصل الجيش على دعم كامل، ولا يزال».

وفي سياق متصل، أصدر وزير الدفاع عامير بيرتس قرارا بتشكيل لجنة فحص (130) لتقصي وتحري الحقائق حول أداء الجيش الإسرائيلي خلال الحرب على لبنان، دون التعرض للجانب السياسي الممثل في الحكومة، حيث أنيط باللجنة مهمة فحص جاهزية الجيش الإسرائيلي والمؤسسة الأمنية واستعدادهما للقتال في الساحة اللبنانية، وحماية الجبهة الداخلية؛ إلى جانب فحص فعالية العمليات العسكرية التي اضطلع بها الجيش، وذلك منذ لحظة وقوع عملية الأسر في 12 تموز، إلى موعد دخول قرار «وقف العمليات الحربية» في 14 آب حيز التنفيذ. ما عُدّ غمزا ولمزا من قناة المؤسسة العسكرية، وتشكيكا بفاعليتها، واتهاما ضمنيا لها بالفشل.

لكن - في قبالة ذلك كله، حاول الجيش إزاحة مسؤولية الفشل عن كاهله، حيث ألقاها بدوره على المستوى السياسي (131)؛ لقد صورت النخبة العسكرية

---

(130) كُلف الجنرال أمنون شاحاك برئاسة اللجنة، وكان قد شغل سابقا رئاسة هيئة الأركان العامة في الجيش الإسرائيلي. وضمت اللجنة إلى جانبه عضوية كل من: قائد سلاح الجو الأسبق الجنرال هرتزل بودينجر، ومدير عام وزارة الحرب الإسرائيلية الأسبق الجنرال إيلان بيران، ورئيس شعبة الإمداد السابق الجنرال عامي سجيس، ورئيس شركة تيفع للأدوية إيلي هورفيتش.

(131) قرر الجيش أن لا يبقى أسيرا في قفص الاتهام الذي شاء إيهود أولمرت وضعه فيه، وذلك لدى محاولته التهرب من تحمل مسؤولية فشل الحرب على لبنان، حيث ألقى بهذه المسؤولية ضمنا - خلال شهادته أمام لجنة فينوغراد - على المؤسسة العسكرية. فقد خرجت الأصوات من داخل الجيش، لتتحدث عن ضياع المستوى السياسي وعن تردده وتخبطه، وعن عدم وضوح الرؤية لديه، ولتكشف الدور الرئيس لأولمرت قبل الحرب وخلالها في النتائج الفاشلة التي رست عليها. ما يعني أنّ المشكلة، وفقا لمصادر الجيش، كانت في المستوى السياسي الذي كان يتخذ القرارات، والذي لم يضغط على الزر في الوقت المناسب'.

قرار عامير بيرتس بتشكل لجنة الفحص المذكورة أعلاه، على أنه ليس إلا محاولة وضيعة لحصر مسؤولية فشل إسرائيل في الحرب بالجيش وقيادته، والتستر في المقابل على مواطن الخلل والعيوب التي شابت وأوجه القصور الكبيرة التي اعتورت، أداء المستوى السياسي ممثلا - بخاصة - في بيرتس نفسه ورئيس الوزراء إيهود أولمرت. يسجل هنا - كما ينقل موقع إسلام أون لاين.نت الالكتروني - مسارعة عدد من جنرالات الجيش إلى اتهام بيرتس «بأنه يحاول دفع المسؤولية عن نفسه وعن رئيس الوزراء ايهود اولمرت، مشددين على أنّ وزير الدفاع من منطلق موقعه يمثل المستوى السياسي المكلف بالإشراف على الجيش وهو حلقة الوصل بين الحكومة وقيادة الجيش، حيث يعمل رئيس هيئة الأركان تحت إمرته»[132].

وكان شاؤول موفاز، وزير المواصلات في حكومة أولمرت عشية الحرب - بوصفه قائدا سابقا للأركان، ووزيرا سابقا للدفاع - قد انضم إلى جوقة العسكر في حفلة التقاذف الاتهامية بين المستويين السياسي والعسكري، حيث أجرى في معرض مداخلة نظمها طاقم «مبادرة جنيف»، مراجعة تقويمية ونقدية للإخفاق والهزيمة في حرب لبنان: «إنّ إدارة حرب لبنان» يقول موفاز «كانت فاشلة ومربكة، ونبع الفشل من شكل إدارة القيادة السياسية للحرب، لا من استعدادات الجيش»[133]. أما الحيل الدعائية التي دأب المستوى السياسي على إنتاجها وفبركتها؛ فليست سوى محاولات «لطرح المسؤولية على المستويات الميدانية»[134].

---

(132) إسلام أون لاين.نت، **حرب كسر الإرادة**، ط1، بيروت: الدار العربية للعلوم- ناشرون، العام 2007، ص 199.

(133) صحيفة الأخبار اللبنانية، السنة الأولى، العدد 203، الاثنين في 16 نيسان، العام2007، ص 18.

(134) مجموعة من الكتاب والمحللين الاستراتيجيين الإسرائيليين، **33 يوم حرب على لبنان**؛ ترجمة أحمد أبو هدبة، ط1، بيروت: مركز الدراسات الفلسطينية، العام 2007، ص330.

لسنا هنا في معرض التحكيم بين كل من المستوى السياسي والعسكري؛ وإنما شئنا أن ننشر إضاءة كاشفة حول طبيعة الأهداف التي توسلتها الحرب. لقد كان حريٌ بكلا المستويين أن يعملا على خفض سقوف التوقعات، وعلى تبني أهداف أكثر تواضعا، وأكثر واقعية، وأكثر قابلية للتنفيذ والتحقق، وان يصار إلى التعاطي مع الأمر بعقلانية وتبصّر، بعيدا من العجرفة والتغطرس، للوقوف على معقولية تحقق الأهداف. فإذا كانت بعض العيوب تصيب عملية انتخاب الأهداف ذات الطبيعة التشغيلية والتكتيكية، فهذا ما هو باليسير تصحيحه ومعالجته أو استدراكه وتقويمه. أما إذا كانت العيوب بهذا الشأن تقع على مستوى التفكير الاستراتيجي، فهو ليس من اليسير تصحيحه بإطلاق.

يقودنا ما تقدم من إلماعات إلى حتمية انهزام إسرائيل في حرب تموز من العام 2006، بلحاظ معيارية الأهداف التي سقفت اندفاعتها؛ لأن نتائج الحروب «تقاس» كما يقول الخبير الاستراتيجي يهودا مائير «بقدرة الجيوش على تحقيق أهداف سياسية موضوعة سلفا من قبل الساسة». فإذا قيض لنا أن نسحب «هذا المنطق على الأهداف الإسرائيلية لهذه الحرب» والكلام لمائير«وهي: إعادة الجنديين دون شرط أو قيد، نزع أسلحة حزب الله، تغيير الوضع الذي كان قائما على الجبهة الشمالية عشية اندلاع الحرب؛ نرى أنّ أيّاً من هذه الأهداف لم تحققه إسرائيل، ولهذا فإنّ هذه الحرب، علاوة على كونها أطول الحروب وأكثرها تكلفة وفشلا، فإنها تعدّ هزيمة نكراء بالنسبة لإسرائيل»[135].

ب- الحماقة الاستراتيجية الثانية

عندما شرع الإسرائيلي في حربه على لبنان، كانت أهدافه العملياتية ناجزة وجاهزة وحاضرة بنحو مسبق، تتوضع على قائمة الانتظار، لا يعوزها سوى ضوء أخضر يومض من غرف القيادة كي يصار إلى انتقالها من طور إلى طور.

---

(135) مجموعة من الكتاب والمحللين الاستراتيجيين الإسرائيليين، **33 يوم حرب على لبنان**؛ ترجمة أحمد أبو هدبة، ط1، بيروت: مركز الدراسات الفلسطينية، العام 2007،ص 14.

وكان الإسرائيلي قد توفر على إعدادها وتجهيزها وتوضيبها خلال سنوات طوال امتدت منذ العام 1996، لكنها أخذت منحى أكثر فعالية منذ الانسحاب الإسرائيلي القهري في أيار من العام 2000. وكانت هذه الأهداف - بلا شك - حصيلة حراك واع، وثمرة أعمال استخبارية بالغة التعقيد، وفقا للرواية الإسرائيلية، بحيث أنها تطلبت جهودا شاقة ومضنية على مستوى التخطيط والتجنيد وأعمال التجسس والرصد والتنصت، كما تطلبت موارد وأكلافاً مالية وبشرية وزمنية ولوجستية باهظة. وهذا كله صحيٌّ ومطلوبٌ ومفيد في كل معتركات وميادين الحروب الباردة، كي يصار إلى استخدامها لاحقا، وعلى نحو موجب، في الحروب ذات الطبيعة الساخنة والحارة.

إلا أنّ وقائع الحرب وفصولها تكشفت عن حماقة عسكرية إستراتيجية قاتلة على مستوى إدارة العمليات؛ فقد أقدمت إسرائيل على إفراغ كل ما حوى «بنك أهدافها» من حمولات مرة واحدة، بعد أن ألقت بها، وعكفت على ضربها واستهدافها في الساعات الأولى للحرب[136]. ما مثل نقطة التغيير الحرجة التي حرص الإسرائيلي على التكتم عليها، وألح على عدم نشرها وإذاعتها وشيوعها. بعدها اخذ القتال منحى دراماتيكيا. وكانت إسرائيل قد رغبت - من جراء توسل هذا الأسلوب - في تفعيل عنصر المبادأة والمباغتة، والإفادة منه على نحو موجب، بوصفه مركبا فاعلا من مركبات عقيدتها الأمنية، الذي لطالما درجت عليه في كل حروبها ونزاعاتها. لكن ما خفي على إسرائيل، أنّ هذا المركب، إذا كان قد أثبت فعالية عالية في معالجة بنيات ثابتة تنهض عليها الجيوش النظامية الكلاسيكية؛ فإنه لا يمكن إسقاطه - بإطلاق - على بنية زئبقية

---

(136) في الساعات الثماني والأربعين الأولى على انطلاق قطار الحرب ؛ جرى استنفاد جميع الأهداف الهجومية التي كانت قيادة المنطقة الشمالية قد أعدتها وشخصتها على نحو مسبق، حيث صير إلى قصف جميع الأهداف التي اتضح أن عددها ثلاثة وثمانون هدفا تابعا لحزب الله .

كالبنية التي يتهيكل عليها معمار حزب الله، حيث لا بنى عسكرية ثابتة ولا مفاصل حساسة واضحة.

وهكذا عادت أسراب الطائرات الإسرائيلية أدراجها، في حين أنّ الحرب لم تنته بعد؛ بل شكلت هذه العمليات الجوية مؤشرا على انطلاق عجلة القتال، ما تأدى إلى انطراح المعادلة وفقا للسيناريو الآتي: إنّ الحرب قد بدأت للتو عند حزب الله، في اللحظة التي وضعت فيها أوزارها وأحمالها عند إسرائيل بعد نفاد بنك الأهداف من خزينه، الأمر الذي كان له انعكاسات خطرة على مجمل العملية العسكرية الإسرائيلية[137]: تشتت وتخبط وضياع وفوضى وتشوش وإخفاق وفشل وهزيمة.

فما هي فاعلة إسرائيل، والحال هذه؟

إنّ الزمن الفعلي الذي استغرقته الحرب بالنسبة لإسرائيل، لم يكن مديدا، بل لم يتعد زهاء الثماني والأربعين ساعة، وهي الساعات التي استنفدت فيها أهدافها. أما الوقت المتبقي فكانت إسرائيل تحاول تقطيعه وملأه - بصخب الطائرات وهدير المدافع - للحفاظ على أجواء الحرب ليس إلا، بانتظار تخريجات وتسويات مشرفة تحفظ فيها ماء الوجه[138]. وليس أدل على ذلك من قراءة وملاحظة خريطة القصف المبعثرة في الأيام التي تلت الساعات الأولى على بدء الحرب، والتي تشف وتكشف - بما لا يقبل الشك - عن أنه لم يعد بحوزة طائرات العدو أهداف تتوسلها بالمعالجة والضرب. بل أكثر من ذلك،

---

(137) صادق مجلس الوزراء الإسرائيلي عليها ابتداء، بوصفها عملية عسكرية حملت اسم "الجزاء المناسب". وذلك قبل أن يعاد توصيفها لاحقا بعنوان "حرب لبنان الثانية".

(138) ذكرت مصادر عسكرية إسرائيلية غير مرة، أنّ الإمعان في استهداف وقتل المدنيين اللبنانيين وارتكاب المجازر خلال الحرب، كان في كثير من الأحيان، يصار إليه كي يشكل روافع ضغط تدفع عواصم القرار في العالم إلى مطالبة إسرائيل بوقف الأعمال العسكرية والحربية. علّ ذلك يستنقذ الحكومة الإسرائيلية من ورطتها التي وُضعت بها، ويكون مخرجا مشرفا لجيشها، بعد إخفاقه، وفشله، وعجزه عن تحقيق وصناعة انجازات، بالمقدور تثميرها سياسيا، أو تظهيرها كنصر عسكري.

يسهل على المراقب ملاحظة كيف كانت الطائرات الإسرائيلية تعاود الإغارة – لمرات عدة، وفي أوقات متقطعة – طيلة زمن الحرب، على الهدف الواحد، على الرغم من كونه قد دُمّر بالكامل منذ الاستهداف الأول. ما يطرح من زاوية ثانية مأزما آخر باعتبار الأهداف، بالمقدور تمثله في قصور العقل الأمني الإسرائيلي عن ابتداع أهداف جديدة خلال الحرب، وفي عجزه عن تحديث معلوماته وتطويرها بهذا الشأن. فقلما نقع على هدف فعلي وازن صير إلى ضربه وتدميره من قبل القوات الإسرائيلية، لم يكن قد أدرج على قائمة الأهداف الموضوعة قبل الحرب[139].

وفي هذا السياق، أشار الجنرال أودي شيني [140] في تقريره النهائي بوصفه رئيسا لطاقم التحقيق الذي أنيطت به مهمة النظر في العلاقة بين الأركان العامة وقيادة المنطقة الشمالية[141]، إلى أنّ «جزءاً كبيراً من الأهداف التي هوجمت كانت أهدافا فارغة اختلقت بين ليلة وضحاها. كانت هناك نقاط حددت بناء على تشريحات مختلفة من دون أن يكون واضحا وجود هدف ذي قيمة فيها». وهذه لم تكن حال سلاح الجو فحسب، فسلاح المدفعية هو الآخر كان يخبط خبط عشواء باتجاهات يخمن فيها وجود منصات إطلاق صاروخية، «كانت

---

(139) بعد استنفاد قائمة الأهداف الهجومية الموضوعة ؛ طلب قائد المنطقة الشمالية الجنرال أودي آدم من سلاحي الجو والاستخبارات العمل سريعا على تأمين أهداف جديدة للحرب، بعدما تبين فشل عملية الوزن النوعي، ومواصلة حزب الله استهداف العمق الإسرائيلي بصليات من الصواريخ ذات المديات المختلفة. ما أدى إلى فوضى وتخبط، وإلى تحديد متسرع للأهداف وفقا لمعايير وأسس مختلفة، لعل أبرزها تشخيص منصات إطلاق صواريخ بعد رمايتها.

(140) شغل الجنرال أودي شيني موقع رئاسة شعبة الاتصالات المحوسبة في هيئة الأركان العامة للجيش الإسرائيلي خلال الحرب على لبنان، وقد أنهى خدمته العسكرية فور انتهائها.

(141) ينظر إلى نتائج وخلاصات ما توصل إليه طاقم التحقيق برئاسة الجنرال أودي شيني، بوصفها الأقسى بين تحقيقات الجيش الإسرائيلي التي كلفت النظر بإخفاقات الحرب على لبنان، والوقوف على أسباب الفشل والهزيمة. وذلك لجرأته في توصيف وتحديد مكامن الخلل، وفي بيان أوجه القصور والتقصير في أداء المهمات، وفي تسميته للمسؤولين عنها.

المدفعية الإسرائيلية» يفيد تقرير شيني «تطلق قذائفها بناء على تخمينات لا معلومات استخبارية»، ما جعل كل الجهود التي بذلت في هذا المجال غير ذات جدوى وغير ذات صلة.

في حين أنّ الزمن الفعلي الذي استغرقته الحرب لدى حزب الله - إذا صحت المقايسة - كان مقداره ثلاثة وثلاثين يوما بالتمام والكمال، ملأ فيها الدنيا وشغل الناس. وهو زمن استثمره على نحو فاعل؛ بدأ بعملية أسر الجنديين، وباستهداف درة سلاح البحرية في الجيش الإسرائيلي (ساعر5)، وانتهى بمجزرة دبابات في وادي السلوقي، وبإسقاط مروحية عسكرية فوق بلدة ياطر، وبتكبيد الجيش الإسرائيلي خسائر فادحة في الأرواح، وبصليات صاروخية موجهة إلى العمق الحيوي للدولة العبرية، في دلالة حية على فشل الأهداف التي سقفت خروج إسرائيل إلى الحرب[142].

(142) لقد فشلت إسرائيل في تحقيق أهدافها التي نشرتها كمظلة فوق حربها في تموز- آب من العام 2006 ؛ فهي لم تستطع قصم ظهر حزب الله كما وعدت، كما لم تستطع أن تضرب قدرته الصاروخية، وإبعادها إلى شمال نهر الليطاني، ولم تتمكن من استرجاع الجنديين الأسيرين اللذين أسرهما الحزب بالقوة، ورضخت لمطالب وشروط السيد نصر الله في طرق وأساليب استعادتهما عبر التفاوض غير المباشر، وإطلاق الأسرى اللبنانيين وعدد من الفلسطينيين والعرب، وكذلك فشلت في الانتقام واستعادة هيبة جيشها. أنظر: أمين مصطفى، **الإعصار**، ط ا، بيروت: دار الهادي للطباعة والنشر والتوزيع، العام 2007، ص 221.

الفصل الثاني

انهيار العقيدة الأمنية الإسرائيلية

العقيدة الأمنية الإسرائيلية

لقد انكبّ قادة الكيان الإسرائيلي منذ لحظة تخلقه، على بلورة تصور أمني، وصياغة عقيدة أمنية، لضمان توافر مستلزمات ومتطلبات الأمن والاستقرار لدولة وُلدت سفاحا، ولادة قيصرية هجينة. كان مخاضها حربا واغتصاب أراض واحتلالا، وكانت عوامل نموها وتطورها وصعودها، صراعات ونزاعات وحروبا وإهلاك زرعٍ وضرعٍ وفسادا... ما جعل الأمن خبز الإسرائيلي اليومي ومرتجاه، والمستحوذ على إرادته وتفكيره، والمسبب لأرقه وقلقه وانشغال باله وخاطره، والمئدّ لمضجعه ولراحته، بعد أن أصبح، هو المستثمر الأول لطاقات الدولة وإمكاناتها ومواردها وقدراتها، وهو الموجّه الأوحد لخططها وأهدافها وبرامجها وسياساتها ومشاريعها وتوجهاتها.

والحال هذه، قامت المنظومة الأمنية الإسرائيلية، واستقام عودها، بعد أن حوت بين تضاعيفها طائفة من القيم والعناصر والمركبات والعقائد المستخلصة من البيئة الإستراتيجية، ومن البيئة الجيو- سياسية للكيان الإسرائيلي. وذلك لمواجهة تحديات وأخطار وتهديدات نظرية وعملية، قد تعترض مسيرة بناء الدولة العبرية، وتستهدف استقرارها وأمنها، وتنال من سيادتها المزعومة، وتقضم سلامتها الإقليمية وسلامة أراضيها وحدودها.

وفي سياق متصل، أنيط بهذه المنظومة والمصفوفة الأمنية أمر معالجة ومواجهة ثلاثة أنواع من الأخطار والتهديدات الماثلة، التي صير إلى تصنيفها في ثلاث دوائر دالة:

- الدائرة الأولى من التهديدات، هي ما يسمى بدائرة تهديد السلاح غير التقليدي، والسلاح النووي منه بالأخص، أي ما يعرف بحرب أسلحة الدمار الشامل:

هذا النوع من التهديدات يتجلى بارتسام تهديد القدرات غير التقليدية، وهو من أكثر التهديدات المحدقة بالكيان العبري خطورة، وأشدها فتكا وتدميرا، بوصفه يندرج في إطار ما يسمى بمنظومة التهديدات ذات الطابع الوجودي والاستراتيجي. وعلة ذلك أنّ مفاعيله وآثاره وتداعياته السلبية هي غير موضعية، بمعنى أنها غير محددة في مكان وزمان معينين، بحيث يمكن احتواؤها وتجاوزها وهضمها؛ وإنما هي من طبيعة وجودية ومصيرية تنسحب على عموم مستقبل الكيان والدولة. ويتمثل هذا النوع من التهديدات راهنا بإيران على وجه الخصوص.

– الدائرة الثانية من التهديدات هي ما يسمى بدائرة التهديد الجبهوي، أي ما يعرف بحروب الجيوش النظامية:

ثمّة وعي في إسرائيل، كان قد تشكل بنتيجة القراءات التحليلية لنتائج جملة الحروب التي خاضها الكيان العبري، ولمعرفته الدقيقة بقدرات وإمكانات أعدائه وخصومه؛ أنّ هذا النوع من التهديدات ليس بمقدوره أن يهزم إسرائيل، أو أن يشكل عليها خطرا وجوديا، إلا أنه يستطيع أن يسبّب لها أضرارا. ويتمثل أكثر ما يتمثل راهنا بسوريا.

يقول أيهود باراك[1] في مقاربته لهذا النوع من التهديدات: «أعتقد أننا في

---

(1) أكثر الضباط حملا للأوسمة في الجيش الإسرائيلي، فهو يحمل وسام القدوة وأربعة أوسمة من رئيس الأركان، وفي العام 1959 التحق بسييرت متكال وتولى مناصب عديدة إلى أن غدا قائدا للسييرت. ومن هناك تأهل للدبابات وكان قائدا لسرية دبابات، وبعد ذلك قائدا لكتيبة دبابات نظامية، ثم قائدا لفرقة احتياط، وقائد فرقة نظامية مدرعات. وفي حرب الأيام الستة كان قائد دورية، وفي حرب الغفران قائد كتيبة مدرعات في الجنوب، وفي العام 1974 جرى تعيينه قائدا لدورة قادة دبابات، وفي العام 1980 غدا قائدا لدورة قادة كتائب. وفي العام 1982 حصل على رتبة لواء وعُيّن رئيسا لشعبة التخطيط. وفي العام 1983 عُيّن رئيسا لشعبة العمليات، وفي العام 1986 قائدا للجبهة الوسطى، وفي العام 1987 غدا نائبا لرئيس الأركان. وقد استلم رئاسة الأركان في العام 1991، وفي العام 1995 سُرّح من الخدمة وعُيّن وزيرا للداخلية في حكومة رابين، وبعد ذلك وزيرا للخارجية في حكومة بيريز، وفي العام 1999 أصبح رئيسا للحكومة، وفي العام 2008 وزيرا للدفاع في حكومة نتنياهو.

العام 1967 وبسبب قوتنا الواضحة، والتي تجسدت خلال هذه الستة أيام، بهزمنا لثلاثة جيوش، وبأمور أخرى كانت محجوبة عن الأنظار بتلك الفترة، تخطت إسرائيل التهديد المصيري وأصبحت غير مهددة وجوديا؛ فتحالف عدة جيوش لا يستطيع القضاء على دولة إسرائيل، كما ثبت في العام 1967، وربما أكثر في العام 1973، فرغم الهجوم المفاجئ لم ننهزم»[2].

لعل هذا الوعي بانعدام فعالية التهديد الجبهوي، لم يقتصر على الإسرائيلي فحسب – وهنا مكمن الخطورة – بل تعداه إلى الأنظمة والرسميات العربية... فسكتت أصوات الحرب، وتعطلت الجبهات، وخرجت مصر من معادلة الصراع، بعد تبلور قناعة لديها إثر حرب العام 1973، بأنّ المبادرة إلى الحرب ومباغتة إسرائيل، وأخذها على حين غرة، لم يحل دون تمكن الأخيرة، أو انتصارها، أو بالأقل إحرازها مكاسب عديدة. وبالتالي فإنّ الكلام عن إزالة إسرائيل، أو رميها في البحر كما كان يقال عربيا؛ هو كلام غير ذي جدوى، وغير ذي معنى... ما مهّد الطريق أمام أنظمة عربية أخرى، لتحذو هذا الحذو، ولتأخذ بهذه القناعة السلبية.

– الدائرة الثالثة من التهديدات، هي ما يسمى بدائرة النزاعات المنخفضة الوتيرة، أي ما يعرف بحرب العصابات، أو بالحرب غير التماثلية:

هذا النوع من التهديد، لا يمكن القول – من الوجهة الإسرائيلية – أنه يشكل تهديدا عسكريا مصيريا، فهو «لا يستطيع تدمير دولة إسرائيل» يقول أيهود باراك، لكنه يستطيع المس بها، «يستطيع تشويش مجرى الحياة والأمن الشخصي، واستعداد المجتمع للعيش بشكل طبيعي، وذلك بمستوى غير مصيري لكنه يؤثر على كل الوضع»[3]. وأكثر ما يتمثل هذا التهديد – راهنا – بحزب الله وبالفصائل الفلسطينية، لاسيما منها حماس والجهاد الإسلامي.

---

(2) إيهود باراك، مقابلة تلفزيونية حول التصور الأمني الإسرائيلي، بتاريخ 20/ 10/ 1997، ضمن برنامج ' مقال الأسبوع ' يعرضه التلفزيون الإسرائيلي عبر القناة الفضائية، يدير البرنامج المحامي الإسرائيلي أمنون زخروني.

(3) إيهود باراك، م.ن.

وهكذا نهضت المنظومة الأمنية الإسرائيلية، واستوى معمارها على جملة من المركبات، التي توزعت بدورها إلى مجموعتين رئيستين، تبعا لما يتهدد الكيان العبري من أخطار على غير صعيد:

المجموعة الأولى: يطلق عليها اصطلاحا تسمية القيود الأمنية؛ ويناط بها أمر ملاحظة وتعيين المخاطر الوجودية ذات التأثيرات والمفاعيل الدائمة، التي ليس من اليسير بإطلاق إحداث تغيير جذري فيها، أو إجراء تعديل أو تطوير عليها، أو حتى العمل على تليينها: على نحو الظروف الموضوعية والطبيعية التي تتأتى من موقع إسرائيل الجغرافي بلحاظ البيئة المحيطة بها، أو تتأتى من صغر مساحتها، وضيق عمقها، وانكشاف مصالحها الحيوية، وندرة مواردها الاقتصادية، وقلة عدد سكانها...

وهذا يعني أنّ القيود الأمنية، هي مجموع العناصر الثابتة في التصور الأمني الإسرائيلي، التي ينبغي لها أن تتوضّع في خلفيات التفكير والتخطيط الاستراتيجي كأقدار لا ترد، أو كبداهات حاكمة، أو كإطارات مرجعية، تبلور في ضوئها وعلى أساسها الردود الأمنية: «أعتقد بأنّ لهذا التصور عناصر ثابتة وعناصر متغيرة» يقول الرئيس الأسبق للحكومة الإسرائيلية إيهود باراك في معرض توصيفه للقيود الأمنية، والعنصر الثابت هو أنّ «الشرق الأوسط محيط عدائي، وغير متسق... حيث لا تماثل بيننا وبين الخصوم، لا بالديمغرافية ولا بالموارد ولا بالجغرافيا، ولا حتى بالأهداف»[4]. مع لحاظ الاعتبار هنا، إلى ما يشكله عدم التماثل من أعباء وأحمال ثقيلة جدا تنوء تحتها السياسة الأمنية.

المجموعة الثانية: ويطلق عليها اصطلاحا تسمية الردود الأمنية؛ وهي عبارة عن رزمة الحلول والمعالجات ذات الطبيعة الإستراتيجية، التي صير إلى تشكلها وبلورتها لمواجهة الأخطار والتهديدات المتأتية من عناصر القيود الأمنية، نحو: نقل المعركة إلى أرض العدو، التفوق النوعي فيما اصطلح عليه بجدلية النوع

---

(4) إيهود باراك، مقابلة تلفزيونية حول التصور الأمني الإسرائيلي ضمن برنامج " مقال الأسبوع"، بتاريخ 20 / 10 / 1997.

والكم، الردع، الحسم، الإنذار ألاستخباري، رعاية الدولة العظمى، الحرب الوقائية أو الاستباقية. . .

لقد تأدى اعتناق قادة الكيان العبري لهذه العقيدة الأمنية، وتبانيهم على قيمها ومرتكزاتها وأسسها، إلى ابتداع نصر تلو نصر، وإلى إحراز نجاح في اثر نجاح، وإلى تكريس واقع الدولة، وفرض حضورها الإقليمي والدولي، وإلى تحييد العديد من المخاطر والتهديدات، وإلى إملاء الإرادة السياسية على الخصوم والأعداء. . آية ذلك، أنّ الأمور في منطقة الشرق الأوسط أصبحت تسير وتجري وفقا لأشرعة السفن الإسرائيلية، وتقاس وفقا لاتجاهات الريح الآتية على أسنة الرماح من تل أبيب.

واقع الحال هذا، أضفى قيمة فارقة على المنظومة الأمنية الإسرائيلية، وجعلها بحق موضع ثقة الانتظام المجتمعي الإسرائيلي على اختلاف تلاوينه ومشاربه وأطيافه، وموضع اعتزاز وافتخار المستويين السياسي والعسكري على تباين اتجاهاتهم الفكرية والإيديولوجية، وتفارق مدارسهم السياسية والحزبية والعسكرية. . . إلا أنّ الأمور لم تكن - بإطلاق - على سويتها في حرب تموز من صيف العام 2006 على لبنان، وتحديدا على حزب الله. فما الذي أصاب مركبات هذه العقيدة الأمنية، التي لطالما أثبتت- في أحلك الظروف - نجاعتها وصلاحها، وقدرتها على صناعة المعجزات والاستحالات والأساطير؟.

سوف يحاول هذا المبحث جاهدا، أن يقف - وفقا لما تقتضيه الموضوعية والعلمية - على حال ومآل مركبات ومكونات العقيدة الأمنية الإسرائيلية، وملاحظة فعالية هذه المركبات في الحرب الإسرائيلية الأخيرة على لبنان، في 12 تموز من العام 2006.

نقل المعركة إلى أرض العدو

يفترض مركب نقل المعركة إلى أرض الخصم، بوصفه مركبا من المركبات الرئيسة التي استقامت عليها العقيدة الأمنية الإسرائيلية، أن يمنح الكيان الإسرائيلي- بسبب من ضيق عمقه الجغرافي وصغر مساحاته - مرونة اختلاق وإيجاد عمق استراتيجي بديل ومصطنع، يتيح لجيش هذا الكيان الاضطلاع بحماية مستوطنيه ومنشآته الحيوية من التعرض للهجمات والاعتداءات، ومن درء المخاطر عنهم، كما يتيح له النأي بالداخل الإسرائيلي عن مفاعيل وتبعات الحرب وعن مروحة تأثيراتها وإشعاعاتها السلبية.

ويتوسل هذا المركب خلق وقائع وبيئات ملائمة، وإيجاد حقائق ميدانية من شأنها الإسهام في فرض التغيير المنشود، أو يصار إلى تثميرها في فرض وإملاء نتائج وشروط سياسية. لكن هذا الأمر لا يستقيم على نحو موجب، لمجرد نقل قوات إسرائيلية إلى ارض الخصوم والأعداء، بل ينبغي أن يصار- ليتوافر نجاح هذا المركب - إلى احتلال أرض العدو، وتعطيل فعاليته، وتدمير قواته، ومنعه من إمكانية استخدام قدراته العسكرية لضرب الداخل والعمق الإسرائيلي، لما يمثله هذا الداخل من خاصرة رخوة، ومن مقاتلَ، ومن مواضع هشة ضعيفة ليس بمقدورها التحمّل والصمود بإطلاق، بسبب من «إن العمق الإسرائيلي» كما يقول أمير كوليك، في نشرة التقدير الاستراتيجي الصادرة في تشرين الأول من العام 2006، عن معهد أبحاث الأمن القومي التابع لجامعة تل أبيب «غير قادر على تحمل ضربات متواصلة، أو استيعاب عدد كبير من الشهداء: عسكريين ومدنيين» على حد تعبيره.

ويحتل مركب نقل المعركة إلى ارض العدو، مصافي الأصول في منظومة

ومصفوفة العقيدة الأمنية الإسرائيلية، حيث تناط به مهمة تجنيب الانتظام المجتمعي والمديني الإسرائيلي آثار الحروب وتبعاتها على نحو مباشر. وهذه لا شكّ مهمة جليلة لمن يعرف خصوصية هذا المجتمع وحساسيته(5). وقد جعله واضعه بن غوريون - منظِّر العقيدة الأمنية الإسرائيلية - كشرط جوهري رئيس من شروط خوض وكسب أية حرب تقدم عليها إسرائيل، لإدراكه المسبق أنّ الخصائص الجيو- سياسية والديمغرافية لهذا الكيان، لا تسمح له بإطلاق بخوض حروب على أراضيه، وبالتالي فإنّ كل الحروب والمنازلات والمعارك ينبغي أن تتوضّع منذ اللحظات الأولى، وان تخاض غمارها على ارض الخصوم ليس إلا. . . وهذا ما أقدمت عليه إسرائيل في كل حروبها مع العرب، إذ كان بمقدورها - وهذا ما يسجل لها - خلال ساعات معدودات أن تجعل من ارض الخصم ساحة المواجهة الفعلية، وأن تجنّب داخلها أية ارتدادات أو اهتزازات غير مأمونة. وليست حروبها في الأعوام: 1967، و 1973، و1982، إلا شواهد حية على هذا الأمر، إذ تمكنت القوات الإسرائيلية من الاندفاع المباشر إلى الأراضي العربية، ومن التوغل سريعا فيها واحتلالها، ومن إحكام السيطرة عليها على نحو جعل أمد أي حرب منها لا يتجاوز بضعة أيام.

ولا شك، أنّ هذا الاندفاعة السريعة إلى أرض الأعداء، واحتلالها والتموضع فيها، كان من شأنه أن يخلف آثارا سياسية ونفسية وميدانية سيئة، على معسكر الخصوم، سرعان ما كانت تحفر ببصماتها على النتيجة النهائية للحرب، حيث تتخلق صور الاستسلام والهزائم والنكسات والانكسارات التي كانت تتكبدها الجيوش العربية.

---

(5) يقول الدكتور ران باراتس في دراسة تقارب التحولات في الوضع الاستراتيجي لإسرائيل في أعقاب حرب لبنان في العام 2006: "إسرائيل هي دولة من دون احتياطي جغرافي استراتيجي، حجمها وشكلها يعدّان كابوسا استراتيجيا: هي صغيرة وضيقة وطويلة، بحيث إنّ النسبة بين طول حدودها ومساحتها سيئة جدا. ويوجد فيها مراكز سكانية ومراكز قوة واضحة، ونقاط ضعفها معروفة وهي تجاور دولا معادية علانية".

لكن كيف كانت عليه الحال في الحرب الإسرائيلية على لبنان في تموز من صيف العام 2006؟.

عمد الجيش الإسرائيلي - كعادته - في حربه الأخيرة على لبنان، إلى محاولة تنفيذ تكتيكاته بنقل المعركة إلى أرض العدو على نحو تدريجي ابتداء. على أن يكون ذلك على هيئة توغلات محدودة، بسبب من نقص حاد في معلوماته، كان قد تأدى إلى جهل ملحوظ في الوقائع والحقائق الميدانية، وانعكس بالتالي على أواليات اتخاذ القرارات حيرة وبلبلة وتشوشا واضطرابا. إلى أن اتخذت القيادة السياسية الإسرائيلية من خلال مصادقة المجلس الوزاري - الأمني المصغر على ما سُمّي بعملية «تغيير اتجاه 11»، قرار الاجتياح الكامل حتى ضفاف نهر الليطاني شمالا. لكن رياح الأمنيات لم تجر وفق ما تشتهيه هذه القيادة وتتمناه، فقد خالف حساب الحقل حساب البيدر، ولازم الإخفاق والفشل الجيش الإسرائيلي في كل مهماته، سواء في الوصول إلى تحقيق الأهداف الموضوعة والمرجوة للاحتلالات الموضعية أولا، أو تلك الموضوعة منها لمحاولة الاجتياح الكبير لاحقاً في الأيام الأخيرة للحرب.

لقد أظهر الجيش الإسرائيلي عجزا غير مسبوق، وصل حدّ الشلل والعقم، عن التوغل - ولو لبضعة كيلومترات من السياج الحدودي - في عمق الأراضي اللبنانية، فضلا عن احتلالها، والتموضع فيها، وإحكام السيطرة عليها. وهو الجيش الذي لطالما تغنى ببطولاته وفتوحه وقدراته الخارقة على اجتراح المعجزات في الميدان، والجيش الذي شهد له الخصوم قبل الأصدقاء والحلفاء بجبروته، وقوته، وبأسه، وبطشه، وحنكته، ومهاراته القتالية. كما اعتور هذا الجيش ظواهر ومعالم ضعف ووهن بيّنة، فبدا أعجز عن معالجة مجموعات المقاومين التي انتشرت في عموم الدساكر والقرى الجنوبية، وبين التلال والحقول والأودية، والتي دأبت على توجيه ضربات متتالية إلى جنوده وآلياته وإمداداته، حتى في الأمكنة الأكثر تماسا، والأكثر التصاقا بالسياج الحدودي، وفي الساعات السابقة على انتهاء الحرب. فضلا عن أنّها - هذه المجموعات - لم تنقطع عن قصف يومي متواصل للعمق الإسرائيلي بصواريخ من مديات

قصيرة ومتوسطة وبعيدة... الأمر الذي تأدى إلى فشل ذريع ألمّ بهذه الإستراتيجية الهجومية، المدرجة كمركب أصيل من مركبات العقيدة الأمنية الإسرائيلية.

وفي سياق معاينة عجز الجيش الإسرائيلي عن تنفيذ إستراتيجيته القاضية بنقل المعركة إلى ارض العدو في حربه على لبنان صيف 2006، على النحو الذي يتيح له حسن استثمار هذا المفهوم وتوظيفه، واستدرار نتائج سياسية وميدانية منه، وبالكيفية التي تعيد تشكيل الواقع وترسيمه وفق المتغيرات الجديدة... يكون بمقدور المراقب أن يقف على جملة من التداعيات والتبعات، التي ألقت بكاهلها على الكيان الإسرائيلي برمته:

أولا – إنّ إصابة الجيش الإسرائيلي بداء العجز عن نقل المعركة إلى أرض العدو جعل العمق الإسرائيلي عرضة للتصويب والاستهداف على نحو مباشر وغير مسبوق. فقد أُمطرت الجبهة الداخلية بوابل كثيف من صواريخ المقاومة اللبنانية، بعد أن أطلقت هذه الأخيرة العنان لمخزونها الاستراتيجي كي يلقي جام غضبه وحممه، وبعد أن سقطت الموانع، وتلاشت الحدود الفاصلة والفارقة بين الجبهة العسكرية والعمق المدني لدولة إسرائيل... وبهذا تكون المقاومة قد عطلت «مرتكزا أساسيا في العقيدة الأمنية للعدو، المتمثل بحصر نيران الحرب في أرض الخصم، وإبعادها عن الداخل الإسرائيلي»[6].

والحال هذه، أظهرت الحرب المدنيين والمستوطنين اليهود، وسكان الشمال بالأخص، على النحو الذي يصدق فيه الوصف بأنهم «جنود حرب الكاتيوشا»[7] على حد تعبير إيتان هابر في صحيفة يديعوت أحرنوت في عددها الصادر بتاريخ 14/8/ 2006. كانوا عراة إلا من خوفهم، غير مهيئين، وغير

---

(6) محمد خواجه، **المشهد العسكري بين المقاومة وإسرائيل بعد حرب تموز/يوليو 2006**، عن مجلة " شؤون الأوسط"، بيروت: مركز الدراسات الإستراتيجية، العدد 133، صيف – خريف 2009، ص 120.

(7) صحيفة السفير، **يوميات الحرب الإسرائيلية على لبنان ؛ النصر المخضّب**، ط1، بيروت: المركز العربي للمعلومات، العام 2006، ص 558.

محصنين، وغير معتادين على مواجهة المخاطر وشظف العيش. لاسيما بعدما توقفت دورة الحياة، وتعطلت أسباب البقاء، وأصيب كل شيء بالشلل: الميناء الرئيسي، المصافي، المصانع والمعامل، كثير من المنشآت الإستراتيجية والحيوية، أكثر من مليون إسرائيلي سكنوا في الملاجئ، ترك قرابة ثلاثماية ألف مستوطن منازلهم، ونزحوا إلى مناطق أكثر أمناً. ما دفع بالكاتب آفي كوبر في دراسة قيمة صادرة عن مركز بيغن - السادات للدراسات، إلى القول موصفا الوضع: «لم يسبق للجبهة الداخلية الإسرائيلية أن شهدت هجوما مماثلا عليها في السابق. إذ سقط ما يزيد على أربعة آلاف صاروخ على أرض إسرائيل، من غير أن ينجح الجيش الإسرائيلي في وقف إطلاقها»[8].

لقد أدى عجز الجيش الإسرائيلي عن نقل المعركة إلى ارض العدو، إلى انكشاف الجبهة الداخلية، وبالتالي إلى وضع الحكومة الإسرائيلية في وضع حرج لا تحسد عليه، حيث بدت عاجزة، واهنة، ضعيفة، لا تملك حيلة أو قوة وليس بمقدورها أن توفر الأمان والطمآنينة لمواطنيها «لا شك أن أخطر فشل للحكومة كان على الساحة الداخلية الإسرائيلية» كما يقول الكاتب ران بارتس في دراسة له بعنوان «لا انجازات جدية وجوهرية في الحرب على لبنان»، نشرها موقع أوميديا الإسرائيلي على الانترنت «لقد تركت الحكومة المواطنين لمصيرهم تحت رحمة الصواريخ في حجم لا سابق له (...) تحت رحمة أكبر هجوم صاروخي منذ إنشاء دولة إسرائيل»، وكان هذا الأمر وفقا لبارتس مرد فشل الحكومة الإسرائيلية «في الدفاع عن مواطني الدولة أكثر من أي عملية سابقة جرت في تاريخ إسرائيل»[9].

---

(8) آفي كوبر، **مشكلات في إدارة الحرب**، مركز بيغن- السادات للدراسات الإستراتيجية، نقلاً عن صحيفة الأخبار اللبنانية، ملحق خاص، السنة الأولى، العدد 289، السبت في 28 تموز، العام 2007، ص 8.

(9) ران بارتس، **لا إنجازات جدية وجوهرية في الحرب على لبنان**، موقع أوميديا الإسرائيلي على الانترنت، نقلاً عن صحيفة الأخبار اللبنانية، ملحق خاص، السنة الأولى، العدد 278، الاثنين في 16 تموز،العام 2007، ص 8.

وتعود أهمية الجبهة الداخلية وإلحاحها في اعتبارات المجتمع الإسرائيلي، إلى حساسية هذا المجتمع إزاء الخسارة البشرية، وعدم القدرة على تحمل أكلافها، أو على امتصاص جرعات زائدة منها... ما جعل الخاصرة الرخوة «والحلقة الأضعف في الدفاع الوطني الإسرائيلي» كما يؤكد الجنرال موشيه يعلون «هي الافتقار للثبات الشعبي»[10]. حيث لم يصر بإطلاق من قبل الحكومات المتعاقبة، إلى تهيئة الشعب وتعبئته وإعداده وتحشيده، على النحو الذي يجعله حاضرا أو مستعدا عند الاستحقاقات للتضحية ولتبني المواقف الكبيرة.

هذا الانكشاف للعمق الداخلي الإسرائيلي لن يكون عابرا أو محدودا، من حيث اعتباراته ومفاعيله الارتدادية، بعد أن بانت هشاشته وطراوة عوده؛ بل سيكون له انعكاسات خطيرة على المستوى الاستراتيجي، بوصفه كما يقول محمد خواجة: «فتح عيون أعداء إسرائيل على جبهتها الداخلية التي يبدو أنّها ستصبح هدفا رئيسيا في الحروب اللاحقة»[11]، بعد أن كان يُنأى بها، وكانت تُحيّد على الدوام في كل الحروب السابقة.

ثانيا - إنّ فشل الجيش الإسرائيلي في نقل المعركة إلى أرض العدو وفق ما تقتضيه عقيدته الأمنية، وبما يعنيه ذلك من استمرار تساقط وانهمار وابل الصواريخ بمدياتها المتعددة وأنواعها المختلفة، على المدن والمستوطنات الإسرائيلية؛ قد دعم ادعاءات حزب الله بأنه أحرز نصرا مبينا في هذه الحرب، وسخف - من جهة ثانية - مزاعم الحكومة الإسرائيلية بأنها ألحقت بهذا الحزب هزيمة نكراء، وعطلت قدراته الصاروخية، وأتت على ما يستحوذه منها.

ثالثا - تأدّى عجز الجيش الإسرائيلي عن إمكانية نقل المعركة إلى أرض

---

(10) إفرايم عنبار، **كيف أساءت إسرائيل إدارة حرب لبنان الثانية؟**، مركز بيغن - السادات للدراسات الإستراتيجية، نقلاً عن صحيفة الأخبار اللبنانية، ملحق خاص، السنة الأولى، العدد 275، الخميس في 12 تموز، العام 2007، ص 8.

(11) محمد خواجه، **سوريا: تبدّلات إستراتيجية**، صحيفة الأخبار، السنة الثانية، العام 2008، ص 21.

العدو- وكنتيجة حتمية وموضوعية - إلى عجز فاضح للقوات عن تقييد حرية عمل المقاومين، وحرمانهم من المناورة العسكرية التي تمنحهم هامش مرونة عالية، وتمكنهم من الحركة الميدانية لإطلاق الصواريخ باتجاه الجبهة الداخلية الإسرائيلية. إذ تواصلت عمليات إطلاق الصواريخ بوتيرتها الابتدائية... بل إنّ وتيرة الإطلاق اتخذت منحى على غير ما تهواه المشيئة الإسرائيلية، فنمت بشكل تصاعدي، إلى أن بلغت ذروتها الأعلى والأعنف في الأيام الأخيرة للحرب، حيث سجل سقوط أكثر من 250 صاروخا على الداخل الإسرائيلي في 13 آب من العام 2006، أي في اليوم السابق لموعد وقف العمليات العسكرية وفق ما نص عليه القرار 1701.

رابعا - تمثل إخفاق الجيش الإسرائيلي في نقل المعركة إلى أرض العدو - أكثر ما تمثل - في عدم استطاعته من إحكام سيطرته وقبضته على الأماكن المستهدفة من عمليات التوغل الموضعية التي حاول تنفيذها غير مرة. على الرغم من أنّ رأس الحربة فيها، كان نخبه العسكرية وقواته المختارة التي لطالما تغنى بقدراتها السحرية الخارقة. كما تمثل ذلك في عجزه عن عزل المقاومين وقطع خطوط إمدادهم ومنافذ تواصلهم، وعن السيطرة على الطرقات والمسالك والممرات النفوذية باتجاه نهر الليطاني شمالاً.

هذا الإخفاق المتأتي من فشل ذراع الجيش البرية، وعجزها عن تنفيذ عمليات احتلال وتطهير ناجحة لمناطق بعينها، فضلا عن التموضع فيها وإحكام السيطرة عليها؛ منع إسرائيل من إحداث تغيير ميداني جوهري، بالمقدور توظيفه وتثميره لفرض واقع جديد، أو لفرض املاءات وشروط سياسية... ما اضطر أصحاب القرار والشأن في الحكومة الإسرائيلية للخروج من هذا المأزق، إلى تلقي واستقبال العروض السياسية أنّى كانت، والاكتفاء بمحاولة التعديل والتهذيب والتشذيب ليس إلا، وهذه سابقة في تاريخ الحروب الإسرائيلية.

والجدير بلحاظ الاعتبار، أنّ تراجع وتقهقر مفهوم نقل المعركة إلى عمق أرض العدو، له انعكاسات وارتدادات ومفاعيل سلبية وخطيرة على الكيان الإسرائيلي، وعلى سمعته العسكرية؛ فمن شأنه في حالات كثيرة أن يحول دون

تحقق التفوق والحسم في الميدان وفق ما تقتضيه العقيدة الأمنية الإسرائيلية. كما من شأنه في حالات كثيرة أيضاً، أن يوصل الحروب إلى نهايتها بدون نتائج واضحة يمكن توظيفها أو البناء عليها لتحقيق مكاسب سياسية. وقد يتأدى تراجع هذا المفهوم إلى إطالة أمد الحرب، على نحو غير معهود ومعروف سابقا في تواريخ الحروب الإسرائيلية المتلاحقة، مع ما يترتب على ذلك من مضاعفة للآثار والانعكاسات والمفاعيل السلبية على الاقتصاد، وعلى عموم البنى الاجتماعية للكيان الإسرائيلي.

التفوق النوعي

منذ اللحظات التدشينية والتأسيسية الأولى التي تخلق فيها الكيان الإسرائيلي واستوى واستقام، كانت تتركز في وعي قادته ومؤسسيه، وتجول وتعصف في الذهن إشكالية قلقة:

كيف يكون بمقدور إسرائيل، أن تردم الفجوة الديموغرافية الكبيرة والفارقة – بما لا يقاس – بينها وبين أعدائها المحيطين بها من العرب والمسلمين؟.

لقد مثل انوجاد وانغراس إسرائيل – بسبب من كونها دولة احتلال غاصبة – وسط بيئة معادية، يشكل فيها العنصر البشري معيار تفاضل راجح ووازن لمصلحة الخصوم، الهاجس الذي أدّى مضاجعها واقلق بالها وراحتها... إلى أن اهتدت إلى فكرة مفتاحية خلاقة، قوامها معالجة الفجوة الديموغرافية الكبيرة بالتركيز على بناء وإعداد الجندي النوعي تدريبا وتسليحا، لضمان التفوق بمواجهة الكم العددي الذي يميز الجيوش العربية، أي التركيز على معادلة النوع في قبالة الكم وموازاته.

والحال هذه، دأبت إسرائيل – في كل مراحل تخلقها، وسيرورتها، وتشكلها ككيان، واستوائها كدولة عصرية – على بناء وامتلاك قوة عسكرية نوعية وازنة، تتيح لها التمتع بتفوق كيفي، كإجراء تعويضي عن النقص الكمي المتأتي من الفارق الديموغرافي الشاسع– على نحو مهول – ما بينها وبين أعدائها من العرب، وذلك بسبب من اختلال حاد في ميزان القوى البشرية لغير مصلحتها، حيث صير إلى إعداد الجندي الإسرائيلي وتأهيله وفقاً لأحدث برامج التهيئة النفسية والمعنوية والتعبوية، ووفقا لأهم أنظمة التدريب والعلوم العسكرية وأعظمها تعقيدا، كما صير إلى تزويده وإمداده بأكثر الأسلحة والمعدات فتكا وتطورا وتكنولوجيا.

94

وفي سياق متصل، صيغت العقيدة الأمنية – العسكرية الإسرائيلية، على مقولة أنّ الحروب الافتراضية مع العرب، سوف تكون محكومة بالضرورة، سواء من حيث إدارتها أو من حيث تحديد نتائجها، بعامل التفوق النوعي العسكري، أكثر من احتكامها إلى عوامل التعبئة الميدانية... ما انعكس مغالاة عند بعض استراتيجيي المؤسسة العسكرية الإسرائيلية في عبادة التكنولوجيا، وتعظيم شأنيتها، وتقديمها، على حساب مهارات الجندي الفرد وقدراته الذاتية على المناورة في الميدان، وعلى النحو الذي أصبحت فيه العين الإسرائيلية ترى إلى التفوق النوعي نابعا «من فوهة البندقية، ومقدم الطائرة، ورأس الصاروخ»[12] وفقا لما ذهب إليه الكاتب أمير أرون في سؤاله الإشكالي «أين اختفى التفوق النوعي»، الذي أوردته صحيفة هآرتس، في 6/ 12/ 1996.

من هنا إلحاح القيادة الإسرائيلية الدائم – وفقا لما يقول أرون – بالطلب من الأميركي، وسواه من الدول الصناعية، الامتناع «عن تزويد الجيوش العربية بمنظومات تسليحية متطورة توازي تلك التي يتسلح بها الجيش الإسرائيلي، وإجبار العرب على الاكتفاء بنسخة عقيمة، وتزويدٍ متأخر، يتيح للجيش الإسرائيلي المحافظة على الهوة التكنولوجية والعملانية، وأن يحقق المفاجأة في ميدان المعركة، وأن يقتصد في الإصابات والوقت والمعدات»[13].

ولكنْ على أهمية التكنولوجيا العسكرية وضرورتها وإلحاحها، إلا أنها ليس بمقدورها اختزال سائر عناصر ومكونات ومركبات تخلق نظرية التفوق النوعي... فالتفوق النوعي الذي ينبغي توافره لصناعة النصر في الحرب، لا يقاس بها وحدها؛ وإنما «يجب قياسه أيضاً بمعايير القيادة، ونظرية القتال، ومستوى الحشد، ونوعية الأفراد»[14] وهذا ما صير إلى التنبه إليه، وإلى توسله

---

(12) أمير أرون، أين اختفى التفوق النوعي، صحيفة هآرتس الإسرائيلية، في 6/ 12/ 1996.

(13) أمير أرون، م.ن.

(14) أمير أرون، م. ن.

للحيلولة دون رسوخ ثقافة الإفراط والإغراق في عبادة التكنولوجيا داخل المؤسسة العسكرية الإسرائيلية.

ولذلك، بمقدور أي مراقب أن يلاحظ كيف جهدت العقيدة الأمنية الإسرائيلية، إلى احتواء عدم التكافؤ الكمي في الموارد البشرية والعسكرية بينها وبين أعدائها، من خلال توسل إقرار عنصر رد يعمل على تحقيق تفوق نوعي لجنودها ولوسائلها القتالية. فقد دأب الجيش الإسرائيلي، كما يقول يحيى دبوق: «على رفع كفاءة جنوده نوعيا ومهنيا، وإخضاعهم لتدريبات أشد من أي تدريب تخضع له الجيوش الأخرى. كما عمل أيضاً على امتلاك أحدث الوسائل القتالية وأكثرها تطورا في العالم، مع تحديث متواصل لضمان استمرار تفوقه على عديد جيوش أعدائه أو الكم الهائل من الأسلحة الموجودة في حوزتها وإن كانت أقل نوعية»[15]، سواء من خلال التطوير الذاتي، أو من خلال الاستيراد المباشر وغير المباشر من الخارج.

وقد أشار اللواء غودي دكل، مدير التخطيط في الجيش الإسرائيلي، إلى هذه الحقيقة التي تمأسست عليها العقيدة الأمنية – العسكرية الإسرائيلية، في محاضرة ألقاها في مؤتمر هرتسليا السابع، حيث يقول إنّ: «أهم رصيد لنا، هو تفوقنا النوعي الذي يجب أن نحافظ عليه، إلى جانب قدراتنا التكنولوجيا». لأنّ من شأن التفريط بهذه الخصيصة المائزة، أن يخلف ويترك آثارا إستراتيجية سلبية غير محمودة على مكانة إسرائيل، وعلى حروبها المستقبلية، وعلى ديمومة بقائها ووجودها بشكل عام.

وأدلى شاؤول موفاز بدلوه في هذا المجال، فنظر إلى مركب التفوق النوعي كأحد ثوابت وبداهات العقيدة الأمنية الإسرائيلية غير القابلة للتغيير في أي ظرف من الظروف، من حيث تأتّي إلحاح وحتمية هذا المركب، من الفضاءات الديموغرافية والجيو- سياسية، التي تعيش إسرائيل في كنفها بحكم الضرورة

---

(15) يحيى دبوق، عندما أدرك الاحتلال انهيار عقيدته الأمنية، نقلاً عن صحيفة الأخبار اللبنانية، ملحق خاص، السنة الأولى، العدد 278، الاثنين في 16تموز، العام 2007، ص 6.

والطبيعة. حيث يقول إنّ: «علينا تأكيد التفوق النسبي في النوعية البشرية والتكنولوجية» والكلام لموفاز «وإعطاء أفضلية لوسائل الحسم الواضحة كالاستخبارات الإستراتيجية والتكتيكية، التي تشكل أساس ساحة المعركة المستقبلية، كما يجب تطوير العمليات اللوجستية وأجهزة السيطرة والمراقبة. علما بأنّ المركب الأكثر أهمية هو بناء الإنسان المقاتل، سواء أكان في الخدمة النظامية، أم في التجنيد، أم في الاحتياط».

وهكذا استطاعت هذه الدولة الهجينة، المولودة سفاحا، بفضل توسلها لمعادلة الكم والنوع، أن تخوض حروباً ضروساً تلحق فيها الهزائم النكراء بكبريات الدول العربية مجتمعة، على الرغم من الفوارق الديموغرافية الحادة، على النحو الذي تبدّى وتمثل في حرب العام1967، الذي اصطلحت عليه العرب تأسّيا بعام النكسة. وفي هذه الحرب - كما هو بيّن - لم تكتف إسرائيل بالدفاع عن حدود كيانها المصطنعة فقط، بل تبنت نزعة هجومية خولتها احتلال أراض عربية واسعة في كل من مصر وسوريا والأردن على حدّ سواء. وقد جاء انتصار العام 1967 الساحق، لا ليرسّم خارطة جديدة للمنطقة فحسب، بل جاء - وهذا موضع اهتمامنا وعنايتنا هنا - ليكرس ويرسّب نجاعة هذا الخيار، وجدوائية مثل هذه المعادلة في الوعي الإسرائيلي الجمعي، بشكل قاطع ونهائي، وعلى نحو لا لبس فيه ولا نقاش.

فمنذ العام 1967، والشرق الأوسط يدار وفقا لمفهوم التفوق العسكري الإسرائيلي المطلق، ووفقا لعقلية النوع في مقابل الكم. وقد وفر تعقل هذا المفهوم لدولة إسرائيل مكاسب إستراتيجية بالغة الأهمية، ما كانت - أبدا - لتستحوذ عليها دونه. ولعل أبرز هذه المكاسب، ما كان قد أشار إليه الباحث العسكري في شؤون سلاح الجو رون طيرا بالقول أنّه: «منذ العام1967، لم يتم تحدي إسرائيل بشكل جدي»[16]، في دلالة على ارتداع أعداء إسرائيل عن

(16) رون طيرا، **تكسير عظام اللافقريات**، نقلاً عن صحيفة الأخبار اللبنانية، ملحق خاص، السنة الأولى، العدد 297، الثلاثاء في 7 آب، العام 2007، ص 8.

المسّ بها، وامتناعهم عن الإضرار بمصالحها الحيوية، بفعل تفوقها وتمايزها على غير صعيد، وبفعل ما تمتلكه من قدرات نوعية خارقة.

فالمفهوم المتعلق بالتفوق العسكري الإسرائيلي، هو الذي حال دون إقدام أعداء إسرائيل على منازلتها في حرب شاملة منذ العام 1973[17]. وهو الذي نضّج الظروف الموضوعية لاتفاقيات السلام مع مصر والأردن، وهيأ البيئة الملائمة لعلاقات اقتصادية مع قطر والإمارات وسواها من الدول العربية. وهو الذي وضع المسيرة السلمية مع الفلسطينيين على سكة الحلول والتسويات المفترضة، وأوجد ما يزيد على أربعين عاما من الهدوء على هضبة الجولان. كما أنه الذي مكن إسرائيل من إقامة اقتصاد سلام، ومجتمع رفاه ووفرة ورغد، على الرغم من غياب السلام كتجسيد وممارسة في منطقة نزاع واحتراب كمنطقة الشرق الأوسط.

وبفعل فضيلة التفوق العسكري أيضاً، تعززت مكانة إسرائيل عند راعيها الإقليمي، وتحولت إلى كنز إستراتيجي للولايات المتحدة، يستأهل ويستحق أن يُوظف، وأن يُستثمر، وأن يُنفق عليه مئات مليارات الدولارات، وأن تُصرف له الأموال الطائلة، وتخصّص له الموازنات والاعتمادات، وتقدّم له الضمانات والمساعدات على أنواعها... إضافة إلى جعله محل رعاية واهتمام مفارق، كوجوب أن يصار إلى إمداده - على نحو دائم - بالتجهيزات والوسائل القتالية المتطورة، اللازمة والضرورية، للحفاظ على تفوقه، وتجنيبه كل رافعات الضغط، وتوفير الغطاء السياسي والمظلة الدولية التي تجعله بمنأى عن كل أشكال المحاسبة والمساءلة.

---

(17) إنّ القيمة المضافة التي انطوت عليها حرب يوم الغفران في العام 1973، إلى جانب ما رشحت عنه من انجازات لمصلحة إسرائيل، تكمن في أفول وتلاشي الآمال العربية بإخضاع دولة إسرائيل في ميادين الحروب. بعد فشل الجيوش العربية - على الرغم من استحواذها على عناصر المبادرة والمفاجأة والمباغتة عشية اندلاع الحرب - في تحقيق الانتصار، أو في القدرة على الاحتفاظ ببعض المكاسب الميدانية المحققة.

ولكن كيف كانت عليه الحال في الحرب الإسرائيلية على لبنان في تموز من صيف العام 2006؟

ادعت إسرائيل، في السنوات السابقة والأخيرة، أنها تملك جيشا لا يصح مقايسته وموازنته ومفاضلته بخير جيوش الأرض قاطبة. فهو وان كان جيشا صغيرا، إلا أنه حديث وذكي ومميز: مدرب خير تدريب، ومجهز أفضل تجهيز، ومجرب في الحروب. وهو جيش حديدي، ذو جبروت وبأس. لم تعرف - منذ تاريخ تنطفه وولادته - الهزيمة سبيلا إليه أبدا، من هنا كان وصفه بالجيش الذي لا يقهر.

كانت هذه حال الجيش الإسرائيلي، قبل اندلاع حرب لبنان السادسة بين الكيان الإسرائيلي وحزب الله، والتي أسفرت ورشحت عن نتائج خطيرة ومهولة، إلا أن أخطر ما رشحت عنه، هو أنها أحدثت - على نحو مفارق وغير مسبوق في تاريخ هذا الكيان - اختلالا عميقا في جدلية الكم والنوع، قلبتها رأسا على عقب لغير مصلحة إسرائيل، حيث بدأت «تتكشف معطيات ومؤشرات مقلقة» وفقا لما يقول يوئيل ماركوس من صحيفة هآرتس في تعليقه على مجريات الحرب «ووجدنا أمامنا جيشا غنيا وكبيرا وغبيا، بدل الجيش الصغير والذكي الذي نعرفه»[18] ... ما تأدى بدوره إلى فقدان قيادة الكيان العبري لتوازنها خلال الحرب، وإلى إصابتها بالإخفاق والتعثر والفشل والهزيمة.

فالقارئ لتاريخ الحروب الإسرائيلية المتعاقبة، لا يحتاج إلى كبير جهد وعناء وتمحيص، كي يقف على حقيقة مفادها: أنّ حرب تموز من العام 2006 على لبنان، كانت الحرب الأولى - خلاف سائر الحروب - التي كان فيها بمقدور إسرائيل أن تزاوج في آن معا بين عنصري التفوق الحاكمين النوع والكم. ففي هذه الحرب - وهنا وجه المفارقة - لم تكتف إسرائيل كعادتها

---

(18) مجموعة من الكتاب والمحللين الاستراتيجيين الإسرائيليين، **33 يوم حرب على لبنان**؛ ترجمة أحمد أبو هدبة، ط1، بيروت: مركز الدراسات الفلسطينية، العام 2007، ص 231.

بتوفير التفوق النوعي فقط، بل استطاعت أن تضيف إليه هذه المرة تفوقا عدديا هائلا، سواء لجهة عدد القوات، أو لجهة الوسائل القتالية والتكنولوجية... ما جعل ميزان القوى مختلا بشكل كبير لمصلحتها.

فعديد مقاتلي حزب الله الذين خاضوا غمار الحرب ورحاها - وفق ما أقرت به المصادر الإسرائيلية نفسها، ووفق المصادر المتابعة لمجريات الحرب - لم يتعد المئات، أو الثلاثة آلاف على أحسن تقدير، بينما وصل حجم القوة الإسرائيلية المشاركة إلى أكثر من أربعة عشر لواء، موزعة إلى أربعة من ألوية النخبة[19]، وسبعة من ألوية الاحتياط، وثلاثة من ألوية المدرعات النظامية، أي ما مجموعه قرابة الأربعين ألفا. تساندهم في ذلك أربعمائة دبابة من مختلف الأنواع، بينها ما يزيد على ثلاثمئة دبابة ميركافا، ضمنها مئة وعشرون من الجيل الرابع فخر الصناعة الإسرائيلية. مع مشاركة هائلة لمجمل قطع سلاحي الجو والبحر. حيث سُجّل مشاركة ما يزيد على مئتي طائرة مقاتلة، وعشرات المروحيات، وطائرات النقل والاستطلاع والإنذار والحرب الالكترونية، إلى جانب عشرات القطع من الأسطول البحري، بينها ساعر 5 درة سلاح البحرية في الجيش الإسرائيلي[20].

على الرغم من هذا التحشيد لعناصر القوة نوعا وكما - حيث أن الأرقام أعلاه تنطق من دون أدنى حاجة إلى تعليق أو شرح أو تفسير- فإنّ إسرائيل فشلت في تحقيق أهدافها، بل منيت بهزيمة نكراء... ما جعل الخبراء

(19) ألوية النخبة التي شاركت في الحرب: غولاني، ناحال، وجفعاتي، المظليون.

(20) وقفت صحيفة ديلي تليغراف البريطانية في عددها الصادر يوم الجمعة في 28/ 7/ 2006، على مقارنات رقمية تلحظ تفاوت القدرات العسكرية لكل من حزب الله وإسرائيل. حيث ذكرت أنّ لإسرائيل قدرات يطول الحديث عنها، نحو امتلاكها جيشا نظاميا قوامه 152 ألف جندي، بالإضافة إلى 500 ألف جندي احتياط. وتمتلك من المعدات والتجهيزات العسكرية نحو: 3657 دبابة، و419 10 حاملة جند و 5432 قطعة مدفعية، وامتلاك 402 طائرة مقاتلة، وما يزيد عن 95 مروحية أباتشي...

الإسرائيليين «يتساءلون عن النتيجة لو واجهت الدولة العبرية قوة شبيهة بمقاتلي المقاومة، ولكنها تفوقهم بأضعاف مضاعفة؟»[21].

فعلى سبيل المثال لا الحصر - تضيق هذه الحرب بالعبر والشواهد الدالة في هذا المجال - أرجع أمنون أبراموفيتش، كبير المعلقين في القناة الثانية للتلفزيون الإسرائيلي، مشاعر الصدمة والذهول والحرج والاندهاش التي اعترت دوائر صنع القرار في الدولة العبرية، وأرعدت فرائص المزاج العام الإسرائيلي في أعقاب الهزيمة التي حلت بألوية النخبة[22] في مدينة بنت جبيل الحدودية؛ ليس إلى مجرد سقوط عدد غير قليل من القتلى والجرحى، بل إلى أنّ «هيئة أركان الجيش أوهمت حكومة إيهود أولمرت، بأنّ التفوق النوعي والكمي للقوات الإسرائيلية، سيضمن - بالضرورة - سيطرة الجيش على بلدة بنت جبيل بدون ثمن يذكر»[23].

إن انقلاب معادلة الكم والنوع على هذا النحو، قد أرعب القادة الإسرائيليين، وأقلقهم، ودفع بهم إلى استشراف تداعيات هذا الأمر ومفاعيله على مجمل وعموم مستقبل الكيان، الذي ما قام واستوى إلا على عقيدة القوة[24]، وعلى ذهنية التفوق والتمايز والاستعلاء. وكان الباحث رون طيرا قد

---

(21) محمد خواجه، **سوريا: تبدّلات إستراتيجية**، صحيفة الأخبار، السنة الثانية، العام 2008، ص21.

(22) لقد شارك في محاولة اقتحام مدينة بنت جبيل اللبنانية: لواء الصفوة غولاني، لواء المظليين، لواء مدرعات قوامه دبابة " الميركافا " فخر الصناعة الإسرائيلية والدبابة الأكثر تحصينا في العالم، كما شاركت وحدة استخبارية من " الـ504 " حيث أفاد حزب الله عن قتل 4 من عناصر هذه الوحدة، سرب من مروحيات الأباتشي الأميركية الصنع، منظومة من طائرات الاستطلاع غير المأهولة، ومنظومة تسليحية تعتمد على أفضل ما أنتجته التقنيات المتقدمة، وتجهيزات للرؤية الليلية، وبنية اتصالات فائقة الدقة.

(23) إسلام أون لاين.نت، **حرب كسر الإرادة** ؛ تحرير خالد أبو بكر، ط1، بيروت: الدار العربية للعلوم، 2007، ص 82.

(24) تقول الأسطورة اليهودية: "إنّ السيف والتوراة نزلا من السماء معا"، وقد جاء ترتيب السيف قبل كتابهم التوراة، على النحو الذي يمكننا معه معاينة طبيعة تلك الدولة القائمة على غريزة القوة وعلى شهوة سفك الدماء والقتل.

عبّر في دراسة قيمة عن هذه المخاوف والهواجس: «إنّ حقيقة أنّ بضع مئات من مقاتلي حزب الله» يقول طيرا «وقفوا في ساحة المعركة قبالة أربع فرق عسكرية، وقبالة سلاح الجو الإسرائيلي، وتمكنوا من الصمود حتى النهاية، ومن توجيه ضربات مؤلمة لقوات جيش الدفاع، من شأنها أن تخلف تداعيات مقلقة»[25]، وأن تطيح بكل انجازات إسرائيل، وأن تسيء إلى سمعتها ومكانتها وحضورها، وأن تتهدد أصل بقائها ووجودها... ويخلص طيرا إلى رسم صورة سوداوية قاتمة لمستقبل إسرائيل، تتأتى من خلفية الانطباع الذي تشكل في أذهان المتابعين لمجريات الحرب بأنّ «جيش الدفاع اليوم ليس جيش الدفاع، والجندي الإسرائيلي ضعيف، ويجد صعوبة في مواجهة مصاعب المعركة، ومن الصعب الوقوف على حدود هذه النظرة إذا ما تمأسست»[26].

وبدوره أشار الكاتب إفرايم عنبار، إلى تهافت معادلة النوع – الكم، على النحو الذي يكون فيه النوع عنصرا إسرائيليا بامتياز، حيث يقول: «عندما اندلعت الحرب تمتعت إسرائيل بتفوق عسكري ساحق وظروف سياسية مبشرة. ومع ذلك فإنّ حماقاتها الإستراتيجية وعيوبها العملياتية أظهرت ترددا، وحوّلت الحرب إلى حرب غير حاسمة»[27]، وإلى حرب ذات نتائج كارثية على مستقبل إسرائيل.

وإذا كانت حرب العام 1967 – كما ألمعنا أعلاه – قد أرست معادلة النوع الإسرائيلي في قبالة الكم العربي، وكانت – بالتالي– حربا تأسيسية على مستوى الوعي الإسرائيلي بهذا الخصوص... فإنّ حرب تموز 2006 قد تأدت – بدورها – إلى تقهقر هذه المعادلة وتهافتها، وتحولت هي الأخرى إلى حرب

---

(25) رون طيرا، **تكسير عظام اللافقريات**، نقلاً عن صحيفة الأخبار اللبنانية، ملحق خاص، السنة الأولى، العدد 297، الثلاثاء في 7 آب، العام 2007، ص. 8.

(26) رون طيرا، م.ن.، ص. 8.

(27) إفرايم عنبار، كيف **أساءت** إسرائيل إدارة حرب لبنان الثانية، مركز بيغن– السادات للدراسات الإستراتيجية، نقلاً عن صحيفة الأخبار اللبنانية، ملحق خاص، السنة الأولى، العدد 275، الخميس في 12 تموز، العام 2007، ص. 8.

تأسيسية على مستوى الوعي الإسرائيلي، ولكن على نحو استلابي [28]. فالطريقة التي أديرت بها هذه الحرب الأخيرة، والنهايات التي آلت إليها، والنتائج التي أسفرت عنها... من شأنها جميعا أن تؤثر سلبا على مفهوم التفوق العسكري الإسرائيلي، وأن تطيح بمقولات النوع الإسرائيلي المتعالي، وبالتالي أن تحفر ندوبا عميقة في وجه هذا الكيان، وأن تخلف كما يقول رون طيرا: «تأثيرات على أوجه كثيرة للواقع الذي نعيشه منذ العام 1967» [29].

وكانت لجنة فينوغراد قد استشعرت – في معرض تقييمها لأداء الجيش الإسرائيلي – مخاطر وأهوال هذه الحقيقة المدوية والصارخة والمهددة لوجودية إسرائيل ككيان ودولة، والتي بالمقدور تمثلها في خلل بنيوي ومركزي، تكشفت عنه حرب تموز2006 على نحو بالغ الخطورة، لما لهذا الخلل من دخالة بجوهر القوة الإسرائيلية ودورها المستقبلي. ويكمن هذا الخلل، بحسب النص الإسرائيلي في أنّ «منظمة شبه عسكرية، تضم آلاف المقاتلين، نجحت في الصمود لأسابيع طويلة أمام الجيش الأقوى في الشرق الأوسط، الذي يتمتع بتفوق جوي مطلق، ومزايا كبيرة من حيث الحجم والتكنولوجيا»، ويكمل نص فينوغراد مطالعته بالإشارة إلى مضاعفات هذا الأمر مستقبلا «وكان لذلك آثار بعيدة بنظرنا، مثلما هو أيضاً بنظر أعدائنا، وجيراننا وأصدقائنا في المنطقة والعالم» [30].

وفي سياق متصل، اعتبر عزمي بشارة في مطالعة له على مسرح المدينة في العاصمة اللبنانية – بيروت، في 16 تموز من العام 2007، حول تداعيات

---

(28) يقول زئيف شيف في مقالة نشرتها صحيفة ' هآرتس ' في عددها الصادر بتاريخ 11/8/ 2006: 'مثلما أفضت حرب الأيام الستة إلى تغيير استراتيجي في الشرق الأوسط وتكريس مكانة إسرائيل كدولة إقليمية عظمى، فقد أدت حرب لبنان الثانية إلى عملية معاكسة، فقد اتضح سريعا، أنها كانت حربا على ' الوعي ' و' الردع'، وقد فشلت إسرائيل في الحالتين '.

(29) رون طيرا، تكسير عظام اللافقريات، نقلاً عن صحيفة الأخبار اللبنانية، ملحق خاص، السنة الأولى، العدد 297، الثلاثاء في 7 آب، العام 2007، ص 8.

(30) راجع تقرير فينوغراد بنسخته المعربة.

حرب تموز على المجتمع والدولة في الكيان الإسرائيلي: «أنّ بسالة المقاومين» والكلام لبشارة «قد برهنت أن التفوق التكنولوجي وحده رغم أهميته الكبيرة، لا يجعل إسرائيل تربح الحرب. وهي حاليا تواجه معضلة انهيار عقيدتها الأمنية، وتراجع مهارات الجندي الفرد».

وبدوره أعرب عوفير شيلح، المحلل العسكري في صحيفة معاريف الإسرائيلية، عن انتقاده الحاد لغلو دعاة ما يسمى «بعبادة التكنولوجيا» في الجيش الإسرائيلي، والتي كانت قد داخلته بتأثير من المفاهيم العسكرية الأميركية في حروب كوسوفو والخليج وأفغانستان...، بما يعنيه ذلك من الإفراط في استخدام التكنولوجيا على حساب الاهتمام بالمهارات الفردية للجنود «فالقوة التكنولوجية ليست هي الحل»[31] وفقا لعوفير شيلح. فقد أثبتت حرب لبنان أنّ جيشا كبيرا ونظاميا مثل الجيش الإسرائيلي، لا يملك «أية أفضلية أو تفوق أمام مقاتلي حزب الله المدربين على حرب العصابات»[32].

كما أشار قادة إسرائيليون وخبراء في الشؤون العسكرية الإسرائيلية، إلى أنّ تضرر مبدأ التفوق النوعي لا يقل فداحة وخطورة من حيث آثاره وتبعاته المستقبلية، عن تآكل هيبة الردع، إن لم يكن أكثر خطورة وأشد ضررا... ما يدفع إلى انطراح الإشكالية على هذا النحو: أنه إذا كان بمقدور إسرائيل أن تستعيد هيبة الردع، وأن تؤصلها في وعي الخصوم والأعداء من خلال إحراز نصر ضد عدو ضعيف في حرب مستقبلية؛ فما الذي بالمقدور فعله لترميم مبدأ التفوق النوعي في مواجهة أعداء باتوا يتمثلون بأنموذج المقاومة اللبنانية، ويتخذون منها قدوة حسنة.

---

(31) عوفير شيلح، **التكنولوجيا ليست الحل**، نقلاً عن صحيفة الأخبار اللبنانية، السنة الأولى، العدد 311، الثلاثاء في 25 آب، العام 2007، ص18.

(32) مجموعة من الكتاب والمحللين الاستراتيجيين الإسرائيليين، **33 يوم حرب على لبنان**؛ ترجمة أحمد أبو هدبة، ط1، بيروت: مركز الدراسات الفلسطينية، 2007، ص 97. (من مقالة بعنوان " حرب مختلفة " بقلم عاموس هرئيل بتاريخ 29/ 7/ 2006).

لكن ما ينبغي الالفات إليه، أنّ إساءة التوظيف الإسرائيلي لمفهوم النوع، وعدم تحقق الإفادة منه على غير وجه وصعيد، لا يعني بإطلاق اختلال معادلة النوع - الكم، وفسادها وعدم استقامتها واستوائها. لقد أثبتت هذه المعادلة صوابيتها، وصحتها، ونجاعتها، وصدقيتها العالية... ولكن على الضفة الثانية للحرب، بعدما أجاد حزب الله تثميرها، وأحسن توظيفها على نحو مكنه من الانتصار التاريخي على إسرائيل، على الرغم من اختلال موازين القوى - بما لا يقاس - لمصلحتها .

فحزب الله تمكن خلال الحرب، من تحييد الفارق التكنولوجي الكبير الذي كان مختلا لمصلحة إسرائيل، وتمتع بميزة تفاضلية أعطته قصب السبق والأرجحية والتمايز: وهذه الميزة هي براعته في صناعة المقاتل الفرد، ومهارته الفارقة في الإعداد الجيد له ... ما أدهش المحللين والمهتمين والمراقبين، وأثار حيرتهم، وتأدّى بالتالي إلى اشتعال أذهانهم باندلاع طائفة من الأسئلة القلقة .

إذا كان من الصحة والبداهة، أنّ حزب الله يتلقى أشكال العون والمساعدة والمدد من إيران على هيئة سلاح وذخائر وأموال، ويحصل منها على أسباب القوة، وعلى عموم صنوف الدعم والمؤازرة والمساندة. وإذا كان من الصواب أيضاً، أنّ سوريا توفر له وصول تلك الأسلحة والذخائر إلى نقاط تموضعه وتمركزه؛ ولكنّ هذه على أهميتها وإلحاحها - وهنا وجه المفارقة - هي العدة والعتاد، فماذا عن الإعداد، بمعنى كيف نظم نفسه؟. وكيف كان بمقدوره أن يحوّل تلك الأسلحة والذخائر إلى درجة عالية من الفاعلية والجودة والتأثير؟.

وكان الباحث محمد خواجة، قد ذهب هذا المذهب في مطالعة تتوسل تظهير نجاح المقاومة في ميدان صناعة المحارب، وتفوقها في إعداده وتأهيله وتدريبه وإعلاء شأنه، وإكسابه المهارات والخبرات، والتكتيكات، والقدرات القتالية اللازمة. يقول خواجة: «نجحت المقاومة اللبنانية في إبراز تفوقها النوعي مقابل الكم الإسرائيلي»، وذلك بسبب من استثمارها في حقل الموارد البشرية

105

«ما قلب جدلية الكم والنوع، التي حكمت قواعد الصراع العربي– الإسرائيلي طيلة العقود الستة الماضية، لغير مصلحة الدولة العبرية»[33].

فبخلاف كل حروبه السابقة، واجه الجيش الإسرائيلي في حربه الأخيرة على لبنان في صيف العام 2006 «جماعة من طراز جديد» على حدّ تعبير الكاتب أوري بن يوسف، جماعة منظمة تنظيماً دقيقاً، تتوفر على كل عناصر النجاح والانتصار: امتلاك العقيدة الإيمانية، والقضية العادلة، والإرادة الصلبة، والعزم، والإصرار، والمثابرة، والتخطيط، وتحديد الأهداف، والمهارة في استخدام الأسلحة المناسبة، والبراعة الفائقة في اعتماد تكتيكات قتالية غير تقليدية... ما أوقع الجيش الإسرائيلي في حالات من الضياع والإرباك والتشوّش والبلبلة والاضطراب، وعطل قدراته وإمكاناته وأسباب قوته، وأفقده عنصري الردع والتفوق النوعي اللذين لطالما تباهى واعتدّ بهما، وفرض عليه منازلة لا تتوافق بإطلاق، مع أساليب وطرائق قتاله، ومع استراتيجياته العسكرية.

وخير ما نستدل فيه على انتصار النوعي على الكمي في معادلة الصراع القائمة، وعلى النحو الذي وظفته المقاومة في لبنان، قول القائل (جل وعلا): «كم من فئة قليلة غلبت فئة كثيرة بإذن الله»[34].

---

(33) محمد خواجه، إسرائيل تواجه انقلاب معادلة الكم والنوع، نقلا عن صحيفة السفير، السنة الخامسة والثلاثون، العدد 10916، الأربعاء في 6 شباط، العام 2008، ص 4.

(34) القرآن الكريم، سورة البقرة، 2/ 249.

الردع

يمثل مفهوم الردع مركبا من مركبات العقيدة الأمنية للدول، ولعله أكثر مركبات هذه العقيدة إلحاحا وحساسية، باعتباره يوفر البيئة الآمنة للدولة في سعيها الدائب لتحقيق أهدافها، وفي نشدانها المحافظة على بقائها ووجودها، وفي حرصها على صون مصالحها الحيوية.

ويتوضع الردع - كمفهوم - بين حدّين يحكمان أداءه، وحراكه، وفعاليته، وأهدافه: فهو في حدّه الأدنى، صمام أمان يحول دون اندلاع الحروب أو اشتعال فتائلها، بوصفه ينزع إلى المحافظة على ميزان الصراعات القائمة، لجهة عدم تحولها إلى صراعات من طبيعة عسكرية مدمرة، يصار فيها إلى تفعيل استخدام القوة المفرطة على نحو جنوني. أما في حدّه الأعلى، فهو يتوسل فرض الإرادة السياسية على الخصم، وإخضاعه، واستلابه، واستتباعه، من دون حاجة إلى افتعال حروب، أو إلى نشوب نزاعات دموية.

والحال توسلت العقيدة الأمنية الإسرائيلية بمفهوم الردع، كمركب أصيل من مركباتها، وكمكون من مكوناتها، بعدما استشعرت عظيم ما يتهدد الدولة العبرية المصطنعة من مخاطر وأهوال وويلات، بسبب من توضعها الهجين وسط بيئة جيو- سياسية غير آمنة، تحيط بها، وتلتف حولها كأقدار لا ترد ولا تبدل ولا تزول.

فقد اتكأ قادة الكيان العبري وزعماؤه، ومنذ اللحظات الأولى، لتخلق كيانهم ونشأته في العام 1948، إلى مفهوم الردع، كمبدأ من مبادئ العقيدة الأمنية، بعدما تكشف لهم باكرا، أنّ أحد أخطر وأهم التحديات التي تتهدد وجودية هذا الكيان في صراعه المرير مع أعدائه المحيطين به من العرب، هو

محدودية ودونية قدراته وإمكاناته الكلية، إذا ما قيست بالقدرات والإمكانات الكلية لأعدائه وخصومه. لذلك - وكإجراء تعويضي - كانت الوجهة أن يسعى الكيان العبري على نحو دائب، إلى جسر مساحة التوتر المتمثلة بهذا الفارق الشاسع بينه وبين أعدائه، من خلال توسل ما من شأنه أن يشوش الأعداء، ويزعزع ثقتهم بقدراتهم وإمكاناتهم، من ناحية، ومن خلال السعي نحو الحفر عميقا في الوجدان والمخيال، وفي الوعي العربي الجمعي... ما يعكس مدى تصالبه ومقدار جبروته وبأسه وتأثير القدرة لديه، وعدم تحقق الجدوائية والفعالية من مواجهته، من ناحية ثانية.

وتأسيسا على هذا الفهم المفارق، استوى الردع في الحالة الإسرائيلية على محاولة تجريد العدو، أو العدو المحتمل، من الدافعية - التي تتخلق من خلال تواؤم وتضافر وتوافر كل من القدرة والحافزية لديه إذا ما قدّر وجودهما في آن معا - على الإضرار بإسرائيل، وعلى استهدافها، وضربها، وإلحاق الأذى بها.

ومفهوم الردع ليس مفهوما واحديا بإطلاق، بمعنى أنه يتبنى وجهة واحدة، ويتطلب نمطا واحدا من الممارسة والسلوك. بل بالمقدور أن نقع - لدى فحصنا هذا المفهوم - على أنواع عديدة منه تختلف وتتباين وتتفارق، تبعا لاختلاف حساسيات وخصوصيات وظروف الرادع والمردوع على حد سواء. وتحرص الدولة العبرية في سلوكها وممارستها على التمييز بين أنواع الردع المختلفة، وبالأخص الردع بالمنع والردع بالعقاب، حيث أنّ لكل منهما وظيفة خاصة تتحدد وتتعيّن وفق ما تمليه الظروف والسياقات الموضوعية من جهة أولى، وتبعا لقدرات وإمكانات الخصوم والأعداء المستهدفين من عملية الردع من جهة ثانية. مع الاعتبار أنه كلما «تزايدت قدرة الرادع على معاقبة المرتدع أي الأفضليات العسكرية» كما يقول يائير عفرون «تتعزز بذلك الفعالية الردعية»[35].

---

(35) مجموعة من الكتاب والمحللين الاستراتيجيين الإسرائيليين، **33 يوم حرب على لبنان** ؛ ترجمة أحمد أبو هدبة، ط1، بيروت: مركز الدراسات الفلسطينية، 2007، ص 52.

وينطلق واضعو العقيدة الأمنية الإسرائيلية ومنظّروها، في فهم وتقدير سلوك الخصوم والأعداء، وفي تعليل وتفسير تصرفاتهم وممارساتهم، من الفرضية القائلة: إنّ السمة الرئيسة والبارزة التي تتبدى كخلفية يصدر منها كل حراك العدو، هي ليست إلا عبارة عن استجابة منه للفرص التي توفرها البيئة الإستراتيجية المحيطة به، وعن كيفية رؤيته لنقاط الضعف التي تتكشف عنها بيئة إسرائيل الداخلية، على أن ذلك لا يستقيم، إلا إذا كان مصحوبا ومشفوعا بتوافر عاملي الحافزية والقدرة لديه... ما يجعل وظيفة السلوك الأمني – السياسي الإسرائيلي، تتعين في إبقاء القيود الأمنية قائمة وماثلة على الدوام، بل يتوجب العمل على تعزيزها، وإيلائها العناية والاهتمام اللازمين، تحاشيا لشن اعتداءات، أو أعمال عنف، أو عمليات حربية، من شأنها استهداف كيان الدولة، أو الإضرار بمصالحها الحيوية، أو تعريضها للخطر. كما تتعين في إبعاد الفرص – إن وجدت، أو توافرت – عن متناول أيدي أعدائها، كي لا يتسنى لهؤلاء اغتنامها، أو يتاح لهم توظيفها وتثميرها.

أما السبيل إلى تحقق هذا الأمر، فيكون بالعمل على إظهار عناصر القوة والمنعة والبأس لدى إسرائيل، فيما يسمى باستعراضات القوة، أو بعرض العضلات، والعمل على إبراز ما تملكه وتتوافر عليه من قدرات ردعية أمام أعدائها وخصومها، ثم إسقاطها مجتمعة على وعيهم، في استهداف مباشر لكيّ هذا الوعي وكبحه واستنزافه. ما يُظهر للعدو عجزه، ووهنه، وهزال قواه، وانعدام فعاليته، وضعف القدرة لديه على الإضرار بإسرائيل، أو إلحاق الأذى بها... على النحو الذي يتأدى بالضرورة إلى تحقق مفهوم الردع بالمنع، أو يُظهر لهذا العدو– من ناحية ثانية – أنّ ما سيقوم به لن يعود عليه بنفع، ولن يجلب له فائدة، ولن يتحصل منه على عوائد تزيد على المصائب والأضرار والخسائر والكوارث التي ستلحق به، كنتيجة حتمية للعقاب الذي ستتوسله إسرائيل للرد... ما يتأدى إلى تحقق مفهوم الردع بالعقاب.

والحال هذه، شغل مفهوم الردع مكانة عظيمة في الوعي الإسرائيلي، واحتل حيزا مؤثرا ومرموقا في الوجدان الجمعي العام، واتسم بخصائص مائزة

دون سواه من مركبات العقيدة الأمنية ومكوّناتها، فقد مُنح قصب السبق، وأُعطى الأفضلية والأرجحية على سائر المكونات، وحظي بالعناية والاهتمام وبالرعاية الفارقة، بوصفه قدّم خدمات جليلة لإسرائيل، وحقق لها نجاحات باهرة، وأرخى عليها ستارا من الأمن، ومظلة من الحماية والحصانة والمنعة، وأمدها بأسباب القوة والغلبة، وجعلها عزيزة، مأمونة ومرهوبة الجانب، وفرض إرادتها على أعدائها وخصومها، ووفر الحماية لمصالحها الحيوية، ومكّنها من تحقيق أغراضها السياسية وأهدافها المرحلية والإستراتيجية، وجنبها الاعتداءات وأعمال العنف على نحو كبير، ونأى بها عن تأثيرات وتدخلات الخارج، وساعدها على تحقيق الانتصارات في كل حروبها، إذا ما جرى استثناء حربها الأخيرة على لبنان في تموز من صيف العام 2006.

ولكن كيف كانت عليه حال الردع الإسرائيلي في الحرب المفتوحة على لبنان في تموز من صيف العام 2006؟.

لا بد، في تشفيف وتوصيف وتعيين مآل الردع في الحالة الإسرائيلية، من الإشارة الحفرية إلى أنّ هذا الردع، وبعد مرحلة من التبلور والنجومية والتألق واثبات الحضور والهيبة، بدأ يتخذ منحى تنازليا وتراجعيا وتقهقريا، وعلى نحو من الانحراف السلبي. وذلك منذ انرغام الجيش الإسرائيلي - وهذه سابقة في تاريخ هذا الجيش - على الانسحاب الأحادي المذل من جنوب لبنان في أيار من العام 2000، دون قيد أو شرط، ودون اتفاقات أو تسويات، ودون أية مكاسب سياسية.

فقد بدأ التصدع يشوب مفهوم الردع، ويعتور مفاصله وجنباته. وبدأ التدهور يأخذ طريقه إليه تراكميا. وأخذت حاله تسوء شيئا فشيئا وبصورة تدريجية. فعاش على أثر ذلك الكيان العبري برمته لحظات قاسية، لعلها أشد لحظات هذا الكيان حراجة وقسوة وسوداوية:

كيف يكون بمقدوره أن يرمم قدراته الردعية وأن يستعيد هيبتها المفقودة؟.

أزفت الساعة، وأتت اللحظة الإستراتيجية المنتظرة. أقدم حزب الله على عمل نوعي ونفذ هجوما جريئا في 12 تموز من العام 2006. كانت حصيلته -

عدا القتلى من جنود العدو - أسر جنديين إسرائيليين، كمقدمة لمبادلتهما بالأسرى اللبنانيين في السجون الإسرائيلية. فكانت الحرب!.

لقد خرج الإسرائيلي إذن إلى حرب منشودة، لطالما أحتاج إليها منذ العام 2000، لتعويض شعوره بالمهانة والذل والانكسار والتصاغر والهزيمة. حرب لطالما انتظرها، وتحضر لها جيدا، وأعد خططها وسيناريوهاتها وبدائلها. خرج إليها وعينه مشدودة على الردع المفقود والمتآكل والمتصدع، عله يستعيد بعض بريقه الذي بُهّت وخُفّت، وذهِب بموجه وريحه على أيدي المقاومين اللبنانيين.

وهكذا تصدر قائمة الأهداف التي توسلتها الحرب على لبنان، وتبوء صدارتها بلا منازع: استعادة إسرائيل لردعها المفقود وفقاً لما أعلنه المجلس الوزاري الأمني المصغر المتخذ لقرار الحرب في اليوم الأول. ولولا هذا الهدف المركزي والإستراتيجي، لما كانت الحرب قد خيضت، ولما كان الجيش الإسرائيلي قد خرج إليها أصلا.

والحال، هدفت إسرائيل في عدوانها على لبنان في العام 2006، إلى استعادة قدرة الردع المفقودة تراكميا منذ العام 2000، بعد إقدامها على خطوة الانسحاب المذل وغير المشروط من جنوب لبنان. أو بالأقل، أن يصار إلى ترميم الردع المتآكل إلى حدّ الاهتراء والتقعّر، كما أفاد المستوى السياسي والعسكري في الحكومة الإسرائيلية، وفي طليعتهم رئيس الحكومة آنذاك ايهود أولمرت، في تعليلهم وتسويغهم لمشروعية الحرب وأحقيتها ونبلها وضرورتها وإلحاحها، وفي وضعهم لقائمة أهدافها ومخططاتها. لكنّ رياح الأمنيات جرت على غير مشيئة السفينة الإسرائيلية، فقد خرجت إسرائيل من أتون حربها مثقلة، مثخنة بالجراح، مترنحة، لا تلوي على شيء، بعد أن مُني الردع الإسرائيلي بفشل ذريع، تأدّى به إلى أن يزداد تآكلا وتصدعا وتدهورا وضمورا. ولعل هذا وحده بمقدوره أن يقدم تفسيرا، لمس الجنون الذي أصاب واعترى الآلة العسكرية الإسرائيلية، في نزوعها المحموم إلى التدمير الكلي، وإلى ارتكاب المجازر بحق الأطفال والنساء والشيوخ.

والجدير بنظر الاعتبار، أن الردع الإسرائيلي، يعاني إضافة إلى التآكل

المزمن، المتراكم قبل الحرب، والمتعاظم بعدها، من كونه يستوي ويستقيم على أسس ومرتكزات تخدم دولة ما متجذرة ومترسبة ومتأصلة في محيطها وبيئتها، لا دولة احتلال تحاول من خلال ردعها منع الإضرار بها أو تهديدها.

فالردع - كما هو بيّن - يتوسل وجهة تفعيل عنصر المنع أو عنصر العقاب تجاه قدرة الخصم وحافزيته على الإضرار بالدولة الرادعة. على أن تتأتى حافزيته وتتوالد من مفاعيل القدرة لديه، سواء أكانت على نحو أصيل، أو على نحو مصطنع. ما يعني أن قدراته هي التي تشكل دافعا نحو امتلاكه الحافزية ليتحرك نحو التوسع على حساب هذه الدولة، أو كي يفرض عليها إرادة سياسية ما. لكن مشكلة إسرائيل «كدولة احتلال مغروسة في محيط معاد لها ويراها غريبة عنه» كما يقول يحيى دبوق في دراسة قيمة حول موضوعة فشل الحرب الإسرائيلية على لبنان «أنها تريد تفعيل مبدأ الردع تجاه خصوم مشبعين بالحافزية أساسا، سواء كانت لديهم قدرة أم لا»[36]، بمعنى عدم احتياجاتهم إلى قدرات خاصة كي يمتلكوا الحافزية... ما يزيد العبء على مفهوم الردع في الحالة الإسرائيلية ليتجاوز قدراته، أو بالأقل من شأنه أن يرهق الردع الإسرائيلي بمطالب هي في الأساس خارجة عن تأسيساته العادية، «فكيف بالردع إذا تآكل، وسعت إسرائيل إلى ترميمه» يتساءل دبوق «فعاد وتآكل من جديد، وبمنسوب أعلى من السابق»[37]، في إشارة منه إلى فشل الحرب الإسرائيلية على لبنان.

والحديث عن تداعيات الحرب الأخيرة على لبنان، ومفاعيلها على الردع الإسرائيلي، لا يمكن له أن يستقيم بإطلاق في حصرية علاقته بحزب الله، بل يتعدى ذلك إلى ما هو أبعد وأعم وأشمل، لينطوي على أبعاد إستراتيجية بالغة الخطورة تتهدد مستقبل الكيان العبري. إذ من الصعوبة بمكان فصل تداعيات

---

(36) يحيى دبوق، **تداعي الردع وحدود القوة الإسرائيلية**، نقلاً عن صحيفة الأخبار، ملحق خاص، السنة الأولى، العدد 286، الأربعاء في 25 تموز، العام 2007، ص 6.

(37) يحيى دبوق، م. ن.، ص6.

الحرب عن منظومة الردع الإسرائيلية الكلية، وحجب تأثيرات ذلك على الداخل الإسرائيلي، من جهة، وعلى الواقع العربي والإقليمي والدولي، من جهة ثانية.

وآية ذلك، أنّ الردع بوصفه مفهوما قيميا، يطل - بالضرورة - على الداخل الإسرائيلي بما يشمل المواطنين والجيش ومتخذي القرارات من القادة والزعماء. ويستهدف برسائله العدو المفترض لدولة إسرائيل، بما يشمل كل دول الممانعة والمقاومة المتمثلة على وجه الدقة بحزب الله وسوريا وإيران والفصائل الفلسطينية... إلا أنه يتعدى ذلك كله، ليشغل كامل إطار الصورة التي تعكف إسرائيل على تظهيرها وتمثلها عند راعيها الإقليمي والدولي، أي عند الولايات المتحدة، وذلك بوصف إسرائيل عنصرا فاعلا ومفعّلا للسياسات الأمنية الأميركية التي لا يمكن لواشنطن أن تخوضها على نحو من المباشرة والقصدية.

لكنّ المحصلة الثابتة الجامعة التي تكشفت إزاء كل هذا: أنّ الحرب الأخيرة على لبنان قد تمخضت - بما لا يقبل الشك - عن اهتزاز صورة الردع في الجيش الإسرائيلي، وعن تبهيت حضوره، وتخفيت بريقه، وعن انكسار هيبته، وزعزعة مكانته، وانعدام فعاليته وتأثيره، سواء في داخل الكيان، أم على المسرح الدولي والإقليمي:

أ- انعكاس تدهور صورة الردع الإسرائيلي داخلياً

إنّ أحد أكثر التعبيرات تجليا ووضوحا، لفقدان ثقة المواطن الإسرائيلي بقدرة الجيش على تحقيق أهدافه، هو وعيه أنّ هذا الجيش قد أصيب بالعجز عن تحقيق أهداف الحرب المنشودة من خلال توسل الآلة العسكرية، كما كان يصار في الحروب السابقة؛ بل إنه عجز عن تحقيق أي انجاز يذكر في الميدان. وجل ما جرى هو تحقيق فرملة لنتائج الفشل، من خلال القدرة السياسية الأميركية التي استطاعت أن تستنقذ الجيش الإسرائيلي من الشرك الذي أوقع نفسه فيه، ومن المصيدة التي دخل إليها بقدميه صاغرا. ولاسيما في ما سمي بعملية تغيير اتجاه 11، التي أقدم عليها في الساعات الأخيرة على نهاية الحرب، والتي حاول بموجبها التوغل في الأراضي اللبنانية، بهدف خلق وقائع

ميدانية جديدة. علها تبدو كبريق نصر من شأنه زعزعة الصورة الرديئة والسيئة التي تبلورت وتشكلت وترسمت عنه لدى الرأي العام الداخلي والخارجي على حدّ سواء، بسبب من ضعف الأداء وتعثره، وكنتيجة حتمية لسلسلة الإخفاقات المتتالية، وللفشل الميداني المتواصل، وللانتكاسات الحادة المصاحبة، وللهنات العظام التي شابت الأعمال العسكرية... ما أظهر الجنود كمجموعة من الهواة المراهقين، أو كمجموعة من الصبية جيء بهم كرهاً لتقديم ألعابٍ بهلونية ليس إلا.

وفي سياق تصوير حالة انعدام الثقة هذه، ونقل اهتزاز صورة الجيش في وعي الجمهور الإسرائيلي؛ يكتب ران بيرتس في صحيفة معاريف بتاريخ 15/ 8/ 2006، أي عشية وقف الأعمال العسكرية ودخول القرار 1701 حيز التنفيذ، موصفا حالة الإحباط واختلال التوازن التي اعترت النسيج المجتمعي للكيان العبري: «إنّ الأغلبية الساحقة من الإسرائيليين الذين تربوا على ثقافة الانتصار» والكلام لبيرتس «لا يفهمون كيف أن الجيش الأقوى في المنطقة عجز طوال أكثر من شهر عن وقف سقوط الصواريخ على المدن والمستوطنات الشمالية. وكيف أن هذا الجيش عجز عن إلحاق هزيمة واضحة بحزب الله»[38].

وكان لفقدان ثقة الإسرائيلي بجيشه مفاعيل عديدة، سوف يكون لها بالغ وعظيم الأثر على مستقبل هذا الجيش ومستقبل هذا الكيان برمته. بالمقدور الوقوف لتشفيف واستجلاء بعض منها:

أولا - تعاظم الهجرة المضادة

شهدت إسرائيل في أعقاب الحرب الأخيرة على لبنان، هجرة سلبية غير مسبوقة في تاريخ الدولة العبرية، بسبب من فقدان الثقة بالمؤسستين العسكرية والسياسية من جهة، وفقدان الشعور والإحساس بالأمان من جهة ثانية.

---

(38) صحيفة السفير، يوميات الحرب الإسرائيلية على لبنان ؛ النصر المخضب، ط1، بيروت: المركز العربي للمعلومات، العام 2006، ص 560.

فقد أظهر استطلاع للرأي، أجرته الكلية الأكاديمية «عميك يزراعيل» في مطلع العام 2007، نتائج وخلاصات، وصفها معدو التقرير بالكارثية والمفاجئة من حيث تعلقها بمشاعر الانتماء والإحساس بالأمن التي تعتور سكان الدولة العبرية. إذ أشار تسعون في المئة من المستطلعين الإسرائيليين إلى أنهم «غير راضين عن أداء القادة الإسرائيليين الحاليين، بينما قال 26 في المئة إنهم فكروا في ترك إسرائيل عام 2006».

والخطير في الأمر، هو ما يتعلق بالشباب الإسرائيلي، حيث كانت نتائج الاستطلاعات تنبئ بما هو غير صحي، وبما هو مدعاة للقلق على مستوى مستقبل الكيان. فقد أظهرت المعطيات والمؤشرات أنّ نسبة الامتعاض وعدم الرضا من أداء القيادة الإسرائيلية وسط الفئة العمرية بين 18 و29 عاما كان أكثر ارتفاعا – بما لا يقاس– من الفئة العمرية المتوسطة؛ بل إنّ أكثر من نصف الشباب المستطلعين أبدى رغبة قوية في ترك إسرائيل، بعد النتائج المدوية والمخزية التي تمخضت عنها الحرب الأخيرة على لبنان، والتي بحسب المطلعين والمتابعين لمفاعيل الحرب الارتدادية، كانت سببا رئيسا في تحفيز ما يمكن تسميته بالهجرة المضادة... ما يعكس تحولا في المزاج الإسرائيلي العام.

وفي موازاة ذلك، أفادت دائرة الإحصاء المركزي في إسرائيل، بعد اتكائها على معطيات رقمية دقيقة، أنّ عدد المهاجرين الإسرائيليين الذين غادروا الدولة العبرية في العام 2007، في ما يمكن تصويره بموكب نزوح جماعي، فاق عدد المهاجرين القادمين إليها. وهو تطور سلبي خطير، وغير مسبوق، لم تشهد إسرائيل مثيلا له منذ نشأة كيانها.

ثانياً – تراجع قيمة الردع في الوعي الإسرائيلي الجمعي

إنّ احد أهم واخطر تداعيات فشل الحرب على لبنان، يمكن تمثله في تراجع وتقهقر الردع – كمفهوم وكقيمة وممارسة – في الوعي الإسرائيلي نفسه،

قبل تراجعه في أعين الأعداء والخصوم والحلفاء، باعتباره أصبح غير قادر على حماية الدولة وعلى توفير بيئة آمنة لها، وعلى تظليلها بمظلة من المنعة والقوة، وعلى منع أعدائها من الإضرار بها، أو إلحاق الأذى بمصالحها الحيوية. وقد كشفت استطلاعات الرأي في إسرائيل، المعدة من المعاهد الرسمية المتخصصة ومن الدوائر الأمنية ذات الصلة، ما مؤداه أنّ كل مستوطن إسرائيلي من بين أربعة مستوطنين، لا يثق بالدولة وبمؤسسة الجيش.

وكان ران بيرتس، قد أعتبر في مطالعة له أوردتها صحيفة معاريف في أعقاب انتهاء الحرب مباشرة، أنّ النتائج الكوارثية التي حفرت بآثارها وبصماتها على جبين هيبة الردع الإسرائيلية، والتي تأدت – بنحو أو بآخر – إلى تقهقره وتصدعه وتهافت قيمته وشأنيته واعتباريته؛ هي من أخطر المصائب – بإطلاق – التي ألمت بالكيان العبري، والتي سوف ترخي بأثقالها، وتخلف تداعيات ومفاعيل غير حميدة على عموم مستقبل هذا الكيان «فأكبر أزماتنا» يقول بيرتس «هي الضربة الشديدة التي تلقاها الردع الإسرائيلي. ومن يدّعي أنّ الأمر ليس كذلك، يواصل ثقافة الكذب على الذات»⁽³⁹⁾.

وبدوره عبّر موشيه أرنس عن هذه الحالة المتردية من انعدام الثقة بالمؤسسة العسكرية بعد الإخفاقات الكبيرة والفشل الذريع في حرب لبنان، حيث يقول في مقالة له في صحيفة هآرتس: «لقد هزمنا، هذه هي كل القصة. كل كلمة إضافية غير ضرورية. فإسرائيل صاحبة الجيش الأقوى في الشرق الأوسط هزمت على يد الآلاف من المقاتلين من حزب الله في حرب استغرقت 34 يوما»⁽⁴⁰⁾.

والجدير بالذكر، أنّ مناخ انعدام الثقة بالمؤسسة العسكرية، لم يقتصر على المزاج الشعبي العام؛ بل تعداه إلى المستوى السياسي. فقد اتهم رئيس

---

(39) صحيفة السفير، يوميات الحرب الإسرائيلية على لبنان ؛ النصر المخضّب، ط1، بيروت: المركز العربي للمعلومات، العام 2006، ص 560.

(40) موشيه أرنس، كلمة واحدة كانت كافية: لقد هزمنا، نقلا عن صحيفة الأخبار اللبنانية، السنة الثانية، العدد 443، الثلاثاء في 5 شباط، العام 2008، ص 18.

الحكومة آنذاك ايهود أولمرت في اعترافاته أمام لجنة فينوغراد، الجيش الإسرائيلي بالفشل والتقصير وعدم الجهوزية، كما اتهمه بأنه مارس أوسع عملية تضليل، على نحو جعل قرارات الحكومة غير صائبة، وغير سليمة، وغير ذات جدوائية وفعالية. كما شاركه في هذه الحملة المنظمة - التي كانت تستهدف تحييد المستوى السياسي، وإلصاق مسؤولية الفشل في الحرب بالمؤسسة العسكرية - العديد من الوزراء والنخب السياسية. وكانت لجنة الخارجية والأمن التابعة للكنيست قد وجهت، في تقرير من 151 صفحة، انتقادات عنيفة إلى الجيش الإسرائيلي حول إدارته حرب لبنان في تموز العام 2006، واتهمته بالفشل الذريع، والإصابة بالعمى: «إنّ غياب خطة هجومية مصادق عليها ومعدلة ضد جنوب لبنان، هو فشل ذريع لقيادة الجبهة الشمالية» يقول تقرير لجنة الخارجية والأمن، وأنّ الجيش الإسرائيلي «تماهى مع حزب الله، وأصيب بعمى... ما أدى إلى تعاظم منطق العدو»[41].

ويؤدي تراجع ثقة الإسرائيليين - على اختلاف طبقاتهم - بجيشهم، وبقدرات هذا الجيش على الردع والحسم وإدارة الحروب، وعلى توفير الحماية والأمن والمنعة والحصانة، إلى تراجع ثقة الجيش بنفسه، وإلى تشكيكه بقدراته... وذلك بسبب من العلاقة الجدلية القائمة بين الجيش بوصفه تعبيرا مؤسساتيا، وبين مكوناته من الموارد البشرية، أي من الأفراد المكونين له، والذين لا يثقون بإطلاق بقدراته الردعية. ما ينسحب بالضرورة على القدرات الكلية لهذا الجيش، فيصاب بالشلل والعجز والوهن والضعف، ويعتريه الخوف والتردد، ويفتقد إلى شجاعة الإقدام والمبادرة.

ثالثا - عزوف عن الالتحاق بالخدمة العسكرية

لا شك، أن تراجع ثقة الإسرائيليين بالجيش، لم يكن بمنأى عن المضاعفات والمفاعيل الارتدادية؛ بل كانت له انعكاسات سلبية حادة سوف

---

(41) صحيفة الأخبار، السنة الثانية، العدد 416، الثلاثاء في 1 كانون الثاني، العام 2008، ص18.

تترك آثارها وبصماتها على مستقبل الجيش. وقد تمثلت هذه الانعكاسات في إحجام الإسرائيليين عن التجند[42]، وامتناعهم عن الخدمة، وسلوكهم كل مسلك ممكن للتهرب من الالتحاق بالمؤسسة العسكرية: كالتذرع بالتدين الأصولي للحصول على الإعفاء، أو التعلل بأسباب صحية ونفسية، أو المكوث في خارج البلاد، أو ما شاكل ذلك من ذرائع وحجج.. كما تشير المعطيات والمعلومات المسربة أخيرا من شعبة القوى البشرية في الجيش الإسرائيلي.

فقد سُجّل، وفقا لما أوردته صحيفة معاريف الصادرة في 18 - 7 - 2007، في نقلها لمضمون تقرير شعبة القوى البشرية، تراجع للمتطوعين الإسرائيليين الملتحقين بالخدمة العسكرية بنسبة 25 %، مع لحاظ أنّ هذا الرقم مرشح للارتفاع في السنوات المقبلة كما تشير التوقعات. وهذا تطور غير مسبوق في تاريخ الجيش الإسرائيلي منذ لحظات تنطفه وتشكله، ومن شأنه أن يؤشر إلى تراجع القيم والطلائعية عند الإسرائيليين من جهة، وأن يتهدد - من جهة ثانية - المصلحة العامة للمشروع الصهيوني في إقامة الدولة وحراسة وجودها.

وكانت صحيفة «واشنطن تايمز» قد عرضت بدورها، لموضوعة عزوف الإسرائيليين عن الالتحاق بالخدمة العسكرية الإلزامية، وإلى تفاقم هذه الظاهرة في أعقاب حرب لبنان في تموز من العام 2006 على نحو دراماتيكي لا قبل لإسرائيل به. حيث أوردت في عددها الصادر في 26 / 7 / 2007، أنّ «الجيش الإسرائيلي يواجه مشكلة لم يسبق أن واجهها من قبل، وهي أنّ نسبة كبيرة من الشباب والشابات يفتشون عن حجة رسمية كي لا يخدموا الجندية».

واقع الحال هذا، دفع بقادة الكيان العبري إلى تحسس هذه الظاهرة الخطيرة، وإلى تلمس تداعياتها ونتائجها الكارثية والوجودية على مجمل

---

(42) يفرض القانون الإسرائيلي الخدمة الإجبارية على الشباب الإسرائيلي، كل من بلغ سن الثامنة عشرة من عمره. وتبلغ مدة الخدمة الإجبارية المنصوص عنها في القانون، ثلاثة أعوام للذكور، وعامين للإناث. ويلزم القانون بالخدمة العسكرية الشبان اليهود، والعرب الدروز، والمسلمين الشركس، فيما يستثني العرب كما يستثني اليهود من طلبة العلوم الدينية.

المشروع الصهيوني، وإلى التعاطي معها باهتمام بالغ. فبعد الهجوم العنيف الذي شنه إيهود باراك على المتهربين من الخدمة العسكرية الإلزامية في الجيش لانعدام المسؤولية الوطنية والأخلاقية لديهم؛ انضم إليه رئيس هيئة الأركان غابي أشكنازي، الذي أشار إلى أنّ التهرب من الخدمة العسكرية خيانة وطنية، وتقويض لأسس الجيش والمجتمع، وأنّ المتهربين من هذه الخدمة فقدوا حياءهم، «وأنّ مهمتنا» كما يقول اشكينازي في خطاب ألقاه مطلع شهر آب من العام 2007، في مدينة هرتسيليا «أن نعيد الحياء إلى وجوههم، وكذلك استعادة الشعور بالفخر عند الذين يخدمون في الجيش»[43].

وإلى جانب الارتفاع الملحوظ في عدد الشباب الإسرائيليين المتخلفين عن الالتحاق بالمؤسسة العسكرية، والممتنعين عن التجند في الجيش؛ برز معطى آخر لا يقل خطورة وأهمية وإلحاحا، تمثل في نسبة تسرب الجنود من الجيش خلال فترة الخدمة الإجبارية، حيث بلغت هذه النسبة 17,5 في المئة. وإذا ما قيض لنا إضافة هذه النسبة إلى نسبة التهرب، تكون النتيجة الإجمالية أنّ 42,5 في المئة من الشباب لا يصلون إلى نهاية الخدمة العسكرية.

ويذكر في هذا الصدد، أنّه منذ تاريخ وقف الأعمال الحربية كنتيجة لفشل الحرب على لبنان، أي في 14 آب من العام 2006، سُجّل امتناع الجنود الإسرائيليين عن الالتحاق بسلاح المدرعات (الميركافا)، التي كانت فيما مضى حصنا منيعا، وقلعة حصينة، وملاذاً آمناً للجنود، وذلك كنتيجة لتراجع الأمان فيها، بعد أن أصبحت طريدة سهلة المنال يتفنن المقاومون في اصطيادها. كما تكشفت عن ذلك فصول الحرب ومجرياتها، التي توّجت بما سُمّي مجازر الدبابات في كل من سهل الخيام ووادي الحجير من جنوب لبنان، والتي كانت حصيلتها تدمير ما يزيد على 30 دبابة في اليومين الأخيرين للحرب.

---

(43) صحيفة الأخبار، السنة الأولى، العدد 293، الخميس في 2 آب، العام 2007، ص 20.

ب- انعكاس تدهور صورة الردع الإسرائيلي
على المسرح الإقليمي والعربي بالأخص

سوف نكتفي في مقاربة موضوعة أثر ومفاعيل تراجع الردع الإسرائيلي عربيا، على زاويتي نظر:

- تتعين الأولى بملاحظة تداعيات تراجع الردع الإسرائيلي على الصعيد السوري، بوصفه - بين الرسميات العربية - الصعيد الأكثر تماسا واحتكاكا بأطروحة الصراع مع الكيان الصهيوني.

- وتتحدد الثانية بملاحظة تداعيات ذلك على صعيد الشعوب العربية، لما تشكل عملية استنهاض الشعوب من خطر داهم يتهدد وجودية الدولة العبرية.

1 - انعكاس تدهور صورة الردع الإسرائيلي سورياً

لقد استجلب الفشل الإسرائيلي المريع في الحرب على لبنان، فائدة جليلة ومنفعة عظيمة لسوريا، بسبب من هدوء جبهة القتال على اختلال حاد في موازين القوى لغير مصلحة إسرائيل، التي عادت أدراجها متقهقرة حتى بغير كفي حنين، بعد ان سقطت كل أهدافها، التي رسمّت بها السقوف السياسية للحرب، في مهبات الهزيمة والتهافت. فقد عززت نتائج الحرب مكانة سوريا، وحولتها - على نحو نصف دائري - من تهديد منخفض القيمة، بل يساوي صفرا وفقا للتقديرات والتعبيرات الإسرائيلية المعاينة والموصفة للوضع السوري في فترة ما قبل الحرب، إلى تهديد حقيقي كامن وماثل، يتوجس منه الإسرائيليون ريبة، ويعدون العدة - ليلا ونهارا- لمواجهته... ما أعاد الاعتبار والشأنية لدور سوريا الإقليمي والدولي كلاعب أقوى وأشد فعالية من ذي قبل، على الرغم من انسحاب الجيش السوري إلى ما خلف الحدود اللبنانية - السورية تطبيقا لمندرجات القرار 1559.

وبالعودة إلى نتائج الحرب الإسرائيلية على لبنان، فقد تأدت إلى انكشاف محدودية قوة إسرائيل، بعد أن كانت تعيش حالة من التورم والتضخم والانتفاخ

في دورها ومكانتها، حيث صير إلى تصويرها كفزاعة، أو كعصا شرطي غليظة تروّض فيها الأنظمة وترهّب الشعوب والحركات الخارجة على الإرادة والمشيئة الأميركية في المنطقة. إذ كيف يستقيم فشل جيش عظيم وافر الإمكانات والموارد والخبرات، وصاحب باع طويل في خوض الحروب والمعارك؛ أمام تنظيم محدود الموارد والقدرات البشرية والمادية؟. والحال هذه، تكشفت حقيقة الحدود الطبيعية والفعلية لقوة إسرائيل أمام نفسها، كما تكشفت أمام الآخرين، ومنهم سوريا. وكان لهذا الانكشاف مفاعيل رجعية وارتدادية انعكست – بكيفية مباشرة – تغييرا جذريا في «تقدير الوضع الاستراتيجي لما بعد الحرب على مستوى موازين القوى بين سوريا وإسرائيل، سواء في نظرة إسرائيل لقوتها، أم في نظرة سوريا إليها»[44]؛ حيث يُنقل عن وزير الدفاع السوري العماد حسن تركماني قوله: «إنّ حرب لبنان غيّرت نظرتنا إلى العدو، وأطاحت مقولة استحالة خيار المواجهة العسكرية، وعززت الثقة بإمكانية نجاح خيار المقاومة والمواجهة».

ومن هذا المنظور فقط، يمكن وعي الخلفيات التي يصدر منها الإسرائيليون عندما يستشعرون قلقا غير مكتوم حيال سوريا، وعندما يتوجسون منها خيفة، وعندما يتحدثون عن تغيّر ملحوظ في قوتها وفي موقعها، على نحو باتت تشكل معه تهديدا استراتيجيا ووجوديا غير مسبوق على مستقبل الكيان الإسرائيلي، على الرغم من وعي هؤلاء ومعرفتهم، أنّ ما طرأ واستجد من تغييرات مادية وتسليحية على القدرات والإمكانات، وعلى الترسانة العسكرية السورية في الفترة التي أعقبت الحرب على لبنان، ليس من النوع الذي يتيح له أن يعدل بذاته ميزان القوة المادية بينها وبين إسرائيل، وفقا لما ذهب إليه يحيى دبوق «وان التعديل قد تسجّل بنتيجة فشل إسرائيل في الحرب واكتشافها هي لمحدودية قوتها، وسوريا لمحدودية هذه القوة، بالتلازم مع إدراك سوريا أنّ ما تمتلكه من

---

(44) يحيى دبوق، تداعي الردع وحدود القوة الإسرائيلية، نقلاً عن صحيفة الأخبار، ملحق خاص، السنة الأولى، العدد 286، الأربعاء في 25 تموز، العام 2007، ص 6.

قوة قادر بالفعل على مواجهة إسرائيل»[45]. إنَّ هذا يعني - على وجه الدقة - حصول تدهور في القدرات الردعية الإسرائيلية، من المنظور السوري والإسرائيلي على حد سواء، على نحو يجعل هذه القدرات غير ذات بال، وغير ذات شأن، في أي حرب مفترضة بين الجانبين.

وإذا حاولنا الاستدلال على أبرز وأخطر تداعيات وتجليات تراجع القدرة الردعية الإسرائيلية بما خص سوريا، في أعقاب الهزيمة النكراء التي منيت بها القوات الإسرائيلية في لبنان، لأمكننا ملاحظة كيف أنّ المعادلة التي استنتها إسرائيل لميزان القوة، قد قلبت رأسا على عقب، وعلى النحو الذي يمكن معه الوقوف على مؤشرين اثنين بالغي الأهمية:

أولاً - بعد نجاحات الردع الإسرائيلي المفعّل ضد سوريا، وفقا للتقديرات الإسرائيلية لموازين القوى- وعلى نحو منقطع النظير - في تحييد القدرة العسكرية السورية عن المبادرة إلى حرب مع إسرائيل؛ عادت فرضية الحرب مع سوريا لتتوضّع بقوة في صلب اهتمامات الإسرائيلي، وفي صدارة قائمة فرضياته، وفي عميق وعي عقله الأمني والعسكري والاستخباري. فلا يكاد يخلو سيناريو حرب محتملة ومفترضة دون اخذ الجبهة السورية بلحاظ الاعتبار والحسبان. هذا ما تكشفت عنه المناورات العسكرية التي أجراها ويجريها الجيش الإسرائيلي على خلفية اندلاع حرب مع سوريا، سواء من حيث طبيعتها، أم من حيث ما تتوسله من أهداف، أم من حيث تتابعها وتواصلها دون انقطاع منذ انتهاء الحرب على لبنان، على نحو جعل أعدادها الكبيرة مدعاة للغرابة والاستهجان من قبل المتابعين. فلم يُسجّل مضي شهر واحد - في سنوات أربع خلت على حرب لبنان، أي منذ أيلول 2006 - من غير أن ينفذ الجيش الإسرائيلي مناورة على الحدود مع سوريا، أو أن يعلن عن التحضير لمناورة.

ثانياً - بعد أن كان التهديد باندلاع حرب، وسيلة فضلى تتوسلها إسرائيل لتفادي إجراء مفاوضات مع سوريا، مع ما تعنيه عملية المفاوضات من حتمية

---

(45) يحيى دبوق، **تداعي الردع وحدود القوة الإسرائيلية**، نقلاً عن صحيفة الأخبار، ملحق خاص، السنة الأولى، العدد 286، الأربعاء في 25 تموز، العام 2007، ص 6.

تقديم تنازلات إسرائيلية عن الحقوق السورية في الجولان المحتل؛ أصبح مطلب إيجاد مسار سياسي مع دمشق مطلبا ملحا، ينادي به ليس المستوى السياسي فحسب، الذي بات يدمن منذ انتهاء الحرب على لبنان، على بث رسائل تطمينية، هدفها تطييب الخاطر السوري والحرص على عدم إشعاره بالاستفزاز، والطلب منه أن لا يسيء فهم وتفسير أي تحرك أو تصريح قد يصدر عن القيادة الإسرائيلية، لحرص الأخيرة على عدم الانزلاق إلى حرب معه؛ بل أضحت تنادي به أيضاً - وهنا وجه المفارقة - المؤسسة العسكرية وأجهزتها الأمنية والاستخبارية على اختلافها، باعتباره - أي المسار السياسي - وسيلة لتفادي حرب أصبح الإسرائيلي، متوجسا حصولها وقلقا حيال نتائجها.

2- انعكاس تدهور صورة الردع الإسرائيلي على الشعوب العربية

إنّ تدهور الردع الإسرائيلي، وتراجع شأنيته واعتباريته، وتقهقره على النحو الذي رشحت عنه نتائج الحرب على لبنان في صيف العام 2006، سوف يكون له - بالضرورة - مفاعيل وارتدادات حادة على المستوى العربي، إذا ما جرى تثمير الفشل الإسرائيلي، وتوظيفه على نحو موجب وفاعل من قبل الشعوب العربية، دون أن يصار هنا، إلى تعليق كبير أمل وتفاؤل على الأنظمة والرسميات العربية، لاسيما تلك الغارقة منها في آتون التسويات والمفاوضات ومحاولات التطبيع مع الكيان العبري. مع لحاظ الاعتبار إلى إمكانية أن تتلقف هذه الرسميات والأنظمة نتائج الفشل الإسرائيلي، لتحسين شروطها التسووية والتصالحية، وتعزيز مواقعها التفاوضية إذا ما أرادت.

ففي ندوة فكرية نظمها معهد دراسات الأمن القومي التابع لجامعة تل أبيب، بعد مضي قرابة الستة أشهر على فشل الحرب على لبنان، حاضر فيها الرئيس الأسبق لمجلس الأمن القومي الإسرائيلي غيورا ايلاند، حيث قال في معرض عرضه ومقاربته للتداعيات والنتائج والمفاعيل السلبية لفشل الحرب على مكانة إسرائيل، وعلى قدرة ردعها «إنّ دولا عربية أدركت أنّ قوة إسرائيل محل شك، ويمكن أن تقدم في المستقبل على تنفيذ هجمات عسكرية عليها، لم يكن

أحد يفكر فيها قبل نصف سنة»، أي قبل أن تضع الحرب على لبنان أوزارها، وفق نتائج دالة على هزيمة نكراء مني بها الجيش الإسرائيلي، الذي كان – كما ترسّمه الوعي العربي الجمعي – حتى الأمس القريب جيشا لا يقهر.

وبالوقوف على تداعيات تدهور وتراجع القدرات الردعية الإسرائيلية، فيما يخص الشعوب العربية، يمكن تلمس مؤشرات عديدة أبرزها:

أولا– أسست الهزيمة الإسرائيلية في لبنان، تأكيد صوابية ونجاعة اتجاه وخيار سياسي وأمني عربي، ينهض ويستقيم على منظومة مفهومية – قيمية قوامها: الممانعة والمواجهة والمقاومة والاستنهاض، كسبيل لتحرير الإرادة والإنسان والأرض من الاستلاب والاحتلال، بعد أن كاد العالم العربي بفعل الهزائم المتتالية، من النكبة، مرورا بالنكسة، إلى احتلال العراق، يغوص في غيابات الاستسلام والخنوع والوهن والاستكانة والارتهان للمشروع الأميركي – الصهيوني، وينصاع على نحو ذيلي وتبعي لمشيئته.

فقد تأدى تراجع الردع الإسرائيلي عربيا، إلى إعادة مركزة صور الانتصار والعزة والمنعة والقوة في العقل والوجدان والوعي والمخيال والذاكرة العربية، بعد أن ترسبت فيها طويلا صور الانهزام، وقلة الحيلة، وقصور ذات اليد، في قبالة إسرائيل، الدولة المقتدرة، صاحبة الجيش الذي لا يقهر، والقادرة على إملاء شروطها وفرض أجندتها وإرادتها السياسية بالقوة.

ثانيا – أتاح تراجع القدرات الردعية الإسرائيلية، بسبب من الإخفاقات والفشل في الحرب على لبنان، أن تتعين بشكل ملموس وحسي، الحدود الفعلية لقوة إسرائيل سواء من منظورها لنفسها، أم من منظور أعدائها وخصومها لها، لأنه كلما تغيّرت «صورة الرادع المفترض أمام نفسه، في مقابل تدني قيمة ردعه أمام خصمه» تدنت بالضرورة «قدرة الردع القائمة أساسا على تضخيم القدرة»[46]، كما هو واقع الحال إسرائيليا. فقد تكشفت وقائع الميدان – بما

---

(46) يحيى دبوق، عندما أدرك الاحتلال انهيار عقيدته الأمنية، نقلاً عن صحيفة الأخبار، ملحق خاص، السنة الأولى، العدد 278، الاثنين في 16 تموز، العام 2007، ص 6.

لا يقبل الشك - أن القدرة الموجودة لدى إسرائيل، ما هي إلا ناتج مضخم، يعيش حالة من التورم والانتفاخ والتمدد، لا تعكس على نحو دقيق مكوناته الحقيقية وحجمه الطبيعي، حيث يصار إلى النظر إليها من خلال مرايا محدبة، تستهدف وتستهوي تكبير الأشياء، وتعظيمها، وتظهيرها على غير حقيقتها، من خلال ما يصاحبها من تخييل وغلو ومبالغات وتطرف.

والحال هذه، انعكس تدهور الردع الإسرائيلي تدهورا مماثلا في ثقة الإسرائيليين بقدراتهم، بالتوازي مع تطور وتزايد ملحوظ في ثقة الخصوم - أي أعداء دولة إسرائيل - بقدراتهم. وبالتالي تأدى الأمر إلى استعادة الشارع العربي لمعنوياته، ولثقته بنفسه، إلى جانب الثقة بقدراته وإمكاناته وقواه الكامنة انطلاقا من الفرضية القائلة: إذا كان بمقدور حزب الله، بوصفه قوة عسكرية ذات حدود متواضعة، بالقياس على الاختلال الحاد في ميزان القوة لمصلحة الجيش الإسرائيلي، أن يخوض غمار حرب غير متكافئة وغير متماثلة، وأن يحقق فيها نجاحات باهرة وانتصارات عظيمة، وأن يحول دون تحقيق إسرائيل لأهدافها وأغراضها فكيف سيكون عليه الحال، إذا ما فعّلت الجيوش العربية مجتمعة قدراتها وقواها وإمكاناتها في وجه إسرائيل؟

فقد أشّرت الحرب الأخيرة، بما حملته من نتائج مخيبة لإسرائيل، على الرغم من الفروق الهائلة في موازين القوى بينها وبين حزب الله، إلى نجاعة وسلامة خيار المقاومة والمواجهة. وأكدت للشعوب العربية جدوائية تفعيل وتثمير قدراتها وإمكاناتها في صناعة نصر مؤزر ومبين على أعدائها، بعد أن أثبتت للشارع العربي بالدليل الحسي القاطع، أنّ مرد الفشل المزمن والهزيمة المستدامة في تاريخ الصراع مع الكيان الصهيوني، ليس تفوقا للقدرة الإسرائيلية، قدر ما هو ماثل في قصور الحكام العرب وتخاذلهم.

ما يعني بنحو آخر، أنّ حزب الله استطاع إن يكشف زيف ادعاءات الأنظمة والرسميات العربية، وأن يعرّي أدبيات خطابهم السياسي؛ بعدما أثبت من خلال صموده الأسطوري وانتصاره الميمون في الحرب، أنّ العرب كانوا مسكونين - حد التوهم المرضي - بفوبيا تعالي القدرة الإسرائيلية وبحجم القوة

لديها، وان خسارتهم معها ليست إلا نتاج فقدانهم للإرادة السياسية على جبهات القتال.

ثالثا – أحدثت الحرب الإسرائيلية على لبنان انقلابا جذريا في المفاهيم والقيم، وأثبتت زيف الادعاءات الإسرائيلية الزاعمة أنّ المقاتل العربي لا يمتلك الجرأة على مواجهة إسرائيل خوفا من قدراتها الرادعة، وأنه سرعان ما يُخلي الميدان فاراً، لا يلوي على شيء، أمام صلابة الجندي الإسرائيلي وطلائعيته وإقدامه... فقد سقطت هذه المنظومة المفاهيمية في ميدان القتال، وتلمس الجنود ذلك على نحو مباشر، بعدما واجهوا مقاتلا عربيا من طراز آخر – وفقا لتوصيفات معجم التعبيرات الإسرائيلية المستخدمة في مراجعات الحرب – كان حاضرا في ساحات المواجهة والالتحام على النحو الذي تأدى إلى انهيار الجندي الإسرائيلي على غير صعيد: نفسيا وجسديا ومعنويا، كما تؤكد الدراسات والاستطلاعات الصادرة عن المعاهد الإسرائيلية ذات الصلة.

وكانت لجنة الخارجية والأمن في الكنيست الإسرائيلي، وهي اللجنة التي يوكل إليها أمر العناية بالرقابة على المؤسسة الأمنية، قد أفادت – وفق ما أوردته هآرتس في افتتاحيتها– في تقرير أعدته عن حرب لبنان ذيّل بتوقيع سبعة عشر نائبا من كل ألوان الطيف السياسي: أنّ الجيش الإسرائيلي «لم ينجح في الانتصار على حزب الله، على الرغم من أنه كان لديه أكثر مما يكفي من الوقت، والدعم الشعبي والدولي، وجنود الاحتياط الذين امتثلوا بإشعار قصير المدى، ووسائل قتالية أكثر من المطلوب، وعدو قريب من الحدود»[47] ما جعل هذا الجيش يكف عن كونه جيشا.

والحال، فإنّ أخشى ما يُخشى إسرائيليا، أن يتحول المقاتل – الأنموذج الذي كانه حزب الله في الحرب، إلى أيقونة أو إلى مثال طهراني متعال، يستلهمه المقاتل العربي في حروبه الافتراضية القادمة مع الكيان الإسرائيلي.

---

(47) هآرتس، **جيش لا يتصرف كجيش**، نقلاً عن صحيفة الأخبار اللبنانية، السنة الثانية، العدد 419، السبت في 5 كانون الثاني، العام 2008، ص18.

لكن السؤال الذي يبقى عالقا وقلقا، ويئدّ مضاجع المستويين السياسي والعسكري الإسرائيليين، ويشغل بالهما وخاطرهما على نحو دائم، ويحتل موضعا رئيسا في وعيهما وتوجهاتهما، وفي مساحات عملهما ومنهجيات وأواليات تفكيرهما، بسبب من فشل الحرب التي كان يراد لها أن تستعيد قدرة الردع؛ إنما هو السؤال الذي يعاد طرحه مجددا وأبدا على هيئة انطراح الإشكالية نفسها، التي حكمت خروج الإسرائيلي إلى حرب تموز من العام 2006:

كيف يكون بمقدور إسرائيل أن تستعيد ردعها المفقود؟ وأن يصار إلى تفعيله على نحو أمثل؟.

الإجابة المنطقية - وفقا لخصوصية إسرائيل، بوصفها دولة احتلال غاصبة تعيش على حد السكين - تقتضي حربا مضمونة النتائج تبادر إليها إسرائيل، وتخرج منها بنصر مؤزر، بيّن، لا لبس فيه، جليّ، واضح، حاسم، لا يحتاج إلى نقاش، لا على المستوى الداخلي الإسرائيلي، ولا عند الأعداء والخصوم، ولا حتى عند الأصدقاء والحلفاء. ولكن يبدو أنّ الإسرائيلي الذي يعيش حالة من التخبّط والتعثر والشلل والعجز والعقم بعد حربه الفاشلة على لبنان، آثر أن يخوض غمار طريق أخرى اقل كلفة؛ بل تنعدم فيها الأكلاف المادية، حيث دأب على الإكثار من الصراخ والضجيج السلبي، وإطلاق كل أشكال التحذير، والتهديد، والوعيد، والويل، والثبور، وعظائم الأمور. . .، دون أن يمتلك جرأة الفعل أو ردّ الفعل، في أسوء حالة ارتداع تعيشها إسرائيل منذ نشأتها. . . عله، من خلال توسل الصراخ والتهديد، يدب ويزرع الرعب والخوف في قلوب الأعداء، فيستعيد بذلك بعض ردعه المفقود. وهذا ما تنضح به أدبيات وتصاريح وتعليقات وخطب قادته منذ أربعة أعوام.

ولكن، لات حين مناص، فللردع رأسمال رمزي لا يمكن استعادته أو تفعيله بعد انكشاف رصيده، واستنفاد مؤونته وأسبابه. لاسيما، وأن المقاوم قد راكم الخبرات، واعتاد - بعد الحرب - على امتلاك جرأة وشجاعة الإقدام

والمواجهة والتحدي والمناورة، وعلى التلذذ بطعم النصر، والاستمتاع بتجريع الأعداء كؤوس الذل والهزيمة.

يضغط هذا الواقع المستجد باتجاه انطراح الإشكالية الوجودية لإسرائيل، بعد تهافت دورها المناط بها كشرطي المنطقة، وبعد تعطل وظيفتها الأصيلة في إرعاب الشعوب والحكومات، وترهيبهم وإخضاعهم لما تقتضيه المشيئة السياسية الأميركية:

هل إسرائيل عبء أم ذخر استراتيجي؟

لا شك، أنّ إسرائيل قد تحولت بعد تدهور صورة ردعها إلى عبء أثقل كاهل راعيها الإقليمي، ما دفع الإدارة الأميركية – مضطرة – إلى محاولة إعادة تفعيل دور الآلة العسكرية الأميركية في المنطقة، إلا أنّ هذه المحاولات باءت بدورها بالفشل... فكانت الوجهة محاولة إعادة إنعاش إسرائيل، وإحيائها، وتعزيز مواقعها، من خلال الدعوة التي أطلقها رئيس معهد واشنطن لدراسات الشرق الأوسط، الدكتور روبرت ستلوف، والقاضية باستبدال سياسة الردع بسياسة منع الأعداء من الحصول على القدرات.

وكان ستلوف قد أشار، في مقابلة مع موقع يديعوت أحرونوت الإلكتروني، إلى عقم الصيغة التقليدية للأمن التي كانت تعتمد على سياسة الردع، وإلى فسادها، وعدم صلاحها، بعد أن تكشفت الحرب الأخيرة على لبنان، عن نتائج مخيبة على هذا الصعيد «السؤال الأساسي في عالم لم يعد للردع فيه من فاعلية» يقول ستلوف «هو كيف ستبقى إسرائيل؟». ويحاول ستلوف، في مقاربته للأمر، رسم وتحديد السياسة البديلة التي يرى إليها تستقيم على تبني «قرار استراتيجي لا يعتمد على الردع، بل عبر اتخاذ قرار بعدم السماح لعدوك بالحصول على القدرات» شريطة أن لا يصار إلى ذلك «عبر إرسال الفرق المجوقلة، بل عبر مسار فكري استراتيجي، تكون القوة العسكرية إحدى أدواته الكثيرة».

ماذا يعني هذا؟. يعني أنّ الردع الإسرائيلي دخل بعد الحرب الأخيرة على لبنان، في ما يشبه حالة الموت السريري، أو حالة الاحتضار، وبات ينتظر من أولياء نعمته لحظة إطلاق رصاصة الرحمة عليه، على أن يصار إلى التأسيس

لسياسة أمنية جديدة أكثر فعالية، وأشد تأثيرا. وقد قارب هذه الصورة المستجدة معهد دراسات الأمن القومي، في تقديره الاستراتيجي الذي صدر في أيلول من العام 2006 بعنوان «حماقات إستراتيجية» بالقول: «تعتقد إسرائيل أنها خسرت قوة ردعها، وهي تحتاج إلى سنوات طويلة من أجل إعادة بناء قدراتها العسكرية والاستخبارية».

كما قارب هذه الصورة أيضاً، المعلق العسكري في صحيفة يديعوت أحرونوت أليكس فيشمان في 9-4-2007، بالقول: «إن دولة إسرائيل فقدت هراوة ردعها في الصيف الأخير. دفعت إسرائيل خلال الحرب الأخيرة في لبنان ثمنا بشريا ومعنويا فادحا، وإلى جانبه ضعف أحد رؤوس أموالها الهامة من اجل بقائها: عامل الردع».

الحسم

الحسم - اصطلاحاً - هو توسل تفعيل العمل بالقوة العسكرية، من أجل القضاء على الخصم ومعاقبته بواسطة احتلال الأرض، وإحكام السيطرة عليها، وتكبيده خسائر فادحة، بهدف إنهاء سريع للحرب، أو إعادة الاعتبار والشأنية لهيبة الردع المفقودة.

وينتظم هذا المفهوم - أي مفهوم الحسم - إلى جانب مفاهيم الردع، والتفوق النوعي، ونقل المعركة إلى أرض العدو... ، في مصفوفة ومنظومة واحدة، لطالما شغلت بعض حيّزات توضع العقيدة الأمنية لإسرائيل. تلك العقيدة التي كان قد تبانى عليها قادة الكيان العبري، والتي كانت قد أثبتت نجاعتها تجريبيا بفعل اختبارها وامتحانها في سلاسل الحروب الإسرائيلية المتلاحقة والمستدامة منذ لحظة تشكل هذا الكيان. كما أثبتت جدوائيتها وفعاليتها وعظيم أثرها في صراع، من طبيعة الصراعات مع عدو من سنخية الأنظمة والرسميات العربية.

إلا أنّ انتظام هذه المفاهيم واستواءها وتراصها كحبيبات العقد داخل المنظومة الأمنية الإسرائيلية، بوصفها أركان هذه المنظومة ومرتكزاتها ومركباتها وأسسها؛ لم يكن بأي حال من الأحوال عشوائيا واعتباطيا، وإنما جاء على النحو الذي يجعل من «كل عنصر من عناصر النظرية الأمنية» وفقا لمطالعات أستاذ العلوم السياسية البروفسور أوري بار جوزف «يهدف إلى التغطية على إخفاق العنصر الآخر»، أي أن يكون «الانتقال من عنصر إلى آخر» على حد تعبير القائد الأسبق لسلاح الجو الإسرائيلي الجنرال إيتان بن إلياهو في محاضرة حول تطور النظرية الأمنية الإسرائيلية «مرتبطاً بفشل العنصر السابق». والحال

هذه، غطى الحسم بشكل كامل كل إخفاقات الردع والإنذار، التي كانت قد تكشفت إبان حرب العام 1967، أو في ما أعقبها من حروب ونزاعات.

وكان وزير الدفاع الإسرائيلي الأسبق يتسحاق مردخاي، قد أشار في حديث تلفزيوني ضمن برنامج «مقال الأسبوع» بتاريخ 20/ 10/ 1997، إلى هذه المنهجية الحاكمة في مقاربة مركبات العقيدة الأمنية: «فإذا لم يكف الردع» لجبه المخاطر والتهديدات والحروب التي تحدق بالكيان العبري، يقول مردخاي «فيجب اللجوء لقدرة الحسم»، مع ما تتطلبه الأخيرة - أي قدرة الحسم - من حاجة ملحة إلى وجود جيش قوي، وتوافر وسائل تكنولوجية متقدمة. وقد دفعت هذه الحاجة - بدورها - إسرائيل إلى استثمار الموازنات المخصصة للجيش، في بناء قوتها العسكرية على أساس المرونة البرية والتفوق الجوي، بحيث تتمكن من تدمير قوة العدو بسرعة حاسمة.

وتشف المنظومة الأمنية لإسرائيل عن طبيعة الأهداف التي تتوسلها في حراكها وفي حروبها، والتي يمكن إجمالها في الحرص الملح على تحقق أمرين، يشكلان جوهر هذه العقيدة ولبها: القدرة على الردع، والقدرة على الحسم. وذلك لما يوفرانه من تحييد للمخاطر والتهديدات لاسيما الوجودية منها بالأخص، ومن تظليل للكيان وتدريعه بمظلة من الحماية ودرع من الأمن، ومن تظهير للدولة بمظهر الدولة القوية، المقتدرة، المنيعة، العصية على الانهزام والانكسار والسقوط.

وقد قارب إيهود باراك من موقعه الأمني والسياسي، هذه الثنائية - الجدلية، أي ثنائية الردع - الحسم، في مقابلة تلفزيونية حول مفهوم التصور الأمني والسياسة الأمنية الإسرائيلية، حيث يقول موصفا: «إن هدفنا الأعلى دحر الحرب أي الردع، طالما لا توجد حرب... وبحال وجود حرب، القيام على حسمها بأسرع ما يمكن، لإنهائها بتفوق سياسي على طاولة المفاوضات»[48].

---

(48) إيهود باراك، مقابلة تلفزيونية حول التصور الأمني الإسرائيلي، ضمن برنامج " مقال الأسبوع"، بتاريخ 20 / 10/ 1997.

والجدير بالإلفات أنّ مفهوم الحسم ليس مفهوما مجردا، بمعنى أنه يقوم ويتحقق بذاته، بل هو من طبيعة تركيبية، ومن صنيعة تداخل وتراكب وتراكم انتصارات محققة على غير صعيد في الجو والبر والبحر، حيث يناط أمر تحقق الأهداف المنظوماتية الإستراتيجية، إضافة إلى توافر عامل رابع، ليس بالمقدور تجاوزه أو تجاهله، وهو ما يسمى بقضية الوعي، أي قوة الإرادة والعزم والتصميم، مع عدم إغفال الحاجة الملحة إلى استمرار تعزيز نوعية مقومات الجيش الإسرائيلي القائمة: الفرق، الوحدات، منظومات السلاح الرئيسة، ومنظومات السيطرة والمراقبة على اختلافها...

كما وإنّ الحسم في الحرب لا يُشرط، وفقا للجنرال «إسرائيل طال» في كتابه «الأمن القومي - قلة مقابل كثرة»، بالقدرة على تدمير أهداف نقطوية؛ وإنما يُشرط «باستمرار وجود سياسة تجمع ما بين كل مقومات الأمن القومي: الاتفاق الوطني، قدرات الجيش الإسرائيلي، نوعية القوى البشرية، نوعية التطوير والإنتاج، مشكلات البنى التحتية القومية، الموارد القومية، والجاهزية للحرب».

والحسم كعامل مؤثر في الميدان، لا يتأتى أبدا من فراغ، ولا يتحصل على نحو ارتجالي وانفعالي؛ وإنما هو نتيجة ومحصلة لعملية منظمة وطويلة الأمد، من التخطيط والتحضير والتسلح والإعداد والتجهيز والتدريب، وهو مخرجة حتمية وطبيعية لسلسلة من العمليات والمسارات والقدرات التي ينبغي توافرها، كي تتحقق فعاليته وجدوائيته وأغراضه المرجوة والمأمولة.

والعمليات التي تؤدي إلى تحقق عامل الحسم في الميدان، ليست من طبيعة واحدية؛ بل هي ذات حساسيات متعددة، تتوزع على غير صعيد، إلا أنها تتداخل وتتعاون وتتشارك وتتفاعل على نحو من التماهي الديالكتيكي الخلاق.

وكان شاؤول موفاز - وزير الدفاع الأسبق في الحكومة الإسرائيلية - قد أشار، في مقاربة له حول كيفية انتظام مركب الحسم في المنظومة العقيدية الأمنية الإسرائيلية، إلى مكونات هذا المركب، حيث صير إلى تصنيفها وتحديدها في خمس عمليات، لكل منها خصوصية مائزة: «أما بخصوص

العمليات التي تؤدي إلى الحسم» يقول موفاز «فهي: أولا التفوق الجوي. ثانيا احتلال الأرض. ثالثا إلغاء أي انجاز للعدو على أرضنا. رابعا الاستقرار في خطوط النهاية التي حددت أهدافا للحرب. خامسا الإنهاء السريع للحرب».

وغني عن البيان، ما يستدعيه هذا المكوّن الأخير لمركب الحسم، أي الإنهاء السريع والعاجل للحرب، من عناية كبيرة واهتمام ملحٍ وبالغ بعامل الوقت، بوصفه مصدر قوة مؤثراً في حروب إسرائيل، لأنّ الوقتَ كما يقول أمير أرون «دائما يضغط باتجاه الهجوم والوصول بعيدا داخل الأراضي العربية قبل أن يدرك العالم حقيقة ما يجري»[49].

أما فيما يتعلق بالقدرات والمسارات المطلوب تفعيلها وتنشيطها على المستوى الاستراتيجي للوصول إلى هذا الحسم، فيجملها موفاز بالاتي:

أ- بناء وتفعيل نوعي لسلاح الجو.

ب- تفعيل الأسلحة البرية على اختلافها.

ج- التشديد على القوة النارية بمنسوبات عالية ودقيقة.

د- الدمج - وعلى نحو متوازن - بين عنصري النار والمناورة.

هـ- تحقيق تفوق استخباري.

و- الضربة الوقائية أو ما يسمى بالضربة الاستباقية.

ولهذه الأخيرة حساسية خاصة، بوصفها تنطوي على عنصر المباغتة، أو مفاجأة العدو من حيث لا يحتسب، وحين لا يتوقع؛ الأمر الذي يتأدى إلى إرباك العدو، وتشوشه، واضطرابه، وتخبطه على غير هدى، وتعطل قواه، وشل قدراته الفاعلة، وتقطع أوصاله، وتصدع صفوفه... ما يعني سلبه أية قدرة لديه على الممانعة والمواجهة والتصدي والمقاومة، فضلا عن إشغاله بنفسه وفي إعادة تنظيم صفوفه، بدلا من لجوئه إلى الهجوم والمناورة. «إنّ ضرب الطرف

---

(49) مجموعة من الكتاب والمحللين الاستراتيجيين الإسرائيليين، **33 يوم حرب على لبنان**؛ ترجمة أحمد أبو هدبة، ط1، بيروت: مركز الدراسات الفلسطينية، من مقالة لأمير أرون بعنوان "ماذا جرى لأكبر ولأقوى جيش في المنطقة"، ص 87.

الآخر، وشل قسم كبير من قدرته، قبل أن يحدث احتكاك بين الطرفين» يقول موفاز «له أهمية كبرى» في تسريع تحقق الحسم في ميدان القتال.

والحال هذه، يمثل عامل الحسم في الحروب، والسريع منه بالأخص، حجر الزاوية في تحديد الأواليات التخطيطية التي تحكم اندفاعة الجيش الإسرائيلي إلى أرض المعركة، بل إنه نقطة الارتكاز التي تتوضع عليها عموم منهجيات عمل هذا الجيش وحراكه، وذلك صدورا من خلفيات وأسباب متعددة:

أولاً - ارتكاز الجيش الإسرائيلي في موارده البشرية على قوات الاحتياط:

إنّ كيان الدولة العبرية، في موازاة تصنيفه لنفسه بأنّه مجتمعُ حربٍ[50]، هو كيان صغير من الناحية الديموغرافية، ويعاني ضحالة وندرة بالغة في خزينه البشري وفي موارده الإناسية، إذا ما صير إلى مقارنته وموازنته بما يتوافر عليه الخصوم والأعداء المفترضين من ثروة وغنى على هذا الصعيد... ما يجعل من عديد القوات النظامية الفاعلة في الجيش ضئيلا، وغير قادر على تلبية حاجات الحرب وموجباتها، لاسيما تلك التي تقع على جبهات متعددة. فمن الطبيعي والحال هذه، أن تشغل قوات الاحتياط - على نحو تعويضي - مواضع النقص الحاد في موارد الجيش البشرية. إلا أنّ لهذا الأمر سلبيات ومخاطر كبيرة سرعان ما تتكشف بعد لحظة اندلاع الحرب، إذ يتأدى على نحو مباشر، إلى توقف عجلة الحياة في كل مرافق الدولة، وتعطل دورتها، وبالتالي إلى شلل يعم كل القطاعات الإنتاجية والحيوية والخدماتية العامة والخاصة على حد سواء، وذلك بسبب من انشغال كل أفراد المجتمع في الأعمال الحربية

---

(50) يستوجب هذا التصنيف تثمير طاقات وقدرات وإمكانات عموم أفراد المجتمع الفاعلين، وتوظيفها في خدمة المؤسسة العسكرية والأعمال الحربية. ما يتأدى إلى انشغال الجميع بأعمال غير أعمالهم، وبالتالي إلى تعطل وجمود دورة الحياة والإنتاج والخدمات في قطاعات ومرافق ومؤسسات الدولة.

ومستلزماتها . «إنّ إسرائيل» يقول أمين حطيط «لا تستطيع أن تتحمّل تعطيل الطاقة البشرية وإبعادها عن أماكن الإنتاج لاستخدامها في ميادين القتال، لأنه يوجد للمواطن الإسرائيلي وجهان في الآن ذاته، عامل في مواطن الإنتاج الاقتصادي، ومقاتل في ميدان الصراع العسكري»[51].

يشير الباحث في الشؤون العسكرية محمد خواجه، في دراسة نشرتها مجلة «شؤون الأوسط» الفصلية المتخصصة في ميادين الإستراتيجيات الإقليمية، إلى هذه الخصيصة البنيوية في تركيبة الجيش الإسرائيلي، مدللا على مخاطرها، وعلى توضعها في خلفيات توسل هذا الجيش لمفهوم الحرب الخاطفة «إنّ الحروب الإسرائيلية» يقول خواجه «تعتمد على قوات الاحتياط. وجلها من القوى العاملة والمنتجة، التي تُستدعى عشية الاستعداد للقتال. وفي حال إطالة أمد الحرب، تصاب القدرة الاقتصادية الإسرائيلية بانتكاسة شديدة. هذا العامل كمن خلف تبني الجيش الإسرائيلي إستراتيجية الحرب الخاطفة»[52].

ثانياً – إلحاح العودة إلى الحياة الطبيعية والروتينية في الدولة

إنّ حيثيات وموجبات هذا الأمر، لها دخالة مباشرة بموضوعة ارتكاز الجيش في موارده البشرية على قوات الاحتياط على النحو الذي ألمعنا إليه أعلاه، لما يتسبب به الأخير كما أسلفنا، من شلل يعم كل أرجاء الدولة، ومن عقم يضرب كل مرافقها ومفاصلها وقطاعاتها الحياتية؛ ما يعني تضرر الجبهة الداخلية بمنسوب ليس بالمقدور تحمله إذا ما قدر للحرب أن تستطيل وتتدحرج. وبالتالي انكشاف المستوى السياسي أمام سيل جارف من الضغوط، التي قد تتسبب في الإطاحة به، وفي انهياره، كما قد تتسبب في انقلاب نتائج

---

(51) أمين حطيط، **الإستراتيجية الدفاعية**، ط1، بيروت: دار الهادي للطباعة والنشر والتوزيع، العام 2006، ص 191.

(52) محمد خواجه، **المشهد العسكري بين المقاومة وإسرائيل بعد حرب تموز/يوليو 2006**، عن مجلة ' شؤون الأوسط'، بيروت: مركز الدراسات الإستراتيجية، العدد 133، صيف - خريف العام 2009، ص 120.

الحرب على نحو دراماتيكي، وفي تحولها إلى نتائج سلبية وكارثية على غير صعيد. من هنا يتولد إلحاح عامل الحسم في الحرب، وتتأتى الحاجة من العودة سريعا، إلى مسارات وسياقات الحياة الطبيعية والروتينية في الدولة «لما كان على إسرائيل لمتابعة الحرب أن تعلن التعبئة العامة» والكلام لبهجت قرني «فإنّ مثل هذه التعبئة العامة كانت ستضع إسرائيل في حالة جمود. لأنّ مثل تلك التعبئة ترهق اقتصادها القومي وتصيب خدماتها وجميع نشاطاتها الأخرى بالشلل الكامل»(53).

وفي سياق متصل، يقدم رئيس الحكومة الإسرائيلية الأسبق إيهود باراك تعليلاً وتسويغاً، لنزوع الكيان العبري إلى توسل عامل الحسم كعقيدة قتالية، حيث يقول في لقاء تلفزيوني مطول ضمن برنامج «مقال الأسبوع»: «إننا بمجال ممارسة القوة» والكلام لباراك «لا نستطيع مواجهة دول كبيرة ولفترة طويلة، فنحن لسنا مناسبين مثلا لحرب، كالحرب الإيرانية - العراقية، التي استمرت 8 سنوات، وراح ضحيتها عشرات آلاف القتلى من كل جانب... ولهذا فنحن منذ اللحظة التي تفرض فيها الحرب علينا، نضطر - لأننا في الواقع نشل كل المرافق الاقتصادية والأجهزة - لتحقيق حسم سريع جدا، ولدفع الجانب الثاني لعدم القدرة على المحاربة، ولطلب وقف إطلاق النار، بشروط هي أفضل من ناحيتنا»(54).

ثالثاً - أثمان الحرب المرتفعة باستطالة زمن المعركة

لا شك أن أكلاف الحرب وأثمانها المادية والمعنوية والبشرية، على علاقة وثوقية وصميمية من حيث ارتفاعها وانخفاضها، بعجلة الزمن.

---

(53) بهجت قرني، صناعة القرار الاستراتيجي المصري في حرب 1973: إلى أيّ حدّ كانت الحرب ضرورة؟. عن مجلة الفكر الإستراتيجي العربي، بيروت: معهد الإنماء العربي، العدد 37، تموز من العام 1991، ص 124.

(54) إيهود باراك، مقابلة تلفزيونية حول التصور الأمني الإسرائيلي، ضمن برنامج "لقاء الأسبوع"، بتاريخ 20 /10 /1997.

فالحرب السريعة الخاطفة، القائمة على المناورة، والمتولدة من الحسم السريع؛ هي - بالضرورة خلاف صنوها المستطيلة - ذات أكلاف أقل، سواء أكان ذلك على صعيد ما يتكبده الجيش الإسرائيلي من خسائر في ساحة وميدان المعركة، أم كان ذلك على مستوى نزيف الجبهة الداخلية، أم كان على مستوى تداعيات الحدث على المسرح الإقليمي والدولي.

رابعاً - مفاعيل الحسم السريع للحرب داخليا وخارجيا

إنّ الحرب الخاطفة التي يشكل الحسم مرتكزها وقوامها، لها آثار وتداعيات معنوية جليلة داخليا وخارجيا:

فعلى صعيد الداخل الإسرائيلي يعمل الحسم السريع لنتائج الحرب على تعزيز ثقة الإسرائيلي بجيشه، وبالتالي يتولد لديه الشعور والإحساس بالرفعة، والتعالي، والنصر، والقوة، والبأس، والتمايز، والحصانة، والأمن... كما من شأن الحسم السريع أن يقلص ويقلل من خسائر الجبهة الداخلية إلى مستوى أدنى. وبالتالي يخفف من ضغطها على سير العمليات الحربية، وعلى أصحاب القرار من المستوى السياسي.

أما على صعيد الخارج، فللحسم السريع في ميدان القتال تداعيات لا تقل أهمية وإلحاحا، من حيث عدم اكتفائها بالنتائج المادية والمباشرة للحرب: إلحاق الهزيمة بالأعداء، واحتلال أراضيهم، وفرض الإرادة السياسية عليهم؛ بل إنه يتأدى إلى هزم الأعداء معنويا، وإلى كي وعيهم، وإلى ضرب معنوياتهم، واستلاب إرادتهم، وتوهين أسباب القوة والاقتدار لديهم، من حيث أنه يُحدث صدمة في وعي الخصم وفي لاوعيه، ويحفر عميقا بصماته في ذهنه ونفسه وروحه، بما يؤسس لانهزام داخلي ومعنوي تخرج مفاعيله عن الحدثي والظرفي والآني والمرحلي، إلى آماد بعيدة، ليس بالمقدور تعيينها وكنهها واحتواء مخاطرها، على نحو الصدمة المدوية التي أحدثتها حرب الأيام الستة في العام 1967، فيما أصطلح عليه عربيا بعام النكسة.

كما من شأن الحسم السريع للحرب خارجيا، أن يرسل رسائل القوة

والبأس والاقتدار والغلبة في غير اتجاه، للخصوم والأصدقاء والحلفاء على حد سواء، بما يجعل الكيان العبري مرهوباً ومأمون الجانب، يحظى بالشرعية والاحترام في عالم تختل فيه القيم والمواثيق والحقوق، وتحكمه البربرية والوحشية والافتراس.

والحال هذه، توسل الجيش الإسرائيلي بمفهوم الحسم - والسريع منه بالأخص - كأداة فضلى ومثلى في كل حروبه التي خاضها منذ تخلقه في العام 1948. وإذا ما صير إلى استعراض تواريخ هذه الحروب وهذه العمليات العسكرية، لأمكننا أن نسجل للجيش الإسرائيلي نقاطا - بما لا يقاس - في قدرته على تثمير مفهوم وعامل الحسم، وعلى توظيفه في إنهاء الحروب على نحو من الإدهاش والذهول، بحيث أنه كان ينهي حربا خلال أيام معدودات قد لا تتجاوز عديد أصابع يدي الكائن البشري، بعدما كان يُقدّر لها العقلاء والمختصون أن تطول وتمتد لشهور وسنوات مديدة. وآية ذلك حروب العام 1967 [55]، والعام 1973 [56]، والعام 1978 [57]، والعام 1982 [58].

وهكذا شكل مفهوم الحسم وصفة الانتصار الناجزة والجاهزة في معجم

---

(55) وتسمى عربيا بحرب النكسة، وإسرائيليا بحرب الأيام الستة، استهدفت ثلاث جبهات: المصرية والسورية والأردنية في آن معا في صباح اليوم الخامس من حزيران من العام1967. وسُجّل فيها للإسرائيلي قدرته على احتلال أراض عربية واسعة خلال مدة زمنية وجيزة في كل من سوريا ومصر والأردن. وقد مكن الحسم السريع والفوري للحرب إسرائيل، من تحييد العراق، فقصر أمد الحرب لم يتح مشاركة العراقيين. وقد استمرت الحرب ستة أيام.

(56) وتسمى إسرائيليا بيوم الغفران، وعربيا بحرب تشرين، استهدفت مصر وسوريا، في السادس من تشرين الأول من العام 1973، واستمرت خمسة عشر يوماً.

(57) وتسمى إسرائيليا بعملية الليطاني، استهدفت جنوب نهر الليطاني في جنوب لبنان، في 14 آذار من العام 1978، واستغرقت أياما معدودة.

(58) وتسمّى إسرائيليا بعملية سلامة الجليل، استهدفت لبنان في الخامس من شهر حزيران من العام 1982، بذريعة إقدام الفصائل الفلسطينية على محاولة اغتيال السفير الإسرائيلي في لندن، وقد سجل للجيش الإسرائيلي فيها اندفاع قواته في عمق الأراضي اللبنانية، بحيث وصلت طلائع هذه القوات إلى مشارف العاصمة اللبنانية بيروت بعد 48 ساعة على بدء الأعمال الحربية.

المؤسسة العسكرية الإسرائيلية، وفي قاموس ذوي القرار فيها. . . فقد مكن إسرائيل من استجلاب النصر وانتزاعه، وتحقيق الفوز، وإنجاز الأهداف، وإملاء الشروط، وإحكام السيطرة، وفرض الإرادة السياسية على الأعداء.

ولكن كيف كانت عليه حال الحسم في الحرب الإسرائيلية المفتوحة على لبنان، في تموز من صيف العام 2006؟.

لقد أودت الحرب الإسرائيلية الأخيرة على لبنان بمفهوم الحسم إلى مهاو كارثية، أتت عليه، فتآكل بين قواضمها كسواه من أركان العقيدة الأمنية، وتصدع وتهافت وترنح خاسئا. ما تأدى إلى تدحرج الحرب واستطالتها على نحو غير مسبوق في تاريخ الحروب الإسرائيلية، حتى دخلت في يومها الثالث والثلاثين دون أن يلوح في الأفق أي بشائر نصر، أو بيرق أمل، أو ملامح انجاز يذكر. بل بخلاف ذلك، كانت الحرب مرشحة للاستطالة أكثر، لولا تداعي ما يسمى بالمجتمع الدولي لاستنقاذ ما تبقى من ماء وجه الجيش، الذي كان، حتى الأمس القريب، جيشا لا يقهر.

فبعدما خدم مفهوم الحسم إسرائيل في كل حروبها السابقة، وصنع لها المعجزات، وطوّب لها الانتصارات الأسطورية التي خرجت من مقاييس العقل وتصوراته، ومن معقولات المنطق ومقولاته، بوصفها كانت تنجز في مدد زمنية بالغة التقزّم والاختزال، ترواحت بين يومين وعشرة أيام؛ كان الحسم في الحرب الأخيرة على لبنان يتهاوى، ويتدحرج ككرة الثلج من إخفاق إلى إخفاق، ومن تعثر إلى آخر، ومن فشل إلى فشل أكبر، حتى توج الأمر بهزيمة نكراء، ليس بمقدور الكيان الإسرائيلي إن يهضمها بإطلاق، فضلا عن أن يتحملها، وهو الكيان الذي قيل عنه لحظة تنطفه وتخلقه واستوائه، بأنه عرضة للزوال والانهيار عند أول خسارة يتكبدها، أو هزيمة يمنى بها.

إنّ تصدع مفهوم الحسم، بوصفه مركبا من مركبات العقيدة الأمنية الإسرائيلية، وانهياره في الحرب الأخيرة على لبنان، لم يطل كثيرا؛ بل سرعان ما تكشّف مع انطلاقة الحرب واندلاع شرارتها الأولى. وتمثل ذلك في قدرة المقاومة على استدراج الجيش الإسرائيلي - الذي قامت عقيدته العسكرية على مبدأ تفادي واجتناب الحروب الطويلة - وعلى جره إلى منازلة ومواجهة طويلة،

امتدت لخمسة أسابيع، وكانت مرشحة للتمدد والاستطالة... في قبالة قصور الجيش الإسرائيلي عن إحداث أي خرق في ساحة المقاومة، وفي عجزه عن التوغل ولو لبضعة من الكيلومترات في عمق الأراضي اللبنانية، والاستقرار فيها كما يفترض مفهوم الحسم... ما يعني أنّ المقاومة، كما يقول محمد خواجه في مقاربته لموضوعة إخفاقات الحرب الإسرائيلية على لبنان، استطاعت أن تفرض على العدو رؤيتها العسكرية والقتالية الخاصة، وأن تملي عليه أسلوبها في المواجهة، حيث تمكنت من جرّه «إلى منازلة مفتوحة، بما يتناقض مع فكرة حسم الحرب بسرعة، المستندة إلى نظرية الحرب الخاطفة»[59].

وكان رئيس شعبة الاستخبارات العسكرية عاموس يدلين، في مشاورات منتدى كبار المسؤولين التي جرت في 18 تموز 2006، أي بعد ستة أيام على الأعمال العسكرية، قد أشار إلى هذه الحقيقة المرة التي تجرعتها إسرائيل كـكأس السم، والتي ساءت المستويين السياسي والعسكري، إلى حد الإصابة بالذهول والصدمة والتوقف عن التفكير، حيث يقول: «يصعب عليّ أن أصدق» والكلام ليدلين «بأنّ دولة إسرائيل مع الفرق... ومع طائراتها... غير قادرة على أن تقوم بخطوة برية». ثم يوجه خطابه إلى دان حالوتس رئيس هيئة الأركان «انظر، هذه الحرب الطويلة ليست في مصلحتنا... بحياتك آباؤنا احتلوا كل البلاد العربية في ستة أيام، ونحن لا يمكننا أن ندخل مع فرقتين، وأن ننهي الأمر جنوب الليطاني؟»[60].

وإذا كان مصطلح الحسم ذا حمولات ودلالات مفاهيمية مختلفة ومتباينة، تبعا لما يتنازعه من نظريات واتجاهات؛ إلا أنّه في معرض الصراع العربي - الإسرائيلي قد يتوسل - في كثير من الأحيان - مفهوما محددا، يحرص ويلح

---

(59) محمد خواجه، المشهد العسكري بين المقاومة وإسرائيل بعد حرب تموز/يوليو 2006، عن مجلة " شؤون الأوسط"، بيروت: مركز الدراسات الإستراتيجية، العدد 133، صيف - خريف 2009، ص 120.

(60) صحيفة السفير، السنة الرابعة والثلاثون، العدد 10609، الأربعاء في 24 كانون الثاني، العام 2007، ص 14. (محرر الشؤون الإسرائيلية نقلاً عن صحيفة هآرتس).

على إحقاقه من بين مروحة التنويعات والممكنات التي يختزنها، بحيث يعني «الإبقاء على الخصم من دون خيار عسكري».

وبهذا اللحاظ، فإنّ تحقق الحسم في الحرب الأخيرة على لبنان، أي إبقاء حزب الله من دون خيار عسكري فعلي؛ كان يستلزم - بالضرورة - القضاء على الترسانة الصاروخية الضخمة التي عكف الحزب على بنائها وتشييدها خلال السنوات المنصرمة. وهذا ما لم يتحقق، إذ استمرت صليات ودفعات الصواريخ بالانطلاق، وعلى نحو من المتواليات المتواصلة، مستهدفة عمق الكيان الإسرائيلي. وليس أدل على ذلك، من الـ250 صاروخا التي أطلقها حزب الله على شمال الكيان الإسرائيلي في الساعات الأخيرة على الحرب، وقبيل لحظات من تنفيذ قرار وقف الأعمال الحربية، وفق ما جاء به القرار الدولي 1701.

والحسم - كما أسلفنا - ليس غاية في ذاته ولذاته، وإنما هو وسيلة إجرائية وعملانية تستهدف إحداث تغيير جذري وجوهري في بيئة الخصم، وتحويل ما فيها من تهديدات إلى فرص، تمهيدا لتسويق أجندة الدولة المنتصرة، وإملاء قائمة طلباتها ودفتر شروطها، وفرض إرادتها ومشيئتها السياسية، وتنفيذ أهدافها الموضوعة والمرجوة.

والحال هذه، فإنّ تحقق الحسم في الحرب الأخيرة على لبنان، بما يعنيه ذلك من إلغاء للحضور السياسي والإرادة السياسية لحزب الله؛ كان يقتضي - بالضرورة - كسر حالة الاستعصاء والممانعة التي يمثلها الحزب، ويستلزم بالتالي تغيير المشهد السياسي اللبناني الذي كان حزب الله يمثل أبرز مكوناته، أو بالأقل تعطيل قدرة هذا الحزب على التحكم بأواليات المعادلة الداخلية اللبنانية. وهذا ما لم يتحقق بإطلاق، ويكفي للاستدلال على صحة هذا الزعم، بالإشارة إلى دور حزب الله كلاعب رئيس - ولو على نحو غير مباشر أي من خلال وسيط - في الموافقة على القرار 1701، وعلى انتشار قوات اليونيفل[61] في

(61) يُسجل أنّ الدول المشاركة في عديد قوات اليونيفل في إطار تنفيذ القرار الدولي 1701، لم تُبدِ موافقتها على إرسال قواتها إلى لبنان إلا بعد الاستحصال على عدم اعتراض أو ممانعة حزب الله.

جنوب الليطاني. إضافة إلى إسهامات هذا الحزب الفاعلة في المرحلة التي أعقبت الحرب مباشرة، من حيث تعزيزه لمواقع قوى الممانعة والمعارضة وتجميعها واحتضانها، وفي توضعه كرأس حربة لها، في قبالة المشروع الأميركي في لبنان.. . ما تأدّى إلى فشل مخططات هذا المشروع وتعثره على غير صعيد، وصولا إلى الانقلاب الشهير على حكومة فؤاد السنيورة غير الشرعية، وما استتبع ذلك من إجبار حلفاء أميركا من قوى 14 آذار، على الخضوع لمشيئة المعارضة اللبنانية في ما سُمّي اصطلاحا باتفاق الدوحة.

كما يرتبط مفهوم الحسم بمفهوم المناورة في تضافرها مع عنصر النار، ارتباطا ديالكتيكيا خلاقا. ولهذا صير إلى تنشئة الجيش الإسرائيلي، وإعداد قواته وتدريبها على أساس المناورة. ما جعله يستحق عن كثب أن يوصف بجيش المناورة، بكل ما تستحوذ عليه هذا الكلمة من مضامين وحمولات «فهو الجيش الذي أطاح بحرب الأيام الستة، وحقق ما حقق في سيناء، وفي الضفة الغربية، وفي القدس، وفي الجولان» لكنّ المفارقة كما يقول ضابط كبير في المقاومة اللبنانية إنّ «هذا الجيش هو نفسه الذي علق وتجمد وكان على امتداد 33 يوما عاجزا عن المناورة»(62).

هل يعقل إنّ جيشا كالجيش الإسرائيلي، يصنف الأول بين جيوش العالم في مجال المناورة، ويملك من الحرفة والدربة والمران ما لا يقاس، إذا ما جرت مقارنته وموازنته بالجيش الأميركي، والمبدع في مفهوم المناورة.. . أن تتعطل لديه القدرة؟ وأن يقف عاجزا مشلولا على تخوم الحدود اللبنانية، لا حول له ولا قوة ولا اقتدار؟: «كانت أربع فرق إسرائيلية تناور في نهاية الحرب، وتسعى وتحاول ولا تستطيع أن تتغلب في ميدان يصل عمقه إلى ثلاثين أو خمسة وثلاثين كيلومترا؟»(63)، دون أن يكون بمكنتها صناعة أي

---

(62) ملحق صحيفة السفير، السنة الرابعة والثلاثون، العدد 10774، الثلاثاء في 14 آب، العام 2007، ص 4.

(63) ملحق صحيفة السفير، م.ن.، ص 4.

انجاز بسيط، في قبالة بضع مئات من المقاتلين بسلاحهم التقليدي الخفيف. حتى آل أمرها في الساعات الأخيرة من الحرب إلى البحث عن وهم نصر، عن مجرد صورة رمزية تلتقط على نحو كرنفالي ليس إلا، يظهر فيها العلم الإسرائيلي وهو يرفرف في بنت جبيل، أو على ضفاف الليطاني...

في المحصلة، إنّ فشل نظرية الحسم الإسرائيلية في الحرب الأخيرة على لبنان، بات خارج دائرة النقاش في الكيان العبري. وهذا ليس أمرا مستجدا أو طارئا، فلطالما عانت إسرائيل فشلا مماثلا ومتواصلا إزاء حزب الله في كل مواجهاتها وأعمالها العسكرية السابقة، سواء في العام 1993 [64]، أم في العام 1996 [65]... ما دفع ببعض ذوي القرار والشأن في كل من المستوى السياسي والعسكري، إلى القول بعقم نظرية الحسم التي تتوسلها إسرائيل حيال حزب الله، وبالتالي يستوجب الأمر البحث عن بدائل في هذا المجال. ولعل استخدام إسرائيل للوسائل الدبلوماسية – وفقا لبعضهم – قد يعود عليها بنتائج إستراتيجية، أفضل بكثير من تلك التي تجنيها من استخدام القوة العسكرية، أو من تحقيق الحسم العسكري.

_____

(64) وتسمّى إسرائيليا بعملية " تصفية الحساب"، استهدفت لبنان في 23 تموز من العام 1993، واستمرت سبعة أيام، وانتهت بإبرام تفاهم غير مكتوب عرف " بتفاهم تموز".

(65) وتسمّى إسرائيليا بعملية " عناقيد الغضب"، استهدفت لبنان في 11 نيسان من العام 1996، واستمرت ستة عشر يوما، وانتهت بإبرام " تفاهم نيسان"، الذي قضى بتحييد المدنيين من الطرفين وشرع عمل المقاومة.

الإنذار الاستخباري الاستراتيجي

يشغل الإنذار الاستخباري الاستراتيجي دورا مائزا، وشأنية عظيمة في منظومة العقيدة الأمنية الإسرائيلية، بوصفه يوفر للكيان العبري - على نحو استباقي وقبلي - الإحاطة اللازمة بالمتغيرات والتحولات الحاصلة في بيئة الخصم، وما ينضج فيها من تهديدات وفرص، ومن نقاط ضعف وقوة. وكذلك يجنّبه مخاطر الانزلاق إلى المتاهات المجهولة والمنزلقات الخطيرة، ويرشّده السبل الآمنة، والخيارات المأمونة، والوسائل الناجعة. كما يضع بين يدي ذوي وأصحاب القرار في كل من المستوى السياسي والمستوى العسكري، الحيثيات والمعطيات والمعلومات التي تمكن من الإضاءة على الخلفيات، التي يصار إلى الصدور منها في عملية وضع الخطط، وتحديد الأهداف والبدائل، وتبني الخيارات والمسارات والوجهات، واعتماد السياسات والبرامج والإجراءات، وتوسل الطرائق والأساليب...

لقد أدى الإنذار الاستخباري الاستراتيجي خدمات جليلة وعظيمة لإسرائيل منذ تهيكلها كدولة وكيان. فلطالما أرخى عليها - في كل حروبها - ظلالا وافرة من المنعة، على النحو الذي جعلها تردّ كيد خصومها من العرب، وتأمن مكرهم. وجعلها تتفرد في امتلاك زمام المبادرة، وفي الاحتفاظ بعناصر المباغتة والمفاجأة. «إنّ إسرائيل التي تفتقر إلى العمق الاستراتيجي والموارد الطبيعية» يقول يجال آلون في كتابه «درع داود» معللاً نزوع الدولة العبرية إلى التسلح بالإنذار الاستخباري «لا يمكنها أن تسمح للأعداء بالاستفادة من ميزتي المبادأة والمفاجأة»[66].

---

[66] الموسوعة العسكرية، ج1، ص 110.

كما جعل الإنذار الاستخباري إسرائيل أيضاً، تتنبأ بنيّات أعدائها ومضمراتهم، وتكتنه خلفيات مواقفهم وتصرفاتهم، وتقف على أسباب قوتهم ومواطن ضعفهم، وتدرك من أين تؤكل كتف الانتصارات، وكيف ينحر كبش الهزائم. وأخطر من ذلك، إنه جعل إسرائيل تعتلي على خزين من المعلومات، كان يوفر لها لحظة اندلاع شرارة الحرب: وضوح الهدف، ومرونة الحركة، وحرية العمل، وتخيّر الوسيلة، والثقة الكبيرة بالنفس.

والجدير بنظر الاعتبار والاهتمام، أنّ الإنذار الاستخباري يصار إلى تفعيله وتنشيطه، إذا أصيب عامل الردع بالقهقرى والتراجع والفشل والضمور. ومن هنا تتأتى أهميته الكبرى وإلحاحه وضرورته، حيث ينبري عندئذ لمصاداة انكشاف ضعف الدولة العبرية أمام أعدائها وخصومها، من جهة؛ وليعيد التوازن والهيبة والشأنية لهراوة الردع المفقود، من جهة ثانية. لأنّ انهيار الردع إسرائيليا – يعني في ما يعنيه بالضرورة – تجاوز الأعداء لخطوط حمراء عديدة؛ وبالتالي فهو يعني إدخال المنطقة في توتير امني، وتهيئة مناخات الحرب، وتوافر العوامل الممهدة للنزاع.

وفي مساحة التوتر الحرجة هذه، كان يتوضع الإنذار الاستخباري الاستراتيجي كمركب أمني، يستدعى لاستنقاذ حكومة إسرائيل من الانزلاقات الخطرة، ومن الانكشافات الحادة، ومن شرّ الخيارات والمسارات السيئة... بعد انهيار كوابحها وتهافت دفاعاتها الردعية. هذا ما يشفّ عنه تاريخ الحروب الإسرائيلية منذ العام 1948، وتبوح به نزاعاتها المفتوحة مع العرب، منذ اغتصاب أرض فلسطين.

ولكن كيف آلت إليه حال الإنذار الاستخباري الاستراتيجي في الحرب الأخيرة على لبنان، في تموز من صيف العام 2006؟.

لا شك أن عامل الإنذار الاستخباري الاستراتيجي، قد شهد بدوره في الحرب الأخيرة على لبنان تراجعا وفشلا ملحوظا، لا يقل في تداعياته ومفاعيله روعة وسوءا عن فشل باقي مركبات العقيدة الأمنية الإسرائيلية.

فمنذ لحظة انكشاف الطريقة التي أديرت بها الحرب عن تصدع وتعثر

وتخبط وفوضى؛ تعالت الأصوات الشاجبة، وصدرت المواقف المنددة، وقامت المزاعم والانتقادات والادعاءات المتحدثة عن أن مصدر الإهمال والتقصير، ينبع ويتأتى من فقر وتصحّر حاد في ينابيع المعلومات ومصادرها. وبالتالي فإنّ اللائمة ينبغي أن تلقى على كاهل الاستخبارات وعاتقها، بوصفها الجهة المخولة برفد المؤسستين السياسية والعسكرية والقوات المقاتلة على حد سواء، بكل ما يلزم على هذا الصعيد. حتى أنّ المختصين من المؤرخين الذين يعنون ببلورة وصناعة الرأي والمزاج العام الإسرائيلي، سارعوا إلى الإعلان عن أنّ إهمال الاستخبارات وقصورها في هذه الحرب، هو غير مسبوق. وبالتالي، فإنه يتجاوز- بما لا يقاس - الإهمال الذي تمثل في كل حروب إسرائيل.

لكنّ الدقة والإنصاف والموضوعية تقتضي، أن يُسجّل لشعبة الاستخبارات الإسرائيلية نجاحها المشهود في ما يسمى اختبار «الإنذار الواقعي»؛ بعدما كانت قد ضمّنت تقديرها - وعلى نحو واضح وبيّن - إنذارا إلى المستويين السياسي والعسكري، مفاده أنّ حزب الله يعكف على التخطيط لعملية خطف على الحدود الشمالية، تماثل في طبيعتها عمليات خطف لم يكتب لها النجاح، جرى تنفيذها في الأشهر التي سبقت الحرب.

والحال هذه، فإنّ فشل الردع الإسرائيلي في كبح حزب الله ومنعه من الإقدام على عملية الأسر في صباح 12 تموز 2006، لم يكن بإطلاق نتاج فقر وضمور أو شحّ في المعلومات؛ بل بخلاف ذلك، كانت المعلومات بالغة الوفرة في هذا المجال، وكانت نيَّات حزب الله بينة وواضحة حيال اعتزامه خطف جنود في الجيش الإسرائيلي. وقد أُعلن عن هذا الأمر مرارا على لسان قادة الحزب، كما على لسان أمينه العام في غير مناسبة. وقد سُجّل بالأقل خمس محاولات أسر لجنود إسرائيليين، قام بها حزب الله في مدة وجيزة، قد لا تتجاوز التسعة أشهر على أبعد تقدير. ما يعني، أنّ قرار حزب الله بتنفيذ عملية أسر قد اتخذ منذ زمن بعيد، وهذا ما تشير إليه الوقائع الميدانية. فبحسب البروفسور الإسرائيلي أوري بار جوزف - أستاذ العلوم السياسية في جامعة حيفا - فإنّ محاولة فاشلة لخطف جنود إسرائيليين جرت في شهر تشرين الثاني من

العام 2005 في قرية الغجر، تبعتها محاولة أخرى في أيار من العام 2006 في المكان نفسه الذي نصب فيه كمين الثاني عشر من شهر تموز، غير أنّ العملية لم تنفذ بسبب إنذار استخباري رفع في أعقابه الجيش الإسرائيلي حالة الاستنفار في المكان.

كما يُسجّل لشعبة الاستخبارات الإسرائيلية أيضاً، نجاحها في تقديم وصف دقيق لمشهدية وسيناريو الحرب المفترضة مع حزب الله، في حال اندلاع مواجهات واسعة ومفتوحة على الحدود الشمالية للكيان العبري: فقد تابعت الشعبة المذكورة - على نحو منهجي ووازن - كيفية بناء حزب الله لترسانته الصاروخية ولقدراته العسكرية. وأشارت إلى المعدلات التقريبية لأعداد الصواريخ التي صير إلى تخزينها، وإلى أنواعها المحتملة. ودللت على بعض أماكن وجودها وفق مزاعم المعلومات المتوافرة لديها. كما قدرت أنه من دون عملية برية واسعة تتوغل في عمق الأراضي اللبنانية، سيكون بمقدور حزب الله أن يحافظ على أساس قدرته، وعلى معدل قوته النارية، ضمن إطار إطلاق الصواريخ القصيرة المدى، إلى أن يفرغ مخزونه الصاروخي، أو إلى أن تضع الحرب أوزارها. والأخطر أنّ شعبة الاستخبارات العسكرية، كانت قد نجحت في وضع تصور لدى المستوى السياسي، يلحظ - على نحو دقيق - مراحل تطور النزاع مع حزب الله وتصاعده، وفق ما كانت قد تكشفت عنه الحرب الأخيرة على لبنان.

غير أنّ هذه النجاحات المزعومة لشعبة الاستخبارات العسكرية، لم يصر إلى ترجمتها ميدانيا وعمليا، على النحو الذي يتأدى إلى تحصين القوات في الجبهة، وإلى تظليلها بمظلة من الحماية والأمن، وإلى تجنيبها شر المخاطر والانزلقات... ما تسبّب في إخفاقات وتعثرات، وأسفر عن انكشافات وثغرات حادة، وعن تصدعات غير محمودة اعترت بنيان تماسكها، وأصابت منها مقاتل ومواجع.

فقد أفادت شهادات الجنود على اختلاف رتبهم ومواقعهم، في المراجعات التي أجراها الكيان الإسرائيلي، للإفادة من عبر الحرب ودروسها المستخلصة؛

بانعدام المعرفة لديهم، وبضياعهم، وتشتتهم، وتخبطهم، وإصابتهم بالعمى، والسير على غير هدى. فلم يكن لديهم أي فكرة إلى أين هم ذاهبون، وأين هم داخلون، وبأي اتجاه هم سائرون، وماذا كان ينتظرهم... عندما وجدوا أنفسهم وجهاً لوجه، في قبالة المنظومة البرية المؤثرة التي شيدها حزب الله على مدى سنوات فأحسن تشييدها، بعدما زُجّ بهم في أتون مواجهة غير محسوبة، لطالما انتظرها هذا الحزب وتحضر لها جيداً.

ويعاب على الاستخبارات العسكرية الإسرائيلية، جمود أطرها الناظمة لحركة انتقال المعلومات، بحيث تتركز وتتوضع في أعلى سلم القيادة، وفي رأس هرم السلطة، دون أن تنسحب بمرونة كافية إلى الوحدات المقاتلة في الميدان. على الرغم مما تتوافر عليه من تكنولوجيا فائقة في وسائط الاتصال، وذلك بداعي السرية العالية التي تُعطى للوثائق المستخلصة في إطار العمل الأمني على حزب الله. فعلى الرغم من أنّ «الهجوم الإسرائيلي على لبنان» كما أفاد موقع إسلام أون لاين.نت «استند إلى منظومة تكنولوجيا معلومات متطورة؛ فانّ هذه المنظومة فشلت في تغذية الآلة العسكرية بمعلومات دقيقة تعينها على تحقيق أهدافها»[67]... الأمر الذي زاد من مأزم القوات والوحدات العاملة في الجبهة، وضاعف من تشتتها وحيرتها وضياعها، وفاقم من مآزقها الحرجة، وأوقعها في ما لا تحمد عقباه.

فأولى المهام الرئيسة التي تناط بوحدة الأبحاث في شعبة الاستخبارات العسكرية، واستخبارات قيادة المنطقة الشمالية؛ تتمثل في أن تركز وتحلل وتقدر قدرات الخصم وإمكاناته... على أن تقدم خلاصة ذلك إلى المستوى السياسي، كمعلومات وحقائق من شأنها تدعيم أواليات اتخاذ القرار. ولا يقلّ عن ذلك أهمية، دورها في أن ترفد القوات المقاتلة، بمعلومات دقيقة، متجددة ذات قيمة عالية عن العدو الواقف في مواجهتها على الضفة الثانية من الجبهة.

---

(67) إسلام أون لاين.نت، **حرب كسر الإرادة**؛ تحرير خالد أبو بكر، ط1، بيروت: الدار العربية للعلوم، 2007، ص 96.

وذلك بهدف خلق تفوق نسبي، والتقليل من مستوى الخطر المتوقع عليها. إلّا أنّ ذلك لم يكن ليحصل على نحو صحي بإطلاق.

أكثر ما تبدى الفشل على هذا الصعيد في حقل معالجة المعلومات: في إدارة المعلومات، وفي وسائطها، وفي عدم فعالية قنواتها ومساربها، وفي عدم توافر القدرة على تحويلها وضخها بعد معالجتها إلى المستهلك في الزمان والمكان المناسبين. فكان كل «يوم يمر» كما أفاد تقرير إسرائيلي في معرض متابعاته لمجريات الحرب اليومية «هو مفاجأة ضخمة للاستخبارات ولقيادة الجيش الإسرائيلية، اللتين تعيشان أجواء من الضبابية والارتباك وعدم وضوح وعدم قدرة على توقع خطوات حزب الله القادمة»(68).

وفي سياق متصل، ألقى عضو الكنيست الجنرال احتياط ران كوهين باللائمة وبأسباب الفشل على القيادة السياسية والعسكرية الإسرائيلية، بسبب من التسرع في اتخاذ القرارات، ولضمور المعلومات الواضحة والدقيقة لديها... ما كان يعكس حالة الضياع والتخبط والإرباك والتشوش التي تعيشها هذه القيادة، فلم تعرف – بالأقل – من سيذهب إلى القتال، ومتى تدفع بعملية برية إلى عمق الأراضي اللبنانية، وكيف يمكن تحقيق الانجازات. «إنّ الإخفاقات» يقول كوهين «تكمن في عدم معرفة الجيش بقدرات حزب الله القتالية»(69).

كما يعاب على الاستخبارات العسكرية أيضاً، عدم إعدادها وبنائها طواقم وفرق متخصصة قبل الحرب، تعمل على إفادة القوات والتشكيلات المقاتلة النظامية منها أم الاحتياط – وعلى نحو مستمر – بآخر المعلومات والمستجدات، عن تركيبة المنظومة البرية المعقدة التي أنشأها حزب الله. وإنّ ما كان قد جرى إعداده من منظومات استخبارية في هذا المجال، لا يرقى إلى

---

(68) هشام آل قطيط، ثلاثة وثلاثون يوما أحدثت بركانا في إسرائيل، ط1، بيروت: مؤسسة البلاغ للطباعة والنشر والتوزيع، العام 2006، ص 84.

(69) هشام آل قطيط، م. ن.، ص 112.

مستوى الفعالية المطلوبة، بعدما أثبتت تجارب المواجهات الماضية، أنّ لا قيمة فعلية وعملانية لها، مع بدء القتال، ومع لحظة اندلاع الشرارة الأولى للحرب.

آية ذلك، أنّ ما صير إلى تحضيره وإعداده من ملفات وخزائن لمعلومات ذات صلة بعمليةٍ بريةٍ واسعة، من شأنها الدفع بالجيش الإسرائيلي للتوغل في عمق الأراضي اللبنانية واستهداف البنية التحتية لحزب الله، كانت عمليا بحاجة إلى تحديث وتطوير دائمين، بعدما ترهلت، وبان فسادها بتقادم الزمن عليها. فالصور الجوية - على سبيل المثال - التي شكلت مادة عمل القوات البرية في حرب تموز من صيف العام 2006، كان عمرها يناهز الثلاث سنوات. وذلك في لحظة تحول الجيش الإسرائيلي، بفعل الطفرة التكنولوجية التي شهدها، إلى آليات العمل الرقمية، على نحو يتيح له ضخ المعلومات في الوقت المناسب إلى جميع القيادات والوحدات والتشكيلات المقاتلة في الميدان... ما انعكس مستوى خفيضا في أداء الجنود، وتدنيا ملحوظا في كفاءاتهم، وأسهم بالتالي في تعزيز منسوب الفشل والتعثر والإخفاق والهزيمة.

والحال هذه، فإنّ العملية البرية - لاسيما بعد إخفاق سلاح الجو وتحييد سلاح البحر- التي كانت قد شكلت في الأيام الأخيرة للحرب، منتهى حلم القيادة الإسرائيلية في إمكان صناعة نصر، أو في انجاز الحسم المؤزر؛ قد أصيبت هي الأخرى بالإخفاق والتعثر، فلم تنجح بسبب فشل شعبة الاستخبارات العسكرية المتواصل في توفير الاستحواذ المطلوب للمعلومات، ووضعها في جعبة ومتناول من يحتاج إليها من الجنود في ساحة المعركة.

إلا أنّ أخطر ما يُسجّل على شعبة الاستخبارات العسكرية من مآخذ ومعايب وعثرات، هو قصورها وعجزها - طيلة أمد الحرب - عن إضافة أهداف مهمة وذات شأن إلى قائمة الأهداف الموضوعة قبلا. ولذلك يُلحظ كيف أنّ سلاح الجو في الجيش الإسرائيلي، قد هاجم مرارا وتكرارا الأهداف نفسها، أو أنه هاجم أهدافا أخرى تبين لاحقا أنّ لا قيمة حقيقية وفعلية لها.

والجدير بنظر الاعتبار، أنّ الفشل في ميادين العمل الاستخباري الإسرائيلي لم يقتصر على صعيد مجال معالجة المعلومات - كما تمت الإلماعة إليه أعلاه

- وإن كانت معيارية التفاوت نسبية بين مجال وآخر؛ بل طاول الفشل غير مجال من مجالات العمل الاستخباري، كمجال جمع المعلومات ومجال البحث. كما إنّ «الإخفاق الاستخباري» وفق ما يقول يوئيل ماركوس، لم يكن «فقط بالنسبة لمخططات العدو الحربية، بل وأيضاً بالنسبة لقدراته»[70]:

أ- سُجّل غياب لمصادر بشرية يناط بها مهمة تقديم المعلومات الضرورية والملحة في الزمن الصحيح، ومُنع على الاستخبارات عرض ناتج مناسب على المستوى التكتيكي «بسبب مصاعب مفهومة في إدخال عملاء إلى داخل تنظيم حزب الله»[71] على حدّ تعبير يوعاز هندل، في مبحثه حول إخفاقات الاستخبارات التكتيكية في حرب لبنان.

ب- سُجّل ضمور في المعلومات وصل حدّ القحط والتصحر، حيث بان الجهل العميم في رسم الخرائط والهيكليات التنظيمية وفي معرفة السلسلة القيادية، وذلك بسبب من الحرص الكبير الذي يبديه حزب الله في المحافظة على الغموض بشأن قادته وصلاحياتهم وانتشارهم الجغرافي...

ج- سُجّل عدم دراية وإحاطة وافية ودقيقة في معرفة طرائق وأساليب القتال والدفاع التي سيتوسلها حزب الله، ما أوقع الجيش الإسرائيلي في مآزق لا يُحسد عليها أبدا، حيث وجد نفسه «يقاتل في مناخ عمل غير معروف: المحميات الطبيعية، ومنظومة أنفاق وتحصينات مموهة، ومنظومات التحصينات الأفقية، ووحدات الإطلاق اللاسلكية...»[72].

د- سُجّل عجز عن معرفة ملاك قوات حزب الله، وأعدادها، وأحجامها،

---

(70) مجموعة من الكتاب والمحللين الاستراتيجيين الإسرائيليين، **33 يوم حرب على لبنان** ؛ ترجمة أحمد أبو هدبة، ط1، بيروت: مركز الدراسات الفلسطينية، العام 2007، ص333.

(71) يوعاز هندل، **إخفاقات الاستخبارات التكتيكية في حرب لبنان**، تل أبيب: معهد أبحاث الأمن القومي، نقلاً عن صحيفة الأخبار اللبنانية، ملحق خاص، السنة الأولى، العدد 292، الأربعاء في 1 آب، العام 2007، ص 8.

(72) يوعاز هندل، م.ن.، ص 8.

وظروف عملها، وخبراتها العملية ومهاراتها القتالية، ومستوى تدريبها، وتثقيفها العسكري. . .

وكان الكاتب والصحافي محمد جمال غيطاس، قد أخذ بناصية هذا الفيض الهائل من الإخفاقات والتعثرات والارتكاسات الاستخبارية، التي حلت كلعنات وأقدار على شعبة الاستخبارات العسكرية الإسرائيلية، حيث سُجِّل - في مقاربة قيمة نشرتها جريدة «الأهرام» المصرية يوم الثلاثاء في 22 / 8 من العام 2006، أي بعد أيام معدودات على نهاية الحرب على لبنان - وقوفه على أسباب الهزيمة الإسرائيلية، وأشار إلى مخرجات العملية الاستخبارية الفاشلة: «إنّ التقدم المذهل في مكونات البنية المعلوماتية الإسرائيلية» يقول غيطاس «لم يحقق الفعالية المفترضة به في مراحل الجمع والتصنيف والتحليل، ودعم اتخاذ القرار، وفي دقة التصويب، وانتقاء الأهداف التي يؤدي تدميرها لتحقيق انجازات عسكرية مؤثرة»[73].

كل ذلك في قبالة منظومة أمن معلوماتية تزود بها حزب الله، جمعت بين البساطة وبين الاستعصاء والمنعة. فهي وإن كانت تتوسل أساليب ووسائل بدائية وبسيطة في كثير من الأحيان، إلا أنها كانت محصنة من الاختراق المعلوماتي المضاد؛ على نحو بدت فيها أشبه بحصن معلوماتي مغلق. كما أنها قامت - من جهة ثانية - على اعتراض تكتيكات وأدوات تعقب ورصد وجمع معلومات من جانب العدو.

وقد تعهّد حزب الله توفير إدارة فعالة لهذه الإستراتيجية المعلوماتية المانعة للاختراق، على نحو أتاح له النجاح في تحييد أجهزة الاستخبارات الإسرائيلية، وإخراجها مبكرا من ساحة المعركة، كما كان بمقدوره شل وتعطيل قدراتها على التزود بمعلومات دقيقة عن تحصيناته وأنفاقه وقدراته الصاروخية والقتالية. «إنّ نقطة الارتكاز في الإستراتيجية المعلوماتية لحزب الله» يقول محمد جمال غيطاس «تمثلت في حرمان العدو من الحصول على أي معلومات أو بيانات

(73) إسلام أون لاين.نت، حرب كسر الإرادة، ص 96.

أولية، تساعده في تنفيذ هجمات مؤثرة على أي هدف يخص الحزب»... ما يعني، أنّ الإسرائيلي أُغرق في حالة من القحط والتصحّر والفقر المعلوماتي المدقع طوال فترة الحرب.

ليس هذا إلا غيضا من فيض ما اعتور أداء شعبة الاستخبارات العسكرية الإسرائيلية، من شوائب ومعايب في الحرب على لبنان صيف العام 2006، وذلك بسبب من الطابع السري الذي يتسم به العمل الاستخباري... ما يجعل الكثير من الأمور طي الكتمان، خارج بازار التداول والمناكفات، ويبقي الباب مقفلا على كثير من الحقائق والوثائق والمراجعات.

رعاية الدولة العظمى

لقد ارتكزت العقيدة الأمنية الإسرائيلية - في جملة ما اتكأت عليه من مرتكزات، وتوسلته من قيم ومركبات - على ضمان رعاية دولة عظمى: توفر لوجودها الحضانة الدولية، ولمصالحها الحيوية الأمن والاستقرار، ولأعمالها الوحشية والبربرية غطاء دوليا وأمميا... وتستجلب لها أسباب وعناصر القوة والمنعة والبأس، وتدرأ عنها الأخطار والمفاسد الكبرى إذ تحول دون استفرادها من قبل أعدائها، أو تقويضها، أو الانقضاض عليها، وتستنقذها في لحظات الضعف والشدة والحرج، بعد أن تحوّل هزيمتها المنكرة إلى نصر ميمون.

ويعدّ هذا المركّب، أول مركّبات تهيكل العقيدة الأمنية واستواء معمارها. فهو يحوز على قصب السبق بينها، بل إنّ وجوده ليس سابقا لوجود العقيدة الأمنية فحسب؛ وإنما هو سابق لوجود إسرائيل ككيان ودولة ومؤسسة. وتشف القراءة الحفرية التاريخية عن أن لحظة انوجاد هذا المركب تعود إلى لحظة تخلق وصياغة وبلورة أول إستراتيجية صهيونية. وقد ورد على هيئة نصيحة، وجهها مؤسس الحركة الصهيونية تيمور هرتزل. إلا أنّ ما يخرجه من إطار التناصح المجرد - وهنا تكمن أهميته وقيمته المضافة - أنّ كلام هرتزل، جاء مصحوبا بنبرة جازمة، ومصوغا بصيغة القطع الوجوبي الذي لا لبس فيه ولا تردد، لاستشعاره إلحاح ذلك وضرورته: «يجب إيجاد مشاركة مع قوة عظمى» يقول هرتزل «يمكن لإسرائيل أن تقيم تحت جناحها دولة يهودية».

ويتسم ارتكاز العقيدة الأمنية الإسرائيلية على مركب رعاية الدولة العظمى بالتأصيل، بمعنى الثبات والرسوخ والديمومة والاستقرار؛ إلا أنّ وجه المرونة فيه - أي الحيثية القابلة للتغيّر والتبدّل - هو هوية الدولة العظمى المفترضة التي

154

ينبغي لها أن تضطلع بمهام الحضانة والرعاية. بلحاظ دخالة وعلاقة وارتباط هذه المرونة، بما يخدم المشروع الصهيوني ومصالحه الحيوية والإستراتيجية والوجودية.

فالقارئ لتاريخ دولة إسرائيل منذ نشأة هذا الكيان، والمتتبع لسيرورات ولادتها، ومسارات تحولاتها وحروبها وصعودها وتكونها؛ يلاحظ أنّ غير دولة عظمى تناوبت على الاضطلاع بمهمات الرعاية والحضانة تلك، ووفرت لها أواليات الدعم والمساندة على غير صعيد: سياسي، وأمني، وعسكري، واستخباري، وتقني، ولوجستي، ومعرفي، وثقافي، ومالي... فبعد الرعاية البريطانية التأسيسية والتدشينية بدءا من وعد بلفور الشهير في العام 1917[74]؛ ارتمت إسرائيل - بسبب من تقهقر القوة العظمى البريطانية وتهالكها في أعقاب الحرب العالمية الثانية - في أحضان الولايات المتحدة، لاسيما بعد تحول الأخيرة إلى أحد قطبين يتنازعان المشهدية السياسية العالمية، التي توزعت إلى معسكرين: اشتراكي يتزعمه الاتحاد السوفياتي، ورأسمالي تتزعمه أميركا.

فقد عكفت إسرائيل - ومنذ تبلور ملامحها كدولة - على تحديد وزن وحجم الدعم الأميركي الملح والضروري، الذي ينبغي توافره من أجل ضمان وجودها وبقائها، واستمرار حيويتها وتفوقها وتمايزها[75]. ودأبت والحال هذه، على توقيع سلسلة من التفاهمات والاتفاقات والمذكرات ذات القيمة العالية،

---

(74) كانت بريطانيا - في مطلع القرن العشرين - الدولة العظمى الراعية التي تولت إقامة إسرائيل: رعت الهجرات اليهودية إلى فلسطين. تكفلت في صك الانتداب إنشاء الأجهزة الإدارية وتمكين اليهود المهاجرين منها. قدمت الحماية للهجرات اليهودية. سهلت لليهود بناء القرى وسط التجمعات الفلسطينية. مكنت الوكالة اليهودية من استقدام المهاجرين. سلحت ودربت العصابات الصهيونية. وفّرت الدعم السياسي والعسكري والتسليحي لهذه العصابات...

(75) عكفت إسرائيل على الإفادة من الدعم السياسي والعسكري غير المحدود الذي وفرته وأمنته لها الولايات المتحدة الأميركية التي اتخذت من إسرائيل ركنا رئيسا لسياستها في العالم وفي الشرق الأوسط. انظر: أمين حطيط، **الإستراتيجية الدفاعية**، ط1، بيروت: دار الهادي للطباعة والنشر والتوزيع، العام 2006، ص 187.

التي من شأنها تنظيم رعاية وحضانة الجانب الأميركي لها، على نحو: موضوع ضمان تزويدها بالطاقة، إقامة مناورات عسكرية مشتركة، التخطيط الاستراتيجي المشترك، إقامة اللجنة السياسية - العسكرية الدائمة، مذكرة نقل التكنولوجيا والمحافظة على التفوق النوعي لإسرائيل، مذكرة الدفاع في وجه الصواريخ، مذكرة التفاهم المتعلقة بشؤون الإرهاب... وما إلى ذلك من مذكرات وتفاهمات، توفر لإسرائيل مظلة من الحماية، ودرعا من الأمن، وتكفل لها - من ناحية ثانية - تعزيز نفوذها ومكانتها الإقليمية والدولية.

كما ثمرّت إسرائيل موقعها ووجودها في منطقة الشرق الأوسط، من زاوية احتياج الأميركي الملح لهذا الموقع ولهذا الوجود، فشبكت معه منظومة قيم مشتركة، ومنظومة مصالح مشتركة بالغة التعقيد؛ على النحو الذي ارتقى بمستوى العلاقة بين الدولتين إلى مستوى التحالف الاستراتيجي. وانتزع التزاما أميركيا دائما بتعزيز القدرات المستقلة لإسرائيل في الدفاع عن نفسها في وجه أي تهديد لأمنها. وخلق منظومة كوابح من شأنها أن تحمي مصالح إسرائيل الحيوية والإستراتيجية. وأسفر عن تغلغل اللوبي الصهيوني في مفاصل المجتمع والدولة، واحتلاله للرأي وللمزاج العام الأميركيين.

كان معهد رؤوت الإسرائيلي للدراسات الإستراتيجية، قد أشار في وثيقة أعدّها في كانون الثاني من العام 2007، بعنوان «النظرية الأمنية القومية لإسرائيل غير ذات صلة»، إلى حيثيات التحالف القائم بين الولايات المتحدة الأميركية وإسرائيل، وإلى الضرورات الإستراتيجية الحاكمة التي تحتمه: «إنّ الولايات المتحدة القوة العظمى الوحيدة تربطها بإسرائيل علاقات خاصة»[76]، تقول الوثيقة. ما يعني أنّ الحلف بينها وبين إسرائيل ليس من طبيعة هشة، أو هو تحالف عابر، أو طارئ، أو عارض؛ وإنما هو تحالف ثابت ووثيق، مستقر

---

(76) معهد رؤوت الإسرائيلي للدراسات الإستراتيجية، **النظرية الأمنية القومية لإسرائيل غير ذات صلة**، كانون الثاني 2007، نقلاً عن صحيفة الأخبار اللبنانية، ملحق خاص، السنة الأولى، العدد 279، في 17تموز، العام 2007، ص 8.

و«يرتكز على مصالح وقيم مشتركة»، بحيث أنه «يضع إسرائيل في موقف قوي تجاه دول المنطقة»[77]، ويجعلها - بالتالي - مرهوبة ومأمونة الجانب من قبل أعدائها وخصومها وأصدقائها على حد سواء.

وأكثر من ذلك، فقد جعل إيهود باراك من احتضان الولايات المتحدة ورعايتها، ميزة إسرائيل التفاضلية، وقيمتها الترجيحية والمعيارية المضافة، ورأسمالها الرمزي الذي بمقدورها تثميره على غير صعيد، وتوظيفه في غير اتجاه، في سبيل تحقق سلامة الدولة وحصانتها، ومنعتها، وتفوقها، وتطورها، وتعزيز نفوذها ومكانتها... على الرغم من كل ما قد يعتري العلاقة بين أميركا وإسرائيل من اختلالات، أو يشوبها من التباسات وتعثرات وهنات وإخفاقات: «وبالنهاية» يقول باراك في مقاربته لملف العلاقة هذه «تمتلك إسرائيل ميزة كبيرة بوقوف الدولة العظمى الوحيدة في العالم إلى جانبها»[78]... ما يجعلها تتسلح بها للاستقواء على أعدائها، وتستحوذ منها على أسباب وعناصر القوة المادية والمعنوية، وتنأى بنفسها عن كل اعتبارات وأشكال الضغوط والتأثيرات الخارجية. «فإذا أرادت إسرائيل» كما يقول أمين حطيط «أن تستعمل جيشها لتحقيق هدف سياسي ما (...) فلن يوجد قرار دولي يمنعها عن ذلك في الظروف الدولية القائمة»[79].

لقد خدم مركب رعاية الدولة العظمى الممثل بالولايات المتحدة الأميركية، إسرائيل في كل مآزمها ومصاعبها ومحكاتها الحرجة، وفي كل حروبها

---

(77) معهد رؤوت الإسرائيلي للدراسات الإستراتيجية، **النظرية الأمنية القومية لإسرائيل غير ذات صلة**، كانون الثاني 2007، نقلاً عن صحيفة الأخبار اللبنانية، ملحق خاص، السنة الأولى، العدد 279، في 17تموز، العام 2007، ص 8.

(78) إيهود باراك، مقابلة تلفزيونية حول التصور الأمني الإسرائيلي، ضمن برنامج " مقال الأسبوع " بتاريخ 20/ 10/ 2007.

(79) أمين حطيط، **الإستراتيجية الدفاعية**، ط1، بيروت: دار الهادي للطباعة والنشر والتوزيع، العام 2006، ص 188.

المتلاحقة والمتواصلة والمستدامة[80]. فإلى جانب تقديم كل أشكال الدعم السياسي والتسليحي والمالي... وتوفير الغطاء الدولي المطلوب لتبرير خيار الحرب؛ كانت الولايات المتحدة الأميركية - كلما واجه الجيش الإسرائيلي صعوبات ميدانية وأهوال ومخاطر غير محسوبة، على النحو الذي تبدو فيه الدولة وليس الجيش وحده وهي تترنح وتوشك على الانهيار - تتداعى وتسارع إلى نجدة حليفتها إسرائيل، وترمي بكل ثقلها ووزنها لاستنقاذها «فإذا قيض لدولة عربية ما أو لتحالف دول عربية أن يلحق الهزيمة بإسرائيل في معركة ما، فإنّ التدخل الأميركي لن يسمح له بربح الحرب، وما حصل في العام 1973 خير دليل على ذلك»[81].

ويُنقل في هذا المجال - وفقا لما كشفته صحيفة هآرتس الإسرائيلية - كيف تنازل الأميركي عن توسل الخيار العسكري، في السادس من حزيران من العام 1967، بعد أن ظهر تفوق سلاح الجو الإسرائيلي، وبدأت طلائع القوات الإسرائيلية تتقدم في سيناء. وكذلك في يوم الغفران من العام 1973، كان حضور الأميركي بارزا في خلفيات إدارة الحرب، من حيث قدرته على تمكين الإسرائيلي من احتواء الصدمة الأولى، بعد شروع كل من الجيشين المصري والسوري بالمبادأة بالهجوم، وبالتالي حرمانهم الإسرائيلي من عنصر المفاجأة والمباغتة، الذي لطالما توسل به واستخدمه في حروبه وأعماله العسكرية. ومن

---

(80) يقول - نائب رئيس مركز بحوث الأمن القومي في جامعة حيفا - دان شيفتان في دراسة نشرتها صحيفة يديعوت أحرونوت الإسرائيلية: "إنّ الدعم الأميركي لإسرائيل غير مرتبط بأولوية إدارة محددة، أو بموقف سياسي عابر. وهو آخذ بالتجذر وسط الإدارات الديموقراطية والجمهورية، خلال الحرب الباردة وبعد انتهائها، ومع وجود رؤساء أكثر ودية لإسرائيل (رونالد ريغان، جورج بوش الابن)، أو أقل ودية (جيمي كارتر، جورج بوش الأب). وفي أوقات الحروب (1967، 1973، 1982، 2006) كما في أوقات السلام (مبادرة السادات، اتفاق أوسلو)، وهو متواصل ومستقر لأنه محصن بشراكة عميقة في الرؤية".

(81) أمين حطيط، **الإستراتيجية الدفاعية**، ط1، بيروت: دار الهادي للطباعة والنشر والتوزيع، العام 2006، ص 188.

حيث قدرة الأميركي أيضاً، على مساعدة الجيش الإسرائيلي في إعادة تنظيم صفوفه، والشروع في هجوم مضاد، مكنه في النهاية من تحقيق انجازات عسكرية فارقة. هذا إلى جانب محطات ومحكات كثيرة وعديدة، يضيق المقام عن ذكرها وتعدادها، كان فيها الدور الأميركي بيّنا وواضحا في مسارعته لاستنقاذ حليفته إسرائيل، والانتصار لها، والنأي بها عن المخاطر والتهديدات.

قصارى القول في هذا المجال، أنّ العلاقة مع الولايات المتحدة الأميركية - بوصفها الراعية والحاضنة الإقليمية - قد أخذت حيزا هاما من حيّزات تشكل الوعي والتفكير الاستراتيجي الإسرائيلي: انبنت السياسات العامة للدولة، ووضعت الأهداف والبرامج والخطط، وصيغت الإستراتيجيات...على تلمس حاجة إسرائيل الملحة إلى رعاية أميركا كقوة عظمى، وعلى توافر وسائل دعمها ومساندتها الدائمين.

لكنّ هذه العلاقة مع الأميركي، وإن كانت تمنح الإسرائيلي أوسع هوامش العمل حريةً، وأكثرها مرونة، وأوفرها دعما ومعونة ومؤازرة... على نحو يجعل إسرائيل منفلتة من كل قيد أو ضابطة، ومتحررة من كل الالزامات والقواعد التي تفترضها رقابة ما يُسمّى بالمجتمع الدولي[82]. إلا أنّ ما يعاب ويؤخذ عليها، من منظور السياسة الأمنية، أنها تقيّد - في أحايين كثيرة - قوة الردع الإسرائيلية، من حيث تحديد الروزنامة الزمنية المطلوبة للأعمال العسكرية، بما لا يخل بمتطلبات الأجندة السياسية الأميركية، أو يضرّ بمصالحها الحيوية. «ثمة مصدرا قوة أثّرا على جميع حروب إسرائيل: الوقت

---

(82) يحفل تاريخ الحروب الإسرائيلية بانفلات إسرائيل من كل عقال أو قيد أو ضابطة: لقد دمرت إسرائيل - على سبيل المثال - المفاعل النووي العراقي في تموز من العام 1981، دون أن يتخذ مجلس الأمن الدولي حتى قرار لوم لها أو شجب لعملها. ودمرت مقار القوة الدولية التابعة للأمم المتحدة في بلدة قانا في جنوب لبنان عشية عدوانها على لبنان في نيسان من العام 1996 فيما سمي بعملية عناقيد الغضب. كما دمرت مقار الأمم المتحدة في قطاع غزة عشية ما عرف بعلمية الرصاص المصهور في ك2 من العام 2008. ولم يتخذ بحقها أي تدبير أو إدانة...

وأميركا، وكلاهما واحد» كما يقول أمير أرون في مقاربته لهذه المعضلة، حيث أنّ «الأوامر العليا» والكلام لأرون «هي الركض والعدو إلى أبعد حدّ قبل أن يرفع البيت الأبيض الراية السوداء»[83].

وليس هذا فحسب، بل إنّ من شأن العلاقة بالأميركي أيضاً، تكبيل قوة الردع الإسرائيلية تكبيلا مطلقا، على نحو يحول دون تفعيلها حتى في معرض الرد على اعتداءات تتهدّدها، كإلزامها بعدم التدخل في حرب الخليج خلال الغزو الأميركي للعراق، على الرغم من استهداف العمق الإسرائيلي آنذاك بالصورايخ العراقية.

لكن كيف كانت عليه حال مركب رعاية الدولة العظمى في الحرب الأخيرة على لبنان في تموز من صيف العام 2006؟.

لقد شكل مركب رعاية الدولة العظمى - ممثلا بالولايات المتحدة - عصب العقيدة الأمنية الإسرائيلية في الحرب الأخيرة على لبنان في تموز من صيف العام 2006، بعد تهافت سائر المركبات والمكونات المؤسّسة؛ نحو: تلاشي هيبة الردع، فشل الإنذار الاستخباري، كما نقل المعركة إلى أرض العدو، ومعادلة التفوق النوعي، وفي النهاية فشل وتعثر إمكانية الحسم على الرغم من المحاولات العديدة الدائبة والجادة التي قام بها الجيش لاسيما في العملية البرية الأخيرة في ما سُمّي «تغيير اتجاه 11»، حيث جهد الجيش لتحقيق نصر ما يخدمه في زعزعة الصورة، التي كانت قد تشكلت عنه لدى الرأي العام الداخلي والخارجي طوال أيام الحرب، وكنتيجة حتمية وطبيعية لسلسة الإخفاقات، وللفشل الميداني المتواصل.

والحال، أدى التدخل الأميركي المباشر - راعي الدولة الإسرائيلية الإقليمي

---

(83) مجموعة من الكتاب والمحللين الاستراتيجيين الإسرائيليين، **33 يوم حرب على لبنان**؛ ترجمة أحمد أبو هدبة، ط1، بيروت: مركز الدراسات الفلسطينية، 2007، ص 87، 88. من مقالة لأمير أرون، بعنوان «ماذا جرى لأكبر وأقوى جيش في المنطقة».

وحاضنها - من خلال تثمير قدرته السياسية، وتوظيفه لحضوره المعنوي الكبير على الحلبة الدولية، وإدارته للحرب، وتقديمه لأشكال المعونة والدعم على غير صعيد، ليس إلى صناعة نصر رغب إليه الجيش الإسرائيلي في حربه الأخيرة على لبنان؛ بل إلى تحقيق فرملة وكبح لنتائج فشل هذا الجيش في الحرب المذكورة، وإلى انتشاله من تعثراته وإخفاقاته، وإلى استنقاذه من صنوف هزائمه النكراء التي مني بها على أيدي مقاتلي حزب الله. وذلك بعد إخفاق الآلة العسكرية الإسرائيلية، وعدم نجاحها في تحقيق أي من الأهداف التي وُضعت لتشريع الحرب، وتبريرها، وتحديد سقوفها السياسية والعسكرية.

ولم تقتصر الرعاية الأميركية للحرب الإسرائيلية الأخيرة على لبنان، على ما هو استنقاذي - سياسي، بمعنى استخدام الروافع والضغوط لاستنقاذ الجيش الإسرائيلي من الورطة التي أوقع نفسه فيها، ولإيجاد مخرج سياسي مشرف للحرب يحفظ للإسرائيلي مكانته وماء وجهه الذي أريق، على النحو الذي يُمكّن من تعويض الفشل والإخفاق العسكري بإنجاز سياسي لا ينسجم ولا يتماهى - بإطلاق - مع وقائع الميدان، ومع مجريات وتطورات الأعمال الحربية... بل إنّ الأمر فاق ذلك كله وتعداه إلى غير جهة ومستوى وصعيد:

أ- فمع انطلاقة الحرب واندلاع شرارتها، عكف الأميركي على توفير مظلتها الدولية والإقليمية والأممية: صير إلى تأمين تغطيتها السياسية من خلال تحشيد وتبني ما يسمى بالمجتمع الدولي لأعمالها، وصير إلى تبرير شرعيتها من خلال تسويغ محور الاعتدال العربي لها، كما صير إلى تعطيل أي محاولة إدانة لها في مجلس الأمن، أو أي محاولة إيجاد تسوية تكون لغير مصلحة إسرائيل.

ب- وفر الأميركي أوسع عملية دعم لوجستي وعسكري عبر بناء جسر جوي لهذا الشأن، إما على نحو مباشر بينه وبين إسرائيل، وإما على نحو غير مباشر من خلال وسائط أوروبية متعددة. وقد بقيت حركة هذا الجسر حيوية ونشطة، وقائمة طيلة أمد الحرب، تعج بمختلف أنواع الحمولات التجهيزية والتسليحية، لاسيما تلك الحديثة منها، وغير المجربة في حروب سابقة.

ج- منح الأميركي الجيش الإسرائيلي حرية عمل كبيرة وغير مسبوقة في

تاريخ الحروب الإسرائيلية؛ حيث جرى الحديث - ابتداء - عن وقت مفتوح للأعمال العسكرية إلى أن تتحقق الأهداف الموضوعة لها، ويتم القضاء على حزب الله. كان يصار - دون جدوى - إلى إعطاء الجيش الإسرائيلي المهل الزمنية المتتالية، ثم يعاد تمديدها واستطالتها، عله وعساه يخلق وقائع جديدة، ويحدث تحولات ومتغيرات ميدانية بالمقدور توظيفها وتثميرها سياسيا... إلا أنّ ذلك كله باء بالفشل والخيبة، حتى صير في نهاية المطاف إلى البحث عن وهم نصر يمكن تظهيره، وإلى مطاردة أشباح تهويمهات وتهيؤات فوزٍ وكسبٍ، ليس لها انعكاسات وتمثلات إلا في عالم الرؤى والأمنيات.

د- شارك الأميركي في الأعمال العسكرية المباشرة، بعد تعثرات وإخفاقات سلاح الجو الإسرائيلي، واستنفاد وتهالك قواه غير المعتادة على خوض حروب طويلة من هذا القبيل، تتطلب استنفاره وحضوره الميداني على مدار الـ 24 ساعة يوميا. فقد تواترت أخبار ومعلومات تفيد عن مشاركة طيارين أميركيين بشكل مباشر، في قصف أهداف محددة في الضاحية الجنوبية، لاسيما تلك التي قيل عن استهدافها الأمين العام لحزب الله السيد حسن نصر الله في مجمع الإمام الحسن(ع) السكني. كما تفيد عن مشاركات غير مباشرة في إدارة الحرب وتفعيل أنشطتها وأعمالها.

لكن المفارقة المحيرة التي تشغل بال الأميركي والإسرائيلي على حدّ سواء، وتئدّ مضاجع قادتهم، أنّ كل أشكال المعونة والدعم تلك - التي كانت قد اتسمت بجرأة وعلانية وصلت حد الوقاحة والإسفاف، على نحوٍ بدت فيه الحرب الدائرة ليست بين حزب الله وإسرائيل، وإنما بين حزب الله وأميركا، وعلى نحوٍ لم تعهده الدبلوماسية الأميركية من قبل - لم تأت أكلها: لم توفر البضاعة المطلوبة، ولم تستجلب نصرا، ولم تصنع إنجازا يذكر؛ وإنما خلاف ذلك، آل الأمر إلى انكسار وفشل وخيبة وتقهقر وهزيمة.

بعد هذا الاستعراض المطول لمركبات ومكونات العقيدة الأمنية الإسرائيلية، يتكشف أمامنا ما لحق بهذه المركبات خلال حرب تموز2006 على لبنان من أعطاب وأضرار واختلالات، بحيث بدت وكأنها عناصر ومركبات فارغة جوفاء لا تلوي على شيء، ولا تقوى حتى على الانسجام مع ذاتها. وهذا ليس لقصور فيها، أو لسوء توظيف واستخدام وتثمير لها من قبل الإسرائيلي، فلطالما شكلت مرجعيات مفاهيمية حاكمة على المستوى الأمني والعسكري، وعلى نحو صير فيه إلى ترجمتها وسائل وأساليب قتالية ناجعة وناجحة، مكنت إسرائيل من التفوق والانتصار في كل حروبها على الإطلاق؛ بل لأن المقاومة اللبنانية ممثلة بحزب الله، استطاعت أن تجد الردود الأمنية المناسبة على كل مركب من هذه المركبات، وأن تبتدع وسائل وطرائق وأساليب قتالية جديدة وفارقة وغير مسبوقة، تزاوج بين أساليب حرب العصابات والحروب اللاتماثلية وبين الأساليب القتالية الكلاسيكية التي تتوسلها الجيوش النظامية، وتجمع بين الوسائل والتجهيزات والأسلحة التقليدية وبين تلك الحديثة منها، إضافة إلى إحسانها وإجادتها توظيف وتثمير ذلك، على نحو أربك الآلة العسكرية الإسرائيلية الجبارة، وعطل قدراتها وإمكاناتها ومفاعيل قواها المائزة والخارقة والمتفوقة على غير صعيد.

إنّ حزب الله «لا يعمل كجيش نظامي» وفقا لما قيل في توصيف

التكتيكات العسكرية الجديدة التي ابتدعها هذا الحزب في حرب تموز من العام 2006 «كما إنّ أساليب القتال التي يتبعها مغايرة للمعروف والمأثور من طرق وأساليب حرب العصابات المعروفة»(84). وتتأتى أهميته من أنه «أول حركة مقاومة تستخدم قدرات الجيش التقليدي في إطار حرب العصابات، وأول فصيل مسلح غير نظامي يمتلك أسلحة إستراتيجية»(85) ... ما يعني أنّ المنهجية القتالية التي صير إلى توسلها واستخدامها في الحرب المذكورة أعلاه – وفقا للباحث السعودي عبد الرحمن بن عبد الله المطوع – هي «السابقة الأولى» في تاريخ الحروب، من حيث الإتيان فيها بنحو مفارق على الدمج «بين وحدات حرب عصابات متمركزة ومتحركة، مع سلاح صاروخي كثيف ومتواصل في استهداف عمق العدو طوال أيام الحرب»(86).

والحال هذه، سيجد واضعو السياسة الأمنية الإسرائيلية، والقائمون عليها من رجالات القوس الأمني والسياسي، أنفسهم أمام محكات صعبة، مدفوعين إلى القيام بمراجعة نقدية عامة وشاملة، لعموم ما تتكئ عليه هذه النظرية الأمنية من مركبات ومكونات وعقائد، بعد الوهن الذي أصابها جميعا، وبعد الذي اعتراها من ألوان التهافت، والفشل، والتصدع، والتقهقر، والتراجع، والتعثر، والإخفاق... وذلك في محاولات حثيثة ودائبة: إما باتجاه إجراء تعديلات جوهرية وجذرية، تطال كل ما كشفت الحرب على لبنان تقعّره وفساده من مركبات النظرية الأمنية. وإما باتجاه إعادة إنتاج نظرية جديدة تقف على مكامن

---

(84) إسلام أون لاين.نت، حرب كسر الإرادة، ص220.

(85) محمد قبيسي، الحرب السادسة، ط1، بيروت: دار الهادي للطباعة والنشر والتوزيع، 2007، ص 95.

(86) عبد الرحمن بن عبد الله المطوع، مدرسة جديدة في العلوم الفكرية، موسوعة نصر الله ؛ إعداد منشورات الفجر، ط، بيروت: منشورات الفجر للطباعة والنشر والتوزيع، 2006، ج3، ص 128.

الخلل، وعلى مواطن العيوب والثغرات والشوائب التي تأدّت – بنحو أو بآخر – إلى فشل الحرب، وإلى الحيلولة دون تحقيق أهدافها. وإما – ثالثا – باتجاه إعادة توظيف وتثمير الجهود المختلفة، لإثبات قدرة النظرية نفسها على مواجهة الخلل نفسه، من خلال إسناده إلى عدم الدقة، والإخفاق في تحقيق مكوناتها، سواء من قبل المؤسسة السياسية أو المؤسسة العسكرية.

الفصل الثالث

انهزام الوعي الإسرائيلي

إنّ أخطر ما تكشفت عنه الحرب السادسة على لبنان من دلالات وحمولات رمزانية ومعنوية وسيكولوجية، تمثل في ارتداد الذات الإسرائيلية على نحو من الارتكاس والنكوص المرضي، وفي انكفائها وتقهقرها، وتدهور شأنيتها واحترامها واعتباريتها، وتراجع حضورها على المسرح الإقليمي، وعلى الحلبة السياسية الدولية، تحت وطأة الشعور بالمذلة والمهانة والهوان، وتحت وطأة هزيمة مرعبة ومدوية، لطالما جرّعت هي سكراتها للأنظمة العربية، وللشعوب المستضعفة طيلة ما ينيّف على نصف قرن، وأذاقتهم من كأسها المرة.

ويتجلى مثل هذا الارتكاس النكوصي فيما يُسمّى بالعُصاب كظاهرة مرضية تتوسّل الماضي التليد، متنكبة مراحله المضيئة، وفتوحه وإنجازاته المشرقة، كإجراء تعويضي عن إخفاقات الحاضر المتعثر والمأزوم، والمفعم بأمارات الهزيمة والفشل والشلل والتقهقر. ما يعني أنّ العقل الإسرائيلي المهزوم بفعل الحرب على لبنان، لم يجد بدا لإعادة إثبات المكانة والحضور والفوقية، ولإعادة الاعتبار لذاتيته، سوى في الانكفاء إلى الماضي، والبحث بين جنباته عما يستعاض به، وعما يعيد التوازن إلى الحاضر المختل.

نستطيع هنا أن نفتح قوسين لنقول: إن العرب لطالما خبروا مثل هذه الحالة العُصابية وعايشوها منذ أفول الدولة العباسية، وولوجهم عصر الانحطاط والتقوقع، وزمن انحسار وضمور النفوذ والحضور السياسي، في انحراف معياري تنازلي مفارق وخطير، فاقمه ما حفل به تاريخهم السياسي المعاصر والحديث، من استلاب للأنظمة الحاكمة وارتهان لإرادتها تحت وطأة الاستعمار، والاحتلال، والانتداب، والهيمنة...، ومن هزائم متتالية ومن نكبات ونكسات

وانكسارات. . . ، بالمقدور تمثل مصاديق لها في انغراس الكيان الإسرائيلي في فلسطين، وفي ما سُمّي بنكبة العام 1948، وفي ما سُمّي بنكسة العام 1967، وفي غزوات لبنان المتلاحقة في العام 1978م، والعام 1982م. . . ، وفي غزو العراق، وفي اجتياحات واستباحات لا حصر لها للأرض والعرض، وانتهاكات للسيادة، واستخفاف بالشعوب، واستهانة بقدراتها وكرامتها وعقولها. . . كل ذلك نجد بدائله التعويضية في حركات الانبعاث والإحياء على غير صعيد سياسي وفكري وأدبي، وفي تجليات السلفية الدينية، وفي مقولات الزمن الصالح والانشداد إلى الماضي المجيد، وفي الشعارات والأدبيات السياسية والحزبية، وفي شتى الأعمال والممارسات الفنية التي يتفتق عنها الاجتماع العربي المعاصر.

إنّ انكفاء الوعي الإسرائيلي على نحو نكوصي مرضي، وارتداد المخيال الجمعي متوسلا الماضي، هو - لا شك - من تداعيات الحرب المباشرة، ومن انعكاساتها ومفاعيلها التي سوف تتضّخم بكيفية تصاعدية تراكمية منذ أن حطت هذه الأخيرة أوزارها وفق مآلات وخواتيم ونهايات قوامها السقوط والهزيمة. . . وذلك كمؤشر سيكولوجي على الفشل الذي أصاب، لا الآلة العسكرية فحسب، كي يصح الكلام عن إعادة ترميم للقوة الردعية للجيش، بل - وبخلاف ما يحلو لبعض المتطفلين، بقصد أو دونما قصد، أن يقاربوا الموضوع بعقلية فيها كثير من التبسيط والتسطيح والاختزال - لقد أصاب الفشل مقاتل من المنظومة والمصفوفة الإيديولوجية والفكرية والقيمية، ومن العقيدة الأمنية - العسكرية، ومن المرتكزات البنيوية التي تهيكلت عليها دولة إسرائيل واستوى معمارها[1].

لقد غيّرت حرب لبنان الثانية وجه البلاد، كما يقول أحدهم موصفا ما آل إليه وضع الدولة التي لطالما تربّعت على مصفوفة من القيم المتعالية بوصفها الدولة الموعودة لشعب الله المختار، الذي ينبغي له أن لا يعرف الهزيمة

---

(1) يقول المفكر العسكري البريطاني ليدل هارت: "ليست هزيمة الخصم بما تدمر له من دبابات ووسائل قتالية، أو أن تقتل له جنودا ؛ وإنما بالقدر الذي تؤثر فيه على وعيه".

والانكسار والإخفاق أبدا: «إنّ وضع الدولة على مستوى الوعي تغيّر بأكمله. حرب لبنان ليست فقط قصة معارك وعمليات وقرارات اتخذت من قبل المؤسستين السياسية والعسكرية. لقد كشفت هذه الحرب عن ضعف جيل بأكمله، وحطمت نظريات وأساطير، وأظهرت حقائق اجتماعية، وأماطت اللثام عن تمزّقات. لقد وضعت هذه الحرب ثقافة كاملة في وضع حرج، وأبرزت علامات تساؤل كثيرة حول كل ما يتعلق بالقيم والنظريات والمبادئ التي تربينا عليها على مدى أجيال».

وفي تدليل يشف عن عمق التحول الذي أحدثته الحرب في الكيان العبري؛ يهزأ الجنرال رؤفين فيدهستور- كان قد شغل في السابق مناصب رفيعة في سلاح الجو – من دعاة التبسيط الذين يسخّفون النتائج، ويسخر من زعمهم أنّ إسرائيل تلقت مجرد صفعة في هذه الحرب أو أنها تعرضت لإخفاق ليس إلا، حيث يقول في مقابلة مع الإذاعة الإسرائيلية: «إنّ المصطلح الأكثر ملاءمة لوصف نتيجة الحرب هو أننا تلقينا ضربة قاضية. نحن لسنا أمام فشل عسكري فقط. هذا فشل استراتيجي لم تتضح بعد تبعاته وإسقاطاته السلبية بعيدة المدى»[2].

ويتوسل فيدهستور في سبيل بيان مقاصده بالتعبير الكاريكاتوري الدال والمعبّر[3] عن الانهيارات السيكولوجية والقيمية والاعتقادية التي عصفت بالوعي

---

(2) إسلام أون لاين.نت، حرب كسر الإرادة، ط1، بيروت: الدار العربية للعلوم - ناشرون، 2007، ص 200.

(3) من اليسير إجراء مقارنة، والوقوف على أوجه الشبه الدالة بين مقولة رؤفين فيدهستور على إثر الفشل الإسرائيلي في حربه على حزب الله في صيف العام 2006، وبين مقولة الرئيس المصري جمال عبد الناصر الكاريكتورية في توصيف الحالة المصرية والعربية المنهارة في أعقاب هزيمة العام 1967: "بعد هذه الكارثة العظيمة " يقول عبد الناصر " كنا مثل الرجل الذي خرج إلى الشارع وصدمه القطار أو السيارة، فاستلقى دون حركة أو وعي على الأرض". انظر وثائق عبد الناصر، القاهرة: مركز الدراسات السياسية والإستراتيجية، العام 1973، خطاب عبد الناصر في تشرين الأول 1967.

الإسرائيلي وأحدثت فيه ثقوبا وندوبا وبثورا: «نحن مثل الملاكم بعد أن يتلقى الصدمة» والكلام لفيدهستور «مازلنا جاثمين على الأرض في شبه إغماء محاولين فهم ما حدث لنا. ومثلما أفضت حرب الأيام الستة (1967) إلى تغير استراتيجي في الشرق الأوسط وتكريس مكانة إسرائيل كدولة إقليمية عظمى، قد تؤدي حرب لبنان الثانية إلى عملية ذات نتائج معاكسة تماما»(4) من شأنها أن تطيح بكل مكتسبات وانجازات وفتوح المرحلة السابقة.

لعل في هذا وحده ما يبرر ويشفّف لنا، كل ما تبدّى - خلال الحرب وبعدها - من مآتي الخوف، والهلع، والجزع، والأرق، والتشوّش، والبلبلة، والذهول، والاضطراب...، وسوى ذلك من ملامح وسمات الضعف والوهن والفشل والهزيمة، التي عصفت بكيان الدولة العبرية كأقدار لا تردّ ولا تبدّل، واعترت كل مفصل من مفاصلها، وتظهّرت في أدبيات وتعليقات وتصريحات قادتها السياسيين والعسكريين، الذين اختفت من وجوههم كل معاني التشاوف، والتعالي، والعنتريات، والاعتداد بالنفس، والثقة بالنصر، والاستخفاف بالخصم...، التي كانت قد حكمت انطلاقة الحرب في 12 تموز من العام 2006، وحدّدت سقوف أهدافها وغاياتها وتوقعاتها، حتى قيل إنّ الخطأ في حرب لبنان الثانية، وفقا للرئيس الإسرائيلي شيمون بيريز، إنما كان يكمن في «توقعات الانتصار»(5).

وليس أدلّ على حالة الهلع التي ألمعنا إليها، من الوصف الذي قدّمه شيمون بيريز، الذي كان قد شغل سابقا منصب رئاسة الحكومة الإسرائيلية، حيث يقول في معرض تعليقه على مجريات ووقائع وفصول الحرب - وبعد أيام معدودات على نشوبها - «إنها حرب وجود»، وحرب مصير، وحرب بقاء أو لا

---

(4) إسلام أون لاين.نت، **حرب كسر الإرادة**، ط1، بيروت: الدار العربية للعلوم - ناشرون، 2007، ص201.

(5) فراس خطيب، **بيريز: توقعات الانتصار كانت خطأ حرب لبنان**، نقلاً عن صحيفة يديعوت أحرونوت الإسرائيلية، صحيفة الأخبار، السنة الأولى، العدد 207، الجمعة في 20 نيسان، العام2007، ص20.

بقاء. في تقدير لأهميتها، وفي إلماح منه إلى حجم الأهوال والمخاطر التي تتهدّد وجودية وكيانية الدولة العبرية، وتعترض سيرورة بقائها.

توحي المقاربة العلمية والنقدية لكلام بيريز - بلحاظ الاعتبار إلى أنه أحد أبرز وأهم القادة السياسيين الذين يتصدرون واجهة المسرح السياسي الإسرائيلي منذ مطلع تسعينيات القرن العشرين، وصاحب تجربة عميقة في الصراع مع حزب الله[6] - إن من حيث مضمون الكلام ومحتواه، أم من حيث السياق الزمني الذي ولد فيه، بأنّ السيل قد بلغ الزبى، وأن حالة الهلع قد ضربت عصب الدولة العبرية، ونخاعها الشوكي، وعمود ارتكازها واستوائها. وإلا كيف لنا أن نعقل، أن دولة إقليمية عظمى لها باع طويل في خوض الحروب والمعارك، وتمتلك خامس أقوى جيوش الأرض، وتتوفر على أحدث ترسانة عسكرية، وأعقد تكنولوجيا الحروب، وأكثر وسائل القتل فتكا وفعالية، ترى في حرب غير كلاسيكية - الخصم فيها مجموعات عسكرية شعبية منظمة لا يتجاوز عديد أفرادها بضعة آلاف من المقاتلين المزودين بأسلحة ذات طابع تقليدي - أنها حرب وجود تتهدد كيانية الدولة. وهي التي لطالما تباهت على العالم أجمع بسمعتها العسكرية وبجيشها الذي لا يقهر، وبأنها لم تقم في أي من الأيام وزنا، ولا اعتبارا لجيوش العرب مجتمعة.

لم تكن إسرائيل - ومنذ تاريخ تنطفها، ونشأتها، وانغراسها كغدة سرطانية في أرض فلسطين - تشعر بحراجة وضعها، وبالخطر المحدق بوجودها كما تشعر راهنا بوقوعها على خط الزلزال، وعلى فوّهة بركانية مدمرة، على الرغم من أنها - ومنذ تاريخ نشأتها أيضاً- لم تلق احتضانا، وتأييدا، ومشروعية، ودعما، ومساندة دولية وعربية على وجه الخصوص، كالذي حظيت به في حربها الأخيرة على حزب الله. «بطريقة ما، خيّبت حرب لبنان الثانية آمال

---

(6) كان شمعون بيريز قد خاض حربا ضد حزب الله في 11 نيسان من العام 1996 م، استمرت زهاء 16 يوما، وعرفت بعملية عناقيد الغضب وانتهت بإبرام تفاهم عرف بتفاهم نيسان، وكان هذا التفاهم قد منح المقاومة في لبنان مشروعية دولية غير مسبوقة.

معظم الأنظمة في العالم العربي» كما يقول بنيامين نتنياهو، في موضع تعليقه على ما حظيت به الحرب على لبنان من مظلة عربية غير مسبوقة «في الحقيقة، إنْ بشكل سري أو علني، كانوا يتوقون إلى أن تنتصر إسرائيل»[7].

فلقد أطلقت إسرائيل شرارة حربها على المقاومة اللبنانية، في ظل شروط ابتدائية ممتازة، لم تتوافر في أي من حروبها السابقة، بالرغم من خطف جنديي الاحتياط، الداد ريغف وأودي غولد فاسر: المبادرة في توقيت الردّ وحجمه كانت في يدها، الدعم الدولي وبعض العربي- بالأخصّ - كان مطلقا، وكذلك أيضاً التفوق العسكري على حزب الله.

ويقول جون بولتون الذي كان قد شغل موقع المندوب الأميركي في الأمم المتحدة خلال فترة الحرب في حديث مع قناة الجزيرة الفضائية ضمن برنامج (حوار مفتوح) «إن عددا من السفراء العرب ذكروا لي في حينها أنهم يعتبرون تصرف إسرائيل دفاعا عن النفس» مشيرا إلى أن «استياءهم هذا كان هو شعور حكوماتهم الحقيقي».

وقد اتكأ بولتون على مثل هذا الموقف العربي المشرّع للعدوان، لتبرير موقف حكومة بلاده ومسؤوليتها في إطالة زمن الحرب، وفي دحرجتها واستدامتها على نحو غير مسبوق في تاريخ الحروب الإسرائيلية، وفي تهيئة ظروفها الموضوعية، وتوفير أشكال الدعم كافة لها.

وكان إيهود أولمرت قد أدرج - في مقابلة تلفزيونية معه - هذا التحول في الموقف الرسمي العربي، في خانة المنجزات والفتوح التي رشحت وأسفرت عنها نتائج الحرب: «إنّ الدول المقررة في العالم العربي بدأت تفهم أنّ إسرائيل ليست المشكلة الأكبر بين المشاكل التي تواجهها» كما يقول أولمرت، واصفا ذلك بأنّه «تغيير ثوري في المفهوم»[8].

---

(7) صحيفة الأخبار، السنة الأولى، العدد 235، الجمعة في 25 أيار، العام 2007، ص 22.

(8) صحيفة الأخبار، السنة الأولى، العدد 192، الأربعاء في 31 آذار، العام 2007، ص 20.

والحال هذه، عكفت بعض الرسميات العربية بُعيد انتهاء الحرب مباشرة، على البحث عن وسيلة أخرى لاحتواء نصر المقاومة، أو الالتفاف عليه، أو تعطيل مفاعيله وآثاره، حتى لا يضخّ نتائجه في الداخل العربي، أو يصار إلى تسييله في خدمة استراتيجيات الدفاع والممانعة والرفض والمقاومة. وحتى لا يكون بمقدوره أن يرسم آفاقاً جديدة لصراع عربي - إسرائيلي، أريد له أن ينتهي، وأن يتهالك عند الحدود التي بلغتها السياسة العربية، وارتضتها لنفسها عقيدة سياسية، أيّ الحدود التي عبّرت عنها المقولة القائلة: إنّ السلام خيار استراتيجي.

وهكذا توالت محاولات حصار ذلك النصر، وتبهيته، وتخفيت بريقه وألقه، والتقليل من شأنيته، وتقزيمه، وتشويه صورته، كما محاولات اقتناصه والنيل منه. فكان أن انتهجت الرسميات العربية - المتحرّجة من هذا النصر الكاشف لعوراتها السياسية، ولزيف مقولاتها وادعاءاتها - مسلكين اثنين:

1- **المسلك الأول:** تمثل في تجهيل الفاعل أي المقاومة: وذلك بتهجينه، أي بتحويله إلى ناطق بالنيابة عن الغير، لا بالأصالة عن النفس. فهو الوكيل الذي يخوض معارك الآخرين على أرضه تحت مظلات ويافطات وطنية زائفة، وينفذ الأجندة الإيرانية ذات النزوع الاستعماري المستجدّ وفق مزاعم هذه الأنظمة، وذات الوجهة الباحثة عن أوراق القوة، لتعزيز حضورها كقوة إقليمية عظمى في الشرق الأوسط، وعلى الساحة الدولية.

2- **أما المسلك الثاني:** فتمثل في محاولات استدراج حزب الله إلى زواريب الداخل اللبناني الضيّق المحكوم بالنزعات المذهبية والطوائفية المقيتة، التي لطالما تعفّف حزب المقاومة وتعالى عن الخوض فيها، إيمانا منه بنظرية الطهر الثوري. حيث يصار - وفق هذا المسلك - إلى جره جرا، إلى معارك داخلية تختطف نصره، وتسيء إلى سمعته وصورته، وتنزع عنه هالته وطهرانيته، وتستهلك رصيده لدى جمهوره العربي والمسلم خارج لبنان، وتظهره كطرف سياسي داخلي ليس إلا، تتملكه - كسواه - الأطماع والمكاسب السياسية.

كان جليا - ومنذ اندلاع الشرارة الأولى للحرب، أن الرسميات العربية

المنضوية في منظومة الاعتدال الأميركي، قد حسمت أمر قرارها السياسي دون مواربة: المطلوب رأس المقاومة اللبنانية وحزبها. فكان ما كان من الإشارة الجوفاء إلى مسؤولية المقاومة عن ما حصل بعبارات جاوزت في صراحتها حدود الصراحة، إلى الوقاحة المبتذلة على نحو مقزز. وجاوزت في جرأتها حدود الجرأة في توصيف الأشياء، إلى العهر السياسي والأخلاقي، على نحو جعل الموقف الرسمي العربي يبدو كمتقدم - وبما لا يقاس - على الموقف الإسرائيلي في تعليل الحرب وتسويغها. حتى أنّ علائم الدهشة والاستغراب والتعجب قد أرخت بأسدالها على الإسرائيلي نفسه، الذي كان قد عبّر مرارا عن صدمته من الموقف العربي الذي فاق حدود التوقع، والذي غالى وتطرّف في تجاوز ما كان مطلوبا منه.

وكان جليا أيضاً، أنّ تلك الجرعة العالية من الجهر والصراحة في الموقف العربي الرسمي حيال المقاومة اللبنانية، إنما تستمد وتنهل شجاعتها، أو قل وقاحتها، من شعور أصحابها بأنّ الحرب مفضية لا محالة إلى تدمير المقاومة وهلاكها، وإلا ما كان الجهر بالموقف ليبلغ ذلك المبلغ من الوضوح الحاد، ومن الجرأة غير المسبوقة. لكنّ الرياح جرت على غير ما تشتهيه هذه الرسميات العربية، فصمدت المقاومة وانتصرت وأفسدت عليها نذير شؤمها، وسيء توقعاتها، من دون أن تمنعها من الإفادة والتنعّم من فيض نصرها الإلهي - الذي هو كأيّة بركة إلهية يفيض ويعمّ على الجميع دون استثناء - فلم تمنع المقاومة من خلال صمودها وانتصارها هذه الرسميات، ليس من فرصة التكفير عن الخطيئة السياسية، أو من تثمير هذا النصر وحمايته من التلاشي والتبديد، بل من الإفادة من فيض النصر وبركاته في تعزيز مواقعها التفاوضية، وفي تعزيز أوراق القوة لديها في قبالة هذا العدو، حتى في عالم التسويات الذي تنتهجه كإستراتيجية سياسية ثابتة. لكنّ المحزن والمؤسف، أنّ هذا الحدّ الأدنى، ضيّعته هذه الأنظمة هباء منثورا، ولم تأخذها الجرأة على توظيفه وتثميره على نحو موجب.

ولا يحتاج بيان هذا الأمر إلى كثير أدلة وبراهين كي يستقيم، بل يكفي

العودة إلى الموقف السعودي والموقف المصري بعد اندلاع الحرب مباشرة، حتى تتكشّف أمامنا الوجهة التآمرية التي ركبت هذه الأنظمة موجها، بعد أن جرى تحميل المقاومة المسؤوليات المترتبة على الحرب، وبعد أن تمّ وصف العملية البطولية الجريئة التي نفّذتها، بالمغامرة الصبيانية والطائشة وغير المحسوبة، وبالمراهقة السياسية غير الناضجة، وغير الوازنة، والمتهورة. أمّا العدو فارتفع عنه أيّ سبب للاتهام أو الإدانة، وكان بمنأى عن أيّ تجريم، وبمعزل عن أيّة مساءلة أو محاسبة؛ فالذي ابتدأ كان المقاومة والبادي أظلم في المعجم القيمي العربي الرسمي، والذي تأدّى إلى خراب لبنان وتدميره وقتل أطفاله وشيوخه ونسائه، ليس إلا ما فعلته المقاومة! أمّا إسرائيل فكأنها كانت بمجازرها وجرائمها ومحارقها - التي فاقت حدود الوصف - تدافع عن نفسها في وجه اعتداء غادر وسافر فاجأها على حين غرّة، ومن حيث لا تحتسب!.

بل إنّ بعض هذه الرسميات - كالرئيس المصري حسني مبارك - قد غالى وتطرّف في توجهاته التآمرية، فخرج من الحدود الدنيا التي يفترضها ويستوجبها الانتماء الوطني والعروبي، ليضطلع بدور تعبوي وتربوي واستنهاضي داخل الكيان الإسرائيلي، بعد أن عجز قادة هذا الكيان عن إعادة برء الوعي الإسرائيلي الجمعي من ما أصابه من كيٍّ وعجز وشلل ولوثة ومسٍّ... تبرّع مبارك ليطمئن الإسرائيليين إلى أنهم - خلاف ما يشاع - لم يفقدوا قدراتهم الردعية في أعقاب حرب لبنان، محاولا التخفيف من وطأة الفشل والهزيمة والإخفاق التي أرخت بأسدالها على الجيش الإسرائيلي كأقدار لا تردّ ولا تبدّل، مناقضا بذلك مذهب بعض المواقف والدراسات الإسرائيلية في هذا المجال، حيث يقول في مقابلة مع التلفزيون الرسمي المصري في 26 حزيران من العام2007: «إنّ إسرائيل لم تفقد قدرة الردع، وإنها بحاجة إلى تنظيم أفضل وإلى تفكير أكثر ترتيبا»[(9)]. وكأنّ بإسرائيل قد وصلت إلى درك أسفل،

(9) صحيفة الأخبار، **مبارك يتوقع مصالحة بين فتح وحماس: أكد ثقته بقيادة إسرائيل ونفى أن تكون فقدت قوة الردع**، السنة الأولى، العدد 262، الأربعاء في 27 حزيران، العام 2007، ص17.

تحتاج فيه إلى صوت من خارج ساحتها، بل من ساحة الخصوم المفترضين، لكي يعيد إلى الجمهور الإسرائيلي ثقته بجيشه الذي لطالما عَهِده جيشا لا يقهر. وهل هناك صوت - ليضطلع بهذه المهمة - أفضل من صوت حسني مبارك رئيس أكبر دولة عربية.

إنّ من المفارقات المبكية والمحيّرة حقا، أن يسجل تاريخ الصراع العربي - الإسرائيلي، انعطافة جذرية على هذا النحو، تحظى فيها دولة إسرائيل بمشروعية، وبمباركة ودعم عربيين في عدوانها على دولة عربية أخرى، كالذي بدَرَ وتبدّى ممن عُرف لاحقا بخط الاعتدال، أو معسكر المعتدلين من الدول العربية، وفقا لتصنيفات وتسميات وزيرة الخارجية الأميركية آنذاك كونداليزا رايس، والـذي كـان يشتمـل عـلى كل مـن مصر والسعودية والأردن ودولة الإمارات العربية، في قبالة محور الشر والتطرّف الذي كانت تمثله سوريا وحماس وحزب الله على المستوى العربي. وكانت هذه الرسميات العربية المتجلببة بجلباب الاعتدال المقنّع، وبزيف الوسطية الخادعة والمضللة، قد برّرت الحرب الإسرائيلية المشؤومة على لبنان، وسوّغتها، ووضعتها في إطار الدفاع المشروع عن النفس، ودانت - في قبالة ذلك - المقاومة اللبنانية، وجرّمتها، وشرّرتها، واتهمتها بعدم المسؤولية، والمغامرة، والطيش، وبالمراهقة السياسية، والنزق، والتهور، والمقامرة بمصائر الشعوب وبحياة الأمة ومستقبلها.

وكان بيريز قد أدلى، أمام لجنة فينوغراد، التي كُلفت مباشرة التحقيق في إخفاقات الحرب السادسة للوقوف على أسباب الفشل والتعثر، بإفادة تعكس حقيقة هذا الهلع المباطن للموقف وللمزاج الإسرائيلي العام «إن العالم وقف في نهاية المطاف إلى جانبنا» يقول بيريز «ولكن بشكل غير لطيف، لأننا كنا ضعفاء وليس لأننا كنا على حق. إننا نُعتبر اليوم أضعف مما كنا، وفقدنا في نظر العرب جزءاً من قدرتنا الردعية... هناك شعور بأنّ إسرائيل ليست ما كانت عليه أبدا، ليست لامعة، ليست مفاجئة، ليست خلاقة»[10].

---

(10) صحيفة الأخبار، السنة الأولى، العدد 185، الجمعة في 23 آذار، العام 2007، ص1.

وأعرب، رئيس طاقم خبراء صياغة نظرية الأمن القومي الإسرائيلي، دان ميريدور - بدوره - عن عظيم هلعه ورعبه من الدرك الذي وصلت إليه دولة إسرائيل، ومن الحال السيئة والمتردية التي آلت إليها، بسبب من الفشل والهزيمة والإخفاق الذي منيت به في أعقاب الحرب الثانية على لبنان[11] وفقا للتسمية الإسرائيلية لها، حيث يقول في معرض تعليقه على تقرير لجنة فينوغراد أمام مؤتمر النادي التجاري والصناعي في تل أبيب «إن إسرائيل الآن في حالة انكسار» والكلام لميريدور «لم يسبق أن شهدت إسرائيل أمرا كهذا... وصلنا إلى نقطة الحضيض»[12].

وتجلى مثل هذا الهلع أيضاً، على نحو بيّن، في مطالعة رئيس شعبة الاستخبارات العسكرية عاموس يادلين، الذي كان قد أدلى بها أمام هيئة الأركان يوم 26 تموز2006، أي بعد دخول الحرب أسبوعها الثالث، حيث يقول خلال المشاورات الطارئة التي انعقدت على وقع الأنباء الشديدة الآتية من بنت جبيل، بعد معارك مشرفة وطاحنة كبّد فيها المقاومون الجيش الإسرائيلي خسائر فادحة كشفت مقاتل وهشاشة هذا الجيش، وعرّته، ومرّغت هيبته، وكسرت عقيدة القوة لديه، وهزّت شعوره بالثقة الزائدة بالنفس، كما هزّت صورته الأسطورية الخادعة والمضللة، «يصعب عليَّ» يقول يادلين «أن أصدّق بأنّ دولة إسرائيل مع الفرق... ومع طائراتها... غير قادرة على أن تقوم

---

(11) إنّ فشل الحرب وإخفاقها، وتقهقر القدرة الردعية لدى الإسرائيلي، قد أثّر في تفكيره العسكري، وحفر عميقا في عقله ووجدانه وذاكرته، وعرّض وعيه من جديد لعملية كيّ؛ فبات لزاما عليه أن يأخذ على محمل الجد قدرات الأعداء وإمكاناتهم... ما سوف يدفعه إلى التفكير مليا، وإلى احتساب الأمور على نحو من العناية والدقة قبل الإقدام على أي مغامرة جديدة، وقبل إطلاق صفارة الجولة التالية.

(12) دان ميريدور، **إسرائيل في مرحلة الحضيض والانكسار**، نقلاً عن صحيفة الأخبار، السنة الأولى، العدد 224، السبت في 12 أيار 2007، ص20.

بخطوة برية تأخذ 200 ناشط... السوريون ينظرون، الجميع ينظر، سيتعيّن علينا أن نفعل ذلك»[13].

وفي مشاورات 28 تموز - أي في اليوم السادس عشر على نشوب الحرب- أعرب يادلين عن قلقه إزاء الواقع الذي آلت إليه إسرائيل، بسبب من الإخفاقات الكبيرة التي منيت بها، ومن الفشل في تحقيق أي انجاز عسكري يعتد به «نحن في نقطة درك في الحرب الدائرة بيننا وبين حزب الله» يقول يادلين موصفا الواقع المرير ومخاطره على المستوى الاستراتيجي «نحن ملزمون بأن نُري بأنه يمكن التغلب على هذا، وإلا فأنه سوف يطاردنا على مدى السنين... بحياتك، آباؤنا احتلوا كل البلاد العربية في ستة أيام ونحن لا يمكننا أن ندخل مع فرقتين وأن ننهي الأمر جنوبي الليطاني»[14].

وفي سياق متصل، كتب يوئيل ماركوس في صحيفة هآرتس من عددها الصادر بتاريخ 25/ 7/ 2006، محاكيا بدوره هواجس عاموس يادلين ومخاوفه مما أصبحت عليه الدولة العبرية في حربها على حزب الله من تراجع وتقهقر وضعف اعترى المكانة والقوة والسمعة والحضور...، على الرغم من اختلال موازين القوة بكل مدخلاتها ومثقّلاتها لمصلحة إسرائيل، وعلى الرغم من توافر مناخات وبيئات دولية وإقليمية وعربية حاضنة ومساعدة، لم يكن حتى ليُتخيّل حصولها وتخلقها قبلا، إذا ما صير إلى مقايسة هذه الحرب بحروب إسرائيل السابقة: «إنّ الدولة التي كانت أقلية في مواجهة أغلبية» يقول ماركوس «وقفت قبالة سبع دول عربية في حرب التحرير، وصاحبة الجيش الذي نجح خلال ستة أيام في دحر ثلاث دول عربية، كانت قد قامت ضدها، تقف الآن في وضع

---

(13) محرر الشؤون الإسرائيلية، **محاضر جديدة عن تخبط قيادة الجيش الإسرائيلي في حرب لبنان: احتللنا كل البلاد العربية في 6 أيام فكيف نعجز جنوب الليطاني؟**، صحيفة السفير، السنة الرابعة والثلاثون، العدد 10609، الأربعاء في 24 كانون الثاني، العام 2007، ص 14.

(14) محرر الشؤون الإسرائيلية، م. ن.، ص14.

مربك معاكس لماضيها التليد وقد أصبحت الآن في وضعية الأكثرية ضد الأقلية»[15].

ويشير بنيامين نتنياهو في مطالعة له في مؤتمر عقده مركز هيروشلمي (المقدسي) بمناسبة مرور 40 عاما على حرب حزيران 1967، إلى الرسم البياني الانحداري والتراجعي الذي يعكس حالة إسرائيل حاضرا، بعد سنوات من العزة والبأس والمنعة والرفعة والقوة والجبروت، موصفا ما آلت إليه الدولة العبرية راهنا بالقول «ثمة علامة استفهام كبيرة حول كوننا لا نهزم، لا فقط من أعدائنا، بل أيضاً من جانب أصدقائنا»[16].

وإذا أردنا أن نتحرى تجليات وتمثلات النزوع المرضي إلى الماضي في العقل الرسمي والجمعي الإسرائيلي، كما تبدّى في المرحلة الزمنية التي أعقبت الحرب، أي في غضون أشهر ثمانية فقط على وقف العمليات الحربية في الرابع عشر من آب العام 2006، وفق ما نص عليه القرار 1701 الصادر عن مجلس الأمن الدولي... لأمكننا أن نسجل، وعلى نحو مفارق، من العوارض والإشارات ما لا يقاس، حيث تم التعرض، وفي زمن قياسي، لكمّ كبير من الإشارات والوثائق والمعلومات، التي تدلل على المكانة التي كان يتبوأها الجيش الإسرائيلي فيما مضى، وعلى عظمته، وعلى قدراته الأسطورية، وعلى يده الطولى في تحقيق المستحيلات...، ليس بالأقل ما تكشّفت عنه وقائع «روح شاكيد»، الفيلم الذي يعرض ويصور الكيفية التي تمت فيها عملية تصفية وإعدام مئات الجنود المصريين الأسرى في حرب حزيران 1967 م، على يد أفراد من وحدة شاكيد بقيادة الوزير بنيامين بن العيزر، الذي كان قائدا لتلك الوحدة آنذاك.

---

(15) مجموعة من الكتاب والمحللين الاستراتيجيين الإسرائيليين، **33 يوم حرب على لبنان**؛ ترجمة أحمد أبو هدبة، ط1، بيروت: مركز الدراسات الفلسطينية، 2007، ص 230.

(16) صحيفة الأخبار، **نتنياهو: لم تعد إسرائيل دولة لا تقهر بنظر أعدائها وأصدقائها**، السنة الأولى، العدد 243، الثلاثاء في 5 حزيران، العام 2007، ص 22.

ويشفّ ذلك أيضاً في ما كُشف النقاب عنه مؤخرا، ودون داع أو سبب أو مبرر، حول إحدى العمليات الاستخباراتية، التي كان فيها جهاز الموساد الإسرائيلي قد نجح بتجنيد أحد كبار الضباط الألمان النازيين المسؤولين عن محارق الهولوكوست وفق مزاعم اليهود، للتجسس في سوريا لمصلحة دولة إسرائيل.

كما نستجلي ذلك، في ما أقدم عليه التلفزيون الإسرائيلي الرسمي يوم الأربعاء في 18 نيسان من العام 2007م، من عرض - وللمرة الأولى - لصور كان قد التقطها الطيران الإسرائيلي خلال الغارة التي شنها على المفاعل النووي العراقي، والتي أسفرت عن تدميره تدميراً كاملاً[17]. في محاولة فارقة للإشارة إلى جبروت الجيش الإسرائيلي الذي لا يقهر، وإلى قدراته الخارقة والأسطورية، وإلى باعه الطويل في تحقيق الانجازات العظيمة والمستحيلة، وإلى يده الطولى في إلحاق الأذى والضرر بالأعداء أينما كانوا.

وقد كشف هذا الفيلم، الذي أعدّه الإسرائيلي نير تويب، واستغرق زهاء الساعة ونصف الساعة، التدريبات المكثفة التي أجرتها - وبسرية تامة - مجموعة الطيارين الثمانية التي أوكل إليها مهمة التنفيذ، على التحليق على علو منخفض فوق قبرص والبحر الأحمر. وأظهر الفيلم الاستعدادات والتحضيرات الدقيقة، والإجراءات المعقدة، التي قامت بها أجهزة المخابرات في الجيش

---

(17) في السابع من شهر حزيران من العام 1981، عشية عيد " شفوفعوت" الإسرائيلي، أقلعت ثماني طائرات من طراز (أف - 16) تابعة لسلاح الجو الإسرائيلي، من القاعدة العسكرية الجنوبية "عتسيون"، باتجاه العاصمة العراقية بغداد، وقصفت مفاعل تموز (أوزيراك) النووي العراقي، ودمرته كليا، بعد أن ألقت عليه 16 قنبلة زنة الواحدة منها نصف طن. وقد استغرقت طريق الذهاب إلى العراق ساعة ونصف الساعة، في مسافة مقدارها 1100 كيلومتر، مرت خلالها الطائرات من العقبة في الأردن واتجهت إلى الشمال الشرقي فوق السعودية، ومن ثم إلى العراق حيث الهدف. وكان رئيس الحكومة الإسرائيلية آنذاك مناحيم بيغن قد صادق على العملية في جلسة حكومية في تشرين الأول من العام 1980.

الإسرائيلي على غير صعيد لضمان نجاح العملية. كما أظهر سير الغارة التي شنت في السابع من حزيران العام 1981 على مصنع تموز العراقي [18].

وبالمقدور جلاء وبيان ذلك أيضاً، في ما أقدمت عليه صحيفة يديعوت أحرنوت من نشر غير مسبوق لتفاصيل اغتيال الشهيد فتحي الشقاقي [19] أمين عام ومؤسس حركة الجهاد الإسلامي في فلسطين، في عملية معقدة على يد إحدى أبرز الوحدات الأمنية في جهاز الموساد الإسرائيلي والمعروفة بخلية قيسارية.

وكانت الصحيفة قد تحدثت- على نحو مثير للدهشة بلحاظ التوقيت والمبررات - عن هذه العملية، التي كان الموساد قد اعتبرها في حينه «من أنجح العمليات التي قام بها» [20]، فأشارت إلى الكيفية التي تم فيها اتخاذ وصدور القرار عن المستوى السياسي، وإلى الكيفية التي تم فيها التنفيذ في جزيرة مالطا الايطالية بعد عودة الشهيد الشقاقي من ليبيا في أعقاب مشاركته في ندوة «تجمع رؤساء تنظيمات حرب العصابات» في تشرين الأول من العام 1995م.

كما يتكشّف ذلك في ما قامت به المخابرات الإسرائيلية من عرض لفيلم في مبنى (ميراث الاستخبارات) - مؤسسة يرأسها رئيس الموساد السابق افرايم هليفي - يكشف للمرة الأولى تفاصيل تهريب الطائرة الحربية - ميغ 21 - فخر الصناعة السوفياتية، من العراق إلى إسرائيل في 16 أب من العام 1966 م،

---

(18) صحيفة الديار، السنة العشرون، العدد 6506، الجمعة في 20 نيسان، العام 2007، ص6.

(19) من مواليد مخيم رفح العام 1951م، التحق بجامعة الزقازيق في مصر حيث درس الطب. ألف كتابا بعنوان " الخميني...الحل الإسلامي والبديل". أسّس حركة الجهاد الإسلامي في فلسطين. واعتقل على يد قوات الاحتلال أكثر من مرة بين عامي 1983 و1986، ثم أُبعد في آب العام 1988 إلى لبنان بعد اندلاع الانتفاضة الأولى.

(20) فراس خطيب، الموساد يكشف تفاصيل اغتيال فتحي الشقاقي، نقلاً عن الملحق الأسبوعي ليديعوت أحرنوت الإسرائيلية، صحيفة الأخبار، السنة الأولى، العدد 247، السبت في 9 حزيران، العام 2007، ص 17.

ويتحرى الفيلم الكيفية التي تمت فيها عملية تجنيد الطيار العراقي منير ردفا، عارضا صورا لهبوط الطائرة في قاعدة حتسور داخل الكيان الإسرائيلي.

وقد اعتبرت صحيفة يديعوت احرنوت – في موضع تعليقها على الفيلم – هذه العملية بأنها «غيرت وجه الشرق الأوسط»[21]، واصفة الحدث بأنه «حلم يتحقق في عيون الدول الغربية»[22]، بسبب من أن الولايات المتحدة لم تكن قبل ذلك تعرف شيئا عن هذه الطائرة ولا عن نقاط الضعف الكامنة فيها.

وكان من المفاعيل الفورية لهذه العملية، وفق مزاعم الصحيفة الإسرائيلية، أن أقدمت إسرائيل على إسقاط عشرات الطائرات[23] من طراز ميغ 21 خلال حرب حزيران 1967، والتي كانت بحوزة كل من الجيش المصري والجيش السوري، بعدما فهم الإسرائيليون نقاط ضعفها، وأين تقع النقطة التي يؤدي ضربها إلى انفجار الطائرة كلياً.

كما تبدو هذه الانكفاءة المرضية إلى توسل الماضي والاستنجاد به، في ما انطوت عليه بعض التصريحات، المهجوسة بنبرة تشاوفية وعنترية، من إيحاءات وإلماحات حول قدرة إسرائيل وحول استحواذها في الماضي القريب على اليد الطولى في إذلال واغتيال القادة العرب[24]. يقول مئير عميت الرئيس الأسبق

---

(21) فراس خطيب، **قصة سرقة ميغ-21 عراقية إلى إسرائيل**، صحيفة الأخبار، السنة الأولى، العدد 238، الأربعاء في 30 أيار، العام 2007، ص 20.

(22) فراس خطيب، م. ن.، ص20.

(23) كان الرئيس المصري جمال عبد الناصر قد أعلن في 23 تشرين الثاني من العام1967، أن خسارة بلاده المباشرة على يد دولة عدد سكانها واحد على عشرة من عدد السكان المصريين، كانت: 11500 قتيل، و5500 أسير، و80 بالمائة من القوات المسلحة، وأنّ 286 من أصل 340 طائرة قد دُمرت.

(24) يكشف كتاب " حرب الظلال " للباحث والصحافي الإسرائيلي يوسف برغمان الصادر في مطلع العام 2008 عن وزارة الدفاع الإسرائيلية، عن25 قضية أمنية استخبارية، كانت تستهدف في جملتها اغتيال زعماء وشخصيات بارزة في العالم العربي. في متواليات سردية تشفّ عن مخططات وعمليات ذات طابع سري للغاية كانت الدولة العبرية حتى الأمس القريب لا تقرّ بها

= ولا تعلن تبنيها، ولا تسمح بخروج بعض تفاصيلها. . .ما يدفع إلى التساؤل عن سرّ هذا السخاء المفاجئ في تقديم المعلومات دون أسباب مباشرة وموجبة تستدعي، ودون تعليلات تحتّم ذلك:

- يكشف " حرب الظلال " أنه في شتاء العام 1949، صدر قرار إسرائيلي باغتيال رئيس الحكومة اللبناني آنذاك رياض الصلح أثناء طريقه من بيته إلى مكتبه الحكومي صباحا بواسطة إلقاء جثة كلب متعفنة محشوة بالمتفجرات، على أن يصار إلى تشغيلها عن بعد عند مرور موكبه. وقد أوكل تنفيذ العملية إلى يعكوفا كوهين أحد كبار وحدات المستعربين، والذي كان موجودا في لبنان. إلا انه بعد استكمال إجراءات الرصد والمتابعة وتحضير مسرح الحدث؛ تمّ إلغاء العملية بقرار من المستوى السياسي في إسرائيل لأسباب فنية.

- يكشف الكتاب أيضاً، أنه في 18 تشرين الأول من العام 1956، أي عشية اندلاع العدوان الثلاثي على مصر، حاول الإسرائيليون اغتيال وزير الحربية المصري (أي وزير الدفاع) عبد الحكيم عامر وعموم هيئة الأركان المصرية بعد تسرب معلومات عن وصولهم جميعا إلى دمشق،وذلك من خلال عملية منظمة ومعقدة مستوحاة من عملية تصفية الأدميرال الياباني إيسوركو ياماموتو أثناء الحرب العالمية الثانية. وتقضي العملية بإسقاط طائرة عامر الحربية، وهي من طراز " إليوشين 14 " الروسية الصنع، في طريق عودتها من دمشق إلى القاهرة. وقد اتخذ وزير الدفاع الإسرائيلي في حينه موشيه ديان قرار الاغتيال بعد مصادقة رئيس الحكومة آنذاك ديفيد بن غوريون. لكنّ عامر نجا، بعدما قرر في اللحظة الأخيرة عدم صعود الطائرة بداعي استكمال بعض المتابعات التنسيقية في سوريا، فانتهت العملية بتصفية رؤساء الأقسام التابعة لهيئة الأركان المصرية. . .ما دفع بموشيه ديان في معرض تهنئته للضابط الطيار الذي نفذ العملية،إلى القول " في اللحظة التي قمت فيها بتصفية هيئة الأركان المصرية، فإنك قمت بنصف الحرب".

- وفي سياق متصل، كشف الصحافي الإسرائيلي يوسي ملمان في تقرير أعدته صحيفة هآرتس في عددها الصادر بتاريخ 27 أيلول من العام 2007، النقاب عن محاولة اغتيال رئيس المكتب السياسي لحركة حماس خالد مشعل، والتي قام بتنفيذها أفراد من وحدة "قيسارية " النخبوية التي تضم إليها وحدة عملياتية خاصة هي وحدة " كيدون". واتخذت العملية مسرحا لها المملكة الأردنية، في الخامس والعشرين من شهر أيلول العام 1997، بعد أن كان رئيس الموساد آنذاك داني ياتوم قد اتخذ قرار التنفيذ، وصدّق عليه رئيس الحكومة بنيامين نتنياهو. أما وسيلة الاغتيال فهي وسيلة مبتكرة، قوامها السم الذي حضّر في المعهد البيولوجي في مدينة " نس تسيونا"، وهو ذو مواصفات خطيرة حيث يظهر مفعوله بعد ساعات على التنفيذ من دون

لجهاز الموساد مدعيا باستخفاف سافر «إن إسرائيل لم تغتل الزعيم الفلسطيني الراحل ياسر عرفات رغم أنه كان بأيدينا»[25].

وسوى ذلك من وقائع ومعطيات ومواقف وبيانات ظُهّرت بطريقة غير وازنة، وفي لحظة سياسية غير مؤاتية للاستثمار والتوظيف، الأمر الذي أرخى بتداعياته وانعكاساته ومفاعيله السلبية الحادة على مجمل الساحة المصرية بعد تناول الإعلام لروح شاكيد، وأحدث تصدعا في النظام المصري - المتماهي

= أن يتضح سبب الوفاة. لكن الإسرائيلي أضطر إلى إرسال طبيب إلى الأردن لإبطال مفعول السم، كإجراء تسووي يتسلم بموجبه عملاء الموساد الذين نفذوا العملية بعد أن استطاع مرافقو مشعل إلقاء القبض عليهم.

- كذلك عكف محلل الشؤون العسكرية في صحيفة معاريف الإسرائيلية، في تقرير مطول صدر في ملحق الصحيفة بتاريخ 3 نيسان من العام 2008، على إماطة اللثام عن عملية اغتيال القيادي الفلسطيني خليل الوزير (أبو جهاد) في بيته في تونس في السادس عشر من نسيان من العام 1988 على يدي (سييرت متكال) بقيادة موشيه يعلون وبالتعاون مع الكوماندو البحري الإسرائيلي.

- لم يقتصر توالي الكشف الإسرائيلي - في توقيت لافت يحتاج إلى دراسة وتأمل عن العمليات السرية التي اضطلعت بها أجهزته الأمنية، على تلك التي كان مدار اشتغالها محاولات اغتيال شخصيات وقادة عرب ؛ وإنما جاوز الأمر ذلك إلى الحديث عن أعمال بطولية يغلب عليها الطابع التخييلي والهوليودي، نفذتها الأجهزة الأمنية الإسرائيلية. فقد نشرت صحيفة يديعوت أحرونوت في عددها الصادر في 12 أيلول من العام 2007 مقتطفات من كتاب يُعدّ للنشر بعنوان " المتطوع: سيرة ذاتية لعميل الموساد". ويتضمن الكتاب إشارة إلى أنّ جهاز الاستخبارات الخارجية الإسرائيلية " الموساد " كان مسؤولا عن محاولة إغراق سفينة اليرموك في مدينة الدار البيضاء المغربية، وذلك في شهر كانون الثاني من العام 1991، والتي كانت تقل على متنها 24 صاروخ سكاد سي بالإضافة إلى 20 منصة إطلاق، من كوريا الشمالية إلى ميناء اللاذقية السوري عبر قناة السويس. إلا انه وبعدما أنجز عميلا الموساد مايكل روس وجونتان كي التحضيرات اللازمة كافة؛ ألغى رئيس الحكومة الإسرائيلية آنذاك إسحاق شامير العملية لأسباب سياسية، خوفا من أن تعتبر دمشق العملية عملا حربيا.. ما يتأدى إلى إغضاب الأميركيين، لاسيما وأنّ حرب الخليج الأولى كانت في أوجها.

(25) مئير عميت، مقابلة مع صحيفة كفار حباد، نقلاً عن جريدة الأخبار، السنة الأولى، العدد 206، الخميس في 19 نيسان، العام 2007، ص 21.

إلى حد بعيد مع السياسة الأميركية في المنطقة - بفعل الغضبة الشعبية العارمة والمنددة... ما استدعى تدخل السيد الأميركي لاستنقاذ الموقف من جديد، وللحؤول دون تفاقم الأزمة، ولاحتواء المضاعفات التي أحدثها عرض هذا الفيلم.

وقد أعربت المراسلة في صحيفة يديعوت احرونوت سمدار بيري عن بالغ دهشتها وعميق استغرابها وحيرتها من هذا الاستدعاء والاستحضار المقزز للماضي، ودون أية مبررات ومسوغات سياسية موجبة وحاكمة، حين تساءلت بازدراء عن «الروح السيئة التي أنتجت قرارا ببث هذا الفيلم الوثائقي»، وأعقبت ذلك بسيل جارف من الأسئلة المشككة المرتابة «لماذا الآن بالتحديد؟» تقول بيري «لماذا اختاروا عرض تحقيق يورط جنود الدورية... بعدما هدأت أصوات الحرب... لماذا في القناة الرسمية أيضاً؟... ومن الذي أجاز لمشاركي العرض الجلوس والثناء على أعمالهم أمام عدسات التصوير؟... أين اختفت الرقابة؟»[26].

تضعنا تساؤلات بيري المشككة - على عفويتها وبساطتها - على أعتاب وعي صحيح بضخامة الانهيارات السايكولوجية التي عصفت في الوعي الإسرائيلي الجمعي والرسمي، والتي ألمّت به على نحو لم يعد يتوافر فيه على ملاذ آمن سوى في العودة إلى الماضي الحافل بمشاهد القتل، والبطش، والفتك، والعنف، والوحشية، والبأس...، عله يستقوي بهذه المشاهد على حاضره العقيم، المتعثر، العاجز عن صناعة أي نصر، وأي فتح.

والحال هذه، تشي مثل هذه الانكفاءة الارتدادية الارتكاسية التي تتوسّل الماضي على نحو تعويضي، إذا ما تمت معاينتها ومقاربتها بعين علمية فاحصة، بثقل ما ينوء تحته هذا العقل الإسرائيلي المأزوم والمهجوس بوطئة الهزيمة في تموز 2006، من جراء الشعور بالمهانة، والعار، والانكشاف، والذل، والعجز، والشلل، والتصدع، والخيبة.

---

(26) علي حيدر، **تساؤلات إسرائيلية عن دور الموساد في بث روح شاكيد**، صحيفة الأخبار، السنة الأولى، العدد 172، الخميس في 8 آذار، العام 2007، ص 18.

أما إذا شئنا أن نستقرئ، وأن نشفّف الخلفيات التي تصدر منها مشهدية هذه الانكفاءة المرضية في الوعي الإسرائيلي الرسمي إلى الماضي، والكيفية التي يتمّ فيها استحضاره ونشره وتمجيده والتغنّي به على نحو من الاحتفالية الكرنفالية، فبالمقدور أن نسجل ملاحظتين بارزتين:

أ- الملاحظة الأولى

تتبدّى في معاناة الكيان الإسرائيلي، ومنذ تسعينيات القرن العشرين[27]، من تآكل حاد في قوته الردعية العسكرية التي لطالما تباهى، واعتدّ، وتفاخر بها على العالم اجمع، وتعامل معها بصورة أسطورية طهرانية متعالية. وذلك بسبب من الإخفاقات الكبيرة التي مُني بها، وعجز آلته العسكرية عن اجتراح الحلول الاستئصالية لحالة المقاومة في لبنان، التي ظلت - وعلى نحو مطرد - تنمو، وتتعاظم، وتراكم الانجازات والتجارب والفتوح والخبرات...، حتى آل الأمر في نهاية المطاف إلى انرغام هذا الجيش - الذي كان يوصف بأنه لا يقهر - إلى الانكفاء والتقهقر والانسحاب المذل من لبنان في العام 2000، في انعطافة غير مسبوقة في تاريخه، أي منذ اللحظات التأسيسية الأولى التي توضّع فيها هذا الكيان على أرض فلسطين، ومنذ اندلاع الشرارة الأولى للصراع العربي - الإسرائيلي.

(27) ينقل أنه في العام 1993 أسرّ الجنرال اسحق رابين، رئيس الحكومة الإسرائيلية آنذاك، لصديقه الكاتب والأديب حاييم راز، أن أحد الأسباب المركزية الدافعة إلى قبوله بمندرجات اتفاق أوسلو وموافقته عليها؛ إنما يتمثل في معرفته المسبقة بحقيقة واقع الجيش الإسرائيلي المتردي والمترهل. وأنّ هذا الجيش ليس كما يصار إلى تصويره في الخارج، حيث يتم النظر إليه من خلال مرايا محدبة، بل على خلاف ذلك اعتور مفاصله الشلل والعقم وبات عاجزا عن تحقيق الانتصارات السهلة والسريعة على النحو الذي كان يقوم به في الماضي. ويحضرنا للاستدلال على صوابية مذهب رابين في مقاربته لحال الجيش الإسرائيلي مؤشراتٌ كثيرة، ليس أعظمها أن جنرالا بحجم ارييل شارون اضطر مرغما إلى الانسحاب من قطاع غزة لكي يحدّ من اتساع مساحات المواجهة، ويقصر جبهات وخطوط القتال بالنسبة إلى الجيش المنهك والعاجز حتى عن الدفاع عن وجود إسرائيل ومصالحها الحيوية الكبرى.

لذا فإنّ أكثر ما كان يئدّ مضجع الدولة العبرية في الآونة الأخيرة، ويؤرّق كاهل المستويين السياسي والعسكري فيها، ويشغل الحيز الأهم من الحراك الإسرائيلي العام، هو وعي الكيفية المثلى التي بالمقدور أن يعاد فيها ترميم القوة الردعية العسكرية، وبالتالي تعاد فيها أمارات العزة، والسطوة، والهيبة، والمنعة، والبأس. . . ، لجيش خسر الكثير من رصيده، ومن رأسماله الرمزي في مواجهة المقاومة، وخسر الكثير من سمعته العسكرية المؤسطرة، بوصفه الجيش الذي لم يهزم منذ انعقاد نطفة تشكله الأولى، وبوصفه الجيش الوحيد، من بين جيوش الأرض قاطبة، الذي قدّر له - ومنذ تبلور المفهوم الوظيفي لعمل الجيوش - أن ينعم بحظوة أن تنشأ وتقام له دولة[28].

وكان عاموس يدلين، من خلال موقعه في صلب المؤسسة الأمنية[29]، بوصفه رئيسا لشعبة الاستخبارات العسكرية (أمان)، قد أشار إلى حقيقة هذا الأمر، في مداولات أمنية خاصة جرت مع صنّاع القرار في الحكومة الإسرائيلية، بعد مرور ثلاثة أيام على نشوب الحرب «إنّ الهدف الجليّ ينبغي أن يكون تعميق الردع»[30].

لقد ظلت هذه الحالة المرضية تنغل في جسد المؤسسة العسكرية الإسرائيلية كأكثر الحشرات باعا، وتفتك بها على نحو سرطاني خبيث تنهار معه كل

---

(28) إنّ إسرائيل تقوم في أصل نشأتها وتكونها واستوائها على معادلة فارقة ؛ فهي جيش له دولة وليست دولة لها جيش، ما يعني أنّ محور الحياة العامة وقطب الرحى في الكيان العبري هو المؤسسة العسكرية، التي تشكل عنصر الجذب الرئيسي للمستوطن اليهودي، حيث بالمقدور الإتيان به من أخر الدنيا لإقناعه بأرض الميعاد.

(29) كان يتولى الأجهزة الأمنية الإسرائيلية عشية الحرب على لبنان كل من: مائير داغان رئيسا لجهاز الموساد، يوفال ديسكين رئيسا لجهاز الشاباك، عاموس يدلين رئيسا لشعبة الاستخبارات العسكرية (أمان).

(30) صحيفة السفير، **يدلين. . من فشل الحسم الجوي إلى الرغبة باغتيال نصر الله**، نقلاً عن صحيفة معاريف الإسرائيلية، السنة الرابعة والثلاثون، العدد 10707، الجمعة في 25 أيار، العام 2007، ص16.

دفاعاتها، وكوابحها، وروادعها، وصمامات الأمان فيها. . .، ما ينال من هيبتها وحضورها ومكانتها وسمعتها، حتى أنها لم تعد مدعاة للاحترام، إلى أن وقعت الحرب الأخيرة على لبنان في صيف العام 2006، والتي وجد فيها الجيش الإسرائيلي ضالته المنشودة بعد أن كان قد أعدّ خططها وبدائلها وسيناريوهات عملها، وتحضّر وتجهز لها مسبقا كما جاء في اعترافات رئيس الحكومة ايهود أولمرت أمام لجنة فينوغراد، حيث أشار إلى أنّ العدوان «كان قيد الإعداد والتخطيط قبل أشهر من شنّه، وكان ينتظر شرارة الانطلاق»[31]، وإنّ قرار الحرب كان ناضجا قبل مدة طويلة، وإنّه عُقدتْ في سبيل ذلك اجتماعات مطوّلة لأصحاب القرار في الحكومة الإسرائيلية في 8 كانون الثاني، وفي آذار ونيسان وأيار وحزيران من العام 2006، أي قبل عملية الاختطاف التي نفّذها حزب الله.

قد ينظر بعض المهتمين بالشأن الإسرائيلي - بوعي منهم أو دونما وعي - إلى ما نسوقه من أطروحات ومقولات حول عضوية ووجودية وجذرية العلاقة بين هذا المجتمع والجيش، بعين التبسيط والتسطيح والاستخفاف، أو يدرجه - بالأقل - في باب المبالغة والغلو والتعظيم.

لكن خواء هذا الزعم وهذا الادعاء سرعان ما يسقط أمام أية قراءة حفرية اركيولوجية لنشوء النزعة العسكرية الإسرائيلية، وارتقائها، وتسيّدها على المجتمع بأسره «للجيش في إسرائيل دور أكبر بكثير من دور الجيوش في العالم» وفق ما يقول حسين عبد العزيز في مقالة له حول تقرير فينوغراد وانعكاساته الإيديولوجية «فعمله يتجاوز الميدان العسكري إلى الميدان الإجتماعي - الثقافي - الطائفي المتنوع. فهو من حيث أنّه بوتقة صهرٍ، يسهم إسهاما أساسيا في عملية بناء الأمة وتوحيد الهوية. هنا يصبح الجيش بديلا للدولة»[32]. . . ما يجعل من

---

(31) محمد بدير، **أولمرت يعترف: خططنا لحرب تموز في آذار**، صحيفة الأخبار، السنة الأولى، العدد 173، الجمعة في9 آذار، العام 2007، ص 18.

(32) حسين عبد العزيز، **تقرير فينوغراد وانعكاساته الإيديولوجية**، جريدة الأخبار، السنة الأولى، العدد 226، الثلاثاء في 15 أيار، العام 2007، ص 15.

موقع الجيش الإسرائيلي بخلاف موقع أي جيش آخر، ووظيفته غير تلك التقليدية، ودوره على غير الأدوار التي تناط عادة بالجيوش، من حيث أنه لا يقف بإطلاق - كما الجيوش - خارج الحياة السياسية بانتظار أوامر المستوى السياسي، ولا يتموضع كصندوق يودع فيه من الرسائل ما ينبغي عليه تنفيذه، وإنّما يأخذ مكانه في قلب الممارسة السياسية على نحو بنيوي وجذري أصيل، وفي مركز صناعة القرار واتخاذه، بوصفه مكونا فاعلا من مكونات الحياة السياسية العامة. فهو بأخلاقياته وثقافته وقيمه جزء من الديمقراطية اليهودية المزعومة.

ويكشف بن كسبيت عن حساسية موقع الجيش في المعادلة الإسرائيلية، وعن فرادته بين جيوش الأرض، من حيث اضطلاعه - دون سواه من العناصر المؤسّسة - بالوظيفة الوجودية للدولة، حيث يقول «إسرائيل هي الدولة الوحيدة في العالم التي لا يمكنها أن تحافظ على وجودها ثانية واحدة، من دون جيش قوي جبار وماهر»[33].

ولعل هذه الوظيفة الوجودية والكيانية التي أنيطت بالمؤسسة العسكرية، ليست غريبة أو طارئة على دولة قامت دعائمها، واستوت مرتكزاتها، وانبنى معمارها، على مقولة إستراتيجية مفادها: «كان فيها الجيش نحن، وكنا جميعا الجيش». وذلك بوصفها دولة احتلالية، استعمارية، غاصبة، لا يمكن لها أن تتذوق طعم الراحة والطمأنينة والسكينة والاستقرار. . .، أو تستشعر ملذة الشعور بالأمان والبقاء، إلا في كنف جيش قوي مقتدر[34]، يبعد منها كأس الموت والفناء «فقوة الجيش» كما يقول الباحث افرايم عنّبار «هي الضمانة لنجاة إسرائيل».

---

(33) بن كسبيت، **حتى الحرب المقبلة**، نقلاً عن صحيفة معاريف الإسرائيلية، صحيفة الأخبار، السنة الأولى، العدد 224، السبت في 12 أيار، العام 2007، ص18.

(34) أشار غابي أشكنازي رئيس أركان الجيش الإسرائيلي خلال كلمة ألقاها في ختام أعمال مناورة عسكرية أجراها الجيش في الرابع عشر من شهر تشرين الأول من العام 2009: "أنّ الجيش الإسرائيلي هو ضمان وجود إسرائيل واستمرارها".

ما يعني أنّ تجييش المجتمع الإسرائيلي وتثويره وعسكرته، على النحو الذي صير فيه إلى استواء الدولة العبرية ثكنة عسكرية وترسانة مسلحة؛ إنما يصدر من نزوع دموي وشبقي إلى توسل كل أشكال العنف، والموت، والتقتيل، والترهيب، والقدرة على الايذاء والعدوان. فالقيامة الدموية الهجينة للدولة، كانت تستدعي - بالضرورة - حاجة ملحة ودائمة إلى الأخذ بأسباب القوة والغلبة والعنف، وإلى الإتيان بمعاول الهدم على كل الفروق الفاصلة بين المجتمع كانتظام اجتماعي وثقافي، وبين الجيش بوصفه مؤسسة تناط بها مهام وأعمال دفاعية وأمنية وعسكرية وحربية. والحال هذه، تبنت إسرائيل تصورا رئيسا في مسألة الدفاع والأمن يقوم على الجهوزية، والاستعداد، والاستنفار، وتصليب الإرادة، وتحفيز الوعي وتنشيطه، وعلى وجوب «التحضير الدائم للقتال، والاستخدام التام لكل الموارد البشرية»[35]، بحيث أنها دمجت «بين مفهوم الشعب والقوى المسلحة، وأقامت المجتمع العسكري بكل معنى الكلمة إلى الحدّ الذي يصحّ القول فيه الشعب -الجيش، أو الجيش - الشعب لا فرق»[36].

وقد أشار الدكتور أوري بن اليعزر في بحث سوسيولوجي - تاريخي مطول، إلى حقيقة هذه العلاقة الجوهرانية القائمة على نحو من التماهي الحلولي، والتداخل الوثوقي الصميمي المفارق، بين كل من المجتمع الإسرائيلي والجيش، حين قارب الصورة الطهرانية للجيش كما ترسّبت وترسّخت في الوجدان وفي المخيال المجتمعي اليهودي العام، بوصفه حامي اليهودية، وحصنها الحصين، ودرعها الواقي، وبوصفه المجسد الحقيقي للفكرة الصهيونية، ولفكرة نفي المنفى التي لطالما كابد اليهودي الفرد آلامها وعذاباتها: «إنّ واقع كون الجيش في إسرائيل غير مفصول عن المجتمع، وأنّه جيش الشعب» والكلام

---

(35) أمين حطيط، **الإستراتيجية الدفاعية**، ط1، بيروت: دار الهادي للطباعة والنشر والتوزيع، العام 2006، ص 183.

(36) أمين حطيط، م. ن.، ص 183.

لبن اليعزر «مثّل بالضبط تجليا بارزا للنزعة العسكرية، إذ ليس هناك فصل بين إطار عسكري بحت وبين كيان اجتماعي بحت (. . .) فنحن مجتمع مجيّش (. . .) تحوّلنا إلى مجتمع مجنّد، وإلى أمة ترتدي الزّي العسكري»[37].

فالجيش، وفق هذا المنظور، لا ينهض بدور ثانوي أو استثنائي، ولا يؤدي أدوارا تكميلية، ولا يقف خارج الحياة السياسية أو على هامشها، بانتظار تلقي أوامر وتعليمات المستوى السياسي على نحو من السلبية المقيتة، بل هو بأخلاقياته وحساسياته وثقافته وحضوره، يتوضع في صلب الانتظام المجتمعي العام، وفي قلب معادلة هذه الحياة ومنظومة قيمها، كفاعل قاعدي بنيوي وتكويني من فعاليات تشكل مشهدية الحياة العامة في إسرائيل، على نحو شغل فيه الجيش عموم مساحات التلاقي والتطلعات والمشتركات والجوامع بين مكوّنات الاجتماع الإسرائيلي. ما حدا بكثير من الباحثين والمختصين والعارفين بشؤون الكيان الإسرائيلي، إلى القول أنّ هذا الكيان «لا يتوحّد على شيء بقدر توحّده على قدسية جيشه وجنوده».

وكان غابي افيطال – المحاضر في معهد الطيران الحربي الإسرائيلي – قد أشار إلى هذه الخصيصة المائزة للجيش: «إن البديهية الأساسية لدولة اليهود واحدة ولا يوجد سواها» يقول افيطال «دولة اليهود ستعيش على سيفها أو لن تعيش أبدا»[38].

والحال هذه، كان من الطبيعي أن يشير تقرير فينوغراد إلى الآثار النفسية التي خلفتها هزيمة إسرائيل في الحرب الأخيرة على لبنان[39]، والتي تتجاوز في

---

(37) أوري بن اليعزر، ملحق في جريدة هآرتس، بعنوان هكذا نشأت النزعة العسكرية الإسرائيلية، 27 أيلول من العام 1995، ص 22.

(38) غابي افيطال، نقلاً عن صحيفة معاريف في 25 - 1 - 2007، صحيفة الأخبار، السنة الأولى، العدد 226، الثلاثاء في 15 أيار، العام 2007، ص 15.

(39) يُذكر أنّ التقرير النهائي للجنة فينوغراد، قد توسل في مقاربته لاخفاقات الحرب على حزب الله منهجا يحرص على تغييب وتجاهل وإهمال - اقله في الجانب المعلن منه - كل ما من شأنه أن يؤشر على عوامل قوة ذاتية يمكن أن يكون توافرها في العدو أي حزب الله قد تأدى إلى فشل

انعكاساتها وترتداتها ومفاعيلها وآثارها ما هو سياسي، إلى ما هو عسكري وسيكولوجي في الذات الإسرائيلية «كذات صهيونية دينية عنصرية شوفينية، ترى الأمن جزءاً من التركيب الثقافي للفرد بما هو جزء من الأمة اليهودية، وتعطي أهمية كبرى للجيش كمؤسسة تفوق كل المؤسسات الأخرى في عملية البناء الإسرائيلي»[(40)].

وكان من الطبيعي أيضاً، أن يصار إلى اعتبار الحرب على لبنان، حرب وجود أو عدمه، بقاء أو لا بقاء، حياة أو موت. وأن يصار إلى النظر إليها، بوصفها معركة على الوعي والوعي المضاد. وأن يعكف المستوى السياسي والمستوى العسكري على حد سواء، على البحث - وبنحو مضنٍ - طيلة زمن الحرب، عن (صورة نصر)، الصورة التي من الممكن أن تنفذ إلى الوعي الإسرائيلي الجمعي كنجاح، بحيث يصار إلى تثميره وتوظيفه فيما بعد، لاسترداد ثقة الإسرائيلي بجيشه، ولإقناعه بأنّ هذا الجيش قد استرد عافيته، واستعاد قوة ردعه المفقودة، سواء تمثلت تلك الصورة في علم يُرفع في مدينة بنت جبيل، أو على ضفاف نهر الليطاني، أو تمثلت في عمليات استعراضية للقوة في عمق المناطق اللبنانية في مدينة بعلبك، أو في مدينة صور...

= الحرب، وإلى تناهيها وفق النتائج والمآلات المعروفة التي استقرت عليها. إلا أنّ هذا التغييب والإهمال غير المهني وغير العلمي لذكر عوامل وعناصر قوة العدو ؛ لم يكن بإطلاق صادرا من فراغ أو عدم، وإنما من حرص ملح على الحؤول دون تفاعل الوعي العربي والإسلامي مع نتائج الحرب إيجابا، أو تأثر الوعي الإسرائيلي بها سلبا. كما يصدر ذلك من عنصرية شوفينية مقيتة تتملك واضعي التقرير ومعدّيه، تقوم على احتقار العنصر العربي، وعدم تقبل إمكان أن يتعامل هذا الأخير بعقلانية مع أي حدث أو محك، بل وتمنع عليهم عنصريتهم حتى التفكير في فتح نقاش في موضوع كهذا داخل المجتمع الإسرائيلي. وثمة صدور آخر لتوسل مثل هذا المنهج، يتمثل في سعي معدّي التقرير إلى تجويف وتقعير انتصار حزب الله في الحرب، ومحاولة ربط الإخفاق الإسرائيلي بأسباب داخلية وإدارية، سواء على المستوى السياسي أم على الصعيد العسكري، لا ربطه بقوة الخصم وجهوزيته واستعداداته أو برجاحة عقله العسكري والأمني.

(40) حسين عبد العزيز، **تقرير فينوغراد وانعكاساته الإيديولوجية**، جريدة الأخبار، السنة الأولى، العدد 226، الثلاثاء في 15 أيار، العام 2007، ص 15.

وحول هذه الأخيرة، يشير الكاتبان عاموس هرئيل وآفي يسسخروف - في مقال مشترك نشرته صحيفة هآرتس في عددها الصادر بتاريخ السابع من آب من العام 2006- إلى أنّ العملية العسكرية التي نفذتها وحدة «سييرت متكال» ووحدة «شيدلج» في مدينة بعلبك بتاريخ 1 آب من العام 2006، أو ما شاكلها من عمليات نفذت خلف خطوط العدو، وفقا لما يُصطلح عليه عسكريا؛ إنما تندرج في إطار سلوك تعويضي، وتأتي بدافع «الحاجة إلى إعادة الوهج إلى عيون الجمهور الإسرائيلي عن طريق استعراض القوة الحقيقية للجيش الإسرائيلي»[41]. وذلك بعد أن عجز هذا الجيش عن صناعة أي انجاز يذكر، وبعد أن مُني بإخفاقات وهزائم ونكسات في مواجهات مباشرة مع مقاتلي حزب الله.

وبالعودة إلى موضوعة الحرب الأخيرة على لبنان، بعد هذا الاستطراد المطول الذي توخينا من خلاله نشر اضاءات حول خصوصية الجيش وحساسيته في المجتمع الإسرائيلي. فلا يخفى، أن هذه الحرب كانت تتوسّل جملة من الأهداف الإستراتيجية التي كان قد تبانى عليها ما يسمى بالمجتمع الدولي بلحاظ الساحة اللبنانية، والتي يصار إلى تحقيقها رزمة واحدة:

1- تنفيذ البند الثاني من القرار 1559 المتعلق بنزع سلاح حزب الله، بعدما عجزت الحكومة اللبنانية عن القيام بذلك وفق ما حدّدته لها رايس من مهل زمنية، وبعدما كانت هذه الأخيرة قد أعلنت مرارا عن نفاد صبرها حيال هذا الأمر، لاسيما بعد انقضاء ما كانت قد أطلقت عليه «فترة السماح». وبعد فشل الخيار السياسي بحيث أصبحت الحرب خيارا بديلا لتنفيذ القرار المذكور، وفق ما جاء في اعترافات أولمرت أمام لجنة فينوغراد، والذي كان قد أقرّ بمصادقته في شهر أيار من العام 2006 «على الأهداف السياسية لإسرائيل في

(41) مجموعة من الكتاب والمحللين الاستراتيجيين الإسرائيليين، **33 يوم حرب على لبنان**؛ ترجمة أحمد أبو هدبة، ط1، بيروت: مركز الدراسات الفلسطينية، العام 2007، ص 105.

لبنان، وهي تنفيذ قرار مجلس الأمن 1559»[42]، أي قبل ما يقارب الشهرين على تاريخ نشوب الحرب بذريعة استعادة الجنديين المحتجزين لدى حزب الله... الأمر الذي يفسّر لنا التحول الذي شهدته الحرب في أهدافها ويافطتها، لتصبح غايتها المنشودة - بعد أيام على انطلاقتها - هي تفكيك حزب الله ونزع سلاحه.

2- مساعدة الحكومة اللبنانية برئاسة فؤاد السنيورة، العاجزة، والعاثرة عن الوفاء في أي من التزاماتها أمام ما يُسمّى بالمجتمع الدولي. وهي - لا يخفى - التزمات ذات واجهات وشعارات وعناوين إصلاحية، لكن ما يباطنها أو يتوارى ويستتر خلفها، هو البعد الاستخباراتي - الأمني - السياسي ذو النزوع التسلطي الاستعماري. وكان جون بولتون قد أعلن عن حقيقة هذا الهدف الذي توسلته الحرب من ضمن مروحة أهدافها الكثيرة والمتعدّدة، حيث يقول متحدثا عن الأهداف الأميركية من العدوان الإسرائيلي على لبنان: «كنا نود رؤية الحكومة المنتخبة ديمقراطيا في لبنان متحررة من التهديدات الإرهابية لحزب الله (...) كان ذلك أملنا من الحرب في الصيف، والذي لم يتحقق بشكل مؤسف لشعب لبنان»[43].

3- استئصال ذراع إيران العسكرية في لبنان، وفقا للتوصيف الإسرائيلي-الأميركي، والتي تتمثل في حزب الله بوصفه جبهة متقدمة تشكل رأس حربة المشروع الممانع في المنطقة. وذلك تمهيدا لتوجيه ضربة قاصمة لإيران تنهي مشروعها النووي وطموحاتها الإقليمية، كمقدمة لزعزعة النظام، وبالتالي إسقاطه، من جهة أولى. وتمهيدا لمحاصرة سوريا بعد انتزاع أبرز أوراق القوة لديها، كمقدمة لتعديل سلوك النظام، من جهة ثانية.

---

(42) راجع ما ورد من اعترافات رئيس الحكومة الإسرائيلية في تقرير فينوغراد، فيما يتعلق بأهداف الحرب على لبنان صيف العام 2006.

(43) كلام جون بولتون - المندوب الأميركي في الأمم المتحدة خلال الحرب الإسرائيلية على لبنان في صيف العام 2006 - ورد في حديث مع قناة الجزيرة الفضائية ضمن برنامج "حوار مفتوح " بُثَ مساء السبت في 24 آذار من العام 2007.

4- خلط الأوراق، وإعادة ترسيم خارطة توزّع القوى السياسية في لبنان، وفقا لما تتطلبه الأجندة الأميركية، أي لمصلحة تلك الموالية للحكومة اللبنانية برئاسة السنيورة، وذلك بعد أن كان ميزان القوى قد اختل - وبصورة ملحوظة- لمصلحة المعارضة اللبنانية التي يمثل حزب الله منها المركز وقطب الرحى.

وكان الباحث الإسرائيلي افراييم عنّبار البروفسور في الدراسات السياسية في جامعة بار إيلان، والذي يشغل منصب مدير مركز (بيغن - السادات) للدراسات الإستراتيجية، قد أشار في دراسة بعنوان «كيف أساءت إسرائيل إدارة حرب لبنان الثانية»، نشرها منتدى الشرق الأوسط في إصداره الفصلي، إلى هذه الأهداف المجتمعة التي توسلتها الحرب، حيث يقول من فقرة بعنوان «أهداف غير واقعية»: «منذ المراحل الأولى للحرب، أصرّ القادة الإسرائيليون على تشجيع لبنان ليصبح دولة معتدلة، وأنّ الجيش الإسرائيلي يمكنه أن يدمّر حالة الدولة داخل الدولة التي يقيمها حزب الله» ثم يضيف معقبا أنّ «رئيس الحكومة إيهود أولمرت رأى في استخدام القوة وسيلة لتنفيذ القرار 1559، وتقوية الحكومة في لبنان برئاسة فؤاد السنيورة، بل إنّ أولمرت رأى في العملية العسكرية فرصة استثنائية لتغيير القواعد في لبنان».

إلا أن الهدف المركزي الذي حكم الوعي العسكري الإسرائيلي والذي استوت عليه الخلفية التي صدر منها قرار الحرب وتأسست مشهديتها، بوصفه أكثر الأهداف أهمية وإلحاحا، وأكثرها خطورة وضرورة - ولعل هذا لا يحتاج من القارئ المتتبع للشأن الإسرائيلي إلى كثير استدلال وبيان، لأن عليه تقف الشرعية الوجودية للدولة العبرية - هو إعادة الاعتبار لشأنية القدرة الردعية العسكرية(44) الآخذة في التآكل والتصاغر والضمور، وترميمها من خلال تعزيز

---

(44) يذكر في هذا المجال إن الجيش الاسرائيلي لم يقدم في اليومين الأخيرين من حرب (تموز - اب) 2006، على ما اصطلح عليه بعملية (تغيير الاتجاه 11)، أي العملية البرية الواسعة التي استهدفت الليطاني، إلا لاستعادة ماء وجه الجيش الإسرائيلي الذي أريق على أيدي أبطال المقاومة. وينقل المعلق السياسي في صحيفة معاريف بن كسبيت حوارا كان قد دار آنذاك بين

سطوتها، وهيبتها، وفعاليتها، وحضورها، واستعادة تفوقها وتعاليها كقوة أسطورية لا تنازع، ولا تزاحم في منطقة الشرق الأوسط. بحيث يصار إلى تظهيرها وتصويرها على شاكلة عصا شرطي غليظة، بها تُرهّب الشعوب، وتُستلب إراداتها، وتُرتهن مصائرها، وتُدجّن الأنظمة، ويُؤدّب الخارجون على دفاتر الشروط الأميركية، ويعاد المتمردون إلى حظائر الطاعة... لكنّ ذلك لا يمكن له أن يستقيم على نحو وازن، إلا من خلال عملية قيصرية عسيرة يتم فيها استئصال كل حالات الممانعة والمقاومة والرفض، التي يمثل حزب الله رأس حربتها.

وهكذا كان أن خرجت إسرائيل إلى الحرب التي أعدّت لها جيداً، فمن «بين كل حروب إسرائيل منذ العام 1948» يقول جيرالد ستاينبرغ – أستاذ العلوم السياسية في جامعة بارايلان الإسرائيلية «فإنّ هذه الحرب هي التي استعدت لها إسرائيل أكبر استعداد»[45]؛ خرجت وفي وعي جميع قادتها يمثل ويسكن شيء واحد فقط، هو مسح الآثار النفسية والسياسية التي تركها الانسحاب الأحادي، أو قل الفرار من لبنان في أيار من العام 2000، والتي حفرها عميقا في أذهان الإسرائيليين ووجداناتهم، حيث يصار إلى استعادة الثقة بالجيش الذي تعرض لنكسة معنوية خطيرة، وإلى تلقين حزب الله، الذي أمعن في توهين إسرائيل وتصغيرها وإضعاف مكانتها، درسا يكون عبرة لكل من يستلهم تجربته من حركات الممانعة والمقاومة في الوطن العربي.

=   المدير العام لوزارة الدفاع غابي اشكنازي ونائب رئيس الأركان في الجيش موشيه كابلنسكي خلال المداولات التي أجريت قبل اتخاذ القرار، حيث سأل اشكنازي كابلنسكي " من اجل ماذا نحن بحاجة لهذه العملية العسكرية؟ هل من اجل الكرامة؟ " فما كان من الأخير إلا أن قال " إن كرامة الجيش الإسرائيلي هي أيضاً أمر هام "... وكان رئيس القسم السياسي-الأمني في وزارة الدفاع عاموس جلعاد – وفقا لبن كسبيت – قد أعرب في حينه أمام صناع القرار " أن العمليات العسكرية الإسرائيلية قد استنفدت نفسها"، وإنه لم يعد بالإمكان تحقيق انجازات بواسطة القوة العسكرية.

(45) محمد قبيسي، **الحرب السادسة ؛ الصمود والانتصار**، ط1، بيروت: دار الهادي للطباعة والنشر والتوزيع، 2007، ص 106. نقلاً عن صحيفة سان فرانسيسكو كرونيكل الأميركية.

وكان الكاتب والصحافي ميرون بنفنستي، قد أشار في مقالة بعنوان «جيل كامل إلى الوراء»، إلى هذا النزوع الثأري التعويضي الذي تملك العقل الإسرائيلي واستحوذ على أواليات التفكير لديه، كما أشار إلى هذه الخلفية الاعتقادية والسيكولوجية التي صدرت منها الحرب وتوسلتها، وقامت واستوت عليها، بعبارة شفيفة موجزة ودالة: «المهم فقط» يقول بنفنستي من على صفحات هآرتس في عددها الصادر بتاريخ 10- 8-2006 «هو إشعار الناس في إسرائيل بأننا قد أريناهم من نكون!»[46].

ولعل هنا يقع منشأ التخوف الحقيقي الذي لطالما أبداه قادة العدو، على مصير ومستقبل قدرة الردع الإسرائيلية، إذا ما انتهت الحرب من دون توجيه ضربة موجعة وقاصمة لحزب الله تضع حدّا لنشاطاته العدائية، إدراكا منهم لخطورة تراجع السطوة العسكرية لإسرائيل على مكانتها في المنطقة، وعلى مستقبلها كدولة احتلال تعيش في توتر دائم مع محيطها.

بيد أن ما تناهت إليه الحرب من مآلات وسياقات وخواتيم[47]، وما

(46) مجموعة من الكتاب والمحللين الاستراتيجيين الإسرائيليين، **33 يوم حرب على لبنان**؛ ترجمة أحمد أبو هدبة، ط1، بيروت: مركز الدراسات الفلسطينية، 2007، 321.

(47) نفّذ الجيش الإسرائيلي خلال الحرب السادسة على لبنان 24 حملة عسكرية خاصة، قام بها جنود من وحدات النخبة. إلا ان هذه الحملات لم تنجز أي شيء يذكر للإسرائيليين، ولم تحقق أهدافا، ولم تزودهم (برمز للانتصار) الذي حرص الجيش الإسرائيلي على توفيره في بنت جبيل، ومارون الراس، وبعلبك، وصور، والغندورية، ووادي الحجير... لكن كل المحاولات باءت بالفشل، وهذا ما زاد من مأزم هذا الجيش.

لقد بحث الإسرائيلي طيلة زمن الحرب عن(صورة للانتصار)، أراد صورة تشبه صورة المئات بل الآلاف من جنود الجيش المصري وهم يستسلمون في صحراء سيناء خلال حرب حزيران من العام1967، أو تشبه صورة عشرات الفلسطينيين في طولكرم وهم يرفعون الرايات البيضاء في العام 2002. حتى أنّ الشرطة العسكرية الإسرائيلية كانت قد تلقت أوامر لتجهيز معسكر للمعتقلين فى فيلون بجانب روشبينا، لاستيعاب أول مئة أسير من حزب الله. أو بالأقل، أراد الإسرائيلي ولو صورة يعتلي فيها العلم الإسرائيلي فوق المكان الذي ألقى فيه الأمين العام لحزب الله السيد حسن نصر الله خطاب التحرير العام2000، ووصف فيه إسرائيل بأنها أوهن من بيت العنكبوت، أو صورة تظهر العلم المذكور وهو يرفرف فوق ضفاف نهر الليطاني.

أسفرت عنه من إخفاقات، وأخطاء، وتعثر، وفشل، وإحباط، وتخبط...، وما رشحت عنه من هزيمة كبرى عصفت بكيان الدولة، إن كان بلحاظ ما وضع لهذه الحرب من أهداف، أو بلحاظ سقوف التوقعات التي حددت مسار تطورها المنشود... تأدى- وعلى نحو مثير للغرابة والدهشة- إلى غير المأمول والمرجو، وإلى وقائع ميدانية مفارقة وخطرة؛ «وسمت» كما يقول آري شبيط «الوعي الإسرائيلي كإخفاق»[48] بل كفشل وهزيمة وتداع وسقوط، وأصابت السمعة العسكرية الإسرائيلية في العالم بضرر بالغ وتقعّر حاد، حتى أنها أودت بها إلى تخوم الهاوية، وإلى نتائج كارثية على المستوى الإستراتيجي[49]، بعد أن وهنتها وسفهتها، وكشفت زيف فتوحاتها وانجازاتها وبطولاتها الموهومة التي لم تكن لتحصل بإطلاق في يوم من الأيام، أو لتبصر النور، لولا الضعف، والوهن، والتقاعس، والتخاذل، والاستسلام والخنوع العربي الرسمي، المتواطئ إلى حد بعيد - ولمصالح خاصة ومحدودة وضيقة - مع المشاريع الكولونيالية الجديدة القادمة إلى المنطقة، والمتجلببة زيفا بجلباب الديمقراطية والحرية والسيادة والاستقلال.

فعجز الأنظمة والرسميات العربية، هو من خلق وهم أبدية التفوق العسكري الإسرائيلي وتعاليه. وتواطؤها هو الذي ضيّع فلسطين العام 1948 م، وتأدّى إلى ما سُميّ بالنكسة العام 1967 م، التاريخ التأسيسي لصعود نجم إسرائيل،

---

(48) مجموعة من الكتاب والمحللين الإستراتيجيين الإسرائيليين، **33 يوم حرب على لبنان** ؛ ترجمة أحمد أبو هدبة، ط1، بيروت: مركز الدراسات الفلسطينية، العام 2007، ص 304.

(49) يجمع معظم الإسرائيليين على نحو من التسليم والبداهة، أنّ نتائج الحرب الثانية على لبنان - وفقا للتسمية الإسرائيلية - كانت كارثية على غير صعيد، وأنّ تداعياتها وآثارها ومفاعيلها السلبية لن تقتصر على ظرف مكاني وظرف زماني محددين، بل ستظهر سلسلة السلبيات تباعا، وتتفاعل وتطول على نحو يمتد زمنيا. وكان التقرير النهائي للجنة فينوغراد - اللجنة التي أنيط بها مهمة الوقوف على أسباب الفشل والإخفاق، ومعاينة وتفحص وشرح وتحليل مواضع ومواطن الخلل التي اعتورت أداء الجيش الإسرائيلي خلال صيف العام 2006 - قد أشار في خلاصاته النهائية إلى أنه يتوقع لهذه الحرب " آثارا بعيدة المدى بنظرنا (أي بنظر إسرائيل) مثلما هو بنظر أعدائنا وجيراننا وأصدقائنا في المنطقة والعالم".

وتحوّلها إلى قوة إقليمية عظمى، مقتدرة ومرهوبة الجانب. وانهزامها الداخلي هو الذي خلف وراءه سلسلة من الهزائم العربية المتتالية على غير صعيد. ما يعني، أنّ صورة إسرائيل المسوّقة للشعوب العربية والإسلامية - على مر عقود - حول منعتها وجبروتها، والمرسّبة في وعيهم الجمعي حول كونها قوة أسطورية لا تقهر[50]؛ إنما كان «يعتمد على المبالغة والترهيب والحرب النفسية، أكثر من اعتماده على الواقع»[51]. وهذا أخطر ما تكشفت عنه وقائع الحرب ونتائجها.

والحال إذاً، غيّرت نتائج الحرب «نظرة إسرائيل إلى نفسها على النطاق العسكري»[52]. بعد أن أخذتها العزة بالإثم، ودفع بها شعور الزهو والغطرسة والتعجرف والتشاوف والاستعلاء، إلى أن تقع فريسة مفهومٍ قوامه الاعتقاد الخاطئ «بأنهم لن يتجرأوا»[53]. كما غيرت، في قبالة ذلكً، نظرة «العرب والعالم لها، فشعر الإسرائيلي أنه كان يعيش وهما أمنيا، فهو لم يعد بمنأى عن الخطر، وساحته أصبحت عرضة للقصف كلما تعرضت الساحات الأخرى للضربات العسكرية الإسرائيلية، وبات على يقين بأنّ قوته لم يعد بمقدورها فرض حلول سياسية على أعدائها كما كان الأمر في السابق»[54].

---

(50) لطالما ركزت إسرائيل من خلال الحرب النفسية والدعائية على " الجبن العربي"، بدلا من النقص في المهارة الفنية عند العرب. واستغلت كل الفرص لإظهار العرب - والجيوش العربية بخاصة - في وضع مهين. ومثالا على ذلك: تم تصوير أسرى الحرب المصريين في ملابسهم الداخلية أو في أوضاع أخرى غير بطولية. أنظر: بهجت قرني، صناعة القرار الإستراتيجي المصري في حرب 1973: إلى أي حدّ كانت الحرب ضرورة؟. مقال منشور في مجلة الفكر الاستراتيجي العربي، العدد 37، تموز من العام 1991، ص 113.

(51) سعدى يزبك، **أيام لا تنسى**، ط1، بيروت: الدار الإسلامية للطباعة والنشر والتوزيع، العام 2007، ص 238.

(52) أمين مصطفى، **الإعصار**، ط1، بيروت: دار الهادي للطباعة والنشر والتوزيع، العام 2007، ص 221.

(53) مجموعة من الكتاب والمحللين الإستراتيجيين الإسرائيليين، **33 يوم حرب على لبنان**؛ ترجمة أحمد أبو هدبة، ط1، بيروت: مركز الدراسات الفلسطينية، العام 2007، ص 333.

(54) أمين مصطفى، م. س.، ص 221.

وكان بنيامين نتنياهو رئيس حزب الليكود اليميني، في مقابلة مع صحيفة «فايننشال تايمز»، قد أقام علاقة تماهٍ جدلي بين نتائج وإرهاصات حرب تموز 2006، ومعيارية نجاحها أو فشلها، وبين هدفها الأسمى المتمثل في تعزيز وترميم قوة الردع الإسرائيلية «إنّ حرب لبنان الثانية فاشلة» وفقا لنتنياهو في معرض تقييمه لنتائج الحرب المذكورة وذلك بسبب من «أنّ قوة الردع الإسرائيلية الساحقة تأذت عبر سوء إدارة هذه الحرب»[55].

إن إخفاق المؤسسة العسكرية الإسرائيلية في الحرب الأخيرة على لبنان في تموز من صيف العام 2006، وفشلها الذريع، وعقمها وعجزها عن تحقيق أي إنجاز عسكري أو أمني أو سياسي يذكر - مهما كان هذا الإنجاز وضيعا - حيث بالمقدور أن يصار إلى تظهيره وتثميره كإنجاز عظيم... قد أصاب الوعي الإسرائيلي الجمعي بحالة ارتكاسية نكوصية حادّة، نزعت به إلى أن يتنكب في ماضيه التليد باحثا - على نحو تعويضي - عن انجازات وفتوح وانتصارات، علها ترمم ما اعترى هذا الوعي من تشوّهات، أو تعيد له ما اختل من توازنه بسبب من وطأة الهزيمة، وتداعياتها، ومفاعيلها، وانعكاساتها النفسية الحادة.

ب- الملاحظة الثانية

لا يخفى أن هذه الانعطافة في الوعي الإسرائيلي الجمعي وفي مخياله العام، إلى تلمّس الماضي التليد بما يحفل به من انجازات، واستحضاره ونشره في أعقاب الحرب الأخيرة على لبنان، قد صدرت بما تحمله - إلى جانب ما ألمعنا إليه أعلاه - من أبعاد ودلالات وحمولات وأهداف، من وجهتين تتشاركان في تأسيس وتظهير مشهديتها العامة:

1- وجهة داخلية

تتوخى إيهام الذات الإسرائيلية بالتعالي، والمكانة، والعظمة، والرفعة،

---

(55) صحيفة الأخبار، السنة الأولى، العدد 235، الجمعة في 25 أيار، العام 2007، ص22.

والكبر، وعلو الكعب، والشأنية...، وبكل معاني الاعتداد والاعتزاز والفخار والتشاوف، كتعويض نفسي عن شعور مرضي حاد بالدونية والاستصغار والتقزّم والانكسار، وعن ممارسة جلد الذات أمام هول إخفاقات الحرب ونتائجها وإرهاصاتها، وأمام وطأة وصدمة الهزيمة المدوية التي أعيت العقل والوعي الإسرائيليين عن استيعابها وتقبلها وهضمها «إن هتافات النصر التاريخي هذه صعبة الهضم» وفقا لتعبير بن كسبيت في توصيفه لاحتفالات النصر التي أقامها حزب الله في 22 أيلول من العام 2006، أي في أعقاب انتهاء الحرب مباشرة «وتؤدي إلى التأمل الحزين في الجلد المبالغ للذات الذي نمارسه»[(56)].

لعل صرخة بن كسبيت، تباطن وتضمر في تلابيبها دعوة القادة الإسرائيليين - وعلى نحو ملح - إلى ابتداع نصف ملأى من كوب موضوعة الحرب على لبنان، كي يعاد الاعتبار والتوازن إلى الذات الإسرائيلية المختلة، والمسحوقة، والمنهزمة من الداخل، بعدما صدمت وفجعت بالنتائج الوخيمة التي أسفرت عنها الحرب[(57)]، وبعدما استيقظت من نومها على حرير الانتصارات والأمجاد

(56) بن كسبيت، صحيفة معاريف الإسرائيلية، نقلاً عن جريد الأخبار، السنة الأولى، العدد 38، الثلاثاء في 26 أيلول، العام 2006، ص 18.

(57) كان تقرير " حال الشعب اليهودي " للعام 2007 - الصادر عن " معهد تخطيط سياسة الشعب اليهودي " التابع للوكالة اليهودية، والذي يترأسه المبعوث الأميركي السابق إلى الشرق الأوسط دينيس روس - قد أفاد بأن الحرب الإسرائيلية الأخيرة على حزب الله كان لها نتائج كارثية ؛ فقد أضعفت مكانة اليهود في العالم كثيرا. وأشار التقرير في ثناياه إلى أنّ " عوامل سلبية عديدة نشأت خاصة خلال العام الماضي وعلى رأسها حرب لبنان الثانية وغياب انتصار إسرائيلي متوقع... ما أثار قلق يهود أوروبا، وتأدى بالتالي إلى ضعف كبير اعترى مكانة المجموعات اليهودية في الدول التي تعيش فيها، بعد أن ذُهلت هذه المجموعات من عجز الجيش الذي لا يقهر، وفوجئت من سهولة استهداف الجبهة الداخلية لإسرائيل.
وفي سياق متصل، ينقل عن بنيامين بن إليعيزر- كان قد شغل سابقا منصب وزير الدفاع، وشغل خلال الحرب الأخيرة على حزب الله منصب وزير البنى التحتية وعضو المجلس الوزاري المصغر في حكومة أولمرت - قوله: "أنّ إسرائيل ذهلت من عدم قدرة الجيش على إخضاع حزب الله بسرعة وسلاسة وبشكل قاطع "؛ في إشارة منه إلى الصدمة وخيبة الأمل التي تملكت الوعي الإسرائيلي.

وهي مذعورة لا تصدق ما تراه من صور للمقاتل العربي، لا تشبه الصور النمطية المعهودة التي ترسّبت في الذاكرة الإسرائيلية الجمعية، والتي لطالما تشكلت عنه، وتمّ الاقتناع بها كصورة أبدية ونهائية، بعد سلسلة من الحروب الخاطفة السريعة.

والحال، تعكف إسرائيل، منذ أن وضعت الحرب أوزارها وأحمالها – وهذا ما لا يخفى على المتتبع للشؤون الإسرائيلية – على الاهتمام البالغ بجوانب تخصّ معركة الوعي، حيث يصار إلى خوض مهمة شاقة ومعقدة تستهدف إزالة أي آثار سلبية للحرب على الوعي الإسرائيلي الجمعي والفردي، وتنقية هذا الوعي من الشوائب التي اعترته. ولذلك يُرى إلى إسرائيل الآن كيف تتموضع في سياقات تعبوية مكثفة على غير صعيد؛ إعلامي، وسياسي، وتربوي، وثقافي، ووطني عام... لإعادة الاعتبار إلى صورة الجندي الإسرائيلي القوي في وعي الجمهور قبل الأعداء، وإعادة تظهيره على نحو أسطوري لا يقهر، كالنحو الذي صاحب إسرائيل في حروبها الكثيرة والمتعدّدة منذ انبناء كيانها، بهدف تمتين أواصر وجسور الثقة بين هذا الجندي وجمهوره، أو قل بين هذا الجمهور وجنديّه.

كثيرة هي الشواهد والمصاديق الدالة في هذا المضمار، بل ثمة مبالغات في هذا الجانب، فلا يكاد يخلو أسبوع من الإعلان عن منظومات حماية استثنائية، أو عن اكتشافات جديدة تقنية والكترونية من شأنها تحسين قدرات الجيش ووسائله القتالية وتطوير مهاراته وإمكاناته. وكل هذا بهدف تعزيز نظرية التفوّق لدى الجيش الإسرائيلي أمام جمهوره، وعند الخصوم على حدّ سواء.

ويأتي تحوّل الدعاية الإسرائيلية في حديثها عن الحرب من الفشل إلى الإنجاز، على النحو الذي نلاحظه، بعد مضي ثلاث سنوات على انتهاء الحرب، وبعد ما انتهى إليه تقرير فينوغراد من خلاصات ونتائج سلبية قوامها الإخفاقات والفشل والتعثر، وما إلى ذلك من مؤشرات الهزيمة... كرسالة داخلية تستبطن التعويض – في استفاقة متأخرة – عن ما أصاب الوعي الجمعي الإسرائيلي من ارتكاسات ونكوص، إضافة إلى إمكانية الإفادة من تثمير وتوظيف

ذلك أمام الأعداء أيضاً. فالرواية الإسرائيلية الجديدة للحرب، تتنكب الحديث عن ارتداع حزب الله كنتيجة حتمية لها، وتتناسى - في قبالة ذلك- كل واقع ملموس يناقضها. بهدف إحداث نقلة نوعية في التعاطي مع الحرب ونتائجها، وإبعاد ما وُسم به الجيش الإسرائيلي من فشل في الذاكرة الجمعية الإسرائيلية، وفي المخيال الجمعي الإسرائيلي. وهما مهمتان لا تستقيمان، ولا تستويان بإطلاق، على نحو وازن، من دون تغيير في أصل رواية الحرب ونتائجها.

2- وجهة خارجية

تتوخى إرعاب وترهيب الشعوب والأنظمة العربية والإسلامية، والتهويل عليها، وإشعارها بدونيتها وضعفها وهوانها وذلها، من خلال إعادة تذكيرها - أي الأنظمة والشعوب - بإخفاقاتها القديمة، وانتكاساتها، وانهزامها، وفشلها، وعقمها، وتعثرها الدائم، وعجزها عن تحقيق أي من المكتسبات في قبالة الانتصارات والفتوحات والانجازات العسكرية والأمنية الإسرائيلية العظيمة، وفي مواجهة سطوة وجبروت الجيش الإسرائيلي الذي لا يقهر.

ما يعني أنّ هذه الوجهة الخارجية التي تتوسلها عملية استجداء الماضي التليد، أو الاستنجاد به واستحضاره على نحو دائم؛ إنما تستبطن إعادة خلق وهم القوة الإسرائيلية[58] من جديد في الوعي العربي الجمعي، تلك القوة التي

---

(58) لطالما مارست إسرائيل حروبا نفسية ودعائية لكيّ الوعي العربي وارتهانه واستلابه وإذلاله وإشعاره بالدونية والتصاغر، ولتنميط صورة وضيعة للمقاتل العربي ترسب في هذا الوعي الممسوخ ولا تنفك تلازمه ؛ فقد صير إلى التركيز إعلاميا على " الجبن العربي" بدلا من الحديث عن النقص في المهارة الفنية والكفاءة القتالية، وفي الخبرات والمكتسبات عند العرب. وكانت إسرائيل تتلقف الفرص السانحة لإظهار الجيوش العربية في وضع مهين، على النحو الذي تمّ فيه تصوير أسرى الحرب المصريين في ملابسهم الداخلية، أو في أوضاع أخرى غير بطولية. أو على النحو الذي تمّ فيه بناء هرم كبير (بما يحظى فيه الهرم من مكانة في الوعي المصري) من الأحذية العسكرية التي كان ينتعلها الجنود الأسرى والجنود القتلى من الجيش المصري. كما صير في تقصد واع وهادف - إلى عرض مشاهد دفن آلاف الجنود المصريين أحياء مكبلين بعد استسلامهم في صحراء سيناء إثر حرب العام 1967. والجدير بنظر الاعتبار،

منيت بإصابات قاتلة ومميتة أرجعتها إلى حجمها وواقعها، وكشفت زيفها وانتفاخها، وصوّرتها على حقيقتها، بعد أن كان قد صير في السابق إلى تضخيمها وتكبيرها على نحو فاق حدودها الطبيعية. علّ ذلك يفيد ويخدم في إعادة تنشيط وتفعيل قوة الردع التي كانت قد فقدت في الحرب على حزب الله هراوتها وسطوتها وهيبتها وتأثيرها. كما عساه أن يمنع على الشعوب العربية وحركاتها وأحزابها واتجاهاتها الممانعة والمقاومة، بل وحكوماتها - حتى تلك التي تقيم علاقات وتفاهمات مع إسرائيل، أو تلك المنضوية في محور الاعتدال العربي - أن تثمّر وتوظف نتائج الحرب لتحقيق مكاسب ميدانية وسياسية.

وكان وزير الخارجية المصري أحمد أبو الغيط قد أشار إلى حقيقة هذا الأمر، بعد الغضبة الشعبية العارمة التي عصفت بالشارع المصري في أعقاب بث التلفزيون الإسرائيلي «لروح شاكيد» الفيلم الوثائقي الإسرائيلي، الذي يتضمن تأكيدات على تورط مسؤولين إسرائيليين في قتل وتعذيب المئات، بل الآلاف من الأسرى المصرين خلال حرب حزيران من العام 1967. حيث يقول، في محاولة منه لتنفيس الاحتقان، وتهدئة الخواطر، وإعادة ضبط انفعال وتوتر المواطن المصري الذي استشعر الإهانة والمذلة والاستصغار: «إنّ إسرائيل، وفي أعقاب تلقيها هزيمة قاصمة في لبنان من جماعات غير نظامية» وفقا لأبي الغيط «فكرّت في عرض الفيلم للتذكير بإنجازاتها السابقة وشحذ الهمم الإسرائيلية»[59].

= أنّ إسرائيل قد حققت نجاحات باهرة على هذا الصعيد على نحو يصح معه القول أنّ الإنسان العربي هزم على مستوى الوعي والإرادة والروح قبل أن يهزم في ميدان المعركة.

(59) خالد محمود رمضان، **"روح شاكيد" يلاحق أبو الغيط جلسة مساءلة عاصفة تفقده أعصابه،** صحيفة الأخبار، السنة الأولى، العدد 211، الأربعاء في 25 نيسان، العام 2007، ص 22.

لكنّ التمثلات والتمظهرات الدالة على حالة انهزام الوعي الإسرائيلي وتقهقره، لم تقتصر على انكفائه إلى الماضي التليد الغني بالفتوح والانجازات، وعلى توسله للاشراقات المضيئة فيه؛ بل بمقدور القارئ للشأن الإسرائيلي راهنا، أن يقع على غير مظهر وعلى غير مؤشر دال:

أولا– يتمثل انهزام الوعي الإسرائيلي في متعة إحساسه وشعوره بالدونية والتصاغر والتقزّم والضعف والتلاشي إلى حدّ الذوبان والانمحاء أمام سطوة وهيمنة كاريزما سماحة السيد حسن نصر الله عليه، بنحو يدفعه إلى القبول والأخذ بكل ما يطلقه الأخير من مواقف وأقوال أو يمارسه من أفعال بجدية واحترام، وإلى تلقف كل ما يصدر عنه من إشارات وتلميحات وإيماءات، وصرف كثير من الجهد والوقت لتفسير وقراءة حركات يديه ولغة عينيه وقسمات وجهه، وإلى عقد السهرات والندوات والمؤتمرات وإعداد المتون والأبحاث لتفكيك خطابه، وتحليل مقولاته، والوقوف على مضمرات وحمولات كلامه، وبيان مقاصده ومراده. وإلى التفاعل الجدلي مع متغيرات وتبدلات مزاجه وطبائعه: هدوءه وانفعاله، سكونه وثورته، عبوسه وانفراج أساريره... حتى أنّ السيد ارتقى في الوعي الإسرائيلي الجمعي، وتبوأ المكانة العليا في طبقات هذا الوعي، وأصبح يحظى لديه بصدقية وكفاءة وحكمة تفوق بما لا يقاس ما يمكن أن يتوافر عليه أي زعيم إسرائيلي. ولعل استشعار الكيان العبري لما أطلق عليه «أزمة قيادة» كسابقة في تاريخه، لم يخرج صدوره من مسبقات وجاهزيات معيارية وتفاضلية وقيمية حكمت وعيه الجمعي لدى وزنه لأي من قادته وزعمائه، بفعل انرساخ وانرساب صورة الأمين العام لحزب الله السيد حسن نصر الله فيه.

لقد استطاع السيد حسن نصر الله - بفعل ما توافر واستحوذ عليه من كاريزما وجاذبية وحضور- أن يحفر صدقيته عميقا في الوعي الإسرائيلي، على النحو الذي شرّع له مغاليق هذا الوعي، وأباح له وطأه بقوة، ومنحه القدرة على الأخذ بتلابيبه وفك شفراته وأسراره. ما جعل لصدقية السيد شأناً عظيماً ووازناً لدى القادة الإسرائيليين، لا مجال معه للتشكيك أو الرد، وإن تظاهروا خلاف ذلك. إذ يعدّ كلامه وتلميحاته ومواقفه وتصريحاته وتهديداته ووعوده،

شواهد يبنى عليها إسرائيليا، إن باتجاه تبني الاستراتيجيات وإعداد الخطط وتحديد الأهداف ورسم السياسات، أم باتجاه سبل تنفيذها وإخضاعها للمراجعات والتقييم والمساءلة والنقد والمصادقة، حيث ينظر كل من المستوى السياسي والمستوى العسكري في الكيان العبري، كما تنظر الاستخبارات الإسرائيلية، إلى كل ما يصدر عن السيد حسن نصر الله بعين المصداقية والجدية والمقبولية والمعقولية المرتفعة.

الجدير بنظر الاعتبار أن صدقية السيد حسن نصر الله لم تقتصر على النخب السياسية والعسكرية، ولم تتحدد مقبوليتها بحدود الصف الأول من قادة إسرائيل وزعمائها فحسب؛ بل انسحبت- على نحو مفارق – إلى عموم مساحات انتشار وتوضع الجمهور الإسرائيلي، وفق ما أشّرت إليه كل نتائج استطلاعات الرأي التي تعنى بالوقوف على المزاج الإسرائيلي العام، وتتنكب السعي إلى رصد وفحص الموقف من مختلف القضايا المطروحة على جداول الاهتمام ذات الطبيعة العامة[60].

واستحضارا لهذه الصدقية الكبيرة التي توافر عليها السيد حسن نصر الله في الوعي الإسرائيلي الجمعي، وتقديرا بأنّ النقاش والتعليق سينطلقان منها للبحث عن معاني وتداعيات أي استحقاق داهم، أو أي حدث من طبيعة وجودية ومصيرية من شأنه أن يضع مكانة إسرائيل وسمعتها على محك المساءلة؛ كان القرار الإسرائيلي بإلزام المعلقين والإعلاميين الصمت، وبفرض رقابة شديدة على كل ما يصدر من المستويين السياسي والعسكري، ورفعا للحرج عن المسؤولين الإسرائيليين، من جهة، وبالتالي الحيلولة دون إجابتهم عن جملة من

---

(60) تشير استطلاعات الرأي التي صير إلى إجرائها من غير جهة مختصة، في المساحة الزمنية التي تلت الحرب الإسرائيلية على لبنان في تموز من العام 2006، وعلى نحو متفاوت ؛ إلى أنّ الأعم الأغلب من المستوطنين ومن مستوطني الشمال على وجه أخص – بوصفهم العينة الأكثر اهتماماً ومتابعة وتأثراً بما يجري في الساحة اللبنانية إذا ما صير إلى مقايستهم بسائر المستوطنين الآخرين – قد أعربوا عن ثقتهم المطلقة بالأمين العام لحزب الله واعتقدوا بصوابية كل كلمة أو تصريح أو موقف يطلقه. ورأوا أنه أكثر صدقية بما لا يقاس، من رئيس وزرائهم ايهود أولمرت الذي لم يتوافر إلا على ثقة ثلاثة في المئة من نتائج الاستطلاعات نفسها.

الأسئلة ذات الصلة، واحتواءً لما قد ينتج عن هذه الأحداث والاستحقاقات من مفاعيل وارتدادات، وحدّاً لفداحة تأثير تعليقات السيد وكلامه على المزاج الإسرائيلي العام، وبالتالي تجنبا لمسّ هذا الوعي وكيّه في حرب نفسية ضروس يتقنها السيد جيدا، ويجيد خوض غمارها بمهارة وحذق لافتين.

ثانيا - يتجلى انهزام الوعي الإسرائيلي على نحو بيّن وواضح، في حرص إسرائيل الملح - وبكيفية استعادية تكرارية ممجوجة، وبصورة فيها كثير من المبالغات والغلو والتطرف إلى درجة الإصابة بالكلل والملل- على تظهير مقدار وحجم استفادتها من عبر ودروس حربها الأخيرة على لبنان في تموز من العام 2006. ما يؤشر إلى أنّ تأثير فشلها وإخفاقها في الحرب المذكورة، لم يكن من طبيعة عابرة بإطلاق، بل كان صادما إلى حدّ كبير، ومحفورا عميقا في الوعي الإسرائيلي.

فمنذ الإعلان عن وقف الأعمال الحربية في 14 آب من العام 2006، وفقا لما نصّ عليه القرار الدولي 1701؛ لا ينفك الإسرائيلي - في متواليات إخبارية- يجتر المقولات والادعاءات والمزاعم نفسها حول إفادته من عبر الحرب ودروسها، بعد فحصه ومعاينته لأسباب الفشل والإخفاق، وبعد وقوفه المطول على مواضع الخلل والعيوب والثغر التي اعتورت أداء جيشه فيها. ولا يكاد يخلو تصريح أو تعليق أو بيان أو استصراح، أو حتى مطالعة أو مداخلة أو مجرد إطلالة إعلامية غير ذات صلة، لضابط أو مسؤول أو مراسل، أو لمجرد عامل أو موظف في قطاع ما، من الإشارة المفرطة إلى حرب لبنان الثانية - كما تسمى إسرائيليا - وإلى دروسها وعبرها، وكيفية الإفادة منها على غير منحى وصعيد سواء على صعيد الجيش: أداء الجيش، تجهيزه، إعداده، تدريبه، تسليحه، تطوير خططه، مستوى التنسيق والتعاون بين أذرعه المختلفة. أم على صعيد الجبهة الداخلية: تحصينها، تأمين مستلزمات صمودها، إعداد خطط الإخلاء، تحضير المستوطنين نفسيا للانخراط في أجواء الحرب.

إلا أنّ اللافت والمفارق، أنّ الدروس والعبر المعلن عنها كخلاصات وحصائل تقيمية صير إلى الإفادة منها، هي في أعمها الأغلب من صنوف

تحصيل الحاصل، وتتركز على نواح شكلية ليس إلا: كأن يصار إلى تأمين ما يفيض عن حاجات الجنود من المأكل والمشرب والمتاع والملبس والسلاح والذخائر والخوذات. أو يصار إلى بناء الملاجئ وتجهيزها وتأمين متطلبات ومستلزمات العيش فيها، وإعمال صفارات الإنذار في المدن والمستوطنات. أو يصار إلى فرض رقابة مشددة وصارمة على وسائل الإعلام ومنع الضباط والجنود من الإدلاء بتصاريح ومعلومات دون أذن مسبق. أو يصار إلى إعداد خطط محكمة لاستدعاء الاحتياط وملاحظة كيفية التحاقهم وتوزعهم... وما إلى ذلك من برامج وخطط وسياسات وتدابير وإجراءات هي من لزوميات وشرائط عمل الجيوش النظامية، ومن بديهياته ومسلماته التي لا تستوجب جدالا أو نقاشا. ما يصحّ إسقاطها من خانة العبر والدروس المستخلصة من حرب فاشلة، ليدرج الصخب الإعلامي حولها وكثرة الحديث عنها في رحاب توسل شيء آخر. فما هو هذا الشيء؟.

لا شك، أنّ كثرة الحديث والكلام على هذا النحو من الصخب الاستعادي الممجوج، حول استنفاد إسرائيل سبل الإفادة من دروس وعبر الحرب، والإيحاء بأنها راكمت من أسباب القوة ما أعادها إلى سابق عهدها الذهبي؛ إنما يستبطن مس وعي خصومها وأعدائها، بأنها تجاوزت ما تكشف من نقاط ضعف، وما بان من عيوب، وما اعتور أداءها من خلل وشوائب وثغر... بغرض ارتهان هذا الوعي من جديد، وإعادة استلابه، والحؤول دون استشعاره بالنصر والتمكين والغلبة، ودون توظيفه لنتائج الحرب، وبالتالي إعادته إلى حظيرة الارتداع على النحو الذي كانت عليه حاله قبل الحرب. بما يعني ذلك من استرجاع الردع الإسرائيلي لهيبته المفقودة. كما يستبطن الأمر بعث الوعي الإسرائيلي وإعادة إشعاره بالاقتدار والتمايز والتعالي. بغرض طمأنة الجمهور الإسرائيلي المضطرب والمتوجس خيفة، والمسكون بمرارة ألم الهزيمة والانكسار والفشل في صيف العام 2006، لاسيما وأن شريحة كبيرة من المكونات المجتمعية الإسرائيلية بدأت تفقد الأمل بكل شيء، وأول ما فقدت الأمل فيه هو استمرارية دولة إسرائيل وقابليتها للحياة.

قصارى القول، فإنّ كثرة الحديث الممجوج حول استنفاد الافادة من عبر الحرب ودروسها؛ إنما يخدم تحقيق معادلة لطالما أرادها الإسرائيلي من كل حراكه الذي أعقب الحرب: «إدراك الهزيمة في وعي العدو، وإدراك النصر في وعي الذات». ولكنْ لات حين مناص.

ثالثا - من التجليات والمؤشرات الدالة على انهزام الوعي لدى الإسرائيلي، والكاشفة عما اعتوره من مسّ وتصدع وجنون وخيبة؛ تراكم أنباء إسرائيلية كمتواليات إخبارية ودعائية - من خارج السياقات الموضوعية والطبيعية وبما يتنافى مع الأطر المنطقية والعقلية - عن وجود اختراعات وكشوف هي في المرحلة الأخيرة من الابتكار والتصنيع والتطوير، قادرة على مواجهة مواضع ومكامن وأسباب القوة والبأس التي تسجل لأعداء إسرائيل ولحزب الله على نحو أخص. حيث بمقدور كل اختراع من هذه الاختراعات - وفقا للإعلانات والتصريحات ووسائل الدعاية الإسرائيلية المقدمة والمروجة له - أن يمثل فتحا في دنيا المعارك والحروب، وأن يقف على فحص ومعالجة وضع ما، ثبت في حرب العام 2006 تفوق المقاومة فيه، كما ثبت أرجحيتها، وحيازتها قصب السبق والأفضلية وطول اليد وعلو الكعب والسيادة في الميدان، في قبالة عجز الجيش الإسرائيلي عن اجتراح حلول لتسويته، أو إيجاد ردود مناسبة عليه.

والحال، يقع المتتبع للشأن الإسرائيلي، وفي فترات زمنية قياسية وغير مسبوقة، على جملة من الاكتشافات والاختراعات العسكرية المدهشة، التي لا يمكن لعاقل قبولها وإدراجها إلا في باب التهويم والفانتازيا والتخييل والغلو والاسطرة، والتي يستبطن الإعلان عنها على نحو من السينمائية الهوليودية، المس بوعي أعداء إسرائيل وخصومها من جهة، وترميم وتعزيز قدرة وصورة الردع المتصدع والمتداعي في قبالة هؤلاء الأعداء والخصوم. كما يستبطن الإعلان عنها، إعادة ثقة الجندي الإسرائيلي بنفسه وبإمكاناته وقدراته وتفوقه بعد انهزام وعيه وروحه وإرادته، وانهيار حافزيته ودافعيته - وفق ما تكشفت عنه حرب تموز من العام 2006 - أمام صلابة وإرادة وعزم وبسالة مقاتلي حزب الله.

وتطول قائمة الاكتشافات والاختراعات الخارقة؛ نحو الكشف عن ما يسمى«ذراع ستيف اوستن»(61) التي يراد لها أنّ توفر الحماية والعون للجنود الإسرائيليين من سلاح المشاة، بحيث تمنح الجندي في المعركة القدرة على حمل أطنان من الحديد وخلع الأبواب الثقيلة، أو ما شاكل ذلك. أو الكشف عن منظومة كيبات برزيل «القبة الفولاذية»(62) التي تُعنى بتوفير الحماية للعمق الإسرائيلي من الصواريخ والقذائف، لاسيما تلك التي تنطلق من لبنان ومن قطاع غزّة، إلى جانب العمل على تطوير صاروخ حيتس، ونظام سكاي شيلد «درع السماء»(63) المخصّصين أيضاً لاعتراض الصواريخ. كما صير إلى الكشف عن انكباب إسرائيل على تطوير سترة خاصة واقية(64) من الرصاص من شأنها تحصين الجنود وتدريعهم وتوفير أشكال الحماية لهم من رصاص العدو. فضلا عن تواتر معلومات وأخبار وتعليقات وإعلانات- اقتضاها مسلسل الاستعراض الدعائي نفسه - تحدثت عن استحواذ الدبابة الإسرائيلية على منظومات دفاعية

---

(61) كُشف النقاب عن " ذراع ستيف أوستن " في العام 2008، وقد أشارت وسائل إعلام الدولة العبرية إلى أنّ الرئيس الإسرائيلي شمعون بيريز يولي هذا الاختراع العناية والرعاية اللازمة، حيث يشرف عليه بنفسه، ويعمل على توفير التمويل المالي لانجازه.

(62) أعلنت الصناعات العسكرية الإسرائيلية (رفائيل) عن هذه المنظومة في شهر كانون الثاني من العام 2010، ورأت فيها إنجازا كبيرا، بوصفها توفر الحماية من الصواريخ التي يتراوح مداها ما بين 40 كلم و250 كلم. في حين علّق موقع " تيك دبكا " الإسرائيلي الإخباري على الإنترنت، وفقا لمصادر عسكرية إسرائيلية استند إليها، أنّ " منظومة القبة الفولاذية هي إنجاز مثير، إلا أنّ هذا الموضوع كأي موضوع آخر في دولة إسرائيل ؛ مضخّم وبعيد من الواقع" .

(63) هو عبارة عن مدفعين من عيار 35 ملم، وجهاز توجيه رماية يشكل مظلة يدخلها الصاروخ المعادي، فينفجر قبل بلوغه الهدف.

(64) هي سترة شبه شفافة، تضطلع بمهمة توفير الحماية والأمن للجنود في الميدان. وتشير وسائل الإعلام الإسرائيلية - على نحو من المبالغة والتخييل - إلى امتلاك هذه السترة مزايا فائقة وقدرات خارقة، بحيث يكون بمقدور عدد من الجنود أن ينزعوها عن أجسادهم إذا ما أرادوا، وأن يضعوها على الدبابات، ما يجعلها محمية من الصواريخ المضادة للدروع.

جديدة وغير مسبوقة لدى أي من الجيوش الحديثة[65]. وقد جرى ابتداع هذه المنظومات وتأهيل الدبابات بها، بعد انكشاف مقاتل سلاح المدرعات الإسرائيلي الذي صير إلى الفتك والتنكيل به على أيدي مقاتلي حزب الله في تراجيديا أشبه بالمجازر الجماعية[66].

وفي سياق متصل، أعلنت وسائل الإعلام الإسرائيلية في شهر تشرين الأول من العام 2009، ومن ضمن مسلسل الاستعراض الدعائي المفتقر إلى المهنية والموضوعية، أنّ إسرائيل عكفت في الآونة الأخيرة على اختراع منظومة دفاعية جديدة[67]، تعنى بمعالجة قصور جيشها عن حماية جنوده من سلاح المشاة، وفق ما تكشفت عنه الحرب على لبنان في تموز من العام 2006، بعدما أُسقط هذا الجيش من يده، وأخذ من أعناقه في أكثر من موقعة مباشرة مع حزب الله، وفي أكثر من التحام ومواجهة ومعركة. ويشير الإعلام الإسرائيلي على لسان غير صحيفة لديه، إلى أنّ إسرائيل أوشكت على تطوير هذه المنظومة التي تعدّ الأولى من نوعها في العالم، إن من حيث قدرتها على رصد الصواريخ

---

(65) كمنظومة سترة الريح، وهي عبارة عن جهاز حماية متطور، تعمل شركة الصناعات العسكرية الإسرائيلية (رفائيل) على إنتاجه، تتزود به دبابة الميركافا. ويشمل رادارا بمقدوره أن يكشف الصاروخ المهاجم، وأن يطلق صاروخا باتجاهه لتدميره. وتبلغ تكلفته الإجمالية حوالى 400 ألف $.

(66) تشير التقارير والدراسات البحثية الصادرة من غير جهة أمنية ودولية مختصة، إلى أنّ الحرب الإسرائيلية الأخيرة على لبنان أسفرت عن " مجزرة دبابات " حلت كلعنة على الجيش الإسرائيلي، إذ تعرض بموجبها ما يعادل لواء مدرعات بأكمله – أي ما يزيد على 143 دبابة – للتدمير والإعطاب والإبادة.

(67) كانت صحيفة يديعوت احرونوت قد أشارت في عددها الصادر مطلع شهر تشرين الأول من العام 2009، إلى أنّ الجيش الإسرائيلي سيكون بفعل هذه المنظومة الدفاعية أول جيش في العالم بمقدوره أن يوفر الحماية اللازمة لجنوده من سلاح المشاة في مواجهة سطوة الصواريخ المباشرة، على النحو الذي استخدمه حزب الله في حرب تموز من العام 2006، والذي كان له بالغ الأثر في نتائج المعركة.

بمجرد إطلاقها، أو من حيث قدرتها على تحويل مسار هذه الصواريخ عن الهدف باتجاهات أخرى.

لا يخفى على العارف بدوافع السلوك الإسرائيلي ومنطلقاته ونزوعاته، أنّ الطريقة الدعائية - الاستعراضية التي يصار فيها إلى الإعلان عن الاختراعات والابتكارات التسلحية الجديدة، إنما تتوضع في نسق إيجاد حالة من الردع المفقود حيال أعدائها وخصومها، أو ترميمه إن كان مشوها ومصدّعا، أو تعزيزه إن كان موجودا.

كما تتوضع - من جهة ثانية - في نسق تعزيز ثقة الجمهور الإسرائيلي بجيشه ودولته وإمكاناته الذاتية، وبتفوقه وتعاليه وتمايزه وفرادته، وفي نسق تعزيز ثقة الحلفاء بقدرات إسرائيل وقوتها ومكانتها وحضورها... على الرغم من عدم إمكان نفي وجود مساع إسرائيلية جدية، حثيثة ودائبة، لتحقيق عدد من هذه الاختراعات والاكتشافات أو انجازه.

إنّ الاستعجال الإسرائيلي في تثمير وتوظيف مقولات وأطروحات ونماذج أولية لاختراعات وكشوف يُعمل عليها، أو أنها مازالت في حالة جنينية أو في طور التنظير والترف الفكري؛ إنما يؤشر - بالضرورة - على تدن ملحوظ في مستوى الثقة لدى الإسرائيليين بجيشهم... ما يستوجب لزاما على قادة الكيان العبري إعادة ترميم هذه الثقة، وتمتين أواصرها من خلال الإسراع في الإعلان عن أية أفكار قد تتوافر لدى الصناعات العسكرية، وان كانت هذه الأفكار لاتزال من طبيعة مجردة أو تلامس أطرا تخييلية تقع خارج مدارات المنطق والعقل والممكن. لكنّ هذا الأمر دونه مخاطر وشرور ليس من مجالٍ لضبطها أو احتوائها، كأن يأتي بنتائج معاكسة؛ فقد ينزع هذا الاستعجال عن إعلانات إسرائيل الدعائية - التسلحية أية قدرة فعلية على ردع أعدائها بسبب من وضوح مقدار المبالغة والغلو فيها، بل قد ينزع هذا الاستعجال قدرة الردع عن اختراعات أخرى محققة، أو أنها في طور التحقق، أو ثمة إمكانية أن تتحقق بالفعل.

لا شك، أنّ هذا الاستعراض الدعائي والإعلاني الإسرائيلي الموجّه،

يستبطن في منطلقاته وخلفياته ومنطوياته المسّ بوعي أعداء دولة إسرائيل، والمسّ بإرادة خصومها المفترضين. كأن يقال بلسان الحال، إنّ على أعداء إسرائيل وخصومها أن يعلموا بوجود هذه الاختراعات الحديثة وهذه الإمكانات المدهشة والخارقة، وعليهم أيضاً أن يخافوا كثيرا من القدرات الجديدة التي باتت بحوزة الجيش الإسرائيلي، وبالتالي عليهم أن يفكروا مليا وجديا قبل الإقدام على أي مغامرة غير محسوبة، وقبل القيام بأي عمل معاد من شأنه الإضرار بإسرائيل، أو إلحاق الأذى بمصالحها الحيوية الكبرى.

كما يستبطن العمل الاستعراضي - الدعائي التأثير على الوعي والمخيال الإسرائيلي الجمعي، ولكنْ على نحو موجب؛ بل إنّ الإسرائيلي يستشعر أنه أكثر - بما لا يقاس - تلقيا لهذه الرسالة الدعائية من سواه، وأنه المعني بها على نحو من التخصيص. وهنا مكمن الخطورة، إذ سرعان ما سوف يدرك الإسرائيليون - سواء أكانوا جنودا أم من جمهور المواطنين - عند أول المحكات والاستحقاقات الداهمة، أنّ هذه الاستعراضات باطلة ومضللة وخادعة، وأنّ هذه الاختراعات سرابية ووهمية ليس إلا، أو أنه مبالغ فيها إلى حدّ بعيد... ما قد يتأدى إلى نتائج عكسية وضدية غير محسوبة، تسهم في تردي ثقة الإسرائيلي بجيشه وقادته، فضلا عما كانت عليه من ترد وتقهقر مثبت، وفقا لما أشارت إليه آخر استطلاعات الرأي التي أجريت في أعقاب الفشل الإسرائيلي في حرب تموز من العام 2006.

يؤشر هذا النزوع الإسرائيلي الشبقي الملح إلى تظهير صورة إسرائيل القوية المقتدرة الحصينة، ويؤشر هذا الانكباب الدائب على تحسين هيبة ردعها في أعين جمهورها وأمام أعدائها وحلفائها على حد سواء؛ إلى أنّ ما أسفرت عنه الحرب على حزب الله في تموز من العام 2006، وما رشحت عنه من نتائج، وما أفضت إليه من وقائع ومتغيرات؛ يخرج من وصفه مجرد صفعة تلقاها الكيان - وفقا لمذهب بعض سدنة الكيان العبري وأقلامه المأجورة - أو مجرد صدمة أو انتكاسة أو إخفاق، أو مجرد فشل بمعناه السطحي المحدود...، إلى ما هو أعم من ذلك وأخطر، ما يفسّر لجوء إسرائيل إلى توسّل أساليب خادعة

215

ومضللة تقع في إطار البروباغندا، أو في إطار حرب نفسية، أقل ما يمكن أن يقال في توصيفها إنها غير موفقة بإطلاق.

رابعا – إنّ أخطر ما يعكس حالة الانهزام التي ألمت على نحو مرضي بالوعي الإسرائيلي الجمعي، وأرهقته؛ هو انسلاخه من منظومة قيمية ووطنية وأخلاقية، معيارية وتفاضلية، قوامها الفداء، والتضحية، والإيثار، والدفاع عن الوطن، واستحسان الموت في سبيله، والبطولة، والشجاعة، والإقدام... ما أحال المجتمع الإسرائيلي إلى مجتمع سلبي بامتياز: غير حصين داخليا، تعوزه الطليعية والمبادرة الفردية، تغيب عنه روح الجماعة، لا يقوى على مغالبة شظف الظروف والمناخات المصاحبة للحرب إن تدحرجت واستطالت، لا يريد ولا يمتلك القدرة على دفع الأثمان والأكلاف التي يستوجبها تحقيق الأهداف العليا للدولة، لا يستطيع تحمل الخسائر على أنواعها، والخسائر البشرية منها بالأخص. لكنّ أخطر ما في الأمر، وهذا ما يئدّ مضجع إسرائيل ويصيبها بالقلق والريبة والتوجس، أنّ هذه الظاهرة لم تقتصر على عوام الناس أفرادا وجماعات – فهذا بالمقدور تجاوزه من خلال برامج تعبوية وتثقيفية ووطنية وعقائدية هادفة – بل انتقلت إلى المستوى السياسي، ومنه إلى المستوى العسكري، ما جعلها ظاهرة متأصلة، متجذرة في الوعي، عصية على الاقتلاع.

يكفي هنا إجراء مقارنة بين سلوكيات مجتمع المقاومة التي يمثلها حزب الله، وما يقابلها في المجتمع الإسرائيلي للوقوف على صحة ما ذهبنا إليه من ادعاءات: ففي حين تفخر المقاومة بشهادة أبنائها وتقيم لهم الأعراس والاحتفالات، وتوزع الحلوى، وتنشر أجواء البهجة والانتصار، ويتسابق المقاومون إلى الحضور الفاعل في ساحات القتال؛ يخيّم الحزن على ذوي القتلى الإسرائيليين، وتعمّ السوداوية أرجاء المجتمع، ويسود الاكتئاب، وتشهد المؤسسة العسكرية عزوفا عن الالتحاق بالخدمة العسكرية الإلزامية، حيث تسجل أعلى نسب الهروب منها، والتخلف عنها، والتذرع بشتى الأعذار والأسباب الموجبة للحيلولة دونها.

والحال هذه، اعتبرت لجنة فينوغراد، لدى مقاربتها وفحصها ومعاينتها لأسباب الإخفاق الإسرائيلي في الحرب على حزب الله في 12 تموز من العام 2006، أنّ الفشل الذي أصاب الجيش ليس ناجما من مجرد أخطاء في الممارسة والتقدير؛ إنما هو فشل بنيوي منعكس من طبيعة المجتمع الإسرائيلي غير القادر على دفع أثمان باهظة، ما أثر سلبا على صناع القرار في المستوى السياسي، وعلى أداء المؤسسة العسكرية ميدانيا. فإذا لم يُصرْ إلى إجراء عملية تغيير جذري شامل تطال كل منظومة القيم المجتمعية الحاكمة في إسرائيل، وإذا لم يعمل عاجلا على إلغاء مفاعيل ما أطلقت عليه لجنة فينوغراد «التشوّش في القيم الأساسية للجيش، وفي التوجهات لدى المجتمع الإسرائيلي، بضرورة القتال مع دفع أثمان مؤلمة»؛ فليس - بإطلاق - ثمة دروس وعبر يستفاد منها، على الرغم من كثرة الكلام الإسرائيلي عن هذا الأمر.

خامسا - يأخذ الوعي الإسرائيلي - على خلاف عهده وعادته وسيرته - منحى انهزاميا حيال حجم التهديدات الوجودية والإستراتيجية التي باتت تحدق بالكيان العبري، حيث ينكفئ إلى الخلف عاجزا - وفق ما تشير إليه الدراسات الصادرة[68] من غير جهة مختصة، والمشفوعة بوقائع ومعطيات وقرائن دامغة - عن ابتداع حلول وعلاجات، وعن إيجاد رزمة من الردود المناسبة، على جملة من السيناريوهات المتطرفة، الممكنة الوقوع في حروب إسرائيل المستقبلية. مسجلا على نفسه عدم قدرته على احتواء المخاطر، أو الإحاطة بها، أو الحيلولة دونها.

وقد جاء هذا الانكفاء المرضي العاجز في الوعي معطوفا على تقهقرات وتراجعات ملحوظة للجيش الإسرائيلي وأجهزته في ميادين عديدة، يُسجل فيها لحزب الله قصب السبق واليد الطولى وكلمة الفصل، كالميدان الاستخباري،

---

(68) دراسة أعدها رئيس فرع التطبيقات في سلاح البحرية الإسرائيلي «روبي سندمان» نشرتها مجلة «معرخوت» الإسرائيلية.

والميدان الاستراتيجي، والعقيدة القتالية، ومهارات المقاتل الفرد، وإدارة الحرب، والإعلام الحربي [69]، وسوى ذلك من ميادين، وفق ما أقرت به لجنة فينوغراد، ووفق ما جاء على لسان كبار الضباط الإسرائيليين في اعترافاتهم [70]، ووفق ما أفضت إليه نتائج ما يزيد على أربعين لجنة تحقيق تحرّت أسباب الفشل والإخفاق في الحرب على لبنان في صيف العام 2006.

يحضرنا في هذا المقام كلام لرئيس هيئة الأركان العامة في الجيش الإسرائيلي غابي اشكنازي، يحمل بين طياته بنحو صريح تحقق فعل الارتداع في الوعي الإسرائيلي، وانهزام هذا الوعي بشكل مسبق في أية حرب مستقبلية مع حزب الله، قبل الانهزام المادي للجندي وللآلة العسكرية، حيث يقول في

---

(69) رأى رئيس حركة شاس إيلي يشاي - وزير الصناعة والتجارة في حكومة أولمرت، وعضو في (منتدى السباعية) المقلص - في شهادته خلال مثوله أمام لجنة فينوغراد: "أنّ إسرائيل فشلت في أدائها الإعلامي خلال الحرب وأبقت المنصة للعدو ؛ فلم يمر يوم من دون أن يهبط (الأمين العام لحزب الله السيد حسن) نصر الله المعنويات قائلا اليهود يخسرون".

أما شهادة - نائب رئيس وزراء الحكومة الإسرائيلية عشية الحرب على لبنان - شمعون بيريز أمام لجنة فينوغراد ؛ فقد جاء فيها قوله: "اعتقد أنه كان هناك سقوط نفسي كبير جدا، والسبب هو أنّ حزب الله تألق بخطيب لا يفتقر إلى الكفاءة، (الأمين العام لحزب الله السيد حسن) نصر الله، وعندنا هاجم الواحد فينا الآخر من دون توقف". وأضاف بيريز " ما حدث لديهم أنه كان عندهم متحدث واحد هو نصر الله، وهو يعرف المهنة. وما حدث لدينا أنه كان عندنا كثير من المتحدثين، خليط كبير في التلفزيون، هناك ضباط متميزون، لكنهم ليسوا خطباء كبارا، لا يعرفون كيف يشرحون الموضوع بالضبط... لأنك تحتاج للتطرق إلى الفلسفة. عندما تكون البلاد ممتلئة بأناس لم يخبروا الحروب، حينئذ الجميع يتحدث".

(70) رأى رئيس هيئة الأركان السابق في الجيش الإسرائيلي موشيه يعلون، في محاضرة نظمها المركز الإسرائيلي للتدريب والتأهيل بتاريخ 19 آذار من العام 2007 " أنّ الحرب في لبنان أضعفت صورة الردع الإسرائيلي". في حين أقر غابي أشكنازي - رئيس هيئة الأركان العامة الحالي في الجيش الإسرائيلي - بنتائج دراسة رئيس فرع التطبيقات في سلاح البحرية الإسرائيلية روبي سندمان، التي أشارت إلى انعدام توافر ردود علاجية مناسبة على جملة من السيناريوهات المتطرفة، الممكنة الوقوع في حروب إسرائيل الافتراضية.

مقابلة نشرتها صحيفة معاريف في عددها الصادر مطلع شهر تشرين الأول من العام 2009: «سترافقنا ذكريات» والكلام لأشكنازي «عن البلدات اللبنانية والقرى المجاورة،عن الهضاب والنباتات التي أمضينا خلفها ليالي طويلة ومخيفة. سترافقنا هذه الذكريات جميعا حتى آخر يوم في حياتنا (...) بوصفي مقاتلا وقائدا في قيادة المنطقة الشمالية على مدى أكثر من جيل كامل، عرفت لبنان هذا البلد الجميل والملعون المرتوي بدماء أصدقائي وأبناء جيلي».

سادساً - يتمثل انهزام الوعي الإسرائيلي - أكثر ما يتمثل - في ما يمكن تسميته «فوبيا» حزب الله، التي سرعان ما تتكشف عوارضها المرضية على نحو شفيف وجلي، إذا ما صير إلى إجراء معاينات كاشفة على المكانة التي أصبح يشغلها تهديد حزب الله في هذا الوعي. فقد أشارت غير دراسة مختصة من غير جهة ذات صلة إلى حالة من الرعب الشديد ومن الخوف والهلع تتملك الوعي الإسرائيلي إزاء حزب الله، وتفتك به كأكثر الحشرات باعا، فيُستلب، ويرتهن، وينكب مغلولا بأصفادها، ويهيم على وجهه لا يلوي على شيء سوى التفكر في سبل الخلاص والانعتاق من إسار التهديد الذي يمثله حزب الله، مستنفدا في سبيل ذلك الجهد والمال والوقت، ومستهلكا العمل والطاقات والقدرات لمواجهته، وإيجاد الردود المناسبة عليه.

والحال هذه، تضج الصالونات السياسية والمنابر الإعلامية في إسرائيل بأحاديث تصل حدّ الثرثرة، وتشنف لها الآذان القريبة والبعيدة، عن ثورة أصابت الجيش الإسرائيلي بعد انكشاف مقاتله وعيوبه في الحرب على لبنان في تموز من صيف العام 2006، وإدراكه لمحدودية القوة لديه، وبعدما بان ترهله، وأصيب للمرة الأولى بالإخفاق والفشل، ومني بالهزيمة والانكسار؛ فعكف - منذ أن وضعت الحرب أوزارها، وبوتيرة غير مسبوقة في تاريخه - على القيام بالتدريبات اللازمة، وإجراء المناورات، وترميم القدرات، وتنظيم ورش التأهيل والإعداد، والتزود بأحدث الوسائل القتالية، وأفضل التكنولوجيات العسكرية. ما يصح معه وصف حال الجيش الإسرائيلي، بعد الحرب بأنه أشبه بخلية نحل لم

يعرف الهدوء أو الاستقرار سبيلا إليها، وذلك في نوع من التجاوز التعويضي عن حجم الاهانة التي لحقت به، وتأدّت إلى الإساءة لسمعته ومكانته وهيبته. وهذا إن دلّ على شيء، فإنه يدلّ على أنّ الصدمة التي تلقاها الجيش الإسرائيلي أمام بضعة آلاف من المقاتلين غير النظاميين في حرب لبنان، وبالتالي تلقاها الوعي الإسرائيلي؛ لم تكن صدمة من النوع الذي يمكن تجاوزه بسهولة، أو القفز فوق عوارضه ومفاعيله.

فمنذ تاريخ وقف الأعمال الحربية في 14 آب من العام 2006، والجيش الإسرائيلي يُرعد، ويُزبد، وينشط في غير اتجاه، وعلى غير صعيد؛ فلا يكاد يمضي شهر واحد دون مناورة يجريها، أو دون الإعلان عن مناورة سوف يجريها، أو دون التحضّر لمناورة مستقبلية. حتى يخيّل لمن يشاهد هذه المناورات والاستعدادات، ويسمع أحاديث القادة الإسرائيليين عنها، أنّ الدولة العبرية تستعد لمواجهة جيوش الأرض قاطبة... ما يدفع إلى الاستفسار والتساؤل عن سرّ هذا التكثيف غير الصحي في إجراء المناورات والقيام بالتدريبات العسكرية، لاسيما إذا كان السائل عارفا بخفايا هذا السلوك الإسرائيلي غير المسبوق. لكنّ هذه الحيرة لا تلبث أن تنجلي، عندما يشاح النظر إلى حجم التغطيات الإعلامية المصاحبة، بحيث أنّ المؤسسة العسكرية الإسرائيلية - في كثير من الأحيان - كانت تبدو كشركات الإنتاج السينمائي الهوليودية، وهي في غمرة انشغالها خلال لقطات تصويرية تخييلية. فقد شهدت المناورات استثمارا إعلاميا لافتا وكبيرا، إذا ما صير إلى مقايسته ومقارنته باستثمارات إعلامية منخفضة كانت تحظى بها التدريبات العسكرية في السابق. ولعل القادة الإسرائيليين، كانوا يرغبون من وراء ذلك أن تمتد فوائد المناورات المذكورة، لتصل إلى وعي أعدائهم مباشرة أملا في استعادة هيبة الردع، وفي تعزيز وترميم القدرات الردعية المترهلة، بعد أن أصيبت بانتكاسة حادة في الحرب على لبنان.

فالمناورات العسكرية الإسرائيلية بهذا المعنى، لم تخرج - على الرغم من

كثافتها[71] وجديتها - من الإطار الدعائي، بوصفها تستبطن توجيه رسائل ردعية تستهدف الخصوم والأعداء، كما تستهدف الأصدقاء والحلفاء. وذلك بغرض

---

(71) لقد شهد الكيان العبري منذ انتهاء الحرب على لبنان في 14 آب من العام 2006، سلسلة من المناورات الكبرى والعملاقة، ولعلها الأكبر والأضخم في تاريخه، ويبدو أن حجمها غير المسبوق يهدف إلى محاكاة الحجم نفسه لفشل العدوان ؛ وهي: نقطة تحول(1) في شهر آذار من العام 2007، نقطة تحول (2) في شهر نيسان من العام 2008، نقطة تحول (3) في شهر أيار من العام 2009، مناورة جونيبر كوبرا في تشرين الأول من العام 2009 وهي مناورة إسرائيلية - أميركية مشتركة، فضلا عن عشرات المناورات البرية في الضفة الغربية، وفي الجولان السوري المحتل، وعلى تخوم الحدود اللبنانية، ومنها تدريبات برية في معسكر (بتسيلم)، حاكت أساليب حزب الله القتالية.

ووفقا للسيناريو الذي أعدّ لهذه المناورات خضعت كل إسرائيل - وهي المرة الأولى - لأعمال التدريب المكثف ؛ بدءا من الحكومة مرورا بالمؤسسات التعليمية، والمؤسسات والقطاعات العامة، والوزارات، والمجالس المحلية، والجيش، والشرطة، والجبهة الداخلية، ونجمة داود الحمراء، والمستشفيات، والمطافئ، ومخازن الطوارئ، ووحدات الإنقاذ، وصولا إلى المواطن البسيط، على محاكاة كل أشكال التهديد المحتملة التي يمكن أن يتعرض لها الداخل الإسرائيلي، ومنها نشوب حرب إقليمية شاملة.

واستهدفت المناورات القيام بفحص واختبار شامل ومعاينة حقيقية لمدى جهوزية الداخل الإسرائيلي بكل مظاهره. وصدرت من تصور مفاده أنّ الزمن الذي كان فيه الداخل الإسرائيلي خارج نطاق أي حرب قد ولّى إلى غير رجعة، وأنّ أية حرب مفترضة في المستقبل ستنطوي، في حال نشوبها، على توجيه ضربات شديدة للجبهة الداخلية، على النحو الذي كان عليه الحال في إسرائيل خلال العدوان الأخير على لبنان، بل لعله عينة مخبرية ليس إلا لما يمكن أن يكون عليه الحال من العنف والقسوة. ما يعني أنّ إسرائيل سلمت صاغرة بأن جبهتها الداخلية ستكون جزءاً عضوياً لا يتجزأ من ساحة عمليات أية مواجهة مقبلة، بحيث أنه ليس بالمقدور الحيلولة دون ذلك لا بالضربة الاستباقية، ولا بالحسم السريع المتعذر للحرب، ولا بأي تفوق نوعي عسكري يمكن أن تتوافر عليه.

يشف هذا الحراك المكثف لأعمال التدريب عن حقيقة مفادها: أنّ ثمة متغيرا يمكن وصفه بالاستراتيجي، ويتمثل في أنّ إجراء إسرائيل مناورات بهذا الكم والكيف والحجم ؛ إنما ينطوي في جوهره غير المعلن على إقرار دوائر التخطيط الاستراتيجي الإسرائيلي - وإن بنحو ضمني - بسقوط مدو لعدد من مرتكزات ومركبات العقيدة الأمنية الإسرائيلية التي سادت منذ تأسيس الكيان العبري في العام 1948.

إعادة ترسيم وتنميط صورة للجيش الإسرائيلي تفيض بالقوة والجبروت، على خلاف الصورة التي تظهّرت له في الحرب الأخيرة على لبنان، حيث بدا جيشا عاجزا ومترهلا وعقيما ومثقلا، يستثير الشفقة، ولا يجيد سوى التلطي والاختباء خلف ترسانة تكنولوجية صماء. وللإيحاء – من جهة ثانية – بأنّ إسرائيل قد أعادت ترميم قدراتها التي صدعتها الحرب، وأعادت تفعيل قوتها، وباتت حاضرة وجاهزة لأية منازلة، ولأي استحقاق داهم ومستجد. وبالتالي على من يفكر بالإضرار بها أن يحترس، وأن يرتدع، وأن يمتنع، وأن ترتعد فرائصه [72] خوفاً وفزعاً. فيستعاض بذلك بعض وقار الجيش الإسرائيلي الذي كانت نعال وأحذية مقاتلي حزب الله قد داسته في مواجهات مارون الراس وبنت جبيل، وسواها من المواجهات المشهودة.

سابعا – يتمثل انهزام الوعي الإسرائيلي في ارتداع إسرائيل عن تفعيل آلاتها العسكرية حيال حزب الله ولبنان. إذ شهدت المرحلة التي أعقبت حرب العام 2006 انكباحا لجماح قوتها وغطرستها، وانكفاء ملحوظا لفاعليتها، وانحسارا لمساحات اشتغالها ولقدرتها على المبادرة والفعل. كما شهدت تهافتا لدورها، وتصدعا لمكانتها، وضمورا لسمعتها... الأمر الذي أفقدها التوازن والاستواء والتعقل، وأصابها بمس مرضي [73] لاسيما بعد اكتشافها هي لمحدودية القوة

---

(72) ينقل التلفزيون الإسرائيلي خلال مناورة " جونيبر كوبرا " الأميركية- الإسرائيلية المشتركة رسالة مفادها، أنّ " المناورة رسالة واضحة للمنطقة ومن فيها، بأنّ الولايات المتحدة ستقف إلى جانب إسرائيل إذا تقرر مهاجمتها، بل من يريد للصواريخ أن تسقط على إسرائيل، فعليه أن يعلم مسبقا أنّه سيصيب الجنود الأميركيين الذين سيكونون هنا، وهذا يمثّل جزءاً من الردع الإسرائيلي". ما يؤشر إلى الدرك الأسفل الذي آل إليه الوعي الإسرائيلي المنهزم في سعيه لردع أعدائه والمس بوعيهم. وكأنّ من يريد أن يستهدف العمق الإسرائيلي، سيشغل باله كثيرا بمن يُقتل أو يُجرح هناك.

(73) توسلت إسرائيل التعويض الكلامي: كالتهديد والوعيد... سبيلا للتصريف الوجداني والانفعالي، ولتفريغ النفس مما تراكم فيها من آثار ناجمة عن صدمة الفشل والهزيمة في لبنان، وذلك في محاولة منها إلى عدم تحويل هذه الصدمة إلى حالة مرضية ملازمة.

لديها، وإدراكها لمحدودية هذه القوة أيضاً في وعي أعدائها. فتوسلت والحال هذه بنظرية «التأثيرات» القائمة على مفهوم تفعيل الرافعات وإحداث التغييرات غير المباشرة، والصادرة من اعتقاد بأنّ تغيير الواقع لا يمكن أن يتأتى من استعمال صنوف القوة المادية المفعلة مباشرة ضد العدو؛ بل من التأثير غير المباشر على وعي قادته، عبر إطلاق رسائل التحذير والتهديد والترهيب على نحو متواصل، أو من خلال الإضرار بمدنييه وببنيته التحتية[74]... لذلك عكف قادة إسرائيل، وبنحو من التجاوز التعويضي، على إطلاق التهديدات في غير اتجاه، علها - في مرحلة العجز والشلل والعقم - تسمن أو تغني من المبادرة إلى عمل عسكري متعثر ومتعذر؛ فيُحفظ ما تبقى من هيبة مهدورة، وتُرمم الصورة الردعية المترهلة، وبالتالي يصار إلى ترميم الذات الإسرائيلية المنكسرة، ويعود بعضُ الاعتبار إلى السمعة العسكرية التي وصلت في أعقاب الفشل والإخفاق في لبنان إلى الدرك الأسفل من التهافت والتقهقر والتضاؤل والتداعي.

إنّ هذه السلسلة من التهديدات، ومن الرسائل الحافلة بألوان الوعيد - التي لم ينفك الإسرائيلي، ومنذ 14 آب من العام 2006، يدأب على إطلاقها على نحو يومي، سواء بمناسبة أم من دون مناسبة - لم تخرج بطبيعتها من إطارها الدعائي ومن غايتها الإعلانية، وبالتالي فهي ليست إلا محاولات ردعية[75] يراد

---

(74) إنّ سيناريو التهديدات الإسرائيلية المستمر باستهداف كلّ من المدنيين والبنى التحتية للبنان، كبديل من رفع يافطات وإطلاق شعارات من قبيل القضاء على حزب الله وعلى قدراته الصاروخية والعسكرية، يشفّ عن إقرار ضمني بأنّ إسرائيل تسلّم بحقيقة عجزها عن الاضطلاع بهكذا مهمة عسيرة. ما يدفعها إلى السعي نحو تبنّي بدائل تهويلية وإرعابية: كالتهديد باستهداف المدنيين اللبنانيين وفق ما تذهب إليه " عقيدة الضاحية " التي يعتنقها ويسوّق لها كاستراتيجية عسكرية بديلة قائد المنطقة الشمالية في الجيش الإسرائيلي غادي إيزنكوت. أو التهديد باستهداف البنى التحتية في لبنان وفق ما يروّج له رئيس الحكومة الإسرائيلية بنيامين نتنياهو، ووزير الدفاع إيهود باراك.

(75) تتوسل سلسلة التهديدات الإسرائيلية غايات ردعية ؛ لكنّ الإفراط في إطلاق التهديدات على هذا النحو الممجوج والمكرور إلى حدّ اعتياد السمع عليها، ألحق ضررا بالغا بالمسعى

لها أن تكبح الطرف الآخر عن محاولة الإضرار بإسرائيل وبمصالحها الحيوية. وهي تؤشر إلى سلوك نموذجي مثالي توسلت به جهةٌ مُنيت بهزيمة نكراء، وأخفقت في تحقيق أهدافها، وفشلت فشلا ذريعا أمام قلة قليلة من المقاتلين غير النظامين في أعنف وأشرس المواجهات والحروب التي خاضتها بإطلاق.

إنّ العجز الإسرائيلي عن التموضع عسكريا في دائرة الوجود بالفعل، بلحاظ القصور عن إمكان تفعيل أسباب القوة التي يستحوذ عليها في مواجهة حزب الله؛ هو الذي دفعه إلى الإكثار من الضجيج، ومن الثرثرة، ومن الصخب الكلامي والإعلامي الأجوف(76). وهو الذي جعله يرتضي لنفسه أن يكون مجرد حاسب أو عدّاد لما يتراكم بحوزة حزب الله من قدرات صاروخية(77)، ويكتفي من هذا المشهد العسكري بإصدار البيانات التي تحصي تزايد عددها على نحو مطرد، حيث يخرج مع إشراقة كل شمس ناطق بلسان الحال يتلو على الملأ ما أصبح لدى حزب الله منها. كما أنّ هذا العجز هو

= الإسرائيلي، فلا أحد يتوسّل تهديد أحد، ويطلب منه أن يرتجف وأن ترتعد فرائصه لمجرّد سماع تهديده.

(76) لم يخلُ يومٌ، منذ توقف الأعمال الحربية في 14 آب من العام 2006، من إطلالة إعلامية إسرائيلية، أو تصريح، أو تعليق، أو تهديد، أو شجب، أو بيان. . .، يتوعد حزب الله بالويل والثبور وعظائم الأمور.

(77) يعكف الإسرائيلي منذ 14 آب من العام 2006 - كلازمة يومية - على الإشارة إلى ما أصبحت تتوافر عليه الترسانة العسكرية لحزب الله من قدرات صاروخية. واللافت أن مقاربة العملية الإحصائية لأعداد الصواريخ كما تُقدم، وكما يشار إليها على لسان قادة إسرائيل من المستويين السياسي والعسكري ؛ إنما تصار بكيفية مثيرة للجدل، حيث يتم القفز على نحو من المبالغة إلى تبني أرقام غير مدروسة بهدف تعظيم خطر تهديد حزب الله. ما يمنح الإسرائيلي مقبولية القيام لاحقا بأي عمل لإزالة هذا التهديد: ارتفع العدد على نحو مطرد - وفقا لتصريحات القادة الإسرائيليين - من 12 ألف صاروخ قبل الحرب، إلى 20 ألفا بعدها، ثم إلى أربعين ألفا، ثم إلى ستين ألفا، ثم قفز العدد إلى أكثر من ثمانين ألفا كما جاء على لسان شمعون بيريز، قبل أن يعود العدد أدراجه ويستقر على أربعين ألفا، بعد أن تنبه الإسرائيلي إلى مخاطر هذا التضخيم، وما يثيره من رعب وهلع وخوف وذعر عند الجمهور الإسرائيلي، حيث تأدى إلى نتائج معاكسة.

الذي أرغم الإسرائيلي على ارجاءات لامتناهية، وعلى تأجيلات لا أفق ولا أمد لها، لكل التهديدات والتوعدات باندلاع حرب، التي كان يطلقها دوماً[78] ضارباً روزنامة مواقيت لها، ومحددا جدولا زمنيا لترجمتها أفعالا، ولإخراجها إلى حيز التطبيق، ولجعلها استحقاقات داهمة؛ لكنه لا يلبث أن يتجاوزها ويعدل عنها، إلى مواعيد أخرى، وهكذا من ربيع يعد بأن يكون ساخنا، إلى خريف أكثر سخونة، ومن خريف إلى ربيع، في مراوحة دائرية مملّة، وفي مروحة وعودٍ عرقوبية تأدت إلى تسخيف مزاعم الإسرائيلي، وتجويف ادعاءاته، وخسارته لصدقيته.

وإذا لم تكن غاية التهديدات ورسائل الوعيد الإسرائيلية على هذا النحو الذي ألمعنا إليه، أي إنّ إسرائيل تجاوزت موضوعة إمكان الحرب من عدمها، ووصلت إلى البحث في خياراتها وسيناريوهاتها؛ تُرى لماذا أقدمت إسرائيل - وهي المشبعة بالحوافز الدافعة لشن اعتداءات على حزب الله[79]، وهي كما تشفّ قراءة السلاسل الزمنية لتاريخ حروبها كانت على الدوام في موقع المتوثب لأي مواجهة عسكرية، وهي أيضاً الدولة التي لم تكن بحاجة يوما إلى ذريعة تتذرع بها عند إقدامها على أي عمل عسكري - لماذا أقدمت لمناسبة استهدافها غير مرة بصليات من صواريخ الكاتيوشا انطلاقا من الأراضي اللبنانية على المسارعة إلى تبرئة حزب الله، بل إنها رفضت أن يكون له أية دخالة بالأمر، لا من قريب ولا من بعيد، على خلاف المقاربات الإسرائيلية التقليدية لحوادث

---

(78) يُقدّر أن تتواصل التهديدات الإسرائيلية في المرحلة المقبلة. ويُسجل للإسرائيلي قدرة مائزة على ابتداع صنوف التهديدات التي يؤخذ عليه إطلاقها - خلاف السائد في المجتمعات والدول - من الجميع، كل من موقعه: من رئيس الحكومة، إلى الوزير، إلى الضابط في الجيش، إلى رئيس البلدية، إلى أصغر موظف في مؤسسة مدنية.

(79) إنّ إسرائيل مشبعة الحوافز والدافعية لحرب مقبلة مع حزب الله: أكبر الحوافز وأعظمها بإطلاق هو الهزيمة التي تلقتها في حربها على لبنان في تموز من العام 2006، وضرورة ترميم صورة انكسارها حيال الجهة نفسها التي سببت الهزيمة. فضلا عن الحافز المتمثل بتعاظم قدرات الحزب العسكرية، وما أصبح يمثله من تهديد استراتيجي ووجودي غير مسبوق لإسرائيل.

مماثلة. والغريب أنّ الأمر قد أخذ منحى أكثر غرابة وسخرية واستخفافا بالعقول، حين زعمت مصادر إسرائيلية رفيعة أنّ حزب الله بدأ يفقد السيطرة الميدانية في جنوب لبنان، وبالتالي فهو متحللٌ من أية مسؤولية عن إطلاق هذه الصواريخ. ما يستدعي انطراح الإشكالية على هذا النحو: هل ثمة تغيير جذري بالمقدور تلمسه في المقاربة الإسرائيلية حيال حزب الله ولبنان؟. إنّ من الصعب إيجاد تفسير لعزوف إسرائيل عن مواجهة حزب الله، أو الوقوف على تعليل منطقي لامتناعها عن شنّ اعتداءات جديدة في المرحلة الراهنة، سوى أنها غير قادرة بالفعل على تحقيق الأهداف المرجوة منها.

قصارى القول في ختام هذا المبحث، أنّ الصدمة[80] التي تلقاها الوعي الإسرائيلي الجمعي - بعد الانتكاسة العصيبة التي حلت عليه كلعنة، وبعد الهزيمة المنكرة التي مُني بها في حربه الأخيرة على لبنان في صيف العام 2006 - لم تكن من النوع الذي بالمقدور احتواؤه، أو ترصينه، أو هضمه، أو استنفاد مفاعيله، أو التخلص من آثاره الكارثية المدمرة؛ وإنما كانت ذات طبيعة ارتدادية تمتد تداعياتها عميقا في طبقات هذا الوعي وتترك فيه ندوبا وبثورا لا يمكن بإطلاق ترميمها، ما ينبئ بسوء طالع دولة إسرائيل.

---

(80) تقصدنا هنا استعمال كلمة " صدمة " في توصيف ما اعترى الوعي الإسرائيلي، وما استقام عليه حاله في أعقاب الحرب على لبنان، لما تحمله هذه الكلمة من معاني الجرح والكسر.

الفصل الرابع

مفاعيل الحرب والانتصار عربياً

لقد انتهت الحرب الإسرائيلية البربرية على لبنان في تموز- آب من صيف العام 2006، ملحمة وطنية نادرة في تاريخ الصراع العربي - الإسرائيلي، ورشحت عن مخاضات ولادية جديدة لحراك عربي مختلف. وعن نتائج ومفاعيل عظيمة، وعن ارتدادات بالغة الايجابية على الشعوب العربية، وبالأخص منها ما ينضوي في اتجاهات الممانعة والمقاومة والثورة والصمود والرفض والتصدي، على النحو الذي يصار إلى معاينته وتلمسه على غير منحى وصعيد:

أولا- تأدّت الحرب إلى حالة استنهاضية غير مسبوقة على مستوى كيان الأمة، وذلك بفعل الهزة- الزلزال التي أحدثتها في الوجدان والوعي العربيين، بعد تاريخ معيب من الحروب والانكسارات والهزائم والتسويات التي لم توفر، من فرط عنفها ودمويتها وعبثيتها ومرضيتها، ذاكرتنا الجمعية ومخيالنا العام، فأصابتهما بشلل عقيم وأعطبتهما إعطابا تاما؛ لقد حركت نتائج الحرب بعنف وقسوة السواكن والبواطن والدواخل والرواكد، وأعادت للمواطن العربي ثقته بإمكاناته وقدراته وذاتيته، كما أعادت إليه فخر الاعتزاز والاعتداد بقوميته وانتمائه، فضلا من أنها أشعلت في نفسه جذوة الأمل الذي كان قد خبا، وأضاءت بريقه من جديد في روح الأمة، بعدما أيقظت الحلم المشروع في العيش الأبي الكريم، وفي نشدان الحرية، وفي توسل التحرر والاستقلال والسيادة، وفي طلب القوة والمنعة والاقتدار.

ثانيا- تأدت الحرب إلى نتائج جليلة في معركة الوعي، ولعلها الأبرز في

قائمة انجازاتها ومؤدياتها وفتوحها؛ لقد أعادت ترسيم وإنتاج صورة جديدة للعربي عن نفسه، وعن ذاته، على غير تلك الصورة المستلبة والمرتهنة التي تلقفها وعيه طوال عقود مضت. كما أسهمت في إعادة ترسيم صورة إسرائيل، وفي إعادة وضعها في إطار جديد، على خلاف الصورة النمطية التي ترسبت وترسخت في الوعي وفي المخيال العربي الجمعي.

ثالثا – تأدت الحرب إلى إعادة بعث القضية الفلسطينية من رمادها، وإلى إعادة نشرها كائنا حيا لا يموت، وإلى إعادة انتسابها، بوصفها القضية المركزية والمحورية للأمتين العربية والإسلامية، وبوصفها نقطة الارتكاز، وحيز التوضع، وقطب رحى الأحداث.

سيسجل التاريخ لهذه الحرب أنها أعادت الصراع إلى أصله، وجوهره، ومصدره، وجذره التاريخي، وعلته، وسيرته الأولى... ، وأنها أرخت لأفق صراعي جديد بين العرب وإسرائيل، ولحقبة جديدة من تاريخ هذا الصراع؛ هو أفق استعادة القضية العربية والفلسطينية من الوصاية العربية الرسمية، وحقبة استردادها من الوكالة الحصرية لأنظمة الاستبداد والبؤس والردة والتصحر والقمع، وإيكالها إلى مريديها وحماتها من الشعوب والحركات الراديكالية الجذرية الذين حسموا خيارهم ووجهتهم، وأعادوا الصراع إلى بكارته، وطهرانيته، وتخلقاته الأولى، بوصفه صراعا وجوديا، وليس صراعا حدوديا على النحو الذي دأبت على تظهيره وتصويره الرسميات العربية المنضوية في التفاهمات والتصالحات والتسويات الانهزامية.

ما يعني أنّ الحرب- وفق ما تمخضت عنه من نتائج وحصائل وخلاصات- أتت بمعاول الهدم على مرحلة كاملة من الصراع مع إسرائيل، امتدت منذ اتفاقية كامب ديفيد[1] في العام 1978، ومرت بأطوار متعددة. مرحلة لطالما

---

(1) جرى التوقيع على اتفاقية كامب ديفيد، في شهر أيلول من العام 1978، من قبل كل من الرئيس المصري أنور السادات، ورئيس الوزراء الإسرائيلي مناحيم بيغن، والرئيس الأميركي جيمي كارتر. وكانت الاتفاقية تهدف - من جملة ما كانت تهدف إليه - إلى إخراج مصر، بما

استوت، واستمدت مشروعياتها وتعليلات وجودها من إعادة إنتاج معنى الصراع: بتقزيمه، وتقعيره، وتجويفه، وتفريغه من حمولاته ودلالاته، ومن ثم تظهيره وتصديره على أنه صراع حدود لا صراع وجود[2]... إلا أنّ هذا الهدم الحيوي المقدس، كان إيذانا بولادة ميمونة جديدة، أُعلن فيها على نحو تأسيسي منذ 12 تموز في العام 2006، البدء بطور جديد من الصراع يمثل النقيض الجذري والكلي للسياسات الانهزامية السابقة.

رابعا - قدمت الحرب للأنظمة والرسميات العربية نصرا عزيزا قل نظيره، وانجازا عسكريا متميزا بل استثنائيا، لم تعرف صنوا له منذ عقود مديدة من الزمن، بعد أن ضج تاريخها المعاصر بالهزائم المتتالية، واكتفت من صناعة الحاضر وتوسل السيادة والحرية والاستقلال باستجداء الماضي التليد، والاستغراق في استرجاعات وارتكاسات تاريخية، كان يصار إلى استعادتها على نحو من التجاوز التعويضي، أو في اصطياد أطياف سرابات وأوهام بالمقدور تظهيرها كاحتفاليات انتصارية مجيدة... لكنّ هذه الأنظمة المحنطة العقيمة، بدل أن تعنى كما تستوجب البداهة المنطقية، باستثمار نتائج هذا النصر وتوظيفها

= كانت تمثله آنذاك من وزن سياسي وديموغرافي وعسكري، من دائرة الصراع العربي - الإسرائيلي، في محاولة لأضعاف جبهة الممانعة والرفض والمقاومة. وهذا ما كان، فأصيبت الأخيرة بالضعف والإحباط. ولكن يمكرون ويمكر الله، فلم تكد تمضي أربعة أشهر على خروج مصر، حتى خرجت إيران بدورها - بما تمثله أيضاً من وزن سياسي وديموغرافي وعسكري - بعد انتصار ثورتها الإسلامية في 11 شباط من العام 1979، من المعسكر المؤيد لإسرائيل إلى المعسكر المناوئ لها، فاستقام آنذاك ميزان الصراع من جديد.

(2) لقد تحول الصراع العربي الإسرائيلي على نحو دراماتيكي مخز ومعيب، من حرب وجود إلى حرب حدود. ثم صير إلى الانتقال به لاحقا، من معادلة الأرض مقابل السلام، إلى معادلة السلام مقابل سلامتك؛ " فاليمين الإسرائيلي المتطرف " كما يقول المفكر الفلسطيني عزمي بشارة " يرى أنّ العرب لا يصنعون معروفا لإسرائيل بقبولهم السلام، بل يسدون لأنفسهم معروفا لأنّ السلام في مصلحتهم، السلام يحفظ سلامتهم من يد إسرائيل الطولى". أنظر: صحيفة الأخبار اللبنانية، السنة الأولى، العدد 242، الاثنين في 4 حزيران، العام 2007، ص14.

وترجمتها مكاسب سياسية؛ انصرفت - وهنا وجه الغرابة - إلى تبديدها، وإلى الإتيان عليها بمعاول الهدم والردم والتدمير.

ويذكر في سياق متصل هنا، كيف أنّ القرار السياسي الرسمي الذي تبانت عليه بعض الأنظمة العربية المنضوية في منظومة محور الاعتدال، كمصر والأردن والسعودية والإمارات، ومن سار في ركبهم من الأنظمة والحكومات؛ كان قد حسم أمره ابتداء، منذ اندلاع الشرارات الأولى للحرب، وجهر بمواقفه، واتخذ وجهة جلية بينة دونما عظيم حاجة إلى مساحيق، ودونما تقنّع أو تحرّج أو مواربة أو تحايل، ودونما محاباة أو مداهنة للرأي والمزاج الشعبي العام: فقال ما قال، وفعل ما فعل، وأعلن ما أعلن، وتبنى من المواقف الوضيعة ما تبنى واتخذ، ملقيا وزر الحرب ونتائجها وأثقالها وأحمالها، ومسؤولية نشوبها وحدوثها على عاتق المقاومة، متوسلا في توصيف وتشفيف ذلك عبارات جاوزت في صراحتها حدود الصراحة، وفي وقاحتها حدود الوقاحة، لا لشيء إلا لتبرير وتسويغ وتعليل العدوان الإسرائيلي على لبنان، وتشريعه وتظليله عربيا.

إلا أنّ هذه الجرعة العالية وغير المسبوقة، من الجهر والصراحة والوقاحة، لم يكن لها أن تستقيم أبدا في الخطاب العربي الرسمي المستلب، لولا أنها لم تنهل جرأتها وشجاعتها من شعور أصحابها واعتقادهم بأنّ الحرب مفضية لا محالة إلى إنهاك المقاومة وإنهائها وتدميرها. وإلا ما كانت الأمور لتتناهى إلى هذا الدرك الأسفل من الإسفاف، ولتبلغ هذا المبلغ الوضيع من الشفافية المقيتة، ومن الوضوح الحاد... لكنّ رياح التغيير جرت على غير ما اشتهت سفن هذه الرسميات العربية وأهواؤها، واستقرت على خلاف أمانيها: صمدت المقاومة صمودا أسطوريا، وانتصرت انتصارا بينا، وأفسدت على هؤلاء سيء توقعاتهم، من دون أن تمنع عنهم سبل الاستدراك، وأن تحرمهم فرصة التكفير عن الخطيئة السياسية من خلال تثمير نصر المقاومة، وتوظيف نتائجه، وحمايته من الضياع والتبديد والهلاك. ولكن ختم الله (جل وعلا) على قلوبهم وعلى أبصارهم غشاوة فأمعنوا في غيهم.

خامسا - تأدت الحرب - ولو لأيام معدودات[3] - إلى توحيد الأمة كل الأمة كبيان مرصوص[4]، وإلى صهرها في بوتقة واحدة، وعلى قواسم ومشتركات وجوامع ثابتة، كانت تؤشر إلى قيامها، وتنبئ بنهضتها من جديد وببعثها من رمادها، وبانشداد عصبها، وببث الروح في وعيها، وبتصالب إرادتها: حددت الحرب عدو الأمة الحقيقي والفعلي، ومركزت بوصلة الصراع على وجهة واحدة هي وجهة الصراع مع إسرائيل، وألغت التفارقات والتباينات الجغرافية والمكانية والمناطقية والقطرية والمذهبية والدينية والإيديولوجية،

---

(3) لا يماري المرء أو يجادل في أن بروباغندا الدعاية السياسية للرسميات العربية المنضوية في محور الاعتدال، كان لها أثر بالغ الخطورة على تبديد نتائج نصر حزب الله عربيا، وتمييعه، وإهلاك مفاعيله على غير صعيد. وأنّ حيل هذه الدعاية وأحابيلها وألاعيبها، انطلت على جمهور عريض من الشارع العربي الذي سبق له أن محض حزب الله بيعة وتأييدا مطلقا عز لهما نظير.

لقد أخذ بعض المزاج العربي بتلفيق الرواية الدارجة عن اتصال حرب لبنان بجدول اعمال ايراني في الشرق الأوسط، حتى صير إلى تجهيل صانع النصر في لبنان على النحو الذي بات فيه اسم حزب الله مجرد اسم كودي لإيران: فحرب لبنان لم تكن حربا تحررية من منظور الدعاية الإعلامية المضللة، قدر ما كانت حربا وقائية خاضها حزب الله الوكيل نيابة عن الإيراني الأصيل، في دفاع استباقي عن برنامج طهران النووي من جهة، وفي نزوع هجومي للامساك بأوراق الحضور الإقليمي من جهة ثانية.

كما أخذ بعض المزاج العربي أيضاً بالدعاية الرسمية المضللة، في توسلها لإثارة النزاعات والحساسيات المذهبية بين السنة والشيعة، وفي تحريكها للغرائز والميول والعصبيات ؛ حيث صير إلى تصوير وتوصيف استدارة حزب الله إلى الداخل اللبناني في محاولته لمعالجة الاختلال القائم في السلطة، بأنه استدارة لاقتناص الامتيازات السياسية التي كفلها الدستور اللبناني للطائفة السنية. كما صير إلى تقديم نزوله إلى معترك السلطة، ونزول قواعده إلى الساحات العامة كأنه محاولة لاستثمار نتائج انتصاره على إسرائيل في الداخل اللبناني قصد تغيير التوازن السياسي والطائفي والقضم من مركز السنة في لبنان.

(4) المقصود هنا وحدة الشعوب، وليس وحدة الأنظمة والرسميات العربية الحاكمة التي كان لها ضلع في الحرب على لبنان، وكانت شريكة على المستوى السياسي في العدوان على المقاومة الممثلة بحزب الله، والتي ظلت تراهن حتى الرمق الأخير على تعالي إسرائيل وقدرتها وجبروتها وبأسها.

وأعلت من شأن العصبية القومية الجامعة. حتى بدت الأمة في حراكها وصخبها أمة واحدة؛ قلبا وقالبا وعقيدة ويدا وعقلا وفكرا وإرادة وعزيمة وهوى... ، في مشهدية قل نظيرها. إلا أنّ هذا الحلم لم يكتب له أن يعمّر طويلا، كما لم يكتب له الاكتمال؛ بل بقي حلما ينتظر معجزة أخرى، بعد أن حققت الماكينة الإعلامية العربية الرسمية نجاحات باهرة وكبيرة على صعيد إعادة تدجين بعض شعوبها، وإرجاعها إلى حظيرة القطرية والعصبية المحلية.

سادسا- أعادت الحرب الاعتبار والشأنية للمقاتل الفرد، على النحو الذي يصار فيه إلى تفعيل الإفادة من قدراته الذاتية وإمكاناته ومهاراته القتالية، وسطوته في الميدان، وبراعته في المناورة والالتحام، وشجاعته وطلائعيته وإقدامه وحضوره واستعداده للتضحية.... وبالتالي أعادت الاعتبار للمورد البشري كقيمة فاعلة ومؤثرة بين الموارد المتعددة التي تستوجبها الحرب، بعدما هيمن وساد طويلا الاتكاء على منظومات مفاهيمية جديدة من قبيل «الحرب النظيفة» و«سطوة التكنولوجيا» أو عبادة التكنولوجيا، وسوى ذلك من مفاهيم جديدة كانت تدعو إلى التخفف من الإفراط في الاعتماد على الكائن البشري، في قبالة الإفراط في الاعتماد على التكنولوجيا، بل إنها كانت تنظر إلى حروب مستقبلية افتراضية قوامها الروبوت أي الرجل الآلي، كبديل من المحارب - الإنسان الذي أصبح، وفقا لنظريات التحديث العسكرية، من مخلفات النظريات والحروب التقليدية[5].

لقد أفلح مقاتلو حزب الله في تصويب ومعالجة الاختلال الحاد في موازين التقابل والتفاضل والترجيح بين الإنسان والآلة، على النحو الذي أصبحت فيه الأرجحية المطلقة والسيادة والعليا للمقاتل - الإنسان، شريطة أن يصار إلى

---

(5) لقد عزز مثل هذه المقولات، ما كانت القوات الأميركية المسلحة قد ابتدعته من طرائق وأساليب جديدة في إدارة الحروب، قوامها الاعتماد المكثف على التكنولوجيا، وما كانت قد حققته من انتصارات وانجازات عسكرية سريعة في حرب البلقان، وحرب أفغانستان، وحرب العراق، قبل أن تتحول الساحتان الأخيرتان إلى ساحتي استنزاف دائم للقوات الأميركية الرابضة فيها كقوات احتلال.

ايلائه العناية اللازمة، وإحاطته بالرعاية والاهتمام، وتثمير قدراته الذاتية بكيفية موجبة، وتثقيفه وتدريبه وإعداده وإعلائه وتصليب إرادته وعزيمته... وذلك بعد أن برهنوا تجريبيا وحسيا - في أجواء حربية وقتالية عنيفة وغير مسبوقة تاريخيا بلحاظ جملة مدخلاتها ومعاييرها - عن إمكانية انتصار الإنسان على الآلة، والإرادة القتالية على التكنولوجيا العسكرية، والتعبئة السياسية والروحية والمعنوية على همجية الحصار والموت والقتل والفتك والتدمير، كما إمكانية انتصار التشبع بالروح الوطنية والقيم والفداء على الجيوش الجرارة المحصنة بالمدرعات والمظللة بأسراب الطائرات والمدعومة بالبوارج الحربية... ما ينشر إضاءة كاشفة على أطروحة «بناء المجتمع المقاوم»، التي تنهض وتستوي ليس على توسل إستراتيجية اعتماد نظام تسلح ملائم، وإتباع أساليب قتالية ناجحة فحسب، وإنما على بناء الإنسان المؤهل لمواجهة المخاطر والصعوبات والتحديات المحدقة والداهمة.

سابعا - أسفرت الحرب عن صناعة نصر مجيد لحزب الله في حرب. فهل يكون الانتصار مؤشرا ودالة على إمكانية تحقيق مثيل له في أي حرب افتراضية بين العرب وإسرائيل؟. وهل يكون بمقدور الأنظمة العربية، أن تفرض إستراتيجيتها العسكرية وأساليبها القتالية على العدو الذي لطالما اعتاد على فرض إستراتيجيته وأساليبه عليها؟.

لا شك، أنّ العلمية والعقلانية والواقعية تقتضي وتستوجب أن تتداعى الأنظمة والحكومات العربية، والحركات والفصائل المقاومة - فردانا أو جماعات - إلى استلهام تجربة حزب الله، وإلى الإفادة من إستراتيجيته العسكرية، بوصفها تجربة أو إستراتيجية أتت أكلها، وأينعت، وأثبتت فعاليتها ونجاعتها وخيرها، من حيث توسلها أواليات الاعتماد على منظومات الأسلحة والترسانات الدفاعية المضادة والفعالة. إلا أنّ ذلك لا يستقيم، دون أن يصار إلى تعميم ثقافة المقاومة كثقافة وطنية واجتماعية عامة، ودون إجراء تغيير في البنى والمؤسسات والقيم والعقليات والسلوكات الفردية والجماعية الحاكمة، ودون إحداث تحول منهجي في بنى الأنظمة والمجتمعات العربية بما يسمح بإعادة تنظيمها بطريقة تتلاءم مع أساليب وطرائق القتال الجديدة، ودونما تبدل

في هيكليات الجيوش النظامية القائمة بحيث لا يبقى ثمة ما هو أهداف سهلة المنال، أو ما هو عرضة للتدمير والإبادة، وبحيث لا يصار إلى تفعيل ذهنيات إستراتيجية تتربص العدو وتقاتله في نقاط قوته، فيما يحكم هو قتالها في نقاط ضعفها.

بعد هذه المقدمات التمهيدية التي تنشر اضاءات كاشفة: حول ما أينعته الحرب الإسرائيلية على لبنان في صيف العام 2006، من ثمار ونتائج وغلال ومواسم خير ونصر وبركة. وحول ما شففته من إعادة ابتعاث لمنظومات قيمية أصيلة وحاكمة لطالما تبانى وتسالم العرب والمسلمون عليها في تاريخهم المجيد، وما ابتدعته وابتكرته من أساليب وطرائق واستراتيجيات عسكرية وحربية وقتالية أثبتت نجاعتها وصلاحها تجريبيا بالممارسة، ولم تبق مجرد ترف تنظيري ذهني ومتعال. وحول ما ولدته من حالة استنهاضية غير مسبوقة في التاريخ العربي الحديث والمعاصر، وما أحدثته من تغيير ثوري في الوعي والمخيال العربيين... سنقف وقوفا مطولا على مفاعيل هذه الحرب على السوري؛ كحكومة ونظام وشعب وجيش ودولة. كما سنقف على مفاعيل الحرب وآثارها وارتداداتها على مجمل الشعوب العربية؛ كحراك جماهيري هادر، لم يخرج - للأسف - في أغلبه من الإطار الانفعالي الوجداني.

مفاعيل الحرب على السوري

«إنّ سوريا قبل حرب لبنان، ليست سوريا نفسها بعد الحرب»(6).

بهذا العبارة الشفيفة والموجزة، وصّف شاؤول موفاز(7) - وزير

(6) مهدي السيد، **أولمرت في ذكرى الحرب: كان قرارا صائبا**، صحيفة الأخبار، السنة الأولى، العدد 276، الجمعة في 13تموز، العام 2007، ص 23.

(7) لقد شغل شاؤول موفاز منصب وزير الدفاع في الجيش الإسرائيلي في عهد رئيس الوزراء إريئيل شارون، واستمر في هذا الموقع حتى شهر آذار من العام 2006، حين كان إيهود أولمرت لا يزال قائما بأعمال شارون في رئاسة الحكومة بعد تعرض الأخير لغيبوبة أبعدته عن ممارسة مهامه.

المواصلات والنقل الإسرائيلي وعضو المجلس الوزاري الأمني المصغر⁽⁸⁾ خلال
العدوان على لبنان - في حديث له مع إذاعة الجيش، ما طرأ عل سوريا، في
أعقاب انتهاء الحرب، من تحوّل جذري على غير مستو وصعيد. سواء المستوى
النفسي أو السياسي أو الاستنهاضي - التعبوي، أو العسكري...، أو على
مستوى المعرفة الوافية بحقيقة العدو، بعد أن تكشّفت الحرب عن نقاط ضعفه
وعن خاصرته الرخوة وأظهرته عاريا إلا من هزيمته وضعفه، أو على مستوى
العقلية القيادية التي ينبغي أن تدار بها الحرب المفترضة، أو على مستوى
الجهوزية والإعداد والتدريب ونوعية التسلح الفاعل في حروب غير تماثلية، أو
على مستوى امتلاك أوراق القوة وتعزيز النفوذ، أو على مستوى المكانة
والحضور على الساحة الإقليمية والمسرح الدولي، كلاعب لا يمكن بإطلاق،
تجاهله أو تجاوزه، بل يُستوجب طلب بركته والوقوف على خاطره في أية تسوية
افتراضية.

إنّ أبرز فضائل حرب لبنان السادسة، يتمثل في كون ارتداداتها وتأثيراتها
ومفاعيلها لم تقتصر- مكانيا- على ما هو محلي ومناطقي، بمعنى تحدّدها
بحدود الساحة اللبنانية دون سواها، أو بحدود ميدان المعركة على نحو مباشر.
كما أنها لم تقتصر- زمانيا - على ما هو مرحلي وآني وظرفي وحدثي وعابر،
دونما تشظٍ أو إشعاع أو إشراق، بل تجاوزت ذلك كله على مستوى الفضاءات
الزمنية والمكانية، إلى ما هو أرحب وأشمل وأعم، على نحو يجعلها موضع
إلهام كل الحركات التحررية في العالم، ومحطّ عنايتها واهتمامها، وبالأخص
الحركات المقاومة والممانعة للمشروع الأميركي - الإسرائيلي في المنطقة، التي

---

(8) هو هيئة وزارية مقلّصة، صادق عليها مجلس الوزراء الإسرائيلي المنعقد في 12 تموز من العام
2006، بناء لطلب رئيس الحكومة إيهود أولمرت، وقد أنيط بها مهمة إدارة الحرب. وهي
تضمّ إلى جانب أولمرت كلّاً من: شمعون بيريز نائب رئيس الحكومة الإسرائيلية، عامير بيرتس
وزير الدفاع، تسيبي ليفني وزيرة الخارجية، شاؤول موفاز وزير المواصلات، آفي ديختر وزير
الأمن الداخلي، إيلي يشاي وزير الصناعة والتجارة.

كان يتعيّن أن يصطلح عليها بالشرق الأوسط الجديد، وفقا للاصطلاح الأميركي، لو كان قدّر لهذه الحرب أن تتناهى إلى نتائج وخلاصات، خلاف الخواتيم التي تناهت إليها .

وفضائل الحرب أيضاً، لم تكتف بالتحيّزات الزمنية منها والمكانية، بمعنى توضّعها على نحو مادي وحسي لا روح فيه ولا حياة؛ وإنما خرجت من كل أشكال التحيّز المادي، لتشعّ في غير اتجاه، وعلى غير صعيد. فعمّت الفائدة السياسية كل من أراد الاستثمار في حقل السياسة، وتحصّلت المنجزات والفوائد العسكرية لكل من أراد الغرس والتوظيف في الميادين العسكرية، وتحققت النتائج السايكولوجية والتعبوية والإيديولوجية لكل من أراد إن يمارس فعل التعبئة والاستنهاض والإعداد. . .

والحال هذه، كان للسوري ديدنه في هذا المجال، حيث ثمّر واستثمر ووظف وعزز مواقع نفوذه وأوراق القوة لديه، على نحو أعاده وبزخم إلى مواقعه الرئيسة في المعادلة الإقليمية، كقوة فاعلة ينبغي أن يؤخذ أمنها القومي ومصالحها الإستراتيجية في الحسبان. وذلك بعد أن كانت الرهانات على تقويض النظام السوري، أو بالأقل على احتوائه وتعديل سلوكه، قد بلغت ‐ فيما قبل الحرب على لبنان‐ مرحلة متقدمة جدا مع الاحتلال الأميركي للعراق، وما صحبه من مرابطة عشرات الآلاف من الجنود الأميركيين على حدوده وتخومه، ومع اشتداد الخناق الدولي على العنق السوري الرخو آنذاك، بهدف إجباره على الخضوع والامتثال لقائمة الشروط الأميركية. وقد بلغ الرهان الإسرائيلي أوجه مع خروج الجيش السوري من لبنان في نيسان من العام 2005، إذ رأت إسرائيل في هذا الخروج مرحلة سابقة على الضربة القاضية التي ينبغي أن يتلقاها النظام في دمشق. إلا أنّ فشل الحرب وتناهيها على النحو الذي آلت إليه من هزيمة نكراء ألمّت بالآلة العسكرية الإسرائيلية، أودى بهذه الرهانات إلى غياهب الضياع والموت، وفرض على الإدارة الأميركية ومعها إسرائيل، وعلى توابعها من الأنظمة التي تدور في الفلك الأميركي، أن تعيد

النظر في سياساتها حيال سوريا، وأن تتعامل مع نظام الأسد كقوة مفتاحية في المنطقة، وبخاصة في الساحة اللبنانية.

والجدير بنظر الاعتبار، أن الدور السوري خلال الحرب لم يكن دورا هامشيا عرضيا، يقتصر على المراقبة والمعاينة والاكتفاء بتدوين الملاحظات، أو بتسجيل نقاط القوة والضعف، أو بتحديد مواطن ومكامن الخلل التي تعتور أداء العدو كي يصار إلى استثمارها لاحقا. كما لم يكن دوره انتهازيا يتوسل الحياد السلبي، كمن ينشد السلامة في الوقوف على التل، على نحو يرجئ معه إعلان موقفه من الحرب، إلى حين ما تتمخض عنه من نتائج، وما ستؤول إليه من حصائل وخلاصات ومخرجات، حيث يُبنى على الشيء مقتضاه. بل بخلاف كل ذلك، كان الدور السوري دورا صميميا مباشرا وبيّنا، يتوضع لا على هوامش المعركة، بل في صلبها وفي قلبها، كعنصر تأسيسيّ، وكمكوّن أصيل من مكوناتها، حيث بمقدور المتتبع لسياقات ومآلات الحرب، ولسيرورة مراحل تطورها، أن يتمثل حقيقة هذا الدور على غير منحى وصعيد:

أ- شعبيا: ويتكشف ذلك من خلال التظاهرات والاحتجاجات الشعبية المنددة بالعدوان والداعمة للمقاومة، التي عمّت المدن السورية آنذاك، والتي استمرت دون كلل أو ملل، ولم تتوقف طيلة أيام الحرب. والتي كان لها، من الناحية المعنوية والنفسية، الدور الفاعل في استنهاض همم الناس الصامدين وهمم المقاومين على حدّ سواء.

ب - سياسيا: ويتمثل من خلال الاتصالات والمفاوضات واللقاءات والمشاورات التي كان يجريها السوري مع غير جهة وعلى غير صعيد، من اجل خلق وتوفير المناخ السياسي الملائم والمساعد على درء المخاطر وجبه العدوان، ومن أجل تحصين البيئة السياسية الحاضنة للمقاومة، من خلال التوظيف والاستثمار السياسي لمنجزاتها في الميدان، للحؤول دون تطويقها ومحاصرتها سياسيا، على نحو يتيح للإسرائيلي تحقيق ما عجزت عن تحقيقه آلته العسكرية الوحشية والبربرية برغم تفوقها التقني والفني، وبرغم ما ارتكبته من مجازر بحق الأبرياء والأطفال والشيوخ والنساء.

جـ - إعلاميا: وبالمقدور تمثله في التغطية الإعلامية السورية - وعلى نحو مباشر - لوقائع ويوميات الحرب، كجزء من إعلام المقاومة، وكجزء من المواجهة الإعلامية مع العدو، التي لم تكن سطوتها ووقعها - وفقا لما تكشّفت عنه الحرب - أقل شأنا من سطوة ووقع الميدان.

كما نستجلي حقيقة الدعم الإعلامي السوري الجريء، في الحرص الملح - وفي عز المواجهة العسكرية - على تقديم وتوفير التجهيزات التقنية والفنية الضرورية لتلفزيون المنار، كي يستمر تلفزيون المقاومة في أداء دوره الطليعي في المواجهة المفتوحة على غير صعيد مع العدو الاسرائيلي.

د- عسكريا ولوجستيا: على الرغم من أنّ السوري لم يبادر إلى أي عمل مباشر في مواجهة إسرائيل، إلا أنّ ما يُسجل له من دور ريادي ومن فضيلة هنا، يتمثل في عدم تخليه عن المقاومة، وفي عدم تركها تتخبط خبط عشواء، وحيدة فريدة على غير هدى في ساحة الوغى، حيث كثر المتآمرون والمتخاذلون والمتواطئون من أبناء جلدتها اللبنانيين، ومن إخوانها المفترضين من العرب أنظمة ورسميات. فقد حرصت القيادة السورية على توفير كل ما من شأنه المساعدة في الحفاظ على غزارة وفعالية القوة النارية للمقاومة، وعلى توفير كل مقومات ومتطلبات الصمود والدعم اللوجستي والعسكري، مهما كانت الأكلاف والأثمان المترتبة. ولعله قضى عشرات الشهداء وأصيب عشرات الجرحى من السوريين واللبنانيين في سبيل ذلك.

كما كان الدعم السوري يتمثل - بأبهى صوره - في احتضانه للنازحين من مناطق الجنوب وبعلبك والضاحية الجنوبية، وفي استقباله لهم استقبالا مشرّفا ولائقا بتضحياتهم وعطاءاتهم وصمودهم، وفي الوقوف على اهتماماتهم، وفي توفير الاحتياجات الضرورية لهم ضمن الإمكانات والمقدرات والموارد المتاحة.

وأكثر من ذلك، فأننا نملك جراءة الزعم والادعاء والقطع، والقول قول العارف بالشيء، أنّ السوري كان حاضرا بما لا يقبل الشك لفتح الجبهة السورية، والدخول المباشر إلى المعركة العسكرية في حال طلبت منه قيادة المقاومة ذلك. وهذا - لا ريب فيه - يُسجّل للقيادة السورية، التي كانت ترى

في استهداف المقاومة اللبنانية كمقدمة حتمية لاستهدافها، أو بالأقلّ لمحاصرتها، وتطويقها، وأضعافها، وابتزازها، وإخضاعها لمقتضيات وشرائط الأجندة الأميركية.

أما وقد ألقت الحرب أوزارها وفق النتائج التي تمخضت، ووفق النهايات والخواتيم التي رشحت عنها، فإنّ أسئلة قلقة سرعان ما تتوالد متلاحقة في الذهن: كيف أثرت الحرب إيجابا على موقع سوريا الإقليمي؟ كيف وظف السوري نتائجها على نحو يتيح له الإمساك بالمزيد من أوراق وعناصر القوة؟ كيف استخلص عبر الحرب ودروسها، وعمل على الإفادة من مكامن الخلل، ومن نقاط الضعف التي تكشفت في بنية المجتمع الإسرائيلي؟

سوف نقارب هذه الأسئلة وسواها من الأسئلة المشروعة ذات الصلة، من خلال زاويتي نظر، أو من خلال فضاءين اثنين يشكلان مظلة البحث، هما: الفضاء العسكري والفضاء السياسي، علنا بذلك ننشر اضاءات كاشفة حول أبرز وأهم الآثار والمفاعيل والنتائج الإيجابية التي توافر عليها السوري، من جراء الانتصار التاريخي للمقاومة، والهزيمة المدوية التي مُني بها العدو الإسرائيلي.

على الصعيد العسكري

انكبّ السوري، ومنذ نهاية حرب تموز 2006 – كما تشير مراكز بحثية إسرائيلية متخصصة – على تغيير العقيدة القتالية للجيش على نحو جوهري وجذري، كتطور ملحوظ يتكئ على الإفادة من عبر الحرب ودروسها المستخلصة، بعد المعاينة الدقيقة والفاحصة لمجرياتها، سواء على صعيد التدريب والإعداد، أم على صعيد التشكيلات ونوعية الأسلحة المستوردة، أم على صعيد بناء الحصون والمحميات والاستحكامات.

وكان الكاتب والباحث الإسرائيلي زئيف ماؤور، الخبير في شؤون الشرق الأوسط، قد قارب في دراسة فاحصة نشرها موقع أوميديا، التوجه الاستراتيجي الجديد الذي توسلته العقيدة العسكرية السورية، حيث يشير إلى أن هذا الجيش

يخضع منذ انتهاء الحرب الثانية على لبنان، لعملية إعادة تأهيل جذرية، أو بالأصح لعملية إعادة انبناء على أسس وعقائد قتالية غير معهودة.

فعمليات التسلح التي دأب الجيش السوري على التزود بها، لم تأت بإطلاق على نحو اعتباطي غير مدروس، كما لم تأت لتجديد منظومة المدرعات القديمة، أو لترميم وتطوير سلاح الجو المصدع والمضعضع... إنّ طبيعة التسلح التي اضطلع بها الجيش مؤخرا ترسم - بما لا يقبل الشك - مشهدية الحرب المقبلة، وتؤشر على نحو بيّن إلى طابع ميدان المعركة في المستقبل. فالبحرية السورية راقبت الضرر الكبير الذي تكبدته البارجة الحربية الإسرائيلية آحي حانيت (ساعر - 5) [9] في حرب لبنان كنتيجة لإطلاق حزب الله الصاروخ الصيني سي - 802[10] باتجاهها، ووقعت على ما هو بالمقدور أن تفعله في هذا المجال[11].

---

(9) معناها بالعبرية المهاجم، وهي من السفن الحربية المتطورة التي يصعب رصدها، فقد صممت للإفلات من الرادار ومن الأشعة ما دون الحمراء. يتألف طاقمها من 61 عنصرا (25 ضابطا و36 مجندا و10 أفراد طاقم طائرة) يبلغ طولها قرابة 86 مترا. ووزنها 1227 metric Tons، وسرعتها القصوى 33 Knots، مزودة بأسلحة متنوعة بينها صواريخ أرض - أرض من طراز هاربون Harpoon ذات مدى يبلغ 130 كلم، وصواريخ أرض - جو مداها 10 كلم، ومدفع من عيار 76 ملم. وتضم في مؤخرتها مهبطا للمروحيات ما يجعلها قادرة على نقل مروحيتين في الوقت نفسه. أنظر: عباس النابلسي، **رعب السلاح: أسرار القدرة العسكرية لحزب الله**، ط1، بيروت: دار إيوان للطباعة والنشر والتوزيع، العام 2007، 157.

(10) صاروخ أرض- بحر، يوجه عبر الرادار، يتضمّن نظام دفع توربيني، يعمل على (البارافين) وهو صاروخ يلامس سرعة الصوت بقياس 0.9 ماك، ويزن 715 كلغ، فيما يبلغ مداه 120 كلم، ويحمل رأسا متفجّرا زنة 165 كلغ، كما يتضمّن جهاز رادار صغيرا، وأنظمة مضادة للتشويش، وبإمكانه أن يطوف فوق سطح المياه على ارتفاع ما بين 5 إلى 7 أمتار (وفقا لنشرة غلوبال سيكيورتي).

(11) كانت القناة العاشرة في التلفزيون الإسرائيلي، قد علقت على خبر إصابة البارجة الإسرائيلية بالقول: " إنّ الصاروخ المضاد للسفن الحربية الذي أطلقه حزب الله على البارجة الإسرائيلية آحي حانيت وهي من طراز ساعر 5 - في بداية الحرب على لبنان - لم يغرقها، إلا أنه يهدد بإغراق مستقبل سلاح البحرية".

ينضاف إلى ذلك، أنّ الجيش السوري ينشط دون كلل أو ملل، كأكثر الحشرات باعا، في تجديد «ترسانته المضادة للدروع»، على نحو يحاكي ويماثل تجربة حزب الله الناجحة في حرب لبنان، من حيث الاستحواذ على صواريخ سبيغوت- 4، ميتيس-13، كورنيت- 14، وميلان الروسية[12]، التي كانت قد أثبتت فعاليتها وألحقت بالجيش الإسرائيلي أضرارا فادحة وبالغة، سواء سلاح المدرعات أم سلاح المشاة، «لذلك» والكلام لزئيف ماؤور «يتسلح السوريون بمئات الصواريخ من إنتاج مشابه»[13].

وينقل أليكس فيشمان المراسل العسكري لصحيفة يديعوت احرونوت في هذا المجال، عن الأجهزة الأمنية الإسرائيلية معطيات تفيد «أن الجيش السوري يتزود الآن بمجموعة كبيرة من الصواريخ المضادة للدبابات، في إطار التطوير الذي يجتازه، استنادا إلى الدروس التي استخلصها من حرب لبنان»[14].

أما الإطار الثالث في سيرورة تخلق المشهد السوري واكتماله، فهو الصواريخ الباليستية، بعد أن تكشّفت الحرب عن سحرها وفتنتها وعن أهميتها البالغة، بوصفها السلاح الاستراتيجي الأكثر فعالية، الذي يحول دون نجاح الإسرائيلي في نقل المعركة بعيدا من كيانه وفق الأواليات المنهجية التي يخوض على أساسها الحروب، وعلى نحو يبقي معه العمق الإسرائيلي أو ما يسمى الساحة الداخلية ساحة حرب مشتعلة على الدوام، وهذا ما لا طاقة للإسرائيلي على تحمله. وبوصف تلك الصواريخ - من جهة ثانية - السلاح الاستراتيجي الذي يخلق للسوري توازنا ردعيا لطالما تاق إليه، في قبالة التفوق الإسرائيلي

---

(12) تنتمي إلى الجيل الثالث من الأسلحة المضادة للدروع، يصل مداها إلى خمسة كيلومترات، ويمكن تزويدها برؤوس تفجير حرارية مزدوجة لمواجهة الدروع، وبرؤوس تفجيرية حارقة لضرب المخابئ والتحصينات، ومناظير للرؤية الليلية.

(13) صحيفة الأخبار، السنة الثانية، العدد 537، الجمعة في 30 أيار، العام 2008، ص 15.

(14) حلمي موسى، **سوريا: تبني جيشا مختلفا**، نقلا عن صحيفة يديعوت احرونوت الإسرائيلية، صحيفة السفير، السنة الرابعة والثلاثون، العدد 10640، السبت في 3 آذار، العام 2007، ص 14.

المشهود في سلاح الجو أو درة التاج وفق ما يطلق عليه داخل المؤسسة العسكرية الإسرائيلية. والجدير بنظر الاعتبار، أن هذا الإطار يطوّره «السوريون ذاتيا منذ عدة سنوات في موازاة إيران. وليس بالضرورة بمساعدتها»، فمن المعروف كما يقول ماؤور «إنّ لدى السوريين ترسانة صواريخ كبيرة جدا جددت وحسنت في أعقاب حرب لبنان الثانية»(15).

والحال هذه، عمل السوري مؤخرا على اقتناء الصواريخ البالستية المتوسطة والبعيدة المدى، وأدخلها كسلاح رئيس في منظومته العسكرية، بوصفها تشكل له الذراع الهجومية الطويلة، التي تمنح سوريا قدرة معينة - لطالما كانت تتوق إليها - على تهديد العمق الإسرائيلي، «إنّ التركيز السوري على الصواريخ والقاذفات الصاروخية، هو لتعويض الضعف البارز لسلاح الجو السوري» وفق ما أشار إليه الخبير الإسرائيلي زئيف شيف في تقرير له تمّ نشره في صحيفة هآرتس، وفيه يقارب موضوعة سعي الجيش السوري الحثيث والمطرد إلى تعزيز قدراته النارية، وإلى تطوير ترسانته الصاروخية «فبدل ضرب إسرائيل من الجو» والكلام لشيف «يبني السوريون قوة نار هائلة بواسطة الصواريخ، ليستطيعوا قصف المدن الإسرائيلية عن بعد على نحو خطير، وتكون إصابة المواقع العسكرية داخل إسرائيل في منتهى الدقة»(16).

فلقد تأدى نجاح الانتصار اليتيم والتأسيسي في تاريخ الصراع العربي الإسرائيلي، والذي تمثل في تبني المقاومة اللبنانية إستراتيجية قتالية قوامها استخدام القصف عن بعد بواسطة صواريخ أرض - أرض التكتيكية، لاستهداف عمق الكيان الإسرائيلي وخاصرته الرخوة على نحو غير مسبوق، كما يقول محمد خواجه في قراءة قيّمة بعنوان «الجيش السوري بالعين الإسرائيلية»: «إلى

---

(15) صحيفة الأخبار، السنة الثانية، العدد 537، الجمعة في 30 أيار، العام 2008، ص 15.

(16) صحيفة الأخبار، **تنامي قوة الجيش السوري يقلق إسرائيل**، السنة الأولى، العدد 161، بيروت في 23 شباط، العام 2007، ص 1.

تشجيع السوريين الذين يملكون مخزونا صاروخيا يضاهي أضعاف أضعاف ما تملكه المقاومة، كما ونوعا»[17].

يُسجل في هذا المضمار وعي القيادة السورية – كسواها من القوى والحركات المناهضة والممانعة للمشروع الأميركي – الإسرائيلي في منطقة الشرق الأوسط – عِبر ونتائج حرب تموز، والإفادة منها إفادة عملانية واعية ووازنة، بعدما أدركت بالتجربة الحسية الملموسة والحية، أنّ الطريقة الفضلى والمثلى «لإيلام إسرائيل ودفعها إلى الانسحاب» على ما يقول زئيف شيف «لا تكمن في حشد الطائرات والدبابات، وإنما بإطلاق آلاف الصواريخ نحو أراضيها»[18]... ما يعني تحولا جذريا في العقيدة العسكرية السورية.

وكانت صحيفة هآرتس قد أشارت على لسان مصدر سياسي إسرائيلي مطلع، إلى التطور الذي طرأ واستجد على العقلية العسكرية السورية في أعقاب انتهاء الحرب على لبنان، من ناحية مقاربة التعاطي مع السلاح الصاروخي، بلحاظ تحوله من مجرد أعداد وأرقام جوفاء كانت تراكم وتخزن على نحو سلبي داخل المستودعات المعدّة لها، إلى سلاح استراتيجي وازن يمارس مهام ردعية قبل الحرب، ثم ينصرف عند نشوبها إلى أهداف محددة له داخل كيان العدو، لتستقيم بذلك لعبة تبادل كرة النار، في قبالة عنجهية سلاح الجو الإسرائيلي وتغطرسه. يقول المصدر موصفا الوضع المستجد: «إنّ إسرائيل تلحظ وجود مساع سورية حثيثة لتحسين أمداء الصواريخ الموجودة لديها ودقتها. والمشكلة هي أنّ الصواريخ السورية تحولت من كونها صواريخ إحصائية عددية، إلى صواريخ دقيقة، ومن الممكن استخدامها لضرب القواعد العسكرية والمطارات ومخازن الطوارئ في إسرائيل، وهي مشكلة مثيرة للقلق»[19].

---

(17) محمد خواجه، **الجيش السوري بالعين الإسرائيلية**، صحيفة الأخبار، السنة الأولى، العدد 185، الخميس في 23 آذار، العام 2007، ص 20.

(18) مجموعة من الكتاب والمحللين الاستراتيجيين الإسرائيليين، **33 يوم حرب على لبنان** ؛ ترجمة أحمد أبو هدبة، ط1، بيروت: مركز الدراسات الفلسطينية، العام 2007، ص 344.

(19) صحيفة الأخبار، السنة الثانية، العدد 447، السبت في 9 شباط، العام 2008، ص 19.

وقد ذكّرت هآرتس، في معرض التدليل على صحة مزاعمها وادعاءاتها بشأن تزايد الاهتمام السوري بالتزوّد بمنظومات متنوعة من الصواريخ، بإفادة رئيس الموساد الإسرائيلي مائير دغان أمام لجنة الخارجية والأمن التابعة للكنيست، خلال عرضه للتقدير الاستخباري السنوي لعام 2008، والتي جاء فيها: «إنّ لدى سوريا تشكيلة متنوعة من الصواريخ، منها صواريخ أطلقها في حرب لبنان الثانية مقاتلو حزب الله باتجاه إسرائيل»[20].

لا شك أن هذا التغيير الجوهراني والجذري في العقيدة القتالية والعسكرية السورية، يعني على وجه الضرورة أنّ سوريا تتجه في أية حرب افتراضية مع كيان العدو إلى قتال غير تماثلي، مع ما يقتضيه هذا النوع من القتال من طرائق وأساليب وشرائط وفروض واستعدادات، لا تندرج ضمن الإطار النظامي لعمل الجيوش الكلاسيكية. ويكفي في هذا الصدد إجراء مقاربة معمقة للأطر التي تتسلح فيها سوريا، حتى يصار إلى ملاحظة الإهمال المتعمد لأغلب الأطر المتعلقة بالقتال التقليدي «إنّ ما تشتريه سوريا الآن» والكلام لماؤور «يمكن أن ننسبه كله إلى حرب غير تقليدية»[21].

ويدرج ماؤور النزوع السوري المفارق للتسلح المكثف بالصواريخ المضادة للدبابات، في إطار الاستخلاص الناجع والناجح لعبر حرب لبنان الثانية، وذلك بعد أن تكشفت مقاتل الجيش الإسرائيلي، وبانت خاصرته الرخوة أمام صيادي الدبابات من المقاومين الذين ما انفكوا يمعنون فيها فتكا وتدميرا، على نحو استحالت فيه فخر الصناعة الإسرائيلية (الميركافا) إلى أمثولة سيئة السمعة والذكر «إنّ نقطة ضعف الجيش الإسرائيلي كجيش نظامي لدولة وعمليا لكل جيوش الغرب المتطورة» وفقا لماؤور «هي القتال غير المتكافئ»[22].

ويشير ماؤور في معرض ملاحظته لحراك الجيش السوري، وفي موضع تنكبه للعقيدة القتالية الجديدة، إلى أنّ سوريا بصدد الإقلاع عن كلّ أساليب

---

(20) صحيفة الأخبار، السنة الثانية، العدد 447، السبت في 9 شباط، العام 2008، ص 19.

(21) صحيفة الأخبار، السنة الثانية، العدد 537، الجمعة في 30 أيار، العام 2008، ص 15.

(22) صحيفة الأخبار، م.ن.، ص 15.

القتال التقليدي التي تتوسلها عادة الجيوش الكلاسيكية، بعدما أثبتت فشلها في مواجهة التفوق الإسرائيلي على غير صعيد. ولكن كيف السبيل إلى ردم الهوة وتقليص الفارق، يقول ماؤور: «يبدو أن سوريا تنوي إزالة أولويات الاستثمار في وحدات الجيش التقليدية»[23]، على أن يصار إلى الاستعاضة عن ذلك من خلال إعداد وتأهيل وحدات نخبوية تختص بحرب العصابات، تكمن لقوات الجيش الإسرائيلي مع أسلحة ضد الدروع، في محاكاة تمثيلية للطريقة التي واجه بها المقاومون اللبنانيون القوات الإسرائيلية في حرب تموز 2006.

فالمراقب لحراك الجيش السوري وتكتيكاته، يقع على جوهر عقيدته العسكرية والأمنية الجديدة، المتبناة بعد الحرب الإسرائيلية على لبنان، والتي يصار فيها إلى انصباب الاهتمام في عمليات البناء العسكري على ما يمكن وصفه بقدرات الحرب غير المتماثلة، كما يصار فيها إلى التركيز على توسيع هيكل القوات الخاصة بوصفها قادرة على الجمع بين أساليب قتال حرب العصابات وبين القتال الكلاسيكي... وكان السوريون قد أدركوا مؤخرا، أنّ الفجوة التكنولوجية الفارقة بينهم وبين الإسرائيلي باتت كبيرة للغاية، وهي مرشحة للاتساع والانفلاش والتمدد على نحو يصعب ردمها أو تقليصها، ولذلك سرعوا عملية بناء وتشكيل قوات خاصة تناط بها مهمة خوض حروب من طبيعة غير تقليدية.

وقد أشار المحلل العسكري الإسرائيلي أليكس فيشمان، في إحدى مطالعاته التحليلية، إلى هذا التطور المستجد في العقيدة القتالية السورية، حين نقل عن مصادر أمنية مطلعة «إنه استنادا إلى الدروس المستخلصة من حرب لبنان يعمل السوريون على مضاعفة عدد وحدات الكوماندوس»[24] التي تضطلع بمهام قتالية

---

(23) صحيفة الأخبار، السنة الثانية، العدد 537، الجمعة في 30 أيار، العام 2008، ص 15.

(24) حلمي موسى، **سوريا: تبني جيشا مختلفا**، نقلاً عن صحيفة يديعوت احرونوت الإسرائيلية، صحيفة السفير، السنة الرابعة والثلاثون، العدد 10640، السبت في 3 آذار، العام 2007، ص14.

تتكئ إلى مبادئ وأساليب حرب العصابات. وذلك بعد أن كانت القيادة السورية قد كابدت في السنوات الماضية، صعوبات عديدة ومخاطر جمة، في سبيل الحفاظ على كفاءة قواتها العسكرية، والقدرة على تسليحها، ولكن دون جدوى. إلى أن اتخذت وجهة التركيز، في عمليات البناء العسكري، على توسيع هيكل القوات الخاصة، ومنحها الدرجات الفضلى على سائر القطاعات الأخرى.

لقد عكف السوري – في إطار عمليات تحديث الجيش وتطويره، وإعداده على نحو ملائم لخصوصيات وطبيعة أية حرب افتراضية مع الكيان الإسرائيلي، لاسيما بعد استلهامه عبر ودروس الحرب على لبنان – على تعزيز عديد القوات الخاصة الكوماندوس التي يتماثل أسلوب قتالها مع أساليب حرب العصابات، والتي تعتمد منظومات تسلحية مناسبة، تتمتع بمرونة عالية بحيث يسهل إخفاؤها وتحريكها، لتشكل الأسلحة المضادة على أنواعها، من أنظمة صواريخ مضادة للطائرات، وتلك المضادة للدروع، قطب الرحى فيها. ويتركز عمل هذا النوع من القوات على مهارات وأساليب فارقة، كاعتماد عنصر المباغتة، وتنفيذ الإغارات، وتنظيم ونصب الكمائن، والقتال الليلي، وإقامة العقد الدفاعية. على أن تحوي تشكيلاتها على فصائل متخصصة في صواريخ أرض- أرض ذات المدى القصير والمتوسط، ويبدو «أن نجاح الأساليب القتالية لحرب العصابات التي اعتمدتها المقاومة في حرب تموز» كما يقول محمد خواجه «عزّز هذا الخيار لدى الجيش السوري»[25].

فلا شك، إنّ اعتماد أساليب قتال غير تقليدية في قبالة جيش تقليدي متطور، والتسلح بمنظومة أسلحة خفيفة وفعالة، من شأنه إرباك العدو وتعطيل كثير من قدراته وإمكاناته التكنولوجية الحديثة. والحال، بات يتوجب على

_____

(25) محمد خواجه، **الجيش السوري بالعين الإسرائيلية**، صحيفة الأخبار، السنة الأولى، العدد 185، الخميس في 23 آذار، العام 2007، ص 20.

الجيوش النظامية الكلاسيكية غير القادرة على الاستحواذ على التكنولوجيا المتطورة، كما هو عليه حال الجيش السوري، أن تعيد النظر في إستراتيجيتها القتالية، وبالتالي أن تتنازل عن ما يعرف بأساليب القتال التقليدية - التي بمقدور الجيش الحديث أن يحوز فيها قصب السبق والغلبة- ليصار إلى انتقالها إلى مجال آخر، تخوض فيه حربا من طبيعة غير تماثلية.

والجدير بنظر الاهتمام والاعتبار، أنّ جيوش الدول السيادية لا تتوسل - في العادة - حرب العصابات كنظرية قتالية، إلا في إطار تنفيذ مهمات خاصة ليس إلا. والحال هذه، فإنّ اتباع سوريا لمثل هذه الإستراتيجية، سوف يمثل تحولا نوعيا وثوريا في المفهوم العسكري، حيث ستكون هذه المرة الأولى التي تظهر فيها دولة سيادية علامات على اتباع إستراتيجية كهذه، وتختار فيها تأهيل جيشها بإستراتيجية تشغيل قوات في حرب عصابات ضد جيش نظامي. بل أكثر من ذلك، سوف تشع وتتسع مروحة التأثيرات لترخي بآثارها ومفاعيلها على ما هو اعم وأشمل ليتعلق الأمر كما يقول ماؤور «بتغيير عميق في النظرية القتالية العالمية»(26).

لا يخفى، أنّ هذا التبدل والتحوّل النوعي على الجبهة السورية، كان له آثاره وانعكاساته ومفاعيله المباشرة في المقلب الآخر أي داخل كيان العدو... فقد رسم التطور الحاصل في العقيدة القتالية السورية- وهذا ما هو بالمقدور ملاحظته دون جهد أو عناء -حركة الجيش الإسرائيلي في الآونة الأخيرة، وخاصة ما يتعلق منها في تدريباته ومناوراته المكثفة، وفي جهوزيته واستعداداته الميدانية، وفي إعادة تموضعه وانتشاره، وفي تعديل خططه وتكتيكاته وأساليب عمله وقتاله. ما دفع أيضاً برئيس شعبة الاستخبارات العسكرية الجنرال عاموس يادلين إلى إيلاء الجبهة السورية كبير عناية واهتمام، حيث شدّد في شهر آذار من العام 2007 في تقريره السنوي أمام الحكومة على تعاظم القوة السورية:

---

(26) صحيفة الأخبار، السنة الثانية، العدد 537، الجمعة في 30 أيار، العام 2008، ص 15.

«بعد ثلاث سنوات» والكلام ليادلين «سنرى جيشا بريا سوريا مختلفا»[27] ومفارقاً. سيكون جيشاً مختلفاً على غير صعيد، سواء على صعيد أنظمة التسلح والتجهيز والإعداد، أم على صعيد طرائق وأساليب القتال، أم تلك المتعلقة بتركيب وتشكيل هيكل القوات، والأهم إنه جيش يعتمد إستراتيجية دفاعية من نوع مختلف... وذلك كنتيجة حتمية لانكباب القيادة السورية على استخلاص العبر والدروس اللازمة من الحرب الإسرائيلية على لبنان.

وبدوره ضمّن الجنرال غابي اشكنازي[28] رئيس هيئة الأركان الإسرائيلية، تقريره أمام لجنة الخارجية والأمن التابعة للكنيست في 28 آذار من العام 2007، معلومات حول الاستعدادات السورية، تفيد أن الجيش السوري يسير في خطى حثيثة «في اتجاه تطوير جاهزيته، وتحديث ترسانته في مجال الصواريخ المضادة للدبابات، وصواريخ أرض - أرض، ووسائل الدفاع الجوي»[29].

وكان بن كسبيت المحلل السياسي في صحيفة معاريف، قد وقف مطولا - في قراءة له - على حقيقة المتغيرات التي طرأت على الجيش السوري، والتي عصفت بالكيان الإسرائيلي، وأثارت فيه الذعر والرعب والخوف، حيث ذكر في معرض تقييمه للقفزات النوعية التي نفذها الجيش على غير صعيد، يقول بن

---

(27) حلمي موسى، **سوريا: تبني جيشا مختلفا**، نقلاً عن صحيفة يديعوت احرونوت الإسرائيلية، صحيفة السفير، السنة الرابعة والثلاثون، العدد 10640، السبت في 3 آذار، العام 2007، ص14.

(28) وُلِد في الكيان الإسرائيلي في العام 1953. والده من الناجين من المحرقة في بولونيا، والوالدة من أصل سوري. تلقى علومه الجامعية في إطار الجيش، درس العسكرية في الكلية الحربية الإسرائيلية، وفي الكلية التابعة لقوات المارينز الأمريكية. شارك في حرب أكتوبر (1973) في إطار لواء غولاني على الجبهة المصرية وشارك عام 1976 في عملية تحرير الرهائن في مطار عينتيبي في أوغاندا. تدرّج في مراتب قيادية إلى أن تسلّم قيادة أركان الجيش.

(29) محمد خواجه، **مقاربة نظرية اشكنازي العسكرية**، صحيفة الأخبار، السنة الأولى، العدد 203، الاثنين في 16 نيسان، العام 2007، ص 20.

كسبيت: «حتى فترة غير بعيدة كان الجيش السوري مدفونا تحت جبال من الغبار في بطون السبعينيات، تكنولوجيا متقادمة، ودبابات صدئة، وسلاح جو مرابط على الأرض، وأسلحة عفا عليها الزمن، وفجأة انبلج ضوء كبير»[30]، في إشارة منه إلى الانتصار الكبير الذي حققته المقاومة في لبنان، والتي أتاحت للسوري إدراك الطريقة المثلى لقتال الجيش الإسرائيلي، بعد أن تكشفت مقاتله، وتعرّى من جبروته وقوته.

وتنقل صحيفة النهار البيروتية بدورها، عن أحد جنرالات الجيش الإسرائيلي، قوله إلى أنّ «سوريا تستثمر في ميدان يمكن أن تتفوق فيه على إسرائيل مثل المدفعية المضادة للطيران والصواريخ والملاجئ المحصنة. وأثبتت حرب لبنان الصيف الماضي أنها أحسنت فعلا بذلك»[31].

لقد شكلت الجهوزية العسكرية السورية هاجس قلق الأوساط الإعلامية والأمنية الإسرائيلية، بسبب من الاستعدادات غير المسبوقة. فقد كثفت سوريا مساعي شراء الصواريخ المتطورة المضادة للدروع والدبابات من روسيا، وعكفت على صناعة وإنتاج وتطوير الصواريخ ذات الأمداء المتوسطة، وعملت على بناء الأنفاق والخنادق والتحصينات والاستحكامات والمحميات على طول خط الجبهة في قبالة الكيان الإسرائيلي، إضافة إلى الجهود المبذولة على غير صعيد لتطوير سلاح البحرية، وتفعيل منظومات سلاح الجو... الأمر الذي أدى إلى تعاظم التقدير في المحافل الأمنية الإسرائيلية، بأنّ السوريين يعملون بجهد ونشاط لافتين، كي يعدوا أنفسهم لإمكان مواجهة محتملة مع تل أبيب. لكن هذا الاستعداد السوري المفارق الذي ينمّ عن جرعة زائدة من الثقة بالنفس وبالقدرات الذاتية، لم يأت من عدم أو فراغ؛ وإنما «ينبع من عوامل عديدة

---

(30) مهدي السيد، إسرائيل تفتقد أيام البلطجة، نقلاً عن صحيفة معاريف الإسرائيلية، صحيفة الأخبار، السنة الأولى، العدد 247، السبت في 9 حزيران، العام 2007، ص 19.

(31) صحيفة النهار، قلق إسرائيلي من نشر سوريا آلاف بطاريات الصواريخ على الحدود، السنة الخامسة والسبعون، العدد 22903، السبت في 10 آذار، العام 2007، ص 10.

أهمها» كما يقول مراسل الشؤون العسكرية في صحيفة معاريف عامير رابابورت «ما يُعدّ في نظر السوريين نجاحا لحزب الله في عدوان تموز»[32].

لكن أكثر ما يقلق إسرائيل على وجه الدقة والتحديد، هو عودة الخيار العسكري إلى قاموس دمشق السياسي، والذي بمقدور المراقب أن يتلمس تعبيراته في التصريحات والرسائل السورية المتعددة التي وجّهت اتجاه أصحاب الشأن والقرار في الحكومة الإسرائيلية، والتي انطوت على إشارات ودلالات واضحة في هذا المجال، وبالتالي لا تحتاج إلى كثير تأويل أو تحليل للاستدلال على عزم دمشق ونيّتها اتخاذ القرارات الصعبة، التي كانت تنأى بنفسها عنها فيما مضى. وآية ذلك ما أدلى به الرئيس السوري بشار الأسد في 16 أب من العام 2006 أي بعد يومين على انتهاء الحرب، من أنّ «سوريا ستفكر باستعادة هضبة الجولان بالقوة إذا لم تستجب الدعوة إلى مفاوضات سلام»، أو ما أدلى به نائب الرئيس السوري من أنّ «سوريا تدرس كل الاحتمالات الممكنة للرد على إسرائيل»، ومثال ذلك أيضاً ما تضمنته إحدى الرسائل السورية إلى تل أبيب من أنّ دمشق لن تحتمل «مزيدا من الطلعات الجوية في سماء سوريا» وأنه «إذا حصل ذلك فسنردّ بالنار». وذلك بعد الطلعات الجوية الإسرائيلية الاستفزازية، التي تخترق الأجواء السورية عند الحدود الشمالية والشمالية الشرقية، وصولا إلى قصر الرئاسة في اللاذقية.

ولقد اجتهد المراقبون والمتابعون للشأنين السوري و الإسرائيلي، في تشفيف خلفيات هذه التصريحات والرسائل، والوقوف على حقيقة منطلقاتها، فاعتبرها المراسل العسكري ليديعوت احرونوت أليكس فيشمان أنها مجرد «نوع من استعراض العضلات في أعقاب دروس حرب لبنان الثانية»[33]، فيما أرجعها

---

(32) محمد بدير، **إسرائيل قلقة: سوريا تستعد للحرب**، صحيفة الأخبار، السنة الأولى، العدد 295، السبت في 4 آب، العام 2007، ص 22.

(33) محرر الشؤون الإسرائيلية، **سوريا ستواجه الطلعات الإسرائيلية بالنار**، نقلاً عن صحيفة يديعوت أحرونوت الإسرائيلية، صحيفة السفير، السنة الرابعة والثلاثون، العدد 10647، بيروت، الاثنين في 12 آذار، العام 2007، ص 14.

اللواء احتياط يوسي بيلد إلى فقدان «القيادة السورية العليا الشعور بالخوف والوجل من الجيش الإسرائيلي»[34]. أما الباحث ورد كاسوحة فرأى في مطالعة ذات صلة، أنّ هذه التصريحات «لم يكن من الممكن أطلاقها قبل سنتين من الآن، أي قبل وقوع حرب تموز»، وهذا إن دلّ على شيء، فإنما «يدل على صلابة ما يستشعرها النظام السوري في نفسه حاليا، وفي قدرته على الرد والردع في آن»[35].

ويمكن رد وإرجاع هذه المفارقة البينة، إلى الواقع الجديد الذي أفضت إليه موازين القوى في المنطقة بعد الحرب الإسرائيلية على لبنان في تموز 2006 «فإسرائيل خرجت من تلك الحرب مثخنة بالجراح، وبهزيمة كان من شأنها إسقاط الأسطورة التقليدية عن هيبة الردع الإسرائيلية» كما يقول ورد كاسوحة «وبالتالي، لم يعد ذا شان كبير ذاك الزعم المتعلق باستحالة إيقاع خسائر ولو موضعية ومحدودة بالجبهة الإسرائيلية، الداخلية منها والخارجية»[36].

والحال، عاد الملف السوري إلى دائرة الاهتمام والضوء عند ذوي القرار من قادة العدو، بعدما شهد سنوات عديدة من البرودة والاستخفاف على مستوى التعاطي والمقاربة، وعلى نحو جعله يبدو وكأنه خارج الحسابات الإسرائيلية في المنطقة، حيث كانت إسرائيل تقدم على فعل أي شيء دون أي رادع أو مانع، ودون حسيب أو رقيب، ودون أن تقيم له شأنا أو وزنا أو اعتبارا أو قيمة... فلعل أكثر ما كان يقلق إسرائيل ويئدّ مضجعها بعد الحرب على لبنان، وما كانت قد أسفرت عنه الأخيرة من هزيمة نكراء ألمّت وعصفت بها، أو ما

---

(34) أليكس فيشمان، **إسرائيل تعيش كابوس الضربة السورية الخاطفة**، صحيفة يديعوت أحرونوت الإسرائيلية، نقلاً عن صحيفة الأخبار، السنة الأولى، العدد 198، السبت في 10نيسان، العام 2007، ص 18.

(35) ورد كاسوحة، **تداعيات حرب تموز مجددا: الاختراق الإسرائيلي والردّ السوري**، صحيفة الأخبار، السنة الثانية، العدد 329، السبت في 15 أيلول، العام 2007، ص 18.

(36) ورد كاسوحة، م.ن.، ص 18.

رشحت عنه من نتائج كارثية مهولة على مستقبل كيانها، إنما كان يتمثل في الخشية الحقيقية من أن يتلقف أعداؤها من فلسطينيين وسوريين- بالأخص- للتجربة اللبنانية، وأن يصار إلى تعميمها على حركات وفصائل المقاومة والممانعة في المنطقة... ما يتأدّى - بالضرورة - إلى انكسار الجبروت الإسرائيلي وزوال هيبته، وإلى تعاظم المخاطر والتهديدات الوجودية التي تحيق بهذا الكيان الغاصب والمحتل لأقدس المقدسات العربية والإسلامية.

فبحسب الايكونوميست «كانت حرب تموز الحرب الأولى (37) التي تخسرها إسرائيل منذ العام 1948»، وهي الكيان الذي يزول عندما يخسر حربه الأولى كما تنبأ لها بن غوريون. وقد أفرز هذا الواقع تبدلات كثيرة على صعيد «الإدراكات الحسية» في المنطقة والعالم، حيث «خسرت إسرائيل سمعتها العسكرية» (38) التي لطالما شكلت عنصر فرادتها وتمايزها ومشروعيتها وسبب بقائها ووجودها، وعنصر ردع وترهيب لمحور الممانعة والمقاومة والرفض الذي تتزعمه سوريا عربيا، أو عنصر ترغيب وجذب لكل من أراد الاستسلام والخضوع للمشيئة الإسرائيلية من الأنظمة والرسميات العربية.

وكان مارتن كرامر - مدير معهد موشي ديان لدراسات الشرق الأوسط وأفريقيا، والباحث في معهد شاليم للدراسات الدولية والشرق أوسطية في القدس المحتلة، والأستاذ في جامعات شيكاغو وكورنيل وجورج تاون - قد أقرّ صاغرا بهذا الواقع السوداوي، وبهذه الحقيقة المأسوية غير المحببة على قلوب

---

(37) كانت حرب تموز، وفقا للكثير من الحمولات والدلالات، حرب المرات الأولى: فهي الأطول في حروب إسرائيل، وهي الأولى التي تحظى بدعم رسمي عربي معلن، كما أنها الأولى التي خيضت بهذه الكثافة من الأعمال الحربية، وهي تعدّ سابقة لجهة تعرض العمق الإسرائيلي لهذا المستوى من الانكشاف أمام العدو. وهي كما يقول أستاذ العلوم السياسية في جامعة بارايلان الإسرائيلية جيرالد ستاينبرغ " من بين كل حروب إسرائيل منذ العام 1948، التي استعدت لها إسرائيل أكبر استعداد". وأخيرا هي الحرب الأولى التي تخسرها إسرائيل.

(38) علي شهاب، تداعيات حرب تموز: بن لادن يحكم السعودية!، صحيفة الأخبار، ملحق خاص، السنة الأولى، العدد 282، الجمعة في 20 تموز، العام 2007، ص 8.

الإسرائيليين، واعترف ضمنا في مقاربة نقدية لموضوعة الحرب، بنجاح إستراتيجية حزب الله الذي «تفوق على نفسه» يقول كرامر «وأحرج زبائن الولايات المتحدة من العرب الذين وقعوا اتفاقيات سلام للحفاظ على أراضيهم»(39).

مهما تكن حقيقة وصدقية وشفافية الخلفيات التي يصدر منها الباحثون على اختلاف مشاربهم، لدى مقارباتهم لأطروحة وموضوعة الحرب، فإنّ مما لا شك فيه ولا ريب، أنّ حرب لبنان قد أعادت ثقة السوري بجيشه، وبقدراته العسكرية والقتالية، وبعناصر القوة لديه، بعدما تأدّت الحرب إلى فشل الآلة العسكرية الإسرائيلية وهزيمتها أمام قلة قليلة من المقاومين الذين كانوا يملكون – إلى جانب الإرادة والعزم والثقة بالنفس والتوكل على الله (عز وجل) – من الأسلحة والعتاد ما لا يصح بإطلاق قياسه كما ونوعا، بما تمتلكه القيادة السورية. وقد بات السوري لا يرى في أي حرب مستقبلية مفترضة مع كيان العدو، وهذا أهم ما رشحت عنه الحرب من رأسمال معنوي ورمزي، إلا صورة النصر تلازمه وتظلله، بعد أن لازمته لسنوات طوال عجاف، صور الهزيمة والتراجع والانكسارات. وفي هذا السياق، يقول وزير الدفاع السوري العماد حسن تركماني: «إنّ حرب لبنان غيّرت نظرتنا إلى العدو، وأطاحت مقولة استحالة خيار المواجهة العسكرية، وعزّزت الثقة بإمكانية نجاح خيار المقاومة والمواجهة»(40).

على الصعيد السياسي

لا يستقيم وقوف الباحث على حقيقة ونجاعة الاستثمار السوري لنتائج

---

(39) علي شهاب، تداعيات حرب تموز: بن لادن يحكم السعودية!، صحيفة الأخبار، ملحق خاص، السنة الأولى، العدد 282، الجمعة في 20 تموز، العام 2007، ص 8.

(40) محمد خواجه، سوريا: تبدّلات إستراتيجية، صحيفة الأخبار، السنة الثانية، العدد 312، الاثنين في 27 آب، العام 2007، ص 18.

الحرب الإسرائيلية على لبنان من منظور سياسي، أو لنقل - على نحو أكثر موضوعية ودقة وعلمية - لا يستقيم الوقوف على المفاعيل السياسية للحرب المذكورة، تلك المفاعيل التي تلقفتها سوريا كدولة حاضنة للمقاومة، وقفت إلى جانبها حينما قلَّ الناصر والمعين، وتبنت خيارها، ووفرت لها وسائل الدعم وإمكانات الصمود ومقومات الانتصار، ودفعت في قبالة ذلك أكلاف وأثمان هذا الخيار... لا يستقيم بإطلاق كل هذا، إلا من خلال القيام بقراءة حفرية متأنية تكشف عن الواقع السوري السابق لزمن الحرب، بوصفه واقعا مأزوما قوامه العزلة والتهميش والحصار الدولي والإقليمي والعربي، ومقارنته مقارنة وازنة مع الواقع المستجد بعد الحرب، هذا من جهة أولى.

أما من جهة ثانية، فإنّ البحث لا يستقيم أيضاً، إلا بعد معاينة الأهداف السياسية التي توسلتها الحرب، ورسّمت وحدّدت سقفها السياسي، والتي يأتي في صدارة قائمتها - وهذا مجال بحثنا - هو أن تكون الحرب على المقاومة في لبنان، ليس إلا مدخلا لضرب وإسقاط النظام في سوريا، أو بالأقل محاصرته، وإمساكه من عنقه، وإحكام السيطرة والقبض عليه، وتضييق الخناق حوله، وتجريده من أبرز أوراق القوة لديه. وذلك بعد إعمال الآلة العسكرية الإسرائيلية في خاصرته الرخوة، واستئصال الرئة الحيوية التي يتنفس منها، حتى يمتثل لدفتر الشروط الأميركية، وينصاع صاغرا لما تنطوي عليه أجندتها الشرق - أوسطية من إلزامات وفروض ومشاريع كولونيالية جديدة.

لقد عاشت سوريا سنوات عجافاً، ومرت بمرحلة دقيقة للغاية، لعلها الأخطر والأسوء في تاريخها المعاصر. وليس أدلّ على حراجة وضعها من استشعار النظام الحالي لتهديدات وجودية تحيق به، وتتهدد بقاءه على نحو غير مسبوق طيلة سنوات عمره المديدة.

حدث ذلك مع زلزال 11 أيلول من العام 2001، وما صاحبه من تحولات دولية أرّخت لتاريخ جديد ولعصر جديد، ورسّمت مشهدية جديدة للعالم إيذانا بدخوله في العصر الأميركي، بعد أن حُدّدت إحداثيات خارطة وترسيمة تموضع القوى، وكيفية توزعها كرها إلى محورين لا وجود للوسطية والبينية بينهما، وفقا

لما جاء في خطاب الرئيس الأميركي جورج بوش الابن آنذاك «إما معنا أو ضدنا»: محور للخير تتزعمه أميركا، ومحور للشر يقبع في الضفة المقابلة، وتتنازعه القوى المناوئة أو الرافضة للمشروع الأميركي في جنوحه ونزوعه الشبقي والمرضي، – وعلى نحو من الوحشية والبربرية المقيتة – إلى الهيمنة على مقدرات الشعوب، حيث صير إلى إدراج سوريا، كسواها من القوى الممانعة والمقاومة، في قائمة الأشرار.

لكن إشارات البث الصادرة من مراكز القرار في البيت الأبيض اتجاه سوريا، والحاملة لكل أشكال التهديد والويل والثبور والوعيد، تأخرت وفقا للأجندة الأميركية إلى العام 2004، حيث تلقفتها سوريا مع صدور القرار 1559[41]، عن مجلس الأمن الدولي، بعد أن فكّت شفراته السياسية الدالة، ووقعت على ما يستبطنه من استهدافات كأثمان لاحتضانها مشروع المقاومة في لبنان.

ثم جاء اغتيال رئيس الحكومة اللبنانية السابق رفيق الحريري في توقيت مريب، وفي ظروف مصطنعة وغير بريئة، وما تبعه من تداعيات تأدّت – على نحو مباشر– إلى تسريع الخروج السوري من لبنان، تحت وطأة غضبة انفعالية جماهيرية ناقمة، جرى استيلادها على نحو هجين، كمولود سفاح، من صنيع أبواق إعلامية مأجورة، ومن صنيع بروباغندا دعائية مضللة، سارعت إلى إصدار الاتهام السياسي، وأومأت بالبنان إلى تورط سوريا وضلوعها بعملية الاغتيال. وقد ترافق ذلك مع حملة دولية منظمة لمقاطعة وعزل سوريا[42]،

---

(41) اقرّ مجلس الأمن الدولي القرار 1559 في 2 أيلول من العام 2004، برعاية أميركية – فرنسية، ونال تسعة أصوات، فيما امتنعت 6 دول عن التصويت وقد توسل جملة من الأهداف هي: نزع سلاح حزب الله، وسلاح الميليشيات، والسلاح الفلسطيني خارج المخيمات، وانسحاب الجيش السوري من لبنان حتى الخط الأزرق شمالي الكيان الإسرائيلي.

(42) بلغت عزلة النظام السوري مرحلة الدرك والحضيض، حين أضطر الرئيس السوري بشار الأسد، بعد إنذارات أميركية متعددة بأنه غير مرحب به في نيويورك، لإلغاء رحلته التي كانت مقررة إلى الجمعية العامة للأمم المتحدة في شهر أيلول من العام 2005.

وتهميشها، وتأليب الرأي والمزاج العام عليها، بعدما سارعت بعض عواصم القرار، كواشنطن وباريس ولندن وسواها ممّا بات يسمّى بالمجتمع الدولي، وبعض العواصم العربية من منظومة محور الاعتدال الأميركي كالرياض والقاهرة وعمان. . . ، إلى إصدار اضبارات اتهام وجاهية تدين سوريا، وتشرّرها، وتجرّمها، وتتهمها بالوقوف وراء ما سُمّي اصطلاحا في أدبيات هذه العواصم بجريمة العصر.

وكان إنشاء لجنة التحقيق الدولية، وتاليا المحكمة الدولية الخاصة بجريمة اغتيال الرئيس رفيق الحريري، حلقة من حلقات الضغط على سوريا وابتزازها ومحاصرتها. فلقد خاض الألماني ديتليف ميليس، ومنذ اليوم الأول لممارسته مهامه كرئيس للجنة التحقيق الدولية، حملة أمنية مبرمجة وممنهجة استهدفت الوصول بأسرع ما يمكن إلى توريط سوريا وتحميلها المسؤولية المباشرة عن الجريمة، من خلال اصطناع شهود الزور، وتلفيق الإفادات، وفبركة التحقيقات والاعترافات، ومن خلال عقد سلسلة من الصفقات مع عدد من الموقوفين اللبنانيين والسوريين لتقديم معلومات مضللة، أو تركيب ملف يستهدف ضابطا بارزا في سوريا لتحميله المسؤولية. كما حاول ميليس ممارسة أنواع من الترهيب والإغراء للتأثير على ضباط من سوريا نفسها، وخصوصا في جلسات الاستماع إليهم في فيينا، بهدف حرف التحقيق عن سياقه ومساره الطبيعي، إلى وجهة تنبني على اختلاق أخبار ومعلومات ومعطيات وهمية تخدم اتهامه السياسي لسوريا. ينضاف إلى ذلك المحاولات المشبوهة التي قام بها، لإجراء مقايضة بين حرية الضباط الأربعة[43] من قادة الأجهزة الأمنية الذين أوقفوا على ذمة التحقيق بقرار اتهامي سياسي، وبين انتزاع اعتراف منهم يدين سوريا، ويثبت زيفا تورطها وضلوعها، وفق ما أشار إليه المدير العام السابق للأمن

---

(43) المدير العام للأمن العام اللواء جميل السيّد، المدير العام للأمن الداخلي العميد علي الحاج، قائد لواء الحرس الجمهوري العميد مصطفى حمدان، مدير عام مخابرات الجيش العميد ريمون عازار.

العام اللبناني جميل السيد بعد إطلاق سراحه وإعلان براءته، عن ضغوط مورست عليه من ميليس شخصيا لهذه الغاية.

لا يخفى أن اكتمال المشهد على هذا النحو، قد أرعب السوري، وأرعد فرائصه، فتناءت به الظنون، وتوجّس خشية من أن يستفرد، وأن يُحرج فيخرج، لاسيما بعد أن تكشّف الأمر عن ضلوع وتواطئ بعض شخصيات النظام وكوادره المؤسِّسة[44]، من قامة الشخصيات المضطلعة بمهام ومسؤوليات داخل دوائر القرار، في عمليات التآمر.

والحال هذه، كان المطلوب على مستوى قيادة المقاومة اللبنانية، القيام بخطوات عاجلة وملحة، من شأنها إنعاش النظام السوري وحقنه وإمداده بجرعات من القوة، كي يكون بمقدوره استيعاب صدمة ما حصل، واحتواء ما حدث من تطورات، وكي لا يضعف أو يهن أو ينصاع أو يمتثل للشروط والمطالب والاملاءات الأميركية. فكانت الدعوة إلى الحشد الجماهيري غير المسبوق في لبنان في 8 آذار من العام 2005 بعنوان شكرا سوريا، كرسالة تستبطن فيما كانت تستبطنه من إشارات وحمولات ودلالات، إيقاف السوري على قدميه مجددا، وطمأنته إلى حضوره الكبير في الساحة اللبنانية كي لا يصار إلى تصوير خروجه من لبنان على نحو مذل، وإبلاغه بالتفاف قوى المقاومة حوله، وإعلامه بحقيقة ما يمتلكه ويتوافر عليه من عناصر القوة في لبنان... ما من شأنه أن يعيد التوازن إلى الموقف السوري، ويرمم ما اعتوره من اختلال ومن عناصر ومكامن الضعف، ويتأدى إلى تصالبه في وجه الحملة الشعواء التي تستهدف وجوده وكيانه.

أخذت دائرة الإطباق الأميركية على العنق السوري الهش تزداد إحكاما وإغلاقا وحديدية، مع كل تطور للأحداث سواء منها ما كان ذا صلة بالساحة الداخلية اللبنانية، أم المتعلق بالساحتين الإقليمية والدولية، إلى أن وقعت

---

(44) أمثال نائب الرئيس السوري الأسبق عبد الحليم خدام، ووزير الداخلية غازي كنعان وحكمت الشهابي وسواهم.

الحرب الإسرائيلية على المقاومة في لبنان في 12 تموز من العام 2006، تلك الحرب التي لم ير فيها السوري إلا حربا تستهدفه على نحو مباشر، وتتهدد أصل وجوده وسيرورة بقائه، لاسيما وأنها تزامنت وتساوقت مع ارتفاع أصوات لبنانية وعربية ودولية، كانت تلحّ على الإسرائيلي راجية أن يستغل ذريعة ما أقدم عليه حزب الله لتوسيع نطاق حربه، إلى ما هو أبعد من الساحة اللبنانية، بحيث تشكل سوريا بؤرة تمركزها الرئيسة، على خلفية الإطاحة بنظام الأسد... وذلك قبالة أكلاف وأثمان سياسية تتعهد بها هذه الأصوات، حيث تلتزم بتقديم دعم متواصل ومنهجي ومن دون تحفظ للحرب، كما تتولى عملية توفير الغطاء السياسي لها، وتأمين عدالتها وأخلاقيتها ومشروعيتها دوليا. وقد تكشّف بعض هذا الواقع في نص الرسالة الفرنسية الخاصة التي وردت إلى وزارة الخارجية الإسرائيلية عشية اندلاع شرارة الحرب الأولى، والتي طلبت فرنسا بموجبها «أن تعلن إسرائيل أنّ سوريا هي الجهة التي تتحمل مسؤولية الاشتعال على حدودها الشمالية، بوصفها الداعمة اللوجستية الكبرى لحزب الله في المنطقة، وبناء على ذلك يقوم الجيش الإسرائيلي بغزو الأراضي السورية» في حين تقوم فرنسا بتأمين غطاء دولي للحرب من خلال «القرارات والتصريحات التي تمنح إسرائيل مساحة مناورة مطلقة في حربها ضد دمشق»[45].

هذه هي الحال التي كان عليها السوري قبل الحرب على لبنان: حصار، وعزلة، ومقاطعة، وتهميش، وتجريم، وإدانة، وتهديد وجودي للنظام...، فكيف أصبحت حاله بعدها؟

ما إن ألقت الحرب أحمالها، وأرخت أسدالها، وحطت أوزارها ورحالها، وفق المآلات والخواتيم التي تناهت إليها، وما رشحت عنه من هزيمة نكراء غير مسبوقة مني بها الجيش الإسرائيلي، ومن نتائج كارثية حفرت ببصماتها عميقا في مستقبله وحلت عليه كلعنة أبدية لا ترد ولا تزول... حتى أعيد الاعتبار

---

(45) محمد بدير، شيراك طالب إسرائيل برأس الأسد في تموز، صحيفة الأخبار، السنة الأولى، العدد 181، الاثنين في 19 آذار، العام 2007، ص 1.

لدور سوريا الوازن، كقوة لا يمكن تجاهلها، أو تجاوزها، أو صياغة حل أو تسوية لأزمة المنطقة بدونها. بدأت سوريا تستعيد عافيتها وحضورها الفاعل على الساحتين الإقليمية والدولية وفق ما أسمته هآرتس «الإحساس المتجدد للقوة في سوريا»[46]، فكُسِر طوق العزلة الدولية المشدود حول عنقها، وبدأت تتقاطر إليها - فردانا وزرافات - الوفود الرسمية وغير الرسمية من شتى عواصم القرار في العالم، على النحو الذي أصبحت معه العاصمة السورية كمحجة لهذه الوفود الباحثة - على تباين وتفارق خلفياتها وتوجهاتها ومصالحها - عن دور لها في المنطقة.

وكان مدير برنامج الدراسات العسكرية والأمنية في معهد واشنطن لدراسات الشرق الأدنى مايكل إيزنستادت، قد أشار إلى الإفادة السورية من نتائج الحرب، وإلى حقيقة هذا التحول المستجد على مكانتها الإقليمية والدولية؛ إذ تحولت بعد الحرب «إلى قبلة يحج إليها الدبلوماسيون العرب والأجانب، وباتت محطة أنظار الجميع للدور المرتقب الذي يمكن أن تلعبه»[47] على غير صعيد.

حتى أن الأميركي، لما يُعرف عنه من براغماتية وواقعية سياسية، انكب هو الآخر على البحث عن الكيفية المثلى التي يعيد فيها الاعتبار لعلاقاته المقطوعة مع سوريا منذ اغتيال الحريري في 14 شباط من العام 2005، حيث طرح على دمشق حلولا تسووية، من شأنها أن تجنب سورية رافعات الضغط، وأن تضمن لها رزمة محفزات اقتصادية وسياسية مصحوبة بانسحاب إسرائيلي من هضبة الجولان، في مقابل تحييد سوريا من دائرة الصراع، وفكاك عناقها مع الدب الإيراني.

ولم يقتصر الأمر على الأوروبي والأميركي وبعض العربي فحسب، في

---

(46) صحيفة الأخبار، السنة الثالثة، العدد 979، السبت في 21 تشرين الثاني، العام 2009، ص 23.

(47) إسلام أون لاين. نت، **حرب كسر الإرادة**، ط1، بيروت: الدار العربية للعلوم - ناشرون، العام 2007، ص 166.

محاولات طلب الود السوري والانفتاح عليها، بل إنّ رئيس الحكومة الإسرائيلية ايهود أولمرت - الخارج من الحرب مع لبنان مأزوما ومهزوما وعينه على سوريا- سارع بدوره، بعد حصوله على ضوء أخضر أميركي وفق ما أشارت إليه صحيفة يديعوت احرونوت في عددها الصادر بتاريخ 8 حزيران من العام 2007، إلى توجيه رسائل تطمينية إلى الجانب السوري، يعرب فيها عن استعداده للانسحاب الكامل من هضبة الجولان المحتلة في مقابل السلام، في محاولة منه لإحداث خرق على خط التفاوض المقطوع بين الدولتين.

فقد أوردت أحرونوت أن أولمرت نقل من خلال المستشارة الألمانية انجيلا ميركل ورئيس الوزراء التركي رجب طيب أردوغان ومستشاريهما لشؤون الاستخبارات والأمن، بعض الرسائل السرية للرئيس السوري، يقول فيها: «أنا شريكك في صنع السلام بين دولتينا. أنا أعرف أنّ اتفاق السلام مع سوريا يستدعي إعادة هضبة الجولان إلى السيادة السورية. وأنا مستعد للوفاء بنصيبي في هذه الصفقة من أجل السلام بيننا. وإني أطلب أن أسمع منك هل ستكون سوريا مستعدة، في مقابل نزول إسرائيل عن هضبة الجولان، للوفاء بنصيبها»[48].

لكنّ المفارقة أنّ الرئيس السوري بشار الأسد - والتعليق لأحرونوت - لم يرد على اقتراحات أولمرت، ولم يعقب بإطلاق على ما ورد في الرسالة الإسرائيلية.

هذه الواقعة المشؤومة، وهذا الواقع السوداوي بالنسبة لإسرائيل، دفع بالمحلل السياسي في صحيفة معاريف بن كسبيت، إلى إجراء مقارنة حفرية ونقدية للأوضاع التي كانت قائمة وماثلة بين سوريا وإسرائيل خلال العقد الأخير، حيث اعتبر أن الأمور انقلبت رأسا على عقب «إذ إنه بينما كانت دمشق تخاف العام 1996 من سوء الفهم بين الدولتين وتخشى الحرب» والكلام لبن

---

(48) حلمي موسى، **أولمرت يبلغ الأسد استعداده لإعادة الجولان مقابل السلام**، نقلاً عن صحيفة يديعوت احرونوت الإسرائيلية، صحيفة السفير، السنة الرابعة والثلاثون، العدد 10719، السبت في 9 حزيران، العام 2007، ص 14.

كسبيت «أصبحت تل أبيب هي المذعورة اليوم من التحركات السورية، وإمكان قيام دمشق بشن حرب عليها»(49).

ويرجع بن كسبيت أسباب انقلاب الأوضاع على هذا النحو الدراماتيكي الذي آلت إليه، بعد أن يقف على أطلال القوة الإسرائيلية، ويتندر طويلاً على الأيام الخوالي التي كانت إسرائيل فيها تُعدّ (البلطجي) الذي «لا يجرؤ احد على الوقوف في وجهه، أو يخاف من رد فعله الصعب»(50)، إلى ما ألحقه حزب الله من هزيمة نكراء بالكيان الإسرائيلي، خلفت له آثارا ومفاعيل كارثية على المستوى الإستراتيجي: «حتى ما قبل عام، كان الدخول في المفاوضات مع سوريا بسيطا نسبيا. لكننا كنا أقوياء في ذلك الحين» يقول بن كسبيت «في هذه الأثناء اندلعت حرب لبنان الثانية. والآن أصبحنا ضعفاء. السوريون يشعرون فجأة بثقة عالية بالنفس، والسبب هو ما فعله حزب الله بالجيش الإسرائيلي. لديهم سيناريوهات، وهم يتدربون عليها، وينعشون الخطط»(51).

كما بمقدور الباحث المراقب للتطورات السياسية ولمجريات الوقائع والأحداث، أن يقف على انبعاث الطائر السوري من رماده في أعقاب انتهاء الحرب على لبنان، من خلال ملاحظة ومعاينة التحولات نصف الدائرية في مشهدية السقف السياسي الذي حكم أداء المعسكر المناوئ والمعادي للنظام في سوريا(52)، وكيفية اتخاذه رسما بيانيا انحداريا وتنازليا، في موازاة العناد والإصرار السوري على المواقف والثوابت:

---

(49) مهدي السيد، إسرائيل تفتقد أيام البلطجة، نقلا عن صحيفة معاريف الإسرائيلية، صحيفة الأخبار، السنة الأولى، العدد 247، السبت في 9 حزيران، العام 2007، ص 19.

(50) مهدي السيّد، م. ن..، ص 19.

(51) مهدي السيد، م.ن..، ص 19.

(52) صدرت في النصف الثاني من العام 2007 عن مركز دراسات " شاتهام هاوس " البريطاني، دراسة بعنوان " البحث السوري عن صفقة سياسية". وتقارب الدراسة المؤلفة من 12 صفحة كيف عكف الغرب الأوروبي والأميركي على أعادة النظر في سلوكه العدائي حيال سوريا، والذي كان قد دأب على إتباعه وانتهاجه منذ العام 2005. وتلحظ الدراسة – في قبالة ذلك – كيفية تعاظم النفوذ السوري بشكل مطرد، وكيفية تعزز الثقة النظام بنفسه.

يتبدى تهاوي وتهافت السقف السياسي للأميركي وجوقته، في التحول من خطاب متطرف منفلت من عقاله، ومن أدبيات سياسية عنصرية متشنجة تدعو جهارا نهارا إلى إسقاط النظام السوري والإطاحة به، وإلى تقديم قادته للمحاكمة، كان هذا في الزمن السابق للحرب، إلى تبني أدبيات وخطابٍ أكثر براغماتية، وأكثر مخملية ونعومة، يدعو إلى مجرد احتواء للنظام وإجراء تغيير وتعديل في سلوكاته، ومساعدته على نفسه. لينتهي السقف السياسي في مرحلة تالية - بعد تعثر المشروع الأميركي في المنطقة، وفشل الآلة العسكرية الإسرائيلية عن تحقيق أي انجاز يذكر أمام بأس المقاومين اللبنانيين وبسالتهم - إلى الدعوة الملحة للتعايش مع النظام القائم، بل الوقوف على هواجسه، والعمل على طمأنته، والأخذ برغباته ومصالحه.

كما يتبدى تهاوي وانحدار السقف السياسي أعلاه، في التحول الدراماتيكي من فرض محظور دولي، يمتنع بموجبه السوري عن التدخل في الشؤون الداخلية اللبنانية تحت طائلة المساءلة والمحاسبة والتجريم... فبعدما شُنّفت آذان السامعين بإطلاق الشعارات المنددة، والدعوات السيادية، وكل أشكال الصراخ والضجيج والبيانات المعنّفة الصادرة من أروقة الإدارات الأميركية والأوروبية وبعض العربية، التي كانت تدبّ من كل حدب وصوب متوعدة بالويل والثبور وعظائم الأمور، إذا ما تكشف أمر ما - ولو لغرض أخلاقي أو إنساني أو اجتماعي - عن تدخل سوري في لبنان. فجأة، وبقدرة قادر وسحر ساحر، انقلبت موازين الأمور على نحو مفارق، وتحول الوضع إلى غير ما كان عليه. أصبح - بعد انتهاء الحرب الإسرائيلية على لبنان - التدخل السوري مطلبا ملحا من قبل ما يسمى بالمجتمع الدولي، وصار مطلوبا من القيادة السورية، كدليل حسن نيّات، أن تبادر مشكورة إلى تقديم حلول وتسهيلات مساعدة لمعالجة الأزمة الداخلية اللبنانية، كأن تمارس ضغوطا هنا، وتجري تسوية هناك. بل صار يؤخذ على سوريا، ويعاب عليها عدم إقدامها على مد يد العون والمساعدة في حلحلة هذه الأزمة التي كانت تزداد تعقيدا، والتي كانت تؤشر - بما لا يقبل الشك - على قوة الحضور السوري، وفعالية هذا الحضور في الساحة اللبنانية.

قصارى القول في المشهد السياسي، أنّ سوريا بعد الحرب، هي –
بالضرورة – غير سوريا قبل الحرب، بعد أن تحولت بفعل انتصار المقاومة إلى
قوة إقليمية بارزة وصاعدة بين دول المنطقة، حيث تعزّز بفعل هذا الانتصار
حضورها الفاعل ليس في لبنان فحسب، بل في غير ساحة عربية: فقد استعادت
زمام المبادرة، وأمسكت بعناصر وأوراق وأسباب القوة في فلسطين والعراق
أيضاً، وأصبحت موضع اعتزاز وفخار وثقة الجماهير والشعوب العربية، بعد أن
«أكدت الأحداث وتطوراتها صحة ومصداقية وصوابية وجهة النظر السورية التي
نادت بخيار المقاومة والصمود، كخيار مجد وفعال لاستعادة الحقوق
المشروعة»(53).

مفاعيل الانتصار على الشعوب العربية

لا شك، أنّ حربا ضروسا كالتي خيضت في تموز من العام 2006، والتي
صير فيها إلى تحشيد كل أسباب وعناصر القوة التي يمتلكها ويتوافر عليها
المحور الأميركي الحاكم بمصاحباته العربية وغير العربية، لاستئصال الحالة التي
يمثلها حزب الله، بوصفه حركة جهادية ثورية استنهاضية تقع كرأس حربة
للاتجاهات المقاومة والممانعة في الشرق الأوسط الذي أريد له أن يهجّن، وأن
يكون على قياس مصالح الولايات المتحدة الاستعمارية، وذلك بسبب من أن
هذا الأخير لن تستقيم ولادته الجديدة(54) – وفقا للسيناريوهات الأميركية –

---

(53) هشام آل قطيط، **ثلاثة وثلاثون يوما أحدثت بركانا في إسرائيل**، ط1، بيروت: مؤسسة البلاغ
للطباعة والنشر والتوزيع، العام 2006، ص 449.

(54) يفصح ' رالف بيترز'، وهو كولونيل سابق في الجيش الأميركي خدم في شعبة الاستخبارات
العسكرية، في تقرير نشرته مجلة القوات المسلحة الأميركية على موقعها الإخباري الالكتروني،
ونقلته بدورها صحيفة ' الأسبوع المصرية ' في العدد 489، عن أوسع عملية تغيير لمعالم
دول الشرق الأوسط من الناحية الجغرافية، تنشأ عبرها دول جديدة وتنقسم دول أخرى، وتتغير
معالم دول، وتندمج دول أخرى على أساس عرقي أو مذهبي أو طائفي.

دونما هذا الاستئصال وهذا الإلغاء لحيثية حزب الله. والحال هذه، فإنّ من الطبيعي والبديهي أنّ مضاعفات هذه الحرب ومفاعيلها الارتدادية – بمعزل عما يمكن أن تكون عليه، وبمنأى عن وصفها بالايجابية ام بالسلبية لكل من المحورين الأميركي والمقاوم – لن تتحدد بحدود زمان ومكان المواجهة المباشرة، بل سوف تشعّ في غير اتجاه، وتلقي بظلالها وبمروحة تأثيراتها على غير ساحة وجبهة.

إنّ هذا المبحث، سوف يختص فقط بتلمس الآثار والمفاعيل الايجابية التي تلقفتها الشعوب العربية والإسلامية على نحو أخص، والتي رشحت عنها الحرب، بعد الانتصارية الأسطورية الفارقة التي جسدها حزب الله بمقاومته الباسلة.

لقد كان لنتائج الحرب الإسرائيلية على لبنان – كما أسلفنا – آثار ومفاعيل وتداعيات كبرى وخطيرة على الساحات العربية، وعلى الحلبات والمسارح الإسلامية والدولية، أقل ما يمكن أن يقال فيها، إنها من طبيعة عابرة للجغرافيا والحدود والسياسة، ولصنوف المذهبيات الدينية والطوائفية، وللفوارق الاجتماعية والاقتصادية والفكرية، وللأعراق والأجناس والمشارب والأطياف والأعمار والميول... وعلى النحو الذي يمكن لنا تبيّنه وتمثله على غير منحى وصعيد؛ فبحسب مجلة الايكونوميست البريطانية نجح الأمين العام لحزب الله السيد حسن نصر الله، بما أصبح عليه من رمزانية متعالية، جامعة وموحدة، وبما يمتلكه من شخصية كاريزمية جاذبة في «توحيد الشيعة والسنة في الشرق الأوسط، وبعث الأمل مجددا بقيام نهضة إسلامية لدى الشباب العربي»(55)،

= ويشير بيترز في تقريره إلى أن الدول المستهدفة بالتقسيم والاستقطاع والتجزيء هي: إيران، تركيا، العراق، السعودية، باكستان، سوريا، الإمارات. وفي المقابل ثمة دول أخرى ستوسع لأغراض سياسية بحتة هي: اليمن، والأردن، وأفغانستان.

(55) دانيال تورنيلي، **النتائج الجيوسياسية لحرب تموز**، دراسة صدرت في فيينا عن وحدة التحليل الاستخباري في الشبكة المتحدة العاملة في النمسا والمرتبطة بمجلة الايكونوميست البريطانية، نقلاً عن صحيفة الأخبار اللبنانية، ملحق خاص، السنة الأولى، العدد 282، الجمعة في 20 تموز، العام 2007، ص 8.

وذلك بعد أن تأدت مخاضات الحرب العسيرة إلى تعزيز موقعه السياسي في لبنان «وكذلك موقعه في العالم العربي» على حد تعبير ران بارتس في دراسته لموضوعة الحرب الأخيرة «وبعدما ظهر في جميع وسائل الإعلام العربية بطلا قوميا نجح حيث فشلت الجيوش العربية»[(56)].

وفي سياق متصل، يشير مكتب الأبحاث التابع للكونغرس الأميركي، في تقريره السنوي الصادر بتاريخ 11 تموز من العام 2007 حول الأوضاع في لبنان؛ إلى المكانة المرموقة السامية التي اعتلاها السيد حسن نصر الله في الوجدان وفي الوعي وفي المخيال الجمعي العربي، بعد أن حظي بمرتبة القائد والمثال، واستحوذ على صور المخلص والمنقذ والقائد والبطل الشعبي. «لقد اكتسب الأمين العام لحزب الله» يقول التقرير الأميركي «صورة بطولية، بسبب القوة العسكرية لمنظمته في مواجهة إسرائيل، وقدرته على المبادرة في إطلاق مشاريع الإغاثة والاعمار بكفاءة وسرعة أعلى من المنظمات الحكومية».

وكانت صحيفة يديعوت أحرونوت الإسرائيلية، قد وقفت بدورها على التناقض الحاد الذي يحكم جدلية العلاقة بين الحكام العرب وشعوبهم. فإذا كانت بعض الرسميات والأنظمة العربية قد شرّعت العدوان الإسرائيلي، وظللته بمظلتها السياسية؛ فإنّ «غالبية الشعوب العربية» وفق ما تقول الصحيفة «أصبحوا يرون في حسن نصر الله الأمين العام لحزب الله هو المهدي المنتظر»[(57)].

يُسجل للشعوب العربية هنا - على ما يُعاب عليها هي أيضاً - أنّها ليست شعوبا مستلبة الإرادة والوعي والروح كما أريد لها أن تكون، وليست شعوبا قطيعية تحدّد لها أنظمتها الحاكمة الوجهة المنشودة فتتخبط وتسير على غير هدى؛ وإنما هي شعوب حية يستيقظ في وجدانها الهم العربي الجامع، وتحيا في ذاكرتها قضايا الأمة الكبرى وبالأخص القضية الفلسطينية، ومركزية الصراع

---

(56) ران بارتس، **لا انجازات جدية وجوهرية في الحرب على لبنان**، موقع أوميديا الإسرائيلي على الإنترنت، نقلاً عن صحيفة الأخبار اللبنانية، ملحق خاص، السنة الأولى، العدد 278، العام 2007، ص 8.

(57) إسلام أون لاين، **حرب كسر الإرادة**، ط1، بيروت: الدار العربية للعلوم - ناشرون، العام 2007، ص 151.

مع إسرائيل. ولذلك نرى إليها في كل المحكات والمحطات والاستحقاقات المصيرية التي تدهم الأمة، كيف تخرج – على غير ما يرغب قادتها وزعماؤها – هادرة، ثائرة، تعبّر بكل ما يتوافر لها عن سخطها ونقمتها وغضبتها، وعن حضورها للتضحية والفداء على مذبح هذا الصراع المقدس مع الدولة العبرية الغاصبة، وعن التفافها حول خيارات المقاومة والممانعة التي مثلتها خير تمثيل القيادة الحكيمة لسماحة السيد حسن نصر الله، لاسيما في حرب تموز من العام 2006.

فمن منظور الإطلالة على الصراع العربي– الإسرائيلي، ركزت صحيفة الاندبندنت البريطانية في مقارباتها للوضع المستجد في الشرق الأوسط على شخصية السيد حسن نصر الله بوصفه «رمز المقاومة ضد إسرائيل في ربوع العالم الإسلامي»، ورصدت– في سبيل ذلك– المراحل المختلفة لتخلق وصعود هذه «الشخصية الكاريزمية» الجامعة بين القومية والتدين على النحو الذي أتاح لها تقلد الزعامة العربية – الإسلامية من غير منافسة؛ إذ ترى في عددها الصادر في الثاني من آب من العام 2006، أنّ «نصر الله قد تحول بفعل الهجوم الإسرائيلي على بلاده» والكلام للاندبندنت «من مجرد الزعيم الأكثر أهمية في الطائفة الشيعية في لبنان إلى القائد الذي نجا من كل المحاولات الإسرائيلية لقتله واستئصال حزبه، فغدا بطلا في طول العالم العربي وعرضه».

لقد شغل السيد حسن نصر الله الصحف العالمية والعربية والمحلية على تباين واختلاف توجهاتها ومواقفها. وملأ الدنيا بصخبه الثوري الهادر لوقوفه على خط الزلزال، ولإحكامه القبض على فوهة بركان التغيير القادم إلى الشرق الأوسط، لأنّ «الشرق الأوسط» كما يقول اللواء عاموس مالكا في شهادته أمام لجنة فينوغراد «أكثر قراءة لرسائل نصر الله من رسائل قادة إسرائيل»[58].

---

(58) زاخي شالوم ويوعز هندل، إخفاق التصور في الطريق إلى حرب لبنان، مقال منشور في العدد الأول من " مجلة التقدير الاستراتيجي " الصادرة عن معهد أبحاث الأمن القومي التابع لجامعة حيفا في حزيران من العام 2007. أنظر: صحيفة الأخبار اللبنانية، ملحق خاص، السنة الثانية، العدد 301، الاثنين في 13 آب، العام 2007، ص 2.

لكنّ وجه المفارقة، أن يستأثر السيد حسن نصر الله بالإعلام العبري، بكل تمثلاته وتمظهراته ومصاديقه؛ كان نجمه الأبرز، ومادته الدسمة، وضالته المنشودة. شغلت به صفحات الصحف، وشاشات التلفزة، وموجات الأثير، والإذاعة العبرية. كما شغلت به عقول المحللين، وأقلام الباحثين، وألسنة المعلقين الإسرائيليين على اختلاف توجهاتهم وتحزباتهم. ولا غرو في ذلك، فقد كان - كما يصفه الباحث أودي ليفل «زعيما إعلاميا جيدا»، وفر للمتلقي الإسرائيلي «ثلاثة جوانب رئيسية، وهي: الصدقية واليقين والترقب. الصدقية بمعنى قول الحقيقة، واليقين بمعنى نقل واقع الأمور في الميدان، والترقب والانتظار لسماع بياناته»[59].

والحال، عكفت هذه الوسائط الإعلامية جميعها - المحلية والعالمية والعربية والعبرية - على تخصيص مساحات، وإجراء مقاربات ودراسات ومباحث لتحليل شخصيته، وللوقوف على الرمزية التي أصبح عليها في العالمين العربي والإسلامي، ولتشفيف أسرار تفاعل الجمهور[60] وتماهيه مع خطابه

---

(59) صحيفة الأخبار اللبنانية، ملحق خاص، السنة الأولى، العدد 282، الجمعة في 20 تموز، العام 2007، ص 6.

(60) لقد تعدّى تأثير جاذبية السيد حسن نصر الله وكاريزماه الجمهور العربي والإسلامي إلى الجمهور الإسرائيلي نفسه؛ يقول عوفر شيلاح في كتابه " أسرى في لبنان": إنّ "الإهانة الأكبر التي لحقت بالزعماء الإسرائيليين، تمثّلت في أنّ مواطني إسرائيل يرون في الرجل صاحب العمامة السوداء، شخصا صادقا، وكفؤا أكثر من زعمائهم ".
وفي سياق متصل، أعدّ الدكتور أودي ليفل - وهو باحث محاضر في علم النفس السياسي في جامعة بن غوريون في بئر السبع - بحثا معمقا خلص في محصلته إلى نشوء وضع إشكالي على نحو مفارق ؛ فبدلا " من أن يعتمد الجمهور الإسرائيلي على مرجعية قومية تطلعه وتبين له مجريات الأحداث يوميا، أصبح الجمهور يولي ثقته في هذا الصدد لزعيم العدو الذي نحاربه ". وكان ليفل قد أجرى استطلاعا في أعقاب الحرب على لبنان، وقف فيه على حساسيات الجمهور الإسرائيلي. سئل المستطلعون عن المرجعية التي توفر لهم الخبر اليقين بشأن مجريات القتال، ومن هو الشخص الذي حظي بثقتهم المطلقة وكان على صدقية عالية. وقد جاءت النتائج قاطعة، أشار خلالها المستطلعون إلى السيد حسن نصر الله باعتباره أكثر صدقية بكثير من سائر المتحدثين والقادة الإسرائيليين.

وكلامه، وبلوغه حدا أضحت معه تعبيرات وجهه، وحركات يديه، وإيماءاته، ونبرة صوته... موضع تحليل، ومحل عناية واهتمام، ومبعث طمأنينة أو قلق.

فقد أدلت صحيفة التايمز بدلو الاندبندنت نفسه، من حيث مقاربتها لما حظي به السيد حسن نصر الله من مكانة واهتمام ونجومية، فرأت إليه «رجل اللحظة الذي صعد نجمه على أنقاض الأبنية التي دمرتها القنابل الإسرائيلية الغبية وحطامها»[61].

وحررت صحيفة ديلي تلغراف تقريرا في التاسع والعشرين من آب من العام 2006، صورت فيه السيد حسن نصر الله بأنه «نجم الشاشة» الذي من شأنه أن «يؤثر في الناس من كل الأطياف» بوصفه «أكثر القادة إثارة للإعجاب في الشرق الأوسط».

وقاربت صحيفة فاينانشال تايمز موضوعة الصراع العربي – الإسرائيلي، في مقال مفارق بدلالاته، ورد بعنوان «حزب الله أعاد رسم خريطة الشرق الأوسط». وقد أعربت فيه الصحيفة عن بالغ الاندهاش والاستغراب من احتضان الشارع العربي السني للزعيم الشيعي، ومعانقته للبطل العربي الجديد السيد حسن نصر الله، بعد أن اضعف هذا الأخير بجاذبيته وألقه رسالة وأطروحة أسامة بن لادن. وكانت الصحيفة قد توسلت لهذه الغاية، نشر رسم كاريكاتوري لمجموعتين من الأشخاص شيعة وسنة بينهما هوة سحيقة تملؤها صورة كبيرة للسيد نصر الله، في إشارة واضحة إلى إلغائه الفروق الفاصلة بين المذهبين، وجمعه للشعوب العربية من خلال جهاده ضد إسرائيل.

أما صحيفة الواشنطن بوست الأميركية، فقد أوجزت الكلام – في حديثها عن شخصية الأمين العام لحزب الله – بالقول: «بعمامته وطلعته، نصر الله هو أكبر أسرار حزب الله على الإطلاق»[62]. ولعل هذا الذي جعل الإسرائيلي –

---

(61) صحيفة التايمز البريطانية، نقلاً عن صحيفة الأخبار اللبنانية، ملحق خاص، السنة الأولى، العدد 284، الاثنين في 23 تموز، العام 2007، ص 8.

(62) صحيفة واشنطن بوست الأميركية، نقلاً عن صحيفة الأخبار اللبنانية، م.ن.، ص 8.

على اختلاف لونه وعقيدته وطيفه السياسي - يرى أنّ أطروحة الصراع برمتها أضحت تتوقف على حسم مصير شخص بعينه، هو السيد حسن نصر الله.

لا شك، أنّ هذه المقاربات الإعلامية الغربية، وهذه الإشادات بنجومية الأمين العام لحزب الله السيد حسن نصر الله، على أهميتها وضرورتها وإلحاحها؛ ليست إلا محاولات قاصرة عن الإحاطة بمجمل مشهديات فعالية حضور هذا القائد في الوجدان الشعبي العربي والإسلامي، بعد أن كان قد أشعل فيه - الوجدان - جذوة الأمل، وأضاء إلماعات فجر الانتصار في ليل الأمة الدامس الطويل، الذي أرخى بسوداويته القاتمة على كل حيزات ومساحات توضّعها وحراكها.

والحال هذه، اكتسب حزب الله وأمينه العام رمزانية وطنية وقومية وإسلامية وتحررية عالمية ومتعالية، بوصفهما عنوانا ثوريا وطهرانيا لمرحلة جديدة، ولتجربة جديدة، ولخيار أثبت فاعليته وجدوائيته ونجاعته - بعد استنفاد كل الخيارات والمشاريع والبرامج الاستنهاضية والتحررية التي خيطت للأمتين العربية والإسلامية منذ ما ينيف عن قرن من الزمن، سواء الانبعاثية الإحيائية منها أم التقدمية - على النحو الذي أصبح فيه قطاعا عريضا من التيارين القومي والإسلامي يستبطن النظر إلى حزب الله بصفته وكيلا رياديا متقدما لرؤاهم التحررية والتضامنية. «فالإسلاميون واليساريون واليمينيون والعلمانيون» كما أفاد موقع إسلام أون لاين الالكتروني «قوى سياسية مصرية على اختلاف مشاربها نصّبت حسن نصر الله الأمين العام لحزب الله اللبناني زعيما للأمة العربية، ووصفته بأنه جيفارا العرب[63] الذي يقود معركة صمود في مواجهة آلة الحرب الإسرائيلية»[64]. كما صير إلى وصفه بصلاح الدين الأيوبي الذي قهر الحملات

---

(63) تنقل صحيفة " العربي " في عددها الصادر يوم الأحد في 23 تموز من العام 2006، عن " روبين رايت " المراسلة الدبلوماسية لصحيفة الواشنطن بوست قولها: "نصر الله رجل دين وسلاح وحكم وهو جيفارا إسلامي شعبوي وشخصية كاريزمية".

(64) إسلام أون لاين.نت، **حرب كسر الإرادة**، ط1، بيروت: الدار العربية للعلوم - ناشرون، العام 2007، ص 180.

الصليبية الاستعمارية، أو بجمال عبد الناصر[65] الذي اعتلى رمزانية قائد ثوري عابر للحدود والأعراق والأجناس والأديان. فجماعة الأخوان المسلمين المصرية قدمت - رغم الفوارق المذهبية - فروض الولاء والبيعة والنصرة والمساندة والمؤازرة والدعم للسيد حسن نصر الله، وهتفت إثر تنظيمها تظاهرة حاشدة في 17 تموز من العام 2006 تنديدا بالعدوان وتأييدا للمقاومة، بما ينطوي على المبايعة بالقيادة (همة.. همة.. همة... نصر الله زعيم الأمة)»[66].

وفي معرض مقاربة ما استحوذ عليه السيد حسن نصر الله من مكانة ورمزانية وجماهيرية وألق في الوعي والوجدان والمخيال العربي الجمعي، تشير صحيفة «نيوزويك» في قراءة حفرية تستغور جذور الصراع وأسباب الاحتضان الشعبي؛ إلى تأتّي ذلك ليس من عدم أو من فراغ، بل من معاناة أجيال ثلاثة من العرب، وتكبّدهم ألوان «الذل الموجع على يد إسرائيل والغرب، خمس حروب رئيسة جرت بمعدل حرب في كل عقد: 1948، 1956، 1967، 1973، 1982. انتهت كلها بالهزيمة»[67]. ما ولد الحاجة العربية الظمأى والعطشى إلى كوة أمل ولو ضئيلة في جدار الانهزام والانكسار العربيين «وإلى جرعة ولو صغيرة من النصر السياسي أو العسكري (...) حاجة بشرية لاحترام الذات وتوكيدها (...) حاجة إلى وجود شخصيات سياسية قوية تنهض لقيادة هذه الجماهير لاستعادة الشرف... ففي كل عقد تقريباً» تقول النيوزويك «تبرز في العالم العربي وبطريقة سحرية شخصية عسكرية جاذبة للجماهير تتحدى

(65) نُشرت صورة تركيبية على الصفحة الأولى لصحيفة " العربي " في عددها الصادر يوم الأحد في 23 تموز من العام 2006، جمعت بين الرئيس المصري الراحل جمال عبد الناصر والأمين العام لحزب الله السيد حسن نصر الله، وقد ذيلت الصورة بعبارة " ناصر 1956 - نصر الله 2006".

(66) إسلام أون لاين.نت، **حرب كسر الإرادة**، ط1، بيروت: الدار العربية للعلوم - ناشرون، العام 2007، ص 181.

(67) صحيفة العربي المصرية، **رجل جديد للشرق الأوسط**، السنة الثالثة عشرة، العدد 1022، العام 2006، ص 3.

إسرائيل والولايات المتحدة وتستقطب ملايين العرب وتحشدهم دعما لقضيتها... وبما أنّ الموعد قد حان تماما برز الشخص اليوم من جديد مجسدا بقائد حزب الله، السيد حسن نصر الله»[68]. فإذا قُيّض له النجاح، والكلام للصحيفة «فسيكون نصر الله الشخصية التاريخية الحقيقية التي قد تقضي أخيرا على أشباح الذل العربي الماضي»[69]، وتغسل العار المتراكم جراء صنوف الهوان وأشكال الهزائم والانكسارات والنكسات والنكبات المتتالية والمتلاحقة منذ ما ينيف عن الستين عاماً.

فهل من المفاجئ إذن والحال هذه، تختم الصحيفة: «أن يلتفت مئات الملايين من الرجال والنساء والعرب وقد رأوا رجلا يعد بإيجاد طريق للخروج من هذا الجحيم العاطفي والسياسي حول ما يدعو إليه مهما كان ذلك ضالا وانتحاريا؟ إنّ الحقيقة المؤلمة هي أنه لم يكن لديهم يوما أي خيار آخر»[70]. بل إنّ مدعاة الاستهجان، وأوجه الغرابة كانت لتمثل لو أنّ الأمر كان قد استقام على خلاف ذلك، وعلى غير ما استوى عليه من تحشيد، والتفاف، ودعم، واحتضان، ومساندة، ومؤازرة، وتبنٍ، وتفاعل، وانضواء خلف رايات المقاومة الواعدة والمنتصرة.

لقد اجترح السيد حسن نصر الله المعجزات، وابتدع – على طريقته – الأساطير والملاحم والبطولات والفتوح؛ فحقق بين عشية وضحاها ما عجزت عن تحقيقه الرسميات والأنظمة والجيوش العربية مجتمعة طوال عقود من الزمن، وأنجز ما كان إلى الأمس القريب بمثابة أحلام وتخيلات وتهيؤات لطالما تاقت إليها ثلاثة أجيال من العرب: «فاعلية عسكرية بدلا من الحظ العاثر، وتمكين سياسي قوي بدلا من التهميش، ومقاومة بدلا من الاستسلام

---

(68) صحيفة العربي المصرية، **رجل جديد للشرق الأوسط**، السنة الثالثة عشرة، العدد 1022، العام 2006، ص 3.

(69) صحيفة العربي المصرية، م. ن.، ص 3.

(70) صحيفة العربي المصرية، م.ن.، ص 3.

لقوة التهديدات الإسرائيلية -الأمريكية»(71) ... ومن خلال قيادته الحكيمة والرشيدة والواعية والمقتدرة «أصبح حزب الله الحركة العربية الأولى التي أجبرت إسرائيل على الانسحاب من أراض عربية محتلة. وقد أصبحت الآن الحركة الأولى التي حاربت إسرائيل لشهر كامل وأجبرتها على البحث عن حل دبلوماسي»(72) كسابقةٍ لم يعهدها الكيان العبري في تاريخ الصراع العربي – الإسرائيلي(73).

فلا غرو ولا عجب بعد ذلك، أن يسحر السيد حسن نصر الله العالم العربي، وأن يشغله ويملأ دنياه بحضوره وقامته وجاذبيته وصوته وكاريزماه القيادية الفاتنة، وأن يتحول حزب الله على يديه إلى أنموذج معياري ومثالي وقيمي وأخلاقي للتضحية والفداء والصمود والجهاد والبطولة. «لقد أصبحت العمامة السوداء» التي يعتمرها السيد حسن نصر الله والتي «ترمز إلى أنه من سلالة الرسول» تقول روبين رايت المراسلة الدبلوماسية لصحيفة الواشنطن بوست «هي العلامة المميزة. وعبارات من خطبه تستخدم كرنين للهواتف الجوالة. ووجه أصبح يستخدم لحماية شاشات الكومبيوتر. وتنشر صوره على الملصقات وسلاسل المفاتيح، بل وبطاقات الاتصال الهاتفي. وتذيع سيارات الأجرة خطاباته بدلا من الموسيقى»(74) في دلالة واضحة وساطعة على جماهيرية هذا القائد العظيم، وعلى شعبيته، وحجم مؤيديه ومناصريه ومحازبيه ومريديه.

---

(71) صحيفة العربي المصرية، رجل جديد للشرق الأوسط، السنة الثالثة عشرة، العدد 1022، العام 2006، ص 3.

(72) صحيفة العربي المصرية، م. ن.، ص 3.

(73) يروي أحد القادة الإسرائيليين، كيف أن المستوى السياسي كان يلح على المؤسسة العسكرية في الحرب على لبنان، للامعان في استهداف المدنيين وفي ارتكاب المجازر على نحو مريع، في محاولة لاستنفار دول القرار كي تستعجل دعوة إسرائيل إلى وقف الأعمال العسكرية، علّ ذلك يكون مخرجا مشرفا للجيش الإسرائيلي بعد انكشاف عريه وضعفه وعجزه عن تحقيق انجازات تذكر في الميدان.

(74) هشام آل قطيط، ثلاثة وثلاثون يوما أحدثت بركانا في إسرائيل، ط1، بيروت: مؤسسة البلاغ للطباعة والنشر والتوزيع، العام 2006، ص 54.

لا شك، أنّ هذا النوع من الارتباط والتفاعل والتماهي، هو أرقى أنواع الارتباطات وأسماها وأمتنها على الإطلاق، بوصفه لا يقوم على ما هو غائي ونفعي ومصلحي؛ وإنما على ما يسمى بمديونية المعنى: فهذه الجماهير التي صنع لها السيد حسن نصر الله رأسمالها الرمزي، وحضورها المعنوي، وقيمتها البشرية والإنسانية، ووعيها الجمعي الجديد، وحقق لها العزة بعد طول مذلة وهوان، والقوة بعد الاستضعاف والاستعباد، والمنعة بعد الميوعة والهشاشة والتصدع، والنصر بعد الهزيمة والانكسار؛ لم تر من سبيل إلى سداد هذا الدَين المعنوي، إلا مبايعته قائدا، والانتصار له، واستلهام تجربته، والعمل وفق توجيهاته وإرشاداته، والسير خلفه وعلى خطاه في طريق ذات الشوكة، وفي درب الجلجلة الطويل، مهما كانت أكلاف وأثمان ذلك من دماء وتضحيات.

وبقدر النتائج والمفاعيل الايجابية التي حظيت بها الشعوب والحركات والأحزاب والاتجاهات المقاومة والممانعة، والرافضة لكل أشكال الاستعباد والارتهان والاستلاب، وتوافرت عليها في نزوعها وإلحاحها الدائب إلى تلمس بارقة نصر حزب الله، الاشراقية، الوضاءة، المفعمة بالرجاء والإشعاع والحلم، ككوة أمل يتيم في جدار الانكسارات والهزائم والنكبات والنكسات العربية المتتالية منذ زمن بعيد؛ كان للانتصار أيضاً نتائج ومفاعيل سلبية وسيئة خلفها وأرخى بأثمالها على معسكر «عرب الاعتدال» وفقا للتسمية الأميركية. فقد أحرج الانتصار هذه الأنظمة وكشف عوراتها: تخاذلها، وتواطؤها، وتأمرها، واستخفافها بقضايا الأمة ومصالح ومستقبل الشعوب، وارتهانها للخارج، وانخراطها على نحو مسف، في المؤامرات التي تحاك لتكريس الهيمنة الأميركية في منطقة الشرق الأوسط.

تقول صحيفة الايكونوميست البريطانية في معرض مقاربتها التحليلية لنتائج الحرب وتأثيراتها على الدول العربية الصديقة والحليفة لأميركا: «إنّ انتصار حزب الله كان له تأثير محطم على حلفاء أميركا في المنطقة»[75]، وكان له وقع

---

(75) دانيال تورنيلي، **النتائج الجيوسياسية لحرب تموز**، دراسة صدرت في فيينا عن وحدة التحليل الاستخباري في الشبكة المتحدة العاملة في النمسا والمرتبطة بمجلة الإيكونوميست البريطانية،

مزلزل ونتائج كارثية؛ فقد تأدّى على نحو مباشر إلى بيان زيف ادعاءاتها، وفساد رهاناتها، وتهافت مقولاتها، وانكشاف ارتباطاتها وانفضاح علاقاتها المأجورة؛ فالدعم الشعبي الذي توافر عليه «حزب الله على امتداد العالم العربي» والكلام للصحيفة «وضع الزعماء العرب الأقرب إلى أميركا في موقع حرج»[76]، بعد أن ظللت مواقفهم وأقوالهم التي جرّمت المقاومة وشرّرتها عشية الحرب، بمظلة عربية شرّعتها، وبرّرتها، وعللتها، ومنحتها- في سابقة خطيرة - ضوءا عربيا أخضر.

وفي هذا السياق، تشير خولة مطر في كتابها «يوميات بيروت المحاصرة» إلى التآمر والتواطؤ العربي المسفّ في «الحرب على ما بقي من أمل في المقاومة للسياسات التي ترسمها واشنطن وتل أبيب، ليشاركها في التنفيذ كثير من أنظمتنا العتيدة»[77]، ومن حكامنا القائمين على شؤوننا، في إشارة منها إلى الدور السعودي والمصري والأردني.

كما أشار عبد الباري عطوان إلى حقيقة هذا الأمر المسف، وهذا الدرك الأسفل الذي بلغته أنظمتنا العربية. حيث يقول من مطالعة قيمة له إبّان العدوان الإسرائيلي على لبنان، وفي لحظة احتدام الصراع، وبعد أن سقطت كل الأقنعة الزائفة والخادعة التي كانت تتخفى وراءها الرسميات العربية، على النحو الذي تأدّى إلى انكشاف عريها، وافتضاح عوراتها وعمالتها، ومبلغ انهزامها، واستلابها، وتهاونها، واستخفافها بقضايا الأمة: «إنّ السيد حسن نصر الله

= نقلاً عن صحيفة الأخبار اللبنانية، ملحق خاص، السنة الأولى، العدد 282، الجمعة في 20 تموز، العام 2007، ص 8.

(76) دانيال تورنيلي، **النتائج الجيوسياسية لحرب تموز**، دراسة صدرت في فيينا عن وحدة التحليل الاستخباري في الشبكة المتحدة العاملة في النمسا والمرتبطة بمجلة الإيكونوميست البريطانية، نقلاً عن صحيفة الأخبار اللبنانية، م.ن.، ص 8.

(77) خولة مطر،**يوميات بيروت المحاصرة: حرب تموز 2006**، ط1، بيروت: رياض الريس للكتب والنشر، العام 2007، ص 48.

زعيم المقاومة اللبنانية» يقول عطوان «قدم انجازات كثيرة إلى هذه الأمة»[78]، ولكنّ أبرزها - بإطلاق - هو فضحه لهذه الأنظمة العربية «فضحه لتواطئها مع الدولة العبرية، ووقوفها معها في خندق واحد، ضد المقاومة والشعوب العربية بأسرها، وهو يستحق الشكر والثناء لأنه أزال ما تبقى من غشاوة على أعين الشعوب العربية، وقدّم لها أولياء أمورهم عارين تماما من دون ورقة التوت»[79]. ولعل هنا يكمن ويمثل سر الحقد المسموم العارم الذي يعتمر قلوب وعقول وأرواح ما يسمى بقادة عرب الاعتدال على هذه الشخصية القيادية الثورية الفريدة.

وحرصا من هذا المبحث على أن لا تبقى أطروحته في إطارها التنظيري المتعالي، كان من المفيد والمجدي أن يقف - بعد هذا التقديم - ولو بنحو من الإيجاز والإلماح، لملاحظة ومعاينة مفاعيل ونتائج الانتصار والحرب على الشعوب في غير قطر عربي، بوصفها مؤشرات وشواهد دالة ليس إلا، على عمومية هذا المشهد وإجماليته، عله بذلك ينشر إضاءات كاشفة حول تجليات ذلك وتمثلاته على نحو محسوس:

فلسطين

إنّ الانتصار الميمون الذي أحرزته المقاومة في لبنان على الهمجية والبربرية والوحشية الإسرائيلية بعد عدوانها الأخير في تموز من صيف العام 2006 - على الرغم من توسل الكيان العبري للأسلحة الأكثر فتكا وذكاء، واستخدامه للأساليب الأكثر قذارة ولاأخلاقية في تاريخ الحروب، كأن يجعل من قتل الأطفال والنساء والشيوخ وذبحهم رسائل بريد ضاغطة على المقاومين بعد عجزه عن مقارعتهم ومواجهتهم في ميدان المعركة، وعلى الرغم من حشده لكل

---

(78) الموسوعة، نصر الله الرجل الذي يختصر أمة، ط1، بيروت: منشورات الفجر للطباعة والنشر والتوزيع، العام 2006، ص 113.

(79) الموسوعة، م. ن.، ص 113.

عناصر وأسباب قوته وبطشه وعنجهيته «وبلطجيته»[80] على حد تعبير العقيد رونن مرلي – كان له بحق مفاعيل ونتائج بالغة ومباشرة على الساحة الفلسطينية بوصفها قضية الصراع المركزية وبؤرته الرئيسة.

فقد رفع منسوب التحدي الذي وضعه حزب الله أمام إسرائيل من دون شك «من مكانة حسن نصر الله السياسية لدى الفلسطينيين» وفقا لمارك هيلر في معرض مقاربته لانعكاسات الأحداث في لبنان على المقاومة الفلسطينية «فحملة مظاهرات التأييد لحزب الله عمت المدن والبلدان والقرى الفلسطينية وأعلامه غطت كل مكان بها»[81]، على النحو الذي ظهر فيه «حسن نصر الله في عام 2006، على أنه الزعيم غير الفلسطيني الذي يحمل بجدارة لواء القضية الفلسطينية»[82]، وعلى النحو الذي أصبح فيه الفلسطينيون يرون في انتصار حزب الله انتصارا لقضيتهم، وأنّ هزيمة هذا الحزب «ستنعكس عليهم وعلى مكانتهم»[83]، وبالتالي على مستقبل صراعهم مع إسرائيل.

والحال هذه، استلهمت فصائل المقاومة الفلسطينية الأنموذج الفريد الذي قدمه حزب الله في المواجهة والصمود وإدارة الحرب، وأجمعت على اختلافها بعد صدور التقرير النهائي للجنة فينوغراد، وحديثه عن الإخفاقات والفشل،

---

(80) يقول قائد اللواء 300 في فرقة الجليل العسكرية العقيد رونن مرلي، في معرض توجيه التهديدات لأعداء إسرائيل وخصومها والمتربصين بها، خلال مقابلة أجرتها معه صحيفة (إسرائيل اليوم): "إنّ اللعب ممنوع مع بلطجي الحي في الشرق الأوسط".

ويتندر بن كسبيت المحلل السياسي في صحيفة معاريف الإسرائيلية في عددها الصادر في 8 حزيران من العام 2007، على الأيام الخوالي " التي كانت إسرائيل فيها تعد البلطجي الذي لا يجرؤ أحد على الوقوف في وجهه، أو يُخاف من رد فعله الصعب، والذي يرد في الوقت والمكان الملائمين".

(81) مجموعة من الكتاب والمحللين الاستراتيجيين الإسرائيليين، **33 يوم حرب على لبنان**؛ ترجمة أحمد أبو هدبة، ط1، بيروت: مركز الدراسات الفلسطينية، العام 2007، ص 59.

(82) مجموعة من الكتاب والمحللين الاستراتيجيين الإسرائيليين، م. ن..، ص59.

(83) مجموعة من الكتاب والمحللين الاستراتيجيين الإسرائيليين، م. ن..، ص 59.

والذي جاء ليكشف «حجم الهزيمة التي وقع فيها جيش الاحتلال»⁽⁸⁴⁾، على وصف إسرائيل بأنها «دولة كرتونية ضعيفة»⁽⁸⁵⁾ على المستويين السياسي والعسكري. ورأت أنّ هذا النصر وهذا التقرير، هما بمثابة رسائل واضحة وناضحة بالعبر للفلسطينيين والعرب بضرورة أن «يحللوا واقعهم جيدا وألا يستسلموا أمام ضغوط الاحتلال عليهم»⁽⁸⁶⁾.

وكانت صحيفة معاريف الإسرائيلية قد أبدت خشيتها من أن تتحول تجربة حزب الله في التصدي الأسطوري، وفي المواجهات البطولية، وفي المقاومة والصمود والانتصار إلى أنموذج يُحاكى ويُقتدى، وإلى مثال أعلى يُحتذى؛ لأنّ مآلات ذلك وخواتيمه ليست حميدة - بإطلاق - على مستقبل إسرائيل وعلى ضمان وجودها واستمراريتها وبقائها. من هنا صدرت الإشارة في عددها الصادر في 8 شباط من العام 2008، إلى أنّ التقدير السائد لدى الكيان العبري، ولدى المؤسسة العسكرية بالأخص، هو استلهام الفصائل الفلسطينية لهذه التجربة - أي لتجربة حزب الله - بعد ثبوت جدوائيتها، وتأكد فعاليتها على غير صعيد: التخطيط، والتنظيم، والإعداد، والتنفيذ، والفعالية، وسير الأعمال الحربية، ووسائل القتال....، حتى كاد الأمر يبدو استنساخا نقليا فوتوغرافيا، لولا اختلاف السياقات والظروف الموضوعية والبيئة الحاضنة للتجربة «فالخشية كل الخشية» والكلام لمعاريف «هي أن تتلبنن المنظمات الإرهابية في القطاع»⁽⁸⁷⁾، في إشارة منها إلى نزوع فصائل المقاومة الفلسطينية في قطاع غزة إلى التأثر بأنموذج المقاومة اللبنانية التي مثلها حزب الله.

لم تكن نوازع ودوافع القلق والخشية الإسرائيلية في غير محلها، وفي غير

---

(84) صحيفة الأخبار، السنة الثانية، العدد 440، الجمعة في 1 شباط، العام 2008، ص 20.

(85) صحيفة الأخبار، م.ن.، ص20.

(86) صحيفة الأخبار، م. ن.، ص 20.

(87) نقلاً عن صحيفة الأخبار اللبنانية، السنة الثانية، العدد 449، السبت في 9 شباط، العام 2008، ص 19.

موضعها؛ فلم يكد يمر وقت يسير على حرب لبنان، حتى أبلى الفلسطيني - كعادته - على اختلاف فصيله، في ما سمي بعملية الرصاص المصهور[88] التي استهدفت قطاع غزة، بلاء حسنا، واظهر صمودا أسطوريا تأدى إلى إفشال وتعطيل كل المحاولات الإسرائيلية الحثيثة والدائبة التي كانت تستهدف احتلال القطاع، وتستبطن - من جهة ثانية - استعادة هيبة الردع لجيشها المغلوب على أمره، والمأزوم والمقهور والمهزوم في حرب لبنان المفتوحة التي استمرت زهاء ثلاثة وثلاثين يوما، والتي عجز فيها، فضلا عن إلحاق الهزيمة بالأعداء، عن توفير الحماية والأمن لمستوطنيه، ولجنوده، ولمصالحه الحيوية، ولسمعته العسكرية. ما عُدّ انجازا عظيما للفلسطيني بلحاظ كل الاعتبارات، وانتصارا يضاف إلى قائمة الانتصارات التي تُسجّل لغير مصلحة الإسرائيلي على امتداد حقبة جديدة من الصراع، كان قد دشنها، وأرّخ لها الانسحاب المذل من لبنان في 25 أيار من العام 2000.

لكنّ أكثر ما أدّى مضجع الكيان العبري، وكان مدعاة للغرابة والاستهجان، جاء من خارج مدارات التوقع والحسابات الإسرائيلية، بسبب من أن مؤديات الحرب ومفاعيلها لم تقتصر على الاتجاهات الفلسطينية المقاومة في استلهامها لأنموذج حزب الله، وفي الإفادة من تجربته ونجاحاته، كما أنها لم تتحدد بحدود الفصائل التي تسالمت وتبانت على خيار المواجهة والممانعة دون سواه من الخيارات التسووية الأخرى؛ وإنما جاوزت ذلك كله ليتلقفها ما يعرف برجالات السلام والتسوية والصلح مع إسرائيل - وإن كان ذلك ليس استدارة في توسل الخيارات السياسية أو مراجعة جذرية لها، بل محاباة وممالأة منهم للمزاج الشعبي الفلسطيني العام المنتصر لحزب الله والمتفاعل معه إلى حد التماهي المطلق.

(88) الرصاص المصهور أو المسكوب، هو اسم العملية التي استهدفت قطاع غزة في 29 كانون الأول من العام 2008، وقد أريد من هذه العملية إلى جانب أهداف كثيرة توسلتها، أن تكون بروفة مصغرة للحرب المقبلة مع حزب الله كما تشير الدراسات الإسرائيلية ذات الصلة.

فنبيل شعث- عضو المجلس التشريعي الفلسطيني، وأحد كبار رجالات السلطة الساعية إلى إبرام اتفاق وعقد صلح وإقامة علاقات طيبة مع إسرائيل- كان قد دلل في حديث إذاعي على الحيثية التي يمثلها حزب الله في الشارع الفلسطيني «هناك شعور بالفخر والاعتزاز بحزب الله لدى الجمهور الفلسطيني»[89] يقول شعث، في إشارة منه إلى المكانة المتعالية المنزهة التي أصبح عليها هذا الحزب في الوعي والمخيال الفلسطيني الجمعي العام.

وهاني الحسن- وزير الداخلية الأسبق، وأحد قادة حركة فتح، الذي يتمتع بماض تليد من العلاقات مع إسرائيل: تعوّد أن يرسل بطاقات معايدة وتبريك سنوية إلى أصدقائه ومعارفه في إسرائيل، وكانت له مشاركات ومساهمات فاعلة في العديد من منتديات السلام- وقف بدوره في مهرجان تضامني مع حزب الله أقيم في مدينة رام الله خلال الحرب الإسرائيلية على لبنان، ليعلن بالفم الملآن بأنّ «كل ما يطلبه حسن نصر الله منا سوف ننفذه»[90]، دون أن يدعي أحد- وفقا لما يقول الكاتبان عاموس هرئيل وآفي يسسخروف- بأنّ هاني الحسن «أصبح من مريدي أفكار حسن نصر الله فيما يتصل بالصراع مع إسرائيل، لكنه يفهم التعاطف الذي يبديه الشارع الفلسطيني مع نصر الله»[91].

الجدير بنظر الاعتبار، أنّ مصادر ومباعث الخوف والقلق الحقيقيين، لا يمكن تمثلها في خشية إسرائيل من تحولٍ ما في قناعات واعتقادات شعث والحسن وأشباههما من موضوعة الصراع؛ وإنما تتأتى الخشية من أن تطيح غضبة الشارع الفلسطيني بالمبادرات والتسويات القائمة، وان تأخذ بأمثال هؤلاء الرجال عنوة إلى خيار المواجهة المطلقة، على نحو تذوي معه كل أحلام السلام الأميركي - الإسرائيلي.

---

(89) مجموعة من الكتّاب والمحللين الإستراتيجيين الإسرائيليين، **33 يوم حرب على لبنان**؛ ترجمة أحمد أبو هدبة، ط1، بيروت: مركز الدراسات الفلسطينية، العام 2007، ص 107.

(90) مجموعة من الكتاب والمحللين الإستراتيجيين الإسرائيليين، م.ن.، ص107.

(91) مجموعة من الكتّاب والمحللين الإستراتيجيين الإسرائيليين، م.ن.، ص107.

مصر

لطالما كان الشعب المصري سباقا إلى تبني المواقف الوطنية والقومية والإسلامية الجامعة، وإلى احتضان قضايا الأمة، وإلى الحضور الفاعل في الساحات للدفاع عن حقوقها. إلا أنّ الحرب الإسرائيلية الأخيرة على لبنان، كان لها نكهة خاصة، ووقع خاص على المصريين، وعامل خاص في اجتذابهم وتحشيدهم واندفاعتهم وتعبئتهم واستنهاض هممهم، على النحو الذي امتزجت فيه مشاعر الغضب بمشاعر الاعتزاز والنشوة بالنصر... فمع اندلاع شرارة الحرب الأولى اندلعت التظاهرات والاحتجاجات وعمّت أرجاء المدن المصرية الرئيسة: القاهرة، الإسكندرية، دمياط، إلى جانب تظاهرات الجامع الأزهر التي أعادت لهذا المعلم دوره التاريخي والريادي. ففي سابقة دالة على توحد الأمة حول قضاياها المحقة والعادلة، وعلى تلاشي واضمحلال الفروق والنزاعات المذهبية؛ رُفعت صور سماحة السيد حسن نصر الله في صحن الجامع الأزهر، ولعلها المرة الأولى التي ترفع فيها صورةٌ لعمامة شيعية في هذا المسجد الشريف. وقد جاءت الصرخات والهتافات الغاضبة والمنددة بالعدوانية الإسرائيلية، والشاجبة للموقف السلبي الرسمي للحكومة المصرية – التي كالت الاتهام لحزب الله وحملته مسؤولية التسبب بنشوب الحرب واندلاعها – لتُجمع على مبايعته قائدا وزعيما، ولتلح على الطلب إليه أن يُعمل أسلحته وصواريخه في قصف مدينة تل أبيب عاصمة الكيان العبري (92).

ولم تقتصر حملات الاحتجاج على الحراك الشعبي العفوي، بل سارعت القوى والهيئات السياسية الفاعلة في مدينة دمياط – على اختلاف توجهاتها الفكرية والسياسية والإيديولوجية والدينية – إلى الاضطلاع بمسؤولياتها الوطنية والقومية، حيث تداعت إلى عقد لقاءات واجتماعات تنسيقية موسعة في مقر

---

(92) كان شعار المرحلة العابر للمذاهب والحدود والجغرافيا، والذي تحول إلى هتاف موحد نادى به المصريون الغاضبون: "يا نصر الله يا حبيب، أقصف أقصف تل أبيب".

الحزب الناصري، وذلك لاتخاذ الخطوات الكفيلة بتقديم وتوفير أشكال الدعم والنصرة، ولشجب وإدانة العدوان. وقد تمخضت هذه اللقاءات عن إصدار بيان دعا فيه المجتمعون إلى «توحيد الصفوف خلف المقاومة اللبنانية الباسلة»[93] وإلى مبايعتها، والانتصار لها، بوصفها تشكل رأس الحربة في ممانعة ومواجهة ومقارعة كل أشكال المشاريع الكولونيالية والاستعمارية التي تستهدف الأمتين العربية والإسلامية، وكل أشكال الارتهان والاستلاب لإرادات الشعوب في نزوعها الدائب نحو الحرية والاستقلال.

وكان لمؤسسات المجتمع المدني والأهلي- أيضاً - مشاركة فاعلة على غير صعيد: الدعوة إلى النصرة، والتضامن، والدعم، والمؤازرة، والتظاهر، وإعلان الشجب والاحتجاج والإدانة... ويذكر في هذا السياق النداء الذي وجهه نقيب المحامين سميح عاشور إلى المصريين، وفيه دعوة صريحة وملحة إلى «فتح أبواب التطوع للجهاد في لبنان، للدفاع عن أراضيه، والوقوف خلف المقاومة الإسلامية التي يمثلها حزب الله وزعيمه الشيخ حسن نصر الله»[94] وفقا لتعبير عاشور.

والحال هذه، صير إلى مبايعة المقاومة اللبنانية وزعيمها السيد حسن نصر الله، شعبيا وحزبيا وأهليا، دون النظام المصري الذي توسل واختار وجهة معادية للمزاج الشعبي والوطني، في دلالة بالغة تعكس حجم الهوة الفارقة بين الأنظمة والرسميات الحاكمة وشعوبها.

وللاستدلال على تماهي الشعوب العربية مع خيارات المقاومة، والممانعة، والرفض لكل أشكال الارتهان والاستلاب والاحتلال والاستعمار؛ يشير المنتدى البريطاني للنزاعات - في الدراسة التي وضعها الباحثان أليستر كروك ومارك بيري - إلى استطلاع للرأي جرى في مصر إبان الحرب الإسرائيلية على لبنان

---

(93) صحيفة اللواء، السنة الرابعة والأربعون، العدد 11718، العام 2006، ص 4.

(94) هشام آل قطيط، **ثلاثة وثلاثون يوما أحدثت بركانا في إسرائيل**، ط1، بيروت: مؤسسة البلاغ للطباعة والنشر والتوزيع، العام 2006، ص 241.

في تموز من العام 2006، صير فيه إلى استفتاء شريحة كبيرة من المصريين على اختلاف أطيافهم ومشاربهم وتوجهاتهم ومستوياتهم الفكرية والاجتماعية. وقد أظهر الاستطلاع - وهنا وجه المفارقة - أنّ أكثر الزعماء السياسيين شعبية وتأييدا وجماهيرية هما: السيد حسن نصر الله أمين عام حزب الله، والرئيس الإيراني محمود احمدي نجاد.

إنّ قراءة النتائج التي رشحت عن هذا الاستطلاع، وتحليلها واستنطاقها والوقوف على مسكوتاتها ومنطوياتها؛ قد جعلت الباحثين البريطانيين مدفوعين إلى الاعتقاد بمعاقبة الشعوب لحكامها. فاستطلاع الرأي هذا، يُعدّ بشكل أو بآخر «تبرؤاً من الرئيس المصري حسني مبارك الذي أطلق مواقف ضد حزب الله في بداية الحرب، ومن الملكين السعودي والأردني»[95]. إلا أنّ نهايات الحرب وخواتيمها غير المرجوة بالنسبة لهؤلاء الزعماء والحكام، جعلتهم «يتدافعون مذعورين لإيجاد مخرج» من المآزق الحرجة التي وضعوا أنفسهم فيها.

_____

(95) كانت السعودية قد كالت الاتهام إلى حزب الله دون أن تسميه بالاسم، وحمّلته كامل المسؤولية عما جرى وسيجري. وقد جاء موقفها في بيان صدر على لسان مصدر مسؤول لوكالة الأنباء السعودية، جاء فيه: "والمملكة إذ تستعرض بقلق بالغ الأحداث المؤلمة الدامية التي تدور الآن في فلسطين ولبنان، تود أن تعلن بوضوح أنه لا بد من التفرقة بين المقاومة الشرعية وبين المغامرات غير المحسوبة التي تقوم بها عناصر داخل الدولة ومَن وراءها، دون الرجوع إلى السلطة الشرعية في دولتها، ودون تشاور أو تنسيق مع الدول العربية، فتوجِد بذلك وضعا بالغ الخطورة، يعرّض جميع الدول العربية ومنجزاتها للدمار، دون أن يكون لهذه الدول أي رأي أو قول. إنّ المملكة ترى أنّ الوقت قد حان لان تتحمّل هذه العناصر وحدها المسؤولية الكاملة عن هذه التصرفات غير المسؤولة، وأن يقع عليها وحدها عبء إنهاء الأزمة التي أوجدتها".
وفي سياق متصل، عقد الرئيس المصري حسني مبارك والملك الأردني الملك عبد الله الثاني لقاء قمة ثنائياً في العاصمة المصرية " القاهرة"، إثر تدهور الوضع واندلاع الحرب الإسرائيلية على لبنان، حذرا فيه من " المغامرات التي لا تخدم المصالح والقضايا العربية"، وذلك في انتقاد ضمني للعملية الجريئة التي قام بها حزب الله عبر الحدود.

العراق

وانسحبت نتائج الحرب ومفاعيلها إيجابا على العراقيين أيضاً، وكسواهم من الشعوب عبروا عن وقوفهم إلى جانب حزب الله في حربه المشروعة، وتضامنهم معه واستعدادهم للتضحية والجهاد تحت لوائه، واستلهامهم وتمثلهم لتجربته الرائدة على غير صعيد. وأية ذلك ما أشار إليه أندرو إكسوم الباحث في «مركز واشنطن لسياسات الشرق الأدنى»، والضابط الذي قاد فصيلا عسكريا أميركيا خلال غزو العراق العام 2003، في مقاربة تحليلية بعنوان «مقارنة بين ميليشيا حزب الله وميليشيات العراق»، والتي يقف فيها الباحث على أوجه الشبه والاتفاق ومواضع التفارق والاختلاف بين المقاومة اللبنانية وفصائل المقاومة العراقية: «إنّ حزب الله تحول بعد حرب تموز الأخيرة، إلى أنموذج للمقاومة والبسالة العسكرية» والكلام لإكسوم «وهو الأنموذج الذي يخشى الأميركيون أن تحاول الميليشيات الشيعية في العراق أن تحذو حذوه في التمرس في القتال، وإحكام المخططات، وتحقيق الانتصارات»[96].

في هذا السياق، درس معهد واشنطن التقارب الشيعي – الشيعي الحاصل بين إيران والعراق كإحدى نتائج وتجليات حرب تموز. وكذلك عرض للتفاعل الخلاق بين شعب العراق والمقاومة في لبنان. فعلى الرغم من معاناة العراقيين وصعوبة أوضاعهم؛ سُجّل خروج مئات آلاف الشيعة في تظاهرة أكفان في مدينة الصدر ببغداد، تنديدا بالحرب على حزب الله، في أبلغ رسالة وتعبير عن حقيقة الموقف العراقي الشعبي من موضوعة الصراع مع إسرائيل. لقد أثار هذا الحراك الشعبي في العراق مخاوف وقلق وخشية المخططين الاستراتيجيين الأميركيين الذين – كما يرى أندرو إكسوم أنهم «محقون في اعتبار حزب الله ملهما للميليشيات العراقية لتحقيق الانتصارات»[97]. كما أثار الأمر أيضاً، مخاوف

---

(96) أندرو إكسوم، مقارنة بين ميلشيا حزب الله وميليشيات العراق، نقلاً عن صحيفة الأخبار، السنة الأولى، العدد 170، الثلاثاء في 6 آذار، العام 2007، ص 18.

(97) أندرو إكسوم، م. ن.، ص 18.

وزير الدفاع الأميركي آنذاك دونالد رامسفيلد، فاندفع في أواخر تموز من العام 2006، أي في خضم استعار الحرب على حزب الله، إلى التحذير من تداعيات العدوانية الإسرائيلية على المقاومة، إذ إنها ستؤدي بالضرورة «إلى نتائج رهيبة تضر بالجيش الأميركي» المتواجد في العراق، على حد تعبير رامسفيلد «حيث ظهرت إلى العلن عمليات مصورة قامت بها فصائل شيعية» تضامنا مع المقاومة الإسلامية في لبنان.

وفي سياق متصل أيضاً، عكفت مراكز الأبحاث والدراسات الإستراتيجية ذات الصلة، في غير دولة من الدول المعنية بالصراع في الشرق الأوسط، وبالأخص في الولايات المتحدة الأميركية، إلى مقاربة الجوامع والمشتركات، وإلى الوقوف على أوجه الشبه بين أداء حزب الله عسكريا وأداء الميليشيات الشيعية في العراق... لأنّ احتذاء الميليشيات الشيعية العراقية حذو حزب الله، واستلهامهم لتجربته الرائدة، وسيرهم على دربه وخطاه، من شأنه أن يضع الوجود العسكري الأميركي في دائرة الخطر، ويعيد إلى الأذهان «تجربة جيش الدفاع الإسرائيلي في جنوب لبنان»[98].

والحال هذه، أرخت الحرب الإسرائيلية على لبنان بتأثيراتها ومفاعيلها وتداعياتها المباشرة على الساحة العراقية، كساحة مواجهة واحتراب وصراع مع الاحتلال الأميركي؛ فقد تأدى فشل الحرب وإخفاقها في تحقيق أهدافها إلى تعقيد الملف العراقي، بسبب الاستنفار في الوسط الشيعي العراقي غداة الحرب، حيث صير إلى استنهاض هممه، بعد أن ثبت له بالتجربة والدليل الحسي تعزز نظرية المقاومة، ونجاعة أسلوبها، وصلاح خيارها كأنموذج مناسب لتحرير الأرض ولمواجهة الاحتلال.

يُشار هنا، وفقا لمقالة بعنوان «صعود الشيعة»، نشرتها صحيفة «كريستيان ساينس مونيتور» في عددها الصادر في حزيران من العام 2007، إلى أنّ

---

(98) علي شهاب، واشنطن تمر بصعوبات نتيجة أخطاء فادحة في تموز، نقلاً عن صحيفة الأخبار، ملحق خاص، السنة الأولى، العدد 285، الثلاثاء في 24 تموز، العام 2007، ص 8.

استلهام تجربة حزب الله، من قبل الفصائل العراقية المقاومة، لم يقتصر على الجانب العسكري فحسب، بل ثمة سعي حثيث ودائب إلى تلمس الخطى التنظيمية لهذا الحزب واستنساخ هيكلياته وتشكيلاته. فقد توسل مقتدى الصدر - على غرار ما فعل حزب الله - تبني استراتيجيات الحزب القتالية، وتشكيل "قوات فدائية وسرية متطورة" بوصفها الوحدات المقاتلة الرئيسة في منظومة جيش المهدي الذي يتزعمه الصدر. وكان هذا الأخير - في معرض مقاربته لتجربة المقاومة العراقية - قد دلل على حقيقة هذا التماهي بين حزب الله وجيش المهدي، بالقول إلى صحيفة الاندبندنت البريطانية أنّ «حزب الله وجيش المهدي هما وجهان لعملة واحدة».

موريتانيا

لم يكن الشعب الموريتاني على الرغم من اختلاف السياقات والظروف، أقل تفاعلاً وتأثراً من سائر الشعوب العربية والإسلامية. فقد خرج بدوره في تظاهرات غير مسبوقة، وفي احتجاجات لم تعهدها البلاد: شاجبا، وغاضبا، ومنددا، وثائرا، ومعبرا على طريقته عن حضوره في معادلة الصراع مع إسرائيل، وعن تصديه لكل قضايا الأمة الإسلامية، ولأشكال المخاطر التي تتهددها، وإن كان ذلك لم يخرج من إطار ردود الفعل العاطفية والانفعالية والوجدانية.

وكانت صحيفة يديعوت أحرونوت الإسرائيلية قد قاربت في أطروحةٍ ذات صلة، معيار التفاوت، وحجم التناقض الحاد بين الشعوب العربية وحكامها. وقدمت مثالا على ذلك- في محاولة منها لكشف أغوار الهوة السحيقة التي تفرق بين موقف كليهما من موضوعة العداء لإسرائيل- الموريتانيين، الذين بدأوا يهرولون - وفقا لتعبير الصحيفة - خلال أيام الحرب على لبنان «على مكاتب السجل المدني لتغيير أسماء أبنائهم إلى حسن نصر الله»[99]، كعربون وفاء

---

(99) إسلام أون لاين، حرب كسر الإرادة، ط1، بيروت: الدار العربية للعلوم - ناشرون، العام 2007، ص 151.

وجميل لهذا القائد الذي أصبح مثالا يُحتذى، ونبراسا يُلهم، وقدوة حسنة ينبغي أن تسير الأجيال على هديها.

البحرين

وكان شعب البحرين غير بعيد - هو أيضاً - من نتائج ومفاعيل وارهاصات الحرب الإسرائيلية على لبنان. فقد خرج بدوره ليملأ الساحات لا ليشجب أو يدين أو يستنكر فحسب، وإنما ليقدم البيعة وولاء الطاعة لقيادة المقاومة في حزب الله، معلنا حماسته وحضوره واستعداده لإرسال الشباب من المتطوعين للانتظام في صفوف المقاومة، وللانخراط في المواجهات ضد العدو الإسرائيلي دفاعا عن أخوانهم اللبنانيين. والحال، عمت التظاهرات والاحتجاجات والاعتصامات أرجاء المدن البحرينية، في ما يعكس حالة الغليان الجماهيري وفورة الغضب الشعبي العارم. وخصصت مراكز لجمع التبرعات وكل أشكال المعونة والدعم وتوفير سبل إيصالها إلى الجهات المعنية.

وقد تأدى هذا الالتفاف الجماهيري حول المقاومة اللبنانية بما تمثله، وهذا التبني لخيارها؛ إلى حالة من الانصهار الوطني البحريني الحاضن والجامع لكل الطيف السياسي والمجتمعي، ولمجمل التلاوين والمشارب الفكرية والدينية والإيديولوجية، التي لطالما شكلت - فيما مضى - بؤرا للتفارق والاختلاف، وإثارة للفتن والنزاعات. وتأدّى بالتالي، إلى الارتفاع عن الصغائر والضغائن والتفاصيل والحساسيات، إلى ما يرقى إلى مستوى استيقاظ الحلم وانبعاث الأمل بالنصر الميمون للأمة، بعد طول سبات وخنوع وذل ودونية.

وكان عبد النبي العكري، عضو اللجنة المركزية لجمعية «العمل الوطني الديمقراطي (وعد)» في البحرين، قد أشار في معرض مشاركته في أعمال المنتدى القومي العربي الذي أقيم في بيروت في 16 تموز2007، بعنوان «عام على حرب تموز العدوانية: انتصار لبنان المقاوم؛ أبعاد وتفاعلات عربية»؛ إلى أنّ «للانتصار الكبير الذي حققته المقاومة خلال الحرب مفاعيل ايجابية على الدول العربية»، فقد تراجعت حدة الانقسام الطائفي المقيت في البحرين على

288

نحو فارق «كأحد مفاعيل حرب لبنان» المباشرة، بعد أن حظيت هذه الأخيرة بإجماع وطني بحريني، تمثل في التفافٍ قل نظيره بين المذاهب والأطياف والأحزاب والقوى والهيئات والشرائح الاجتماعية المتنوعة والمختلفة، وتأدّت - والكلام للعكري - إلى «تكاتف السنة والشيعة، الإسلاميين والديمقراطيين (العلمانيين)»[100] كبنيان مرصوص في تبني خيار الرفض والإدانة والشجب للهمجية العدوانية الإسرائيلية، وخيار النصرة والمؤازرة للمقاومة في لبنان.

اليمن

لقد حركت مخاضات الحرب ونتائجها حمية ونخوة ومروءة الرئيس اليمني علي عبد الله صالح، وأعادت إليه مشاعر الثقة والاعتداد بالنفس، وقلبت له صفحات الماضي العربي المجيد، لاسيما بعد انكشاف هشاشة القوة الإسرائيلية في قبالة صمود حزب الله الأسطوري. فعكف في حديث تلفزيوني مع قناة الجزيرة الفضائية في الثاني من آب من العام 2006، على إطلاق تصريحات نارية من نوع ثقيل، تذكّر - وفقا لتعبير الكاتبين الإسرائيليين عاموس هرئيل وآفي يسسخروف - «بتصريحات أحد زعماء المنظمات الفلسطينية»[101] في سبعينيات القرن العشرين. وفيه دعا الرئيس اليمني الدول العربية إلى «فتح الحرب مع إسرائيل، غير القادرة حتى على التغلب على حزب الله»[102].

ليس تصريح علي عبد صالح، على أهمية وضرورة وإلحاح وواقعية ما ينطوي عليه، هو ما يعنينا هنا، فقد يكون مجرد رد فعل انفعالي وارتجالي في لحظة تخلٍ ليس إلا، وقد يكون لأغراض سياسية مصلحية ضيقة تستهدف احتواء

---

(100) صحيفة السفير، السنة الرابعة والثلاثون، العدد 10759، الخميس في 26 تموز، العام 2007، ص 12.

(101) مجموعة من الكتاب والمحللين الإستراتيجيين الإسرائيليين، **33 يوم حرب على لبنان**؛ ترجمة أحمد أبو هدبة، ط1، بيروت: مركز الدراسات الفلسطينية، العام 2007، ص 107.

(102) مجموعة من الكتاب والمحللين الاستراتيجيين الإسرائيليين، م. ن.، ص 107.

اندفاعة الشارع المتوثب والمتحفز؛ بل إنّ ما يعنينا بالضرورة هو نبض الشارع اليمني وكيفية تفاعله وتماهيه مع المقاومة اللبنانية التي يمثلها حزب الله: ثورات الغضب والشجب والتنديد بالجرائم الإسرائيلية التي عمّت الشوارع والمدن اليمنية، الاحتجاجات الشعبية الصاخبة والعارمة، التظاهرات، الاعتصامات التضامنية، توفير كل أشكال الدعم المتاحة...، وسوى ذلك من مشاهد ومواقف مشرفة، تؤشر على أصالة الشعب اليمني وعلى وفائه لقضايا أمته.

إنّ هذا الحراك العربي الشعبي الفاعل بكل صوره وتمثلاته وتجلياته الحاضنة والداعمة - إذا ما صير إلى دراسة منهجية سيكولوجية وسوسيولوجية وازنة، تقف على الأسباب والموجبات - لم يكن بإطلاق صادرا من فراغ أو من عدم، كما لم يكن حالة من الاهتياج العاطفي والانفعالي والنزويّ؛ بل كان ترجمة عملانية لخزين انتظارات تراكمت في الوعي والذاكرة العربيين، وهو تجسيد فعلي صادق لهوس جماعي صادر من وطنية عربية جريحة لطالما تاقت إلى النعيم بلحظة انتصار، على النحو الذي بات معه صمود حزب الله، وفقا للكاتب عاموس هرئيل «العامل المهم في نظر العرب أجمعين»(103). فكيف يستقيم عليه الحال، إذا ما تسنى لهذا الحزب أن يوجه «صفعة قاسية للجيش الإسرائيلي»(104)، وهو ما كانت قد أشّرت إليه نتائج الحرب ومفاعيلها بصورة بيّنة.

فبعدما عجزت حركات التحرر العربية على اختلاف اعتقاداتها وألوانها واتجاهاتها عن صناعة أي انجاز ثوري على غير صعيد؛ تأدّى نصر حزب الله الميداني والعسكري إلى نصر مماثل في معركة الوعي، من حيث قدرته على

(103) مجموعة من الكتاب والمحللين الاستراتيجيين الإسرائيليين، **33 يوم حرب على لبنان**؛ ترجمة أحمد أبو هدبة، ط1، بيروت: مركز الدرسات الفلسطينية، العام 2007، ص 98.

(104) مجموعة من الكتاب والمحللين الاستراتيجيين الإسرائيليين، م.ن.، ص 98.

تثوير الوعي العربي، وإعادة تخليقه وتشكيله وصياغته على نحو جديد. وهنا جوهر قيمته المعيارية والتفاضلية والثورية: لقد أعاد - في سياق جدلي ديالكتيكي خلاق - صياغة وإنتاج صورة جديدة لإسرائيل بخلاف الصورة النمطية السائدة لها في الوعي العربي؛ وبالتالي إنتاج صورة جديدة للعربي على غير الصورة التي كان يحملها عن نفسه منذ عقود من الزمن، والتي كانت إسرائيل ورعاتها الدوليون قد حرصوا على ترسيبها وترسيخها في وعيه ووجدانه وعقله وفي أعماق وبواطن نفسه وروحه. ما يعني أنّ نتائج حرب 12 تموز من العام 2006، قد أبطلت إلى غير رجعة مفاعيل حرب النكسة في حزيران من العام 1967، وألغت ما كان قد ترتب عليها وأسفر عنها من استدخال للهزيمة في الوعي العربي، ومن الإقرار العاجز بوجود إسرائيل واستدامتها.

الجدير بنظر الاعتبار والاهتمام، إن الحراكات الشعبية الفاعلة والمختلفة، لم تقتصر على حيز مكاني وجغرافي دون سواه، ولم تنغلق ضمن دائرة إيديولوجية واعتقادية ضيقة ومحددة؛ بل كانت من طبيعة كوكبية شاملة، عمت مروحة اشتغالها أرجاء العالم أجمع، على نحو يضيق بنا المقام هنا عن ذكرها فضلا عن إحصائها وتعدادها.

لقد كان للدول الأوروبية وبالأخص بريطانيا وفرنسا وألمانيا وايطاليا، وللدول الإسلامية وبالأخص تركيا وإيران، ولدول أميركا لاسيما الجنوبية، ولدول القارة الأفريقية واستراليا واسيا نصيب وافر منها. ولكنّ موضع استهدافنا لذكر مصاديق من مشهديات تفاعل الشعوب العربية، لم يكن إلا من منظور التدليل والتأشير على حالة الاستنهاض الثوري غير المسبوقة، التي اجتاحت الجماهير العربية، وألهبت مشاعرها كمن أصيب بمس، وبعثتها من رمادها بعد أعوام مديدة عجاف على احتضارها وعلى موتها السريري الرمزي، والتي كانت بحق وليدة مخاضات الحرب وإرهاصاتها، وصنيعة نتائج ومفاعيل وإفرازات المواجهات والملاحم البطولية التي سطرها حزب الله في قبالة العدوان الإسرائيلي البربري على لبنان.

فأهمية الانتصار الذي حققته المقاومة اللبنانية ممثلة بحزب الله؛ إنما تتأتى

من كونه قد جاء في ظروف وسياقات تاريخية وموضوعية بالغة الصعوبة والحراجة والدقة تعيشها الأمة العربية على غير صعيد: التضامن العربي في أدنى مراحله، إن لم نقل إنه معدوم، والواقع العربي في حالة يرثى لها من التشتت والتشرذم والتردي والانقسام واللامبالاة والضياع...، ولهذا فإنّ «هذا الانتصار» يقول صياح عزام «جاء لبعث الأمل في نفوس الجماهير العربية»(105).

---

(105)   هشام آل قطيط، **ثلاثة وثلاثون يوما أحدثت بركانا في إسرائيل**، ط1، بيروت: مؤسسة البلاغ للطباعة والنشر والتوزيع، العام 2006، ص 449.

خاتمة

لقد انتهت الحرب الإسرائيلية على لبنان في تموز- آب من صيف العام 2006 إلى فشل، وإلى هزيمة نكراء ألمت بالجيش الذي لا يقهر[1] وفقا لتوصيف إسرائيل لجيشها. وإسرائيل هي الدولة التي قيل فيها إنها تعيش على حد السكين، بمعنى أنها تزول - بسبب من طبيعة نشأتها العدوانية والاحتلالية - عند أول هزيمة تمنى بها. والحال، نرى إلى القائمين عليها كيف ألحوا على إبعاد شبح الهزيمة من كل خلاصات لجان التحقيق[2] التي أنيط بها إجراء مراجعات تقيمية لموضوعة الحرب على لبنان، والتي كانت قد كلفت مهام النظر في أسباب الفشل والإخفاق والسقوط، وذلك من طريق توصيف ما حدث بأنه إخفاق[3]، وأكثر من ذلك، كان ثمة حرص على عدم رد هذا الإخفاق إلى

---

(1) أطلقت إسرائيل على جيشها وصف ' الجيش الذي لا يقهر'، في محاولة منها لإضفاء هالة من القوة والجبروت والبأس حول قدراتها العسكرية والأمنية، بنحو يؤدي إلى تحقيق وتعميق حالة من الردع إزاء المعسكر الآخر. ما يسفر عن نشر حالة من الإحباط واليأس والخنوع والاستسلام للأمر الواقع، وعن زرع ثقافة الانهزام، وإضعاف العدو، وكي وعيه، وتدمير معنوياته، ودفعه إلى عدم الشعور بجدوى المقاومة.

(2) لقد تأدت نتائج الحرب إلى تخبط القيادة الإسرائيلية، حيث عكفت هذه الأخيرة - كإجراء تعويضي - على إنشاء وتأليف لجان تحقيق فاحصة تنظر بأسباب الفشل والإخفاق والهزيمة. وقد تناسلت هذه اللجان، حتى بلغت الأربعين لجنة، كلفت كل واحدة منها النظر في تفصيل أو في مكون من مكونات مشهدية الحرب.

(3) حرصت لجان التحقيق الإسرائيلية على استبعاد كلمة ' هزيمة'، من معجم تقييمات الحرب وتوصيفاتها ومراجعاتها، حيث صير إلى استبدالها بكلمة ' إخفاق'، التي تواتر ورودها ما يزيد على 156 مرة في تقرير لجنة فينوغراد.

عناصر قوة ذاتية لدى حزب الله، أو إلى قدرات كان قد تملكها واستحوذ عليها، بل إلى تقصير وقصور وإهمال داخلي ليس إلا، وإلى مجرد عيوب ومشكلات شابت أداء إسرائيل خلال الحرب [4].

ولأنّ تداعيات الهزيمة ومفاعيلها هي بالضرورة أشد وطأة وخطرا من الفشل العسكري نفسه، سواء أكان وقع ذلك على الوعي الإسرائيلي أم على الوعي والمخيال العربي والإسلامي الجمعي [5]؛ آثرت إسرائيل توسل منطق جديد - بعد محاولات عابثة خلال الحرب لابتداع صورة نصر أو لاختلاق وهم نصر- يقوم على اعتبار الحرب غير منتهية، وأنّ ما مضى منها ليس إلا مدخلا للحرب الكبرى القادمة. وقد جاء القرار 1701 ليؤشر إلى هذه الحيثية، من حيث أنّ التنصيص فيه إنما أتى على وقف الأعمال الحربية لا على وقف النار... ذلك أنّ إسرائيل لا يمكن لها بإطلاق أن توقف النار في حرب خرجت منها مهزومة، وأنها ستستمر في وقف الأعمال العسكرية المدة اللازمة لها [6] لاستئناف الحرب نفسها، علها تسطر انتصارا بينا لا لبس فيه، ولا سؤال عن هوية المنتصر.

---

(4) يشير جوناثان سبير- باحث في مركز البحث العالمي للشؤون الدولية - في مقالة له بعنوان "لبنان 2006: الحرب غير المنتهية " إلى أنّ الروايات الإسرائيلية والدولية، تتقاطع كلها على وجود مشكلات في أداء إسرائيل خلال الحرب، وعلى كل المستويات، إن لجهة التخطيط السياسي ووضع أهداف الحرب، أو لجهة الإستراتيجية المتبناة فيها، أو لجهة أداء عدد من القادة الرفيعي المستوى وجهوزية الجيش الإسرائيلي. أنظر: صحيفة الأخبار اللبنانية، السنة الثانية، العدد 467، الثلاثاء في 4 آذار، العام 2008، ص 14.

(5) يشير الباحث جوناثان سبير، في مقالته المعنونة " لبنان 2006: الحرب غير المنتهية"، إلى أنّ نتائج الحرب " أثرت كثيرا في ما يراه ممثلو المعسكر الآخر الذين يعتقدون أنهم اكتشفوا طريقة قادرة على إلحاق هزيمة إستراتيجية بإسرائيل". أنظر بهذا الصدد: صحيفة الأخبار اللبنانية، م.ن.، ص 14.

(6) يقصد بالمدة اللازمة هنا، الزمن الذي تحتاجه إسرائيل لكي تقف على أسباب قصورها وعجزها عن صناعة وتحقيق أي نصر، ولكي تعيد ترميم بنيتها العسكرية، وتدريب وإعداد وتأهيل جيشها بما يتناسب مع حساسيات وخصوصيات ساحة المعركة المستكشفة لديها.

ما يعني أنّ الكلام عن حرب إسرائيلية جديدة تستهدف حالة حزب الله في لبنان، بوصفه يمثل رأس الحربة لقوى المقاومة والممانعة في المنطقة، ولأنه أهان إسرائيل بقوة، وتسبّب لها بأضرار بشرية ومالية ونفسية وعسكرية جسيمة؛ لن يكون - بإطلاق - كلاما استهلاكيا تسويقيا يندرج في إطار حرب نفسية، ولا هو أضغاث أحلام أو رجم وضربٌ بالغيب، وإنما هو حقيقة قائمة وماثلة وداهمة، تنتظر توافر الشرائط والأسباب الموضوعية المؤدية إلى يقين إسرائيلي بالقدرة على جلب النصر. لأنّ إسرائيل ليس بمقدورها أن تتحمل خسارة واحدة، فكيف بخسارة ثانية في حرب ينظر إليها حزب الله على أنها آخر الحروب مع إسرائيل، وأنها الحرب التي إذا ما اندلعت سوف «تغيّر وجه الشرق الأوسط» وفقا لتعبير الأمين العام لحزب الله السيد حسن نصر الله. فالنقاش - والحال هذه - ليس في حقيقة الحرب أو عدمها، وإنما هو في موعد هذه الجولة وهذه الحرب الجديدة، الموعد الذي لا يبرح دائرة التكهن.

قائمة المصادر والمراجع

1- القرآن الكريم

2- آل قطيط، هشام، **ثلاثة وثلاثون يوما أحدثت بركانا في إسرائيل**، ط1، بيروت: مؤسسة البلاغ للطباعة والنشر والتوزيع، العام 2006.

3- إسلام أون لاين.نت، **حرب كسر الإرادة**، ط1، بيروت: الدار العربية للعلوم – ناشرون، العام 2007.

4- حطيط، أمين، **الإستراتيجية الدفاعية**، ط1، بيروت: دار الهادي للطباعة والنشر والتوزيع، العام 2006.

5- يزبك، سعدى، **أيام لا تنسى**، ط 2، بيروت: الدار الإسلامية للطباعة والنشر والتوزيع، العام 2007.

6- مجموعة من الكتاب والمحللين الاستراتيجيين الإسرائيليين، **33 يوم حرب على لبنان**؛ ترجمة أحمد أبو هدبة، ط1، بيروت: مركز الدراسات الفلسطينية، العام 2007.

7- موسوعة نصر الله، **نصر الله الرجل الذي يختصر أمة**، ط1، بيروت: منشورات الفجر للطباعة والنشر والتوزيع، ج 3، العام 2006.

8- الموسوعة العسكرية، ج1.

9- مطر، خولة، **يوميات بيروت المحاصرة: حرب تموز 2006**، ط1، بيروت: رياض الريس للكتب والنشر، العام 2007.

10- مصطفى، أمين، **الإعصار**، ط1، بيروت: دار الهادي للطباعة والنشر والتوزيع، العام 2007.

11- النابلسي، عباس، **رعب السلاح: أسرار القدرة العسكرية لحزب الله**، ط1، بيروت: دار إيوان للطباعة والنشر والتوزيع، العام 2007.

12- قبيسي، محمد، **الحرب السادسة**، ط1، بيروت: دار الهادي للطباعة والنشر والتوزيع، العام 2007.

المجلات والجرائد والدوريات والوسائط المرئية:

1- صحيفة السفير اللبنانية

2- صحيفة الأخبار اللبنانية

3- صحيفة الديار اللبنانية

4- صحيفة اللواء اللبنانية

5- صحيفة العربي المصرية

6- مجلة الفكر الاستراتيجي العربي، تصدر عن معهد الإنماء العربي في بيروت.

7- مجلة شؤون الأوسط، تصدر عن مركز الدراسات الإستراتيجية في بيروت.

8- صحيفة هآرتس الإسرائيلية.

9- صحيفة معاريف الإسرائيلية.

10- صحيفة يديعوت أحرونوت الإسرائيلية.

11- صحيفة ديلي تليغراف البريطانية.

12- صحيفة الاندبندنت البريطانية.

13- صحيفة فاينانشنال تايمز البريطانية.

14- مجلة معرخوت الإسرائيلية.

15- القناة العاشرة في التلفزيون الإسرائيلي.

16- قناة الجزيرة القطرية.

17- موقع أوميدياه الإسرائيلي الالكتروني.

18- موقع تيك دبكا الإسرائيلي الإخباري على الانترنت.

المحتويات

Printed in the United States
By Bookmasters